ABER EIN STURM WEHT VOM PARADIESE HER

Reclam Bibliothek

KUNSTWISSENSCHAFTEN

ABER EIN STURM WEHT VOM PARADIESE HER

Texte zu Walter Benjamin

Reclam-Verlag Leipzig

Herausgegeben von Michael Opitz und Erdmut Wizisla

ISBN 3-379-01425-7

Reclam-Bibliothek Band 1425
1. Auflage, 1992
Umschlaggestaltung: Friederike Pondelik unter Verwendung eines Fotos von Gisèle Freund
Printed in Germany
Satz: INTERDRUCK Leipzig GmbH
Druck und Binden: Ebner Ulm
Gesetzt aus Garamond-Antiqua

Vorbemerkung

Walter Benjamin, der als Kritiker, Literaturtheoretiker und Philosoph gilt, hat bei Künstlerinnen und Künstlern, bei Dichtenden, Malenden, Komponierenden und Theaterspielenden tiefe Spuren hinterlassen. Die künstlerischen Reaktionen auf Benjamin bilden ein Gefüge, das sich von der akademischen Rezeption seiner Schriften abhebt. Benjamins Bedeutung als Theoretiker ist mittlerweile so unbestritten, daß seine Erfahrung, in den Universitäten nicht Fuß fassen zu können, kaum noch nachvollziehbar ist. Die enorme, übergreifende Wirkung geht darauf zurück, daß Benjamin sich *grenzgängerisch* zwischen Arbeitsgebieten und Denkgebäuden bewegte. Er dachte poetisch, erzählte philosophisch und philosophierte sinnlich. Das Werk des „Jahrhundertgenies" Benjamin (Stephan Hermlin) verweigert sich einer raschen Zuordnung, und es erschöpft sich nicht in der denkerischen Vorgabe. Benjamin schrieb exzellente Prosa, seine Lyrik ist noch zu entdecken, er verfaßte dramatische Szenen für den Rundfunk und trat dort mit Vorträgen auf. Seinen Briefen und Tagebüchern ist nur weniges auf diesem Gebiet gleichzusetzen.

Die Idee zu diesem Band erwuchs aus einem gewissen Unbehagen an der wissenschaftlichen Literatur über Walter Benjamin, die sich zu häufig nur dem Philosophen oder Theoretiker zugewandt hat. Benjamins besondere schriftstellerische Existenz blieb dabei außer acht. Deshalb baten die Herausgeber Wissenschaftler *und* Schriftsteller aus Anlaß von Benjamins einhundertstem Geburtstag um Texte; nähere inhaltliche oder formale Vorgaben für das erhoffte Gespräch wurden nicht gemacht. Auch wenn die Wortmeldungen in Handschrift und Zugang zu Benjamin verschieden sind, lassen sich Verwandtschaften erkennen. Texte mit thematischer Nähe sind zusammengefaßt worden: In der *ersten Gruppe* sehen Autoren jüngste weltgeschichtliche Entwicklungen mit Benjamins Augen. Der jüdischen Tradition widmet sich die *zweite Gruppe,* und über die Texte in der *drit-*

ten könnten die Begriffe ‚Städte‘ und ‚Reisen‘ gestellt sein. In der *vierten Gruppe* werden Motive Benjamins und theoretische Beziehungen zu ihm analysiert.

Als das Buch 1988 in der DDR geplant wurde und erste Texte entstanden, sollte die subversive Kraft von Benjamins Denken gegen die Enge arbeiten. Insofern trägt das Buch die Signatur der zeitgeschichtlichen Vorgänge im Osten Deutschlands, die ‚Wende‘ zu nennen Walter Benjamin sich gewiß geweigert hätte. Es lag auf der Hand, daß Benjamins Geschichtstheorie geheimer Untertext der meisten Beiträge werden würde.

Benjamins Aktualität, nach der Jürgen Habermas in einem Buch zum achtzigsten Geburtstag Benjamins gefragt hatte, ist offenbar ungebrochen. Sie ist freilich neu zu ergründen, wozu sich die literarischen Texte und Aufsätze auf den Weg gemacht haben. Längst zeigen Benjamins Gedanken ihre Sprengkraft auch außerhalb von Europa und Nordamerika. Heiner Müller sieht in Benjamins Blick auf die bürgerliche Gesellschaft, besonders in der Wahrnehmung ihrer „infernalischen“ Aspekte, ein gegenwärtiges Moment. Nicht die Wiederkehr des Flaneurs, sondern die der Warenwelt vollzieht sich. Die Zukunft wird nicht mehr gespeist durch die Vergangenheit, sondern die Vergangenheit selbst scheint an die Stelle der Zukunft zu treten. Es bleibt Benjamins messianische Erwartung, die die Kenntnis dessen, was ist, voraussetzt. Sie wirkt „in die Ferne der Zeit zurück“, und sie wird „immer von neuem jeden Sieg, der den Herrschenden jemals zugefallen ist, in Frage stellen“.

Berlin, Februar 1992

Michael Opitz
Erdmut Wizisla

Editorische Notiz:

Texte Walter Benjamins werden nach folgenden Ausgaben zitiert:

Walter Benjamin, *Gesammelte Schriften*. Unter Mitwirkung von Theodor W. Adorno und Gershom Scholem herausgegeben von

Rolf Tiedemann und Hermann Schweppenhäuser. Band I–VII. Frankfurt am Main 1972–1989.
Im Text jeweils nachgewiesen mit den Angaben: Bandnummer (römisch)/Teilbandnummer [wo vorhanden] (arabisch), Seitenzahl; Bsp. I/2, S. 629.
Walter Benjamin, *Briefe*. Herausgegeben und mit Anmerkungen versehen von Gershom Scholem und Theodor W. Adorno. 2 Bände. Frankfurt am Main 1966.
Im Text jeweils nachgewiesen mit den Angaben: Br, Seitenzahl.

I

ELKE ERB

Dezember

Nun habe ich *Ursprung des deutschen Trauerspiels* wiedergelesen, erst mit Geduld (jener Geduld, in die sich Stille füllt) und behutsam (so wie die Bewegung eines Blinden durch die Stadt als Gleiten vorstellbar ist). Dann aber war es, als ob das Gemüt – jene Sammelbildung der, einzeln Mut genannten, seelischen Kräfte, die sie als Gewächs überlebt, verwahrt und ... – als ob das Gemüt Nahrung aufnimmt. Dankbarkeit ist nicht das ausreichende Wort.

In dem Raum, der sich solcher Wahrnehmung beim Lesen imaginär geöffnet hatte, lag winterliches Licht gebreitet, aus dessen Unruhe und kurzer Gewißheit ich auch ein nachträgliches Begehren verstand, das mich mit Mahnung und Sehnsucht auf den rechten Weg, besser – in die rechte Heimat wies: Was hast du woanders verloren!

Bei diesem Woanders vereinigte und verfestigte sich dann zu einer resultathaften Dauer, wie mir auch seit mehr als einem Jahrzehnt immer wieder (und willkommen) der Name Benjamin in die Ohren tönt, und das nachträgliche Begehren stand mit einem schmerzlichen Ruck als Vermissen, nämlich als die Frage auf: Wieso ist die Rede von ihm (diese Berufungen, diese Motto- und Zitatplaketten!) – und niemals wieder doch eine solche eingreifende, einräumende Betrachtung von etwas, eine der seinen ähnliche Leistung (Gabe) begegnet? Nur immer Verheißung blieb, Verweisung nur auf einen solchen gegründeten Raum auch in den treffenden, schlagend enthüllenden, aufzeigenden, aufreißenden Wortgrundrissen wie den marxistischen oder psychologischen. Oder in den Messen der Melancholie. Im besten Fall.

Liegt es am Gegenstand, der Gegenwart? Ein Such-Licht, verhaftet in dem Text *Über einige Motive bei Baudelaire* streift das Phänomen am Befund der Presse: *Hätte die Presse es darauf abgesehen, daß der Leser sich ihre Informationen als einen Teil seiner Erfahrung zu eigen macht, so würde sie ihren Zweck nicht erreichen. Aber ihre Absicht ist die umgekehrte und wird erreicht. Sie besteht darin, die Ereignisse gegen den Bereich abzudichten, in dem sie die Erfahrung des Lesers betreffen könnten. Die Grundsätze journalistischer Information (Neuigkeit, Kürze, Verständlichkeit und vor allem Zusammenhangslosigkeit der einzelnen Nachrichten untereinander) tragen zu diesem Erfolge genau so bei wie der Umbruch und wie die Sprachgebarung. (Karl Kraus wurde nicht müde nachzuweisen, wie sehr der sprachliche Habitus der Journale die Vorstellungskraft ihrer Leser lähmt.)*
Und?? So, wie Benjamin die Wirkung der Massenproduktion (Ware) auf das *Bewußt*sein, auf den Umgang mit ihr beschreibt, sehe ich ihn selbst, und von Selbstlosen, als Ware behandelt. Großes Fragezeichen.

Dezember 1990

II

GÜNTER HARTUNG

Das Ethos philosophischer Forschung

Die nachstehenden Betrachtungen sind auf die geistige Physiognomie Walter Benjamins gerichtet. Sie sollen in ihr diejenigen Züge auffinden, die über allen Veränderungen im Stoff und in den Gegenständen seines Denkens erhalten blieben. Solchen Konstanten nachfragen heißt keineswegs einer – wie Scholem sie genannt hat – „Legende von der eindeutigen Entwicklungslinie in Benjamins Produktion"[1] das Wort reden; es bedeutet nur, daß man die primären Motive ermitteln will, welche der ‚Produktion' von Anfang an und bleibend zugrunde lagen. Es geht mithin um das Ethos der Produktion – nicht um irgendein Telos, das doch immer nur die Frucht nachträglicher Interpretation sein könnte.
Den Veränderungen im Denken Benjamins darf die Untersuchung trotzdem nicht ausweichen. Vielmehr ist zu hoffen, daß gerade an den Einsatzstellen solcher Veränderungen jenes Dauernde im Wechsel sichtbar wird, das erst die innere Einheit eines Lebenswerks verbürgt und dessen sich Benjamin auch zweifellos bewußt war.
Das Material der Untersuchung müssen deshalb Selbstäußerungen bilden, vornehmlich programmatische Texte zum Methodischen und zur Begründung des Methodischen. Die Anzahl dieser Texte ist nicht groß; ihre Reihe wird andeutungsweise aus dem Folgenden hervorgehen. Außerdem ist es zur Interpretation der Texte nötig, auf Briefe, vor allem an den Freund Gerhard Scholem, und auf die Tagebücher zurückzugreifen. Gleichwohl gebührt den für die Öffentlichkeit bestimmten Arbeiten der absolute Vorrang. – Ich beginne mit einem herausragenden Programmtext der Spätzeit und gehe von da auf die Anfänge und Ursprünge der Benjaminschen Produktion zurück.

Ende 1937 schuf sich Benjamin die Gelegenheit, in der Schweizer konservativ-antifaschistischen Zeitschrift *Maß und Wert* die Arbeit des emigrierten *Instituts für Sozialforschung* vorzustellen. Die Anzeige, die unter dem Titel *Ein deutsches Institut freier Forschung* konzipiert war, hatte auf Forderungen des Redakteurs Ferdinand Lion zu reagieren, deren erste und oberste lautete: „er [der Aufsatz] darf nicht kommunistisch sein" (III, S.681). Das veranlaßte Benjamin, „die Begriffe ‚Materialismus' und ‚Dialektik'" strikt zu vermeiden (III, S. 684). Er nahm aber die redaktionellen Verbote und die Nötigung zu einer komplizierten Textstrategie in Kauf, weil er dafür die Möglichkeit gewann, erstmals vor einem „gebildete[n] Bürgertum" (III, S. 682) der Exilländer zentrale „Methodenfragen" (III, S. 525) auszusprechen, in deren Behandlung er sich mit den Institutsmitgliedern Horkheimer, Erich Fromm, Herbert Marcusc oder Wiesengrund-Adorno einig glaubte. Er konnte, auch ohne den Namen Marx' zu nennen, den „Zusammenhang [...] mit der realistischen Richtung der europäischen Philosophie [...], wie sie sich im 17. Jahrhundert vornehmlich in England, im 18. Jahrhundert in Frankreich, im 19. in Deutschland entwickelt hat", hinreichend deutlich machen. „Einem Hobbes und Bacon, einem Diderot und Holbach, einem Feuerbach und Nietzsche stand die gesellschaftliche Tragweite ihrer Forschung vor Augen." (III, S.519) Und von ebendem Bewußtsein der Tragweite ‚realistischen' Forschens, nur in der Gegenwart, war die methodologische Position bestimmt, die Benjamin den Institutsmitgliedern insgesamt zuschrieb:

> Was hier in Frage steht, läßt sich schwerlich als Lehrmeinung, gewiß nicht als System darlegen. Es erscheint am ehesten als Niederschlag einer alle Überlegungen durchdringenden, unveräußerlichen Erfahrung. Sie besagt, daß die methodische Strenge, in der die Wissenschaft ihre Ehre sucht, ihren Namen nur dann verdient, wenn sie nicht nur das im abgeschiedenen Raume des Laboratoriums, sondern auch das im freien der Geschichte bewerkstelligte Experiment in ihren Horizont einbezieht. (III, S. 519)

Man verfehlte den Gehalt dieser Sätze, wenn man in ihnen lediglich eine Theorie-Praxis-Beziehung wahrnähme, wie sie, unter verschiedenartigen Vorzeichen, sowohl vom Marxismus-Leninismus sowjetischer Prägung als auch vom amerikanischen Pragmatismus vertreten wurde. Vor Verwechslung warnen müßte schon die Abwehr bloßer Lehrmeinungen und des Systemdenkens; mehr noch das Beharren auf einer – mit Nachdruck an die Hauptstelle des Satzes gerückten – überpersönlichen „Erfahrung". Mit ihr erscheint ein Schlüsselbegriff des Benjaminschen Denkens, der im Vorgriff eine kurze Interpretation erfordert.

Benjamin hat selber in einer um 1930 niedergeschriebenen Notiz reflektiert, warum dieses Wort, gegen das er „in einem frühen Aufsatz alle rebellischen Kräfte der Jugend [...] mobil gemacht" hatte, seither „ein tragendes Element in vielen [s]einer Sachen" geworden war (II/3, S. 902). Jener frühe Angriff (von 1913), der „das Wort [durchstieß] ohne es zu vernichten", hatte sich gegen den kompromißlerischen Erfahrungsbegriff „des Philisters" gewandt und ihm im Namen eines „in sich selbst gegründet[en] [...] Großen und Sinnvollen" (II/1, S. 55) opponiert, welches ersichtlich dem klassischen deutschen Idealismus entstammte. Gegen den Philister wurde sogar „das Wahre, Gute, Schöne" (II/1, S. 55) aus dem Goetheschen *Epilog zu Schillers Glocke* ins Feld geführt. „Der Philister [...] begriff nie, daß es etwas Anderes gibt als Erfahrung, daß es Werte gibt – unerfahrbare –, denen wir dienen [...] Wir kennen aber Andres, was keine Erfahrung uns gibt oder nimmt: daß es Wahrheit gibt, auch wenn alles bisher Gedachte Irrtum war. Oder: daß Treue gehalten werden soll, auch wenn bisher niemand sie hielt." (II/1, S. 55) In dem Maße jedoch, da die mit idealen Setzungen arbeitende Wertlehre durch ein sachhaltiges Denken verdrängt wurde, das sich auf das außersubjektive Sein der Wahrheit richtet, im gleichen Maße mußte der Erfahrungsbegriff zu einer zentralen Kategorie werden.

Das war dann freilich, wie spätestens 1917 klargestellt wurde, „ein höherer Erfahrungsbegriff", der mit dem des Philisters ebensowenig zu tun hatte wie mit demjenigen, den Kant und die Neukantianer „den Wissenschaften und besonders der mathematischen Physik“ (II/1, S. 158) abgenommen hatten. Quellen für ihn suchte und fand Benjamin nicht bloß in sich selber, sondern auch bei „Autoritäten“ von der Art Hölderlins – „nicht in dem Sinne[,] daß man sich ihnen kritiklos hätte unterordnen müssen[,] sondern als geistige Mächte, die der Erfahrung einen großen Inhalt zu geben vermocht[en]“ (II/1, S. 159) – denen daher einzig die Annäherung im „Kommentar“ entsprach. Der „höhere Erfahrungsbegriff“ sollte das „Gebiet der Erfahrung in seiner ganzen Freiheit und Tiefe“ der Erkenntnis erschließen (II/1, S. 160). Wesentlich an ihm war der Bezug allein auf das „reine“, nicht das „empirische Bewußtsein“ (II/1, S. 158), und mithin die Entkleidung von allem Subjekt- und Objekthaften (II/1, S. 162f.), so daß sein Inhalt durch Beziehungen anderer Art zwischen den Menschen und der Wirklichkeit gebildet wurde, Beziehungen gegenseitigen Empfindens und Empfangens, Vernehmens und Antwortens, ja wechselseitigen Identifizierens, wie sie bislang wohl nur in der Mystik zur Sprache gekommen waren.

Zum Verständnis Benjamins ist es unumgänglich, die große, nie verlorene Nähe zur mystischen Tradition wahrzunehmen – freilich auch und stets zugleich damit das unablässige Bemühen um exakte philosophische Sicherung. Der größtenteils im November 1917 entstandene Aufsatz *Über das Programm der kommenden Philosophie* erhob eben diese Sicherung zur Aufgabe, nämlich: „unter der Typik des Kantischen Denkens die erkenntnistheoretische Fundierung eines höhern Erfahrungsbegriffs vorzunehmen“ (II/1, S. 160). Deutlich bekundete sich die Nähe zur Mystik in der Annahme, daß die „Fixierung des bei Kant unbekannten Begriffes der Identität [...] voraussichtlich in der transzendentalen Logik eine große Rolle“ spielen werde, weil er „vielleicht wahrhaft geeignet“ sei, „die Sphäre der Erkenntnis jenseits der Subjekt-Objekt-Terminologie autonom zu begründen“ (II/1, S. 167). Die „höhere Erfahrung“, abgesetzt gegen den Kantischen Erfahrungsbegriff, der durch die „religiöse und historische Blindheit der Aufklärung“

(II/1, S. 159) gekennzeichnet war, wurde identisch gesetzt mit einer „metaphysisch erfüllte[n] Erfahrung" (II/1, S. 160), ja unmittelbar mit der „künftige[n] Metaphysik" (II/1, S. 160) selbst.

> Diese Erfahrung umfaßt denn auch die Religion, nämlich als die wahre, wobei weder Gott noch Mensch Objekt oder Subjekt der Erkenntnis ist, wohl aber diese Erfahrung auf der reinen Erkenntnis beruht, als deren Inbegriff allein die Philosophie Gott denken kann und muß. (II/1, S. 163)

Wie leicht zu sehen, lag um diese Zeit innerhalb des Spektrums mystiknaher Erfahrung der Akzent noch ausschließlich auf der spiritualistischen und metaphysischen Seite. Der dem philosophischen *Programm*-Aufsatz vorausgehende Versuch *Über Sprache überhaupt und über die Sprache des Menschen* (November 1916) hatte daran keinen Zweifel gelassen.

> Es gibt kein Geschehen oder Ding weder in der belebten noch in der unbelebten Natur, das nicht in gewisser Weise an der Sprache teilhätte, denn es ist jedem wesentlich, seinen geistigen Inhalt mitzuteilen (II/1, S. 140f.) [...] Der ununterbrochene Strom dieser Mitteilung fließt durch die ganze Natur vom niedersten Existierenden bis zum Menschen und vom Menschen zu Gott. Der Mensch teilt sich Gott durch den Namen mit, den er der Natur und seinesgleichen (im Eigennamen) gibt, und der Natur gibt er den Namen nach der Mitteilung, die er von ihr empfängt, denn auch die ganze Natur ist von einer namenlosen stummen Sprache durchzogen, dem Residuum des schaffenden Gotteswortes, welches im Menschen als erkennender Name und über dem Menschen als richtendes Urteil schwebend sich erhalten hat. [...] Alle höhere Sprache ist Übersetzung der niederen, bis in der letzten Klarheit sich das Wort Gottes entfaltet, das die Einheit dieser Sprachbewegung ist. (II/1, S. 157)

Nach 1924 verlagerte sich das Interesse gänzlich auf das naturale Ende des Spektrums und auf materialistische Betrachtungsweisen, doch ohne daß jener Raum der „Erfahrung" insgesamt aufgegeben oder verlassen worden wäre. Adornos schöne Charakteristik des Benjaminschen Erfahrungsbegriffs trifft, da der Verfasser den jungen Benjamin nicht gekannt und dessen Schriften kaum gelesen hatte, in vollem Umfang nur auf die spätere Version zu. „Seine Sätze beriefen sich nicht auf Offenbarung,

sondern auf einen Typus von Erfahrung, der vom allgemeinen einzig dadurch sich unterschied, daß er die Einschränkungen und Verbote nicht respektierte, unter die das zugerichtete Bewußtsein sich sonst beugt. [...] Sowenig wie das sinnliche Glück, das von der traditionellen Moral der Arbeit verpönt ist, läßt Benjamins Denken dessen geistigen Gegenpol, die Beziehung aufs Absolute, sich verwehren. [...] Alles, wogegen sonst die Normen der Erfahrung sich verstocken, soll Benjamins Impuls zufolge der Erfahrung zuteil werden, sofern sie nur auf der eigenen Konkretion besteht, anstatt diese, ihr unsterbliches Teil, zu verflüchtigen, indem sie es dem Schema des abstrakt Allgemeinen unterwirft."[2] (In dem Raum mystischer Erfahrung ist übrigens auch Benjamins Aura-Begriff zu Hause. Nicht zu Unrecht hat Brecht jene ihm ärgerliche Bestimmung, die eine materialistische Um- und Neuinterpretation versuchte: „Ableitung der Aura als Projektion einer gesellschaftlichen Erfahrung unter Menschen in die Natur: der Blick wird erwidert" [I/1, S. 670], noch der „Mystik" zugeordnet.[3])
Der Erfahrungsbegriff schließlich, wie er in der Anzeige von 1937/38 erscheint, ist fähig geworden, das gesamte Spektrum abzudecken. Er hat nicht nur ein tiefes gesellschaftspolitisches Engagement in sich aufgenommen, sondern auch die Ergebnisse einer daraus erwachsenen langjährigen Forschungsarbeit, so daß er unmittelbar zur Grundlage des Methodischen werden kann.
Das Fordernde und Beunruhigende an jenen Sätzen über die ‚alle Überlegungen durchdringende Erfahrung' liegt ja, dem traditionellen Wissenschaftsverständnis entgegen, in der unlösbaren Verbindung, die zwischen der ‚methodisch strengen Wissenschaft' auf der einen Seite und dem ‚Handeln im Freiraum der Geschichte' auf der anderen hergestellt wird. Die Wissenschaft, *jede* Wissenschaft, muß demnach ihren fachlichen Laboratoriumsraum ständig transzendieren und sich auf einen universalen Horizont beziehen, wenn sie streng methodisch vorgehen, d. h. ihre Voraussetzungen wie jeden ihrer Schritte erkenntnistheoretisch rechtfertigen will. Das ‚Experiment im freien Raum der Geschichte' ist

zweifellos als ein verschlüsselter Ausdruck für revolutionäre Gesellschaftsänderung aufzufassen. Nur darf man auch hier keine einfache Subjekt-Objekt-Beziehung annehmen. Der Begriff des Experiments korreliert mit dem der Erfahrung; er umfaßt z. B. die Drogenversuche, die Benjamin zwischen 1927 und 1934 unter wissenschaftlicher Kontrolle mit sich vornahm, und besagt generell, daß der echte Forscher jede kontemplative Haltung aufzugeben und seine gesamte Person in das ‚Experiment' einzubringen hat. Dies freilich nicht als ein ‚dienendes Glied', als ein ‚Rädchen oder Schräubchen' im sozialen Mechanismus, sondern als ein das Ganze nüchtern reflektierender Wissenschaftler.

Wenn mithin ‚methodische Strenge' eine unverkennbare Distanz zum Sowjetmarxismus anzeigt, dann deutet sich im Begriff des Experiments doch auch eine Differenz zu führenden Mitgliedern des Instituts für Sozialforschung an, die am Ende unüberbrückbar werden sollte.

Die Genese der für Benjamin charakteristischen Denkhaltung läßt sich bereits an Äußerungen des Gymnasiasten und Studenten verfolgen. Früh zeigte und behauptete sich bei der Auseinandersetzung mit aktivistischen Tendenzen, die ihm aus Berliner literarischen und politischen Zirkeln entgegentraten, ein ethisches Apriori, das ebensowenig ein Sich-Bewahren der eigenen Person wie ihre Indienstnahme für pragmatische Zwecke kannte. Befördert durch die Wynekensche Jugendbewegung, blieb es ihr so lange verhaftet, wie die Bewegung noch wahrhaft frei und oppositionell erschien.

„Ich denke (nicht sozialistisch, sondern in irgend einem andern Sinne) an die Menge der Ausgeschlossenen und an den *Geist*, der mit den Schlafenden im Bunde ist, nicht mit den Brüdern", schreibt der einundzwanzigjährige Student an eine Freundin (Br, S. 95). Bereits in dem ein Jahr zuvor entstandenen *Dialog über die Religiosität der Gegenwart* ist „das Furchtbare, Unbedingte" ins Auge gefaßt, „das in der Ergebung der Person unter sozial-sittliche Zwecke steckt"; ihm entzögen sich die meisten, heißt es weiter, weil sie „vom Reichtum und Schwergewicht der Individualität" nichts mehr wissen; weil sie „das Körpergefühl ihrer geistigen Persönlichkeit verloren haben" (II/1, S. 33). Dieselbe Gesinnung findet in einem Brief vom September 1913 die Worte: „Dann nämlich (wenn wir uns nicht zum bloßen Arbeiter einer Bewegung machen) wenn wir uns den Blick frei halten, den Geist wo immer zu schauen, werden wir die sein, die ihn verwirklichen. Fast alle vergessen, daß *sie selber* der Ort sind, wo Geist sich verwirklicht." (Br, S. 93) Zugleich verrät der vorangehende Satz: „Dies ständig vibrierende Gefühl für die Abstraktheit des reinen Geistes möchte ich Jugend nennen", einiges über die Quellen der Haltung; er verweist auf die enge Verbindung, die im Zeichen der Wynekenschen Jugendkultur die Radikalität mit der Unbestimmtheit eingegangen war.

Es bedurfte der schweren Erschütterungen, die der Kriegsausbruch 1914 und eine Woche darauf der Selbstmord des Freundes Fritz Heinle auslösten, damit an die Stelle der Empfänglichkeit für den ‚reinen Geist' die Bereitschaft zu seiner Umarmung und an die Stelle der gefühlten ‚Abstraktheit' konkrete Untersuchungsgegenstände treten konnten. Man kann sich die Bedeutung beider Ereignisse für den Zweiundzwanzigjährigen kaum einschneidend genug vorstellen. Sie beendeten unwiderruflich die Zeit der Jugend und der Jugendfreiheit; noch die *Berliner Chronik* (1932) ist auf sie als den perspektivischen Fluchtpunkt hin konzipiert. Ohne Zweifel hat man hier die Einsatzstelle der originären Produktion zu suchen.

Benjamin selber hat am 25. April 1930 in einem Bekenntnisbrief an Scholem von den „in meinem zweiundzwanzigsten Jahr [gelegten] herrlichen Grundlagen" gesprochen, auf denen damals „das ganze Leben" aufgebaut werden sollte (Br, S. 513). Die Aussage kann sich nur auf zwei miteinander korrespondierende Arbeiten beziehen, die bald nach jener Zeitschwelle entstanden und das wichtigste Ergebnis des Kriegsjahres 1914/15 darstellten: *Zwei Gedichte von Friedrich Hölderlin* und *Das Leben der Studenten.*

Die ersten Monate nach Kriegsausbruch – „ehe noch der

Hundertste gefallen war, schlug er in unserer Mitte ein. Mein Freund starb. Nicht in der Schlacht. Er blühte auf einem Felde der Ehre, wo man nicht fällt. Monate folgten, von denen ich nichts mehr weiß" (II/2, S. 623) – wandte der Student „ganz meiner ersten größeren Arbeit, einem Versuch über zwei Hölderlinsche Gedichte, der ihm meinem Freunde gewidmet war" (II/3, S. 1431) und der das persönliche Bekenntnis ohne Rest in einem „ästhetischen Kommentar" (II/1, S. 105) aufgehen ließ.

> „Drum, mein Genius, tritt nur/Bar ins Leben und sorge nicht!" Das ‚Leben' liegt hier außerhalb des dichterischen Daseins, es ist in der neuen Fassung nicht Voraussetzung, sondern Gegenstand einer mit mächtiger Freiheit vollzognen Bewegung: der Dichter *tritt ins* Leben, er wandelt nicht in ihm fort. Die Einordnung des Volkes in jene Lebensvorstellung der ersten Fassung ist zu einer Schicksalverbundenheit der Lebendigen mit dem Dichter geworden. „Was geschiehet, es sei alles gelegen dir!" (II/1, S. 116)

Zu dieser außerordentlichen Erstlingsschrift bildete der zwischen Juni 1914 und Juli 1915 entstandene und danach zweimal zum Druck gegebene Aufsatz *Das Leben der Studenten* ein genaues Pendant. Seine endgültige Gestalt erhielt er ebenfalls unter dem Eindruck der Katastrophen des August 1914. In ihn gingen nicht nur früher gehaltene Reden für die *Freie Studentenschaft* ein, sondern auch die unwiderrufliche Abkehr von der studentischen und jeder anderen Jugendbewegung. „Wir alle", schrieb Benjamin im Oktober 1914 an den Freund Ernst Schoen, „nähren doch das Bewußtsein hiervon: Daß Radikalismus zu sehr Geste war, daß ein härterer, reinerer, unsichtbarer uns unentrinnbar werden soll." (Br, S. 119) Für einen solchen, hart und rein an konkrete Sachgehalte gebundenen Radikalismus, wie er gleichzeitig im *Hölderlin*-Kommentar bewährt wurde, legt der *Studenten*-Aufsatz das theoretische Fundament. Er tut das in Form eines Lebensprogramms, wie es Benjamin kein zweites Mal entwerfen wird. Es wird so lange in Kraft bleiben, bis die in jenem Brief vom April 1930 erwähnten „sieben Jahre des Zögerns" (Br, S. 513) beginnen, also bis zu der Lebenskrise und -wende der Jahre

1923/24. Gleichwohl werden einige in ihm getroffene Bestimmungen nie ihre Gültigkeit verlieren.
Dem Aufsatz *Das Leben der Studenten* eignet erstmals eine für Benjamins reife Arbeiten charakteristische Bogenspannung: Mit einem einleitenden, auf die philosophischen Voraussetzungen konzentrierten Absatz korrespondiert ein Schlußteil, der die Perspektive auf das zukunftszugewandte Tun eröffnet; dem dazwischenliegenden Hauptteil ist die kritische Sachanalyse anvertraut, aus der die Forderungen an die Lebensgestaltung hervorgehen. Die Interpretation des Aufsatzes wird von hier ihren Ausgang nehmen, um sich dann dem philosophischen Fundament zuzuwenden.
„An das Leben der Studenten tritt die Frage nach seiner bewußten Einheit heran." (II/1, S. 75) Solche Einheit kann nicht gefunden werden, solange das Studium nur als ein Mittel für außerhalb liegende Zwecke und die Studienzeit nur als ein Durchgang zu Beruf und Anstellung betrachtet wird. Statt dessen muß das Leben an der Hochschule als eine große, noch zu leistende „Aufgabe" begriffen werden, welche mit der Fichte-Humboldtschen Universitätsidee konvergiert: „eine Gemeinschaft von Erkennenden zu gründen an Stelle der Korporation von Beamteten und Studierten" (II/1, S. 76). Um „den geistigen Wert einer Gemeinschaft zu prüfen", gibt es nun „ein sehr einfaches und sicheres Kriterium", die Frage nämlich: „Findet die Totalität des Leistenden in ihr einen Ausdruck, ist der ganze Mensch ihr verpflichtet, ist der ganze Mensch ihr unentbehrlich?" (II/1, S. 77) Dem Kriterium können die gegenwärtigen Universitätsverhältnisse keineswegs genügen, auch nicht – nicht mehr – die studentischen Korporationen, sogar nicht einmal „die sogenannten freistudentischen Organisationen", weil sie alle immer nur Bruchstückhaftes abfordern, weil ihr Ethos bestenfalls auf Verbreiterung oder Popularisierung des Wissens gerichtet ist, nicht aber auf die große und reine „Idee des Wissens" selber. Dagegen:

> Weil „Wissenschaft mit dem Leben nichts zu tun hat", darum muß sie ausschließlich das Leben dessen gestalten, der ihr

folgt. [...] Denn die Wissenschaft duldet ihrem Wesen nach keine Lösung von sich, sie verpflichtet den Forschenden, in gewisser Weise immer als Lehrer, niemals zu den staatlichen Berufsformen des Arztes, Juristen, Hochschullehrers. (II/1, S. 76)

Ihre Verpflichtung einzulösen ist Wissenschaft aber nur imstande, wenn sie sich nicht auf den Ausbau und die Weitergabe des Fachwissens beschränkt, sondern tätige Fühlung mit dem Leben außerhalb der Hochschule hält – mit „einem tieferen Leben" allerdings (II/1, S. 82), das auch die ‚Menge der Ausgeschlossenen' und der ‚Schlafenden' umfassen müßte. Um dies zu leisten, wäre ein universaler geistiger Horizont erfordert, und den könnte einzig Philosophie geben; doch wiederum nicht die akademisch etablierte, „mit den Fragestellungen der begrenzten wissenschaftlichen Fachphilosophie", sondern eine neue, andersgeartete, „mit den metaphysischen Fragen des Platon und des Spinoza, der Romantiker und Nietzsches". Bezieht sich eine Gemeinschaft schöpferischer Menschen auf solchen Horizont, so erhebt sie „jedes Studium zur Universalität: unter der Form der Philosophie" (II/1, S. 82). Und daraus kann endlich die oberste Aufgabe studentischen Lebens abgeleitet werden:

Die Studentenschaft wäre in ihrer schöpferischen Funktion als der große Transformator zu betrachten, der die neuen Ideen, die früher in der Kunst, früher im sozialen Leben zu erwachen pflegen als in der Wissenschaft, überzuleiten hätte in wissenschaftliche Fragen durch philosophische Einstellung. (II/1, S. 83)

Man sieht leicht, daß die weitreichenden Bestimmungen des *Studenten*-Aufsatzes weniger an einem, noch so ideal gefaßten, studentischen Status orientiert waren als an einem Begriff von Wissenschaft, der auch über dem Leben des Hochschullehrers und Forschers stehen müßte. Von der Idee eines „reinen Studiums" wird Benjamin später abrücken; eine entsprechende Distanz bezeugt schon das ironische Beiwort „herrlich" im Bekenntnisbrief vom April 1930. Ähnlich wird im *Kafka*-Essay Kritik geübt werden, wenn dort das „Studium" mit den

„großen Regeln der Askese“ (II/2, S. 434) zusammengebracht und ihm eine Richtung der „Umkehr“ zugemessen wird, „die das Dasein in Schrift verwandelt“ (II/2, S. 437). Dem Benjamin schon des *Trauerspiel*-Buches war ein „reines“ Wissen suspekt geworden (I/1, S. 402); er empfand sehr wohl die Notwendigkeit, die im *Studenten*-Aufsatz visierte Überleitung der ‚neuen Ideen‘ aus dem ‚sozialen Leben‘ in Wissenschaft um die Gegenbewegung der Wissenschaft ins Leben zu ergänzen.

Aber das änderte nichts an dem Kooperationsverhältnis von Wissenschaft und Philosophie, wie es im *Leben der Studenten* erstmals festgelegt worden war. Von jeder echten Denkleistung wurde ein Ineinandergreifen beider erwartet; der universale philosophische Horizont sollte sich im Wechselzusammenhang mit wissenschaftlichen Fragestellungen aufbauen. Selbstverständlich war dabei nicht an eine Kooperation von Fachphilosophen mit Fachwissenschaftlern auf der Basis der Arbeitsteilung gedacht, sondern an eine Personalunion, die in jedem Forschenden verwirklicht sein mußte. Die Tatsache, daß Benjamin für seine Arbeit zeitweise verschiedene Akzentsetzungen vornahm, berechtigt nicht zu einer Abtrennung seiner ‚philosophischen‘ Schriften von den ‚essayistischen‘ oder ‚kritischen‘.

Bekanntlich hoffte Benjamin lange, besonders in den Jahren vor der Dissertation, den Universalitätsaspekt ausbauen und zu einer eigenen, in sich geschlossenen Darstellung führen zu können. Der Begriff, der die zu leistende Aufgabe umriß, hieß „das System“; bezeichnenderweise erscheint er zuerst in der philosophischen Einleitung zum *Studenten*-Aufsatz.

> Der einzige Weg, von der historischen Stelle des Studententums und der Hochschule zu handeln[,] ist das System. Solange mancherlei Bedingungen hierzu versagt sind, bleibt nur[,] das Künftige aus seiner verbildeten Form im Gegenwärtigen erkennend zu befreien. (II/1, S. 75)

Die ‚noch versagten Bedingungen‘ waren doppelter Natur: zum einen mußte ‚das Gebiet der Erfahrung in seiner ganzen Tiefe und Freiheit‘, und zwar als ein in sich gegliedertes, qualitativ ansteigendes Kontinuum erschlossen werden; zum anderen und zugleich damit mußte, ausgehend von dem System der Kantischen *Kritiken,* ein neuer Erfahrungsbegriff geschaffen werden, der es erlaubte, die Erfahrung als „systematische Spezifikation" (II/1, S. 162), als „einheitliche und kontinuierliche Mannigfaltigkeit der Erkenntnis" (II/1, S. 168) zu apriorischer Gewißheit zu bringen. Die Lösung der „Doppelaufgabe" – „der Schaffung eines neuen Erkenntnisbegriffs und einer neuen Vorstellung von der Welt" (II/1, S. 160) – wäre mit dem „System" identisch gewesen. „Je unabsehbarer und kühner die Entfaltung der kommenden Philosophie sich ankündigt, desto tiefer muß sie nach Gewißheit ringen[,] deren Kriterium die systematische Einheit oder die Wahrheit ist." (II/1, S. 158)

Die eigentlich philosophische Aufgabe dabei, d. h. die erkenntnistheoretische Fundierung, wurde im Aufsatz *Über das Programm der kommenden Philosophie* umrissen. An seinem Ende mündeten Gedanken des vorausgegangenen *Sprach*-Aufsatzes ein, und zwar über die „Tatsache", „daß alle philosophische Erkenntnis ihren einzigen Ausdruck in der Sprache und nicht in Formeln und Zahlen" hat und daß deswegen „die systematische Suprematie der Philosophie wie über alle Wissenschaft so auch über die Mathematik letzten Endes zu behaupten" sei (II/1, S. 168).

> Ein in der Reflexion auf das sprachliche Wesen der Erkenntnis gewonnener Begriff von ihr wird einen korrespondierenden Erfahrungsbegriff schaffen der auch Gebiete deren wahrhafte systematische Einordnung Kant nicht gelungen ist umfassen wird. Als deren Oberstes ist das Gebiet der Religion zu nennen. Und damit läßt sich die Forderung an die kommende Philosophie endlich in die Worte fassen: Auf Grund des Kantischen Systems einen Erkenntnisbegriff zu schaffen[,] dem der Begriff einer Erfahrung korrespondiert[,] von der die Erkenntnis Lehre ist. Eine solche Philosophie wäre entweder in ihrem allgemeinen Teile selbst als Theologie zu bezeichnen oder wäre dieser sofern sie etwa historisch philosophische Elemente einschließt übergeordnet. (II/1, S. 168)

Warum Benjamin sein System nicht vollendet, d. h. es nicht in eine geschlossene sprachliche Form gebracht hat, läßt sich mit letzter Sicherheit nicht sagen. Offenbar genügten ihm aber die ausgearbeiteten Prolegomena zur Gewißheit eines philosophischen Horizonts, der den Wahrheitsgehalt der mit Blick auf ihn erforschten konkreten Erfahrung verbürgte. „Denn das universale philosophische Interesse", heißt es im *Programm*-Aufsatz, „ist stets zugleich auf die zeitlose Gültigkeit der Erkenntnis und auf die Gewißheit einer zeitlichen Erfahrung, die als deren nächster wenn nicht einziger Gegenstand betrachtet wird[,] gerichtet." (II/1, S. 158) Auch unausgeführt durfte das Benjaminsche System – „als Entwurf einer Weltbeschreibung[,] wie Platon mit der Ideenlehre, Leibniz mit der Monadologie, Hegel mit der Dialektik sie gab" (I/1, S. 212) – Geltung behaupten. Als schließlich die Hoffnungen auf unmittelbare Darstellung der Wahrheit durch deren „Antizipation im System" (I/1, S. 208) endgültig verabschiedet wurden, geschah dies bezeichnenderweise in der *Erkenntniskritischen Vorrede* zum *Trauerspiel*-Buch, welche den kritischen Teil des Systems resümierte, um auf ihm eine strenge Methode „kunstphilosophischer Forschung" zu begründen. (Ähnlich wird Benjamin später bei allen größeren Arbeiten verfahren, ohne daß die erkenntnistheoretische Grundlegung immer ein eigenes Kapitel in Anspruch nehmen muß.)

Zugleich machte die Vorrede zum *Ursprung des deutschen Trauerspiels* klar, daß der Universalitätsaspekt – die „Übung im beschreibenden Entwurfe der Welt" – weiterhin dem Philosophen aufgegeben sei. Erfülle er diese seine Aufgabe, heißt es an gleicher Stelle, „so gewinnt er die erhobne Mitte zwischen dem Forscher und dem Künstler" (I/1, S. 212). In dieser Formulierung darf man den bleibenden Ausdruck für die in Benjamins Autorschaft verwirklichte Personalunion von Forscher, Philosoph und Künstler erblicken.

Als ‚nächster, wenn nicht einziger' Gegenstand der Erkenntnis war im *Programm*-Aufsatz eine ‚zeitliche', sogar eine „in ihrer gesamten [...] Struktur singulär zeitliche" (II/1, S. 158) Erfahrung benannt worden. Das Wort ‚zeitlich' stand hier nicht bloß für ‚vergänglich' (II/1, S. 158), den Gegensatz zu ‚zeitlos', sondern auch für ein inhaltliches Moment der Erfahrung, ihre Bezogenheit auf die Zeit, in der sie geschieht, und damit auf die Gegenwart in ihrem Gewordensein und in ihrem Verhältnis zur Zukunft. Dementsprechend begann der Aufsatz:

> Es ist die zentrale Aufgabe der kommenden Philosophie die tiefsten Ahnungen die sie aus der Zeit und dem Vorgefühle einer großen Zukunft schöpft durch die Beziehung auf das Kantische System zur Erkenntnis werden zu lassen. (II/1, S. 157)

Man stößt hier auf ein Grundelement des Benjaminschen Denkens, das sich, mit leichter Vereinfachung, das geschichtsphilosophische nennen läßt. Fragt man nach seinem Ursprung, wird man wieder auf die einschneidende ‚Zeit'-Erfahrung geleitet, welche die Katastrophen des August 1914 auslösten. Folgendermaßen beginnt *Das Leben der Studenten*:

> Es gibt eine Geschichtsauffassung, die im Vertrauen auf die Unendlichkeit der Zeit nur das Tempo der Menschen und Epochen unterscheidet, die schnell oder langsam auf der Bahn des Fortschrittes dahinrollen. Dem entspricht die Zusammenhanglosigkeit, der Mangel an Präzision und Strenge der Forderung, die sie an die Gegenwart stellt. (II/1, S. 75)

Nicht ohne Ergriffenheit wird man hier einer Kontinuität inne, die Benjamins ganzes Œuvre durchziehen und ihren sichtbarsten Ausdruck in den Thesen *Über den Begriff der Geschichte* von 1939/40 finden wird. Dann wird zwar eine ausgebildete Methodologie der Geschichtsforschung hinzugekommen sein (deren Grundlegung nächst dem *Fuchs*-Essay dem Vorwort zum *Paris des Second Empire bei Baudelaire* anvertraut ist), doch an Ausgangspunkt und Richtung der Kritik wird sich nichts Entscheidendes geändert haben. Denn denselben quietistischen, vom bürgerlichen Liberalismus herstammenden Fortschrittsbegriff, den der *Studenten*-Aufsatz attakkierte und der „von der Vorstellung ihres [der Geschichte; G. H.] eine homogene und leere Zeit durchlaufenden Fortgangs nicht abzulösen" ist (I/2, S. 701), kritisieren die Thesen an der „sozialdemokratische[n] Theorie und noch mehr [ihrer] Praxis" (I/2, S. 700), wie auch, unmißverständlich und unmißbrauchbar, an Theorie und Praxis der Sozialisten in der französischen Volksfront und der von Stalin geführten Kommunisten.

> Die Betrachtung geht davon aus, daß der sture Fortschrittsglaube dieser Politiker, ihr Vertrauen in ihre „Massenbasis" und schließlich ihre servile Einordnung in einen unkontrollierbaren Apparat drei Seiten derselben Sache gewesen sind. Sie sucht einen Begriff davon zu geben, wie *teuer* unser gewohntes Denken eine Vorstellung von Geschichte zu stehen kommt, die jede Komplizität mit der vermeidet, an der diese Politiker weiter festhalten. (I/2, S. 689)

Doch nicht nur die kritische Komponente der Thesen, auch das ihrer Geschichtsvorstellung immanente Moment von Hoffnung, das Vertrauen auf die Macht der „feinen und spirituellen" Dinge, die „als Zuversicht, als Mut, als Humor, als List, als Unentwegtheit in diesem Kampf lebendig [sind] und [...] in die Ferne der Zeit zurück[wirken]" (I/2, S. 694), dies alles kündigt sich 1914/15 schon überraschend deutlich an. Freilich spricht da, in scharfer Opposition zu den ‚Ideen von 1914', noch ein Alleinstehender, welcher „die Krisis auf[zeigt], die im Wesen der Dinge liegend zur Entscheidung führt, der die Feigen unterliegen und die Mutigen sich unterordnen" (II/1, S. 75). Seine Orientierung bezieht er aber schon aus dem Verhältnis der Gegenwart zu einem gedachten „Endzustand" des Geschichtlichen, „in dem die Historie als in einem Brennpunkt gesammelt ruht, wie von jeher in den utopischen Bildern der Denker".

> Die Elemente des Endzustandes liegen nicht als gestaltlose Fortschrittstendenz zutage, sondern sind als gefährdetste, verrufenste und verlachte Schöpfungen und Gedanken tief in jeder Gegenwart eingebettet. Den immanenten Zustand der Vollkommenheit [...] sichtbar und herrschend in der Gegenwart zu machen, ist die geschichtliche Aufgabe. Dieser Zustand ist aber nicht mit pragmatischer Schilderung von Einzelheiten (Institutionen, Sitten usw.) zu umschreiben, welcher er sich vielmehr entzieht, sondern er ist nur in seiner metaphysischen Struktur zu erfassen, wie das messianische Reich oder die französische Revolutionsidee. (II/1, S. 75)

So treten uns aus Benjamins Arbeiten von 1914/15 in jugendlicher Frische bereits wesentliche Züge seiner geistigen Physiognomie entgegen: die Schärfe und unbedingte Integrität des wissenschaftlich-philosophischen Denkens, verbunden mit der Bereitschaft, die eigene Person und das eigene Leben restlos der erkannten Aufgabe zu unterstellen. Der Aufsatz *Das Leben der Studenten* schließt mit einer nachdrücklichen Bekräftigung:

> Jeder wird seine eignen Gebote finden, der die oberste Forderung an sein Leben heranträgt. Er wird das Künftige aus seiner verbildeten Form im Gegenwärtigen erkennend befreien. (II/1, S. 87)

Wenn bei Benjamin überhaupt von einer Entwicklung die Rede sein kann, dann im Hinblick auf den Ausbau und die ständige Verfeinerung seiner gedanklichen Armatur, kaum jedoch im Hinblick auf die Inhalte dessen, was er „Erfahrung" nannte. In ihrem Bereich trugen sich vielmehr zeit- und lebensgeschichtlich bedingte Umstürze zu – am stärksten in den Jahren 1924/25 –, für die das Wort ‚Entwicklung' unpassend erscheint. Außerdem wirkten in den Bereich unvorhergesehene Begegnungen mit geistigen Autoritäten hinein, ‚welche der Erfahrung neue Inhalte gaben', wie denn Benjamins Verhältnis zum Judentum durch die Freundschaft mit Scholem, zum Deutschtum durch F. Chr. Rang, zum Leninismus durch Asja Lacis, zur zeitgenössischen Dichtung durch einzelne Surrealisten und dann durch Brecht entscheidend geprägt wurde.
Erst aus der Wechselwirkung beider Bereiche, des wissenschaftlich-methodischen einerseits, des zur Darstellung drängenden gegenständlichen andererseits, läßt sich die Reihe seiner Arbeiten, lassen sich die Momente von Kontinuität und Diskontinuität in ihr hinreichend verstehen. Der unmittelbaren ‚Stoffwahl' ist geringere Bedeutung zuzumessen. Wenn Scholem meint, daß mit der *Wahlverwandtschaften*-Arbeit (Sommer 1921 bis Februar 1922) „eine neue Wendung in Benjamins geistigem Leben" begonnen habe, diejenige „vom systematisch ausgerichteten Denken zum kommentierenden"[4], so ist das eine Vereinfachung; vernachlässigt wird nicht nur die vom *Hölderlin*-Essay ausgehende und über die

Dissertation führende Linie ‚kommentierender' Arbeiten, sondern auch, daß hinter den wichtigsten Essays der Nachkriegszeit: *Schicksal und Charakter* (September bis November 1919), *Zur Kritik der Gewalt* (Januar 1921) und *Die Aufgabe des Übersetzers* (März bis Mai 1921) kein eigentlich ‚systematisches' Interesse mehr stand. Für sie wie für die folgenden Abhandlungen dürfte vielmehr jenes in der *Wahlverwandtschaften*-Arbeit formulierte „Grundgesetz des Schrifttums" in voller intentioneller Geltung gewesen sein, „demzufolge der Wahrheitsgehalt eines Werkes, je bedeutender es ist, desto unscheinbarer und inniger an seinen Sachgehalt gebunden ist" (I/1, S. 125).

Will man sich auf die Kontinuitätsmomente in Benjamins Produktion konzentrieren, muß jener annäherungsweise als ‚Geschichtsphilosophie' bezeichnete Bezirk im Zentrum der Betrachtung bleiben. Er erfuhr während des Jahrzehnts von 1914 bis 1924 einen im ganzen stetigen Ausbau auf den durch *Hölderlin*-Kommentar und *Studenten*-Aufsatz gelegten Grundlagen. Im nachhinein läßt sich eine zunehmende Politisierung feststellen, welche anscheinend weniger durch die revolutionären Vorgänge in Norddeutschland, Bayern und der Schweiz ausgelöst war als durch die Friedensverträge vom Sommer 1919 und durch die allgemeine Nachkriegskrise im Reich. Wichtig wurden für Benjamin die Begegnung mit Ernst Bloch (März oder April 1919) und die Auseinandersetzung mit dessen *Geist der Utopie*, worin ein zu errichtendes „System des theoretischen Messianismus" als Grundlage „für den praktischen Messianismus"[5] expressis verbis angekündigt worden war.

Das Ausgangsniveau der Benjaminschen Geschichtsphilosophie ist durch die Tatsache bezeichnet, daß im *Studenten*-Aufsatz die beiden Zukunftsorientierungen, die metaphysisch-theologische in Gestalt des ‚messianischen Reichs', die politische in Gestalt der ‚französischen Revolutionsidee', noch zusammenhanglos und gewissermaßen gleichrangig nebeneinander gestanden hatten. Die 1919 einsetzenden Bestrebungen gehorchten der Absicht, die Idee des Messianischen auf dem politischen

Feld heimisch zu machen, sie mit den Ideen der „wahren Politik" und des „wahren Politikers" zu verbinden. Allerdings schlug dabei der religiöse Spiritualismus, der den Hauptinhalt des damaligen Erfahrungsbegriffs ausmachte, so stark durch, daß alles Profane und Nichtgeistige der Entwertung verfiel. In dem auf 1919/20 anzusetzenden Text *Erst der Messias* ... (dem von Adorno so benannten *Theologisch-politischen Fragment*) ist das Messianische mit dem Ende der Geschichte und mit dem Untergang alles Irdischen gleichgesetzt, und die Politik erhält die Aufgabe, das Vergehen zu befördern.

> Der geistlichen restitutio in integrum, welche in die Unsterblichkeit einführt, entspricht eine weltliche, die in die Ewigkeit eines Unterganges führt[,] und der Rhythmus dieses ewig vergehenden, in seiner [...] räumlichen, aber auch zeitlichen Totalität vergehenden Weltlichen, der Rhythmus der messianischen Natur, ist Glück. Denn messianisch ist die Natur aus ihrer ewigen und totalen Vergängnis. [–] Diese zu erstreben, auch für diejenigen Stufen des Menschen, welche Natur sind, ist die Aufgabe der Weltpolitik, deren Methode Nihilismus zu heißen hat. (II/1, S. 204)

Unter dem starken Eindruck der Sorelschen *Réflexions sur la violence*, die Benjamin Ende 1920/Anfang 1921 las und die er in die gleich darauf entstehende *Kritik der Gewalt* einarbeitete, verlor der politische Ansatz seine Abstraktheit, trat an die Stelle der außergeschichtlich ‚nihilistischen' Perspektive die innerweltliche auf „Erlösung aus dem Bannkreis aller bisherigen weltgeschichtlichen Daseinslagen" (II/1, S. 196). Da aber eine solche Erlösung „unter völliger und prinzipieller Ausschaltung jeder Gewalt unvollziehbar bleibt" (II/1, S. 196), so verband sich mit der messianischen Idee, beim Übertritt auf das gesellschaftliche Feld, eine Vorstellung sozialer Revolution, welche die ‚französische Revolutionsidee' weit hinter sich ließ. In die Perspektive rückte der anarchistische, „sich die einzige Aufgabe der Vernichtung der Staatsgewalt" setzende „proletarische Generalstreik" (II/1, S. 194). Dessen erkenntniskritische Rechtfertigung als eines mit „reinen", weil „gewaltlosen Mitteln" bewirkten Umsturzes gewann Benjamin aus der regulativen Idee einer „reinen göttlichen Gewalt", in welcher allein die Überwindung jeglicher rechtsverbundenen – rechtsetzenden oder -erhaltenden – Gewalt sich denken lasse. („Wie in allen Bereichen dem Mythos Gott, so tritt der mythischen Gewalt die göttliche entgegen." [II/1, S. 199]) Nur war das spiritualistische Element, die Gewißheit einer vom Sündenfall datierenden „Verschuldung des bloßen natürlichen Lebens" (II/1, S. 200), unerschüttert erhalten geblieben; es forderte jetzt einen hohen Tribut.

> Der Mensch fällt eben um keinen Preis zusammen mit dem bloßen Leben des Menschen, so wenig mit dem bloßen Leben in ihm wie mit irgendwelchen andern seiner Zustände und Eigenschaften, ja nicht einmal mit der Einzigkeit seiner leiblichen Person. So heilig der Mensch ist (oder auch dasjenige Leben in ihm, welches identisch in Erdenleben, Tod und Fortleben liegt), so wenig sind es seine Zustände, so wenig ist es sein leibliches, durch Mitmenschen verletzliches Leben. Was unterscheidet es denn wesentlich von dem der Tiere und Pflanzen? (II/1, S. 201f.)

Der Revolutionsidee teilte sich daher ein religiöser Radikalismus mit, dessen antiliberale und antihumane Konsequenzen diejenigen des zeitgenössischen politischen Messianismus, des Blochschen sowohl wie des Lukácsschen, durchaus in den Schatten stellten. Die Schlußsequenzen der *Kritik der Gewalt* nehmen sich aus wie eine Vorwegnahme von Denkfiguren des Thomas Mannschen Leo Naphta aus dem *Zauberberg*:

> Von neuem stehen der reinen göttlichen Gewalt alle ewigen Formen frei, die der Mythos mit dem Recht bastardisierte. Sie vermag im wahren Kriege genau so zu erscheinen wie im Gottesgericht der Menge am Verbrecher. (II/1, S. 203)

Man braucht nur neben die *Kritik der Gewalt* den einen Aphorismus aus der *Einbahnstraße* zu halten: „Die Tötung des Verbrechers kann sittlich sein – niemals ihre Legitimierung" (IV/1, S. 138), um sofort des Abstands innezuwerden, der den Metaphysiker und Spiritualisten Benjamin von dem späteren politischen Denker trennt. (Derselbe Befund ergibt sich, wenn man die Idee des Glücks im *Theologisch-politischen Fragment* mit derjenigen im *Gottfried-Keller-* oder im *Proust*-Essay [II/1, S. 288; 313] vergleicht.) Dazwischen lag eine Zäsur, wie sie tiefer und einschneidender kaum gedacht werden konnte. Sie hat schon den zeitgenössischen Freunden Benjamins Rätsel aufgegeben und beschäftigt die Forschung immer noch.

Außer Frage steht, daß die Lebenswende bewirkt wurde durch das Zusammentreffen mit der lettischen Kommunistin Asja Lacis im Sommer 1924 auf Capri. Noch das Tagebuch von Mai/Juni 1931 wird festhalten:

> daß ich mich jedesmal, wenn eine große Liebe Gewalt über mich bekam, von Grund auf veränderte[e] [...] Das beruht aber darauf, daß eine wirkliche Liebe mich der geliebten Frau ähnlich macht. [...] Am gewaltigsten war diese Verwandlung ins Ähnliche [...] in meiner Verbindung mit Asja, so daß ich vieles erstmals in mir entdeckte. (VI, S. 427)

Nach außen wurden damals nur wenige Signale abgegeben, das deutlichste am 7. Juli 1924 an Gershom Scholem:

> Hierselbst ist allerlei vorgegangen, [...] nicht zum besten meiner bedrohlich unterbrochenen Arbeit [an der Habilitationsschrift; G. H.], nicht zum besten vielleicht auch einer für jede Arbeit so unerläßlichen bürgerlichen Lebensrhythmik, unbedingt zum besten einer vitalen Befreiung und einer intensiven Einsicht in die Aktualität eines radikalen Kommunismus. (Br, S. 351)

An dieser seither vielzitierten Nachricht hat meistens das politische Bekenntnis alle Aufmerksamkeit auf sich gezogen und sie von dem voranstehenden lebensgeschichtlichen abgelenkt. Man versteht aber die damals angebahnten Veränderungen in ihrer Tiefe nur, wenn man der ‚vitalen Befreiung' das volle ihr gebührende Recht gibt und unvoreingenommen den Auswirkungen auf Benjamins Produktion nachgeht. Es muß sich damals in ihm ein Durchbruch angestauter Vitalität ereignet haben, der auf die Dauer keinen Bezirk seines Schaffens unberührt und unbeeinflußt ließ. Freilich wurden die Veränderungen erst Jahre später von der Reflexion eingeholt.

Thematisch und formal Neues kündigte sich schon 1924/25 an, so in dem Städtebild *Neapel*, in anderen Prosastücken, welche unter dem späteren Gesamttitel *Essen* italienische Erfahrungen thematisierten, in ersten Aphorismen und Aufzeichnungen der späteren *Einbahnstraße*, die damals noch *Plakette für Freunde* (Br, S.367) hieß, und am auffälligsten in der schnell sich vergrößernden Zahl literarisch-politischer Kritiken und Polemiken für die Tagespresse. Das Gemeinsame an den vorerst noch nebenher, neben der Arbeit an der Habilitationsschrift, entstehenden neuen Texten war die Vorliebe für das Konkrete, Sinnliche, Aktuelle und der Verzicht auf die bisher geübte „altfränkische" (Br, S. 368) Darstellungsweise. Man darf durchaus von einer Neugeburt des Schriftstellers Benjamin sprechen. Durch sie geriet sogar eine Zeitlang die Personalunion von Forscher, Philosoph und Künstler in Gefahr, so daß die ‚erhobne Mitte' fast verwaist erschien. Erst nach mehreren Jahren wird Benjamin wieder Arbeiten theoretischen Charakters zum Druck geben.

Die künstlerische Neugeburt, die sich im „Produktionskreis der *Einbahnstraße* (Br, S. 455) ausdrückte, geschah aus einem Geiste visueller und haptischer Sinnlichkeit heraus, der zu der früheren, auf Hören und Vernehmen gestellten Sprachmystik den denkbar größten Gegensatz bildete. Trotzdem wurde der Gesamtbereich der „Erfahrung" nicht aufgegeben. In ihm fand nur eine radikale Interessenverlagerung statt: von den übersinnlichen Gegenständen der Erfahrung zu den sensitiv erfühlbaren, von den religiösen Motiven zu den durchweg „profanen" (Br, S. 455) der *Einbahnstraße*, von der spiritualistischen Mystik zu einer materialistischen. Belege dafür liefert die *Einbahnstraße* auf Schritt und Tritt. Beginnend mit *Frühstücksstube*, über *Handschuhe, Nachtglocke zum Arzt* oder *Madame Ariane zweiter Hof links* bis hin *Zum Planetarium* wird ein kleines Universum sinnlich-mystischer Erfahrungen – der „Reinigung" durch das Essen (IV/1, S. 85), des Berührungsekels bei Tieren, „dem die Angst zugrunde liegt, in der Berührung von ihnen erkannt zu werden" (IV/1, S. 90), des Todes und der Neugeburt in sexueller Erfüllung (IV/1, S. 140f.), der Macht des Leibes, „mit den Geschicken sich auf seinem eigenen Grund zu messen und zu siegen" (IV/1, S. 142), schließlich der rauschhaften kollektiven Kommunikation mit dem Kosmos (IV/1, S. 146ff.) – zu Bild und Sprache gebracht. Es nimmt nicht wunder, daß sich auch schon die erste, noch begrifflose Erfassung einer ‚Aura von natürlichen Gegenständen' einstellt:

> Was den allerersten Anblick eines Dorfes, einer Stadt in der Landschaft so unvergleichlich und so unwiederbringlich macht, ist, daß in ihm die Ferne in der strengsten Bindung an die Nähe mitschwingt. Noch hat Gewohnheit ihr Werk nicht getan. Beginnen wir erst einmal uns zurechtzufinden, so ist die Landschaft mit einem Schlage verschwunden wie die Fassade eines Hauses[,] wenn wir es betreten. (IV/1, S. 119f.)

Sogar das sprachliche Beschreiben wird später in Kategorien materialistischer Mystik gefaßt werden:

> Das Beschreiben ist nämlich Sinnenlust, weil in ihm der Gegenstand den Blick des Schauenden zurückgibt, und in jeder guten Beschreibung die Lust, mit der zwei Blicke, die sich suchen, aufeinander treffen, eingefangen ist. (II/1, S. 290)

Wieder wurde die Orientierung durch das Erlebnis geistiger Autoritäten gefördert, deren Erfahrungskreise sich mit den Benjaminschen überschnitten. Das waren in erster Linie Proust und die französischen Surrealisten. Die im Sommer 1925 in Angriff genommene Übertragung von Prousts *Sodome et Gomorrhe* brachte Benjamin zur „intimen Auseinandersetzung" mit einem Autor, dessen „philosophische Betrachtungsweise" ihm nahestand, in dessen Büchern er stets „sehr Verwandtes" gefühlt hatte (Br, S. 395). Noch intensiver, weil durch Momente politischer Aktualität gestützt, und schließlich auch produktiver wirkten die zuerst als „fragwürdig" empfundenen „Bücher der Surréalisten" (Br, S. 393) auf ihn ein, in denen er am Werk sah, was ihn selber beschäftigte (Br, S. 446), besonders Aragons *Paysan de Paris* („von dem ich des abends im Bett nie mehr als zwei bis drei Seiten lesen konnte, weil mein Herzklopfen dann so stark wurde, daß ich das Buch aus der Hand legen mußte" [Br, S. 663]). Es nimmt daher nicht wunder, ist vielmehr als ein weiteres Zeichen für die Werkkontinuität anzusehen, daß am Ende der 1924 begonnenen Schaffensphase zwei Essays stehen, in denen die neuen Erfahrungen auf die Ebene philosophischer Reflexion erhoben werden und gleichsam zu sich selber kommen: *Der Sürrealismus*

(Ende 1928/Anfang 1929) und *Zum Bilde Prousts* (etwa März bis Juni 1929).

Die Summe aus der Schreibphase 1924 bis 1927, die den ‚Produktionskreis der *Einbahnstraße*' hervorbrachte, wurde vor allem im *Sürrealismus*-Essay gezogen. Hier ist ihre philosophische Integration gelungen, die Wiedererrichtung eines umfassenden Horizonts, in dem die neue Erfahrung ihre feste Stelle einnimmt. Der Horizont hat sich dadurch erweitert, daß die Elemente naturaler Mystik und materialistischer Betrachtungsweise in ihn einbezogen worden sind, was keineswegs bedeutet, daß er selber von einer „materialistischen Metaphysik" (Br, S. 425) beherrscht wäre. Er umfaßt aber jetzt dasjenige, was Benjamin später „das Experiment im Freiraum der Geschichte" nennen wird, die Dialektik gesellschaftsbezogenen Denkens und Tuns. Wenn Scholem an den nach 1927 entstandenen Arbeiten ein „oft rätselhaftes Nebeneinander der beiden Denkarten, der metaphysisch-theologischen und der materialistischen", zu bemerken glaubte,[6] hat er die ‚Denkart' zu wenig von ihren Gegenständen gesondert und das theologische Moment vorschnell den letzteren zugerechnet. Benjamin wird jedoch, wie nicht erst und nicht allein die Thesen *Über den Begriff der Geschichte* belegen, theologisches Denken und materialistische Betrachtung niemals für Gegensätze halten, vielmehr – zumal in geschichtsphilosophischen Zusammenhängen – für Komplemente.

Er selber hat im Rückblick auf die Jahre 1924 bis 1927/28 von der „Epoche [...] eines unbekümmert archaischen, naturbefangenen Philosophierens" (Br, S. 663) gesprochen und damit präzis bezeichnet, was eine Zeitlang vernachlässigt worden war und jetzt von der Reflexion eingeholt wurde: die historischen Implikationen der neuen Erfahrung und ihr erkenntnistheoretischer Aspekt. Zum letzteren wird im Essay ausgeführt:

> Die wahre, schöpferische Überwindung religiöser Erleuchtung [...] liegt in einer *profanen Erleuchtung*, einer materialistischen, anthropologischen Inspiration, zu der Haschisch, Opium und was immer sonst die Vorschule abgeben können. (Aber eine gefährliche. Und die der Religionen ist strenger.)

[…] Man braucht übrigens […] nur mit der Liebe Ernst zu machen, um auch in ihr eine ‚profane Erleuchtung' zu erkennen. (II/1, S. 297 f.)

Vom philosophischen Horizont her bestimmt sich die Aufgabe des Schreibenden dahingehend, daß es gelte, „im Raum des politischen Handelns" den „hundertprozentigen Bildraum [zu] entdecken", der „kontemplativ überhaupt nicht mehr auszumessen [ist]"; er stelle vielmehr eine „Welt allseitiger und integraler Aktualität" dar, in welcher „der politische Materialismus und die physische Kreatur den inneren Menschen, die Psyche, das Individuum oder was sonst wir ihnen vorwerfen wollen, nach dialektischer Gerechtigkeit […] miteinander teilen" (II/1, S. 309). Die philosophische Perspektive auf Zukunft ist wiedergewonnen, nunmehr ergänzt um alles, was die Natur des Menschen und sein gesellschaftliches Handeln ausmacht:

Der metaphysische Materialismus Vogtscher und Bucharinscher Observanz läßt sich in den anthropologischen Materialismus, wie die Erfahrung der Sürrealisten und früher eines Hebel, Georg Büchner, Nietzsche, Rimbaud ihn belegt, nicht bruchlos überführen. Es bleibt ein Rest. Auch das Kollektivum ist leibhaft. Und die Physis, die sich in der Technik ihm organisiert, ist nach ihrer ganzen politischen und sachlichen Wirklichkeit nur in jenem Bildraum zu erzeugen, in welchem die profane Erleuchtung uns heimisch macht. Erst wenn in ihr sich Leib und Bildraum so tief durchdringen, daß alle revolutionäre Spannung leibliche kollektive Innervation, alle leiblichen Innervationen des Kollektivs revolutionäre Entladung werden, hat die Wirklichkeit so sehr sich selbst übertroffen, wie das kommunistische Manifest es fordert. (II/1, S. 309 f.)

Der *Sürrealismus*-Essay brachte auch die 1924 eingeleitete „Wendung zum politischen Denken" (Br, S. 392) zu einem öffentlich sichtbaren Abschluß, so daß es erlaubt ist, sie von ihm her zu resümieren. Der Standort des Betrachters, heißt es einleitend, sei der eines Angehörigen der deutschen Intelligenz, „der ihre äußerst exponierte Stellung zwischen anarchistischer Fronde und revolutionärer Disziplin am eignen Leib hat erfahren müssen" (II/1, S. 295). Fraglos ist das Benjamins eigener, schwer erkämpfter Standort. *Zwischen* anarchistischer Fronde und revolutionärer Disziplin – das bedeutet, keiner von beiden unterstellt zu sein, aber beide erfahren zu haben, beiden in der Produktion gerecht zu werden; es verlangt, die anarchistische „Erfahrung von Freiheit mit der anderen revolutionären Erfahrung von Freiheit zu verschweißen, die wir doch anerkennen müssen, weil wir sie hatten: mit dem Konstruktiven, Diktatorischen der Revolution" (II/1, S. 307). Wenn für Benjamin 1924 „die politische Praxis des Kommunismus" zunächst „nicht als theoretisches Problem sondern [...] als verbindliche Haltung" (Br, S. 355) ins Licht getreten war, so markierte der Essay vier Jahre danach die Bewältigung auch des theoretischen Problems.

Erste Folgen der Absicht, „die aktualen und politischen Momente in meinen Gedanken [...] zu entwickeln" (Br, S. 368), hatte bereits das zusammen mit Asja Lacis im Herbst 1924 – noch vor Kenntnisnahme des Surrealismus – geschriebene Städtebild *Neapel* offenbart. Hier wurde auf überraschende Weise das Verhältnis des Einzelnen zur Masse thematisch. Momme Brodersen kommt das Verdienst zu, als erster auf die Signalfunktion des Textes hingewiesen zu haben: „Offenheit in Methode und Architektur (Komposition), Porösität als stets von neuem zu entdeckendes Gesetz der Aneignung und Veränderung gesellschaftlicher Wirklichkeit, werden zum Programm erhoben."[7] Hält man sich direkt an den Text, so ist das markanteste Phänomen von Porosität und ihrer Durchdringung das Verhältnis, in dem Masse und Individuum zueinander stehen.

> Ausgeteilt, porös und durchsetzt ist das Privatleben. Was Neapel von allen Großstädten unterscheidet, das hat es mit dem Hottentottenkral gemein: jede private Haltung und Verrichtung wird durchflutet von Strömen des Gemeinschaftslebens. [...] Wie die Stube auf der Straße wiederkehrt, mit Stühlen, Herd und Altar, so, nur viel lauter, wandert die Straße in die Stube hinein. [...] Das Elend hat eine Dehnung der Grenzen zustande gebracht, die Spiegelbild der strahlendsten Geistesfreiheit ist. (IV/1, S. 314f.)

Gegenseitiges Sich-Durchdringen von Privat- und Gemeinschaftsleben, Öffnung des Individuums gegen die

Masse, die „Lockerung des Ich“ im Traum, im Rausch, im Kontakt mit dem Kollektivum – dies alles wird im *Sürrealismus*-Essay zu den ‚profanen Erleuchtungen‘ gezählt und politisch bewertet werden. „Im Glashaus zu leben ist eine revolutionäre Tugend par excellence. Auch das ist ein Rausch, ist ein moralischer Exhibitionismus, den wir sehr nötig haben.“ (II/1, S. 298) Die vorgefühlte Erfahrung freilich, ‚daß alle leiblichen Innervationen des Kollektivs revolutionäre Entladung werden‘, war aus dem Volksleben Neapels kaum zu gewinnen, auch nicht – nicht mehr – aus demjenigen Moskaus im Winter 1926/27, als Benjamin dort weilte; er hat sie aber in Paris, zu einem Jahrestag des Bastillesturms, wahrhaft erlebt (Br, S. 495) und ihr in einem außerordentlichen Prosastück *Schönes Entsetzen* Ausdruck verliehen.

> Für das tiefste, unbewußte Dasein der Masse sind Freudenfeste und Feuersbrünste nur Spiel, an dem sie auf den Augenblick des Mündigwerdens sich vorbereitet, auf die Stunde, da Panik und Fest [...] im revolutionären Aufstand einander umarmen. (IV/1, S. 434 f.)

Ungleich schwieriger als die Gewinnung und sprachliche Reproduktion des ‚hundertprozentigen Bildraums‘ war freilich seine philosophische Durchdringung, weil sie von außen und sensitiv nicht vorgenommen werden konnte. „Im Bereich des Kommunismus“, schrieb Benjamin schon am 16. September 1924 an Scholem, „scheint mir das Problem ‚Theorie und Praxis‘ so zu liegen, daß bei aller, diesen beiden Bezirken zu wahrenden Disparatheit eine definitive Einsicht in die Theorie an Praxis gerade hier gebunden ist.“ (Br, S. 355) Und bekräftigend ein Jahr später aus Paris:

> wer aus unserer Generation nicht nur phraseologisch den geschichtlichen Augenblick, in welchem er auf der Welt ist, als Kampf fühlt und erfaßt, kann auf das Studium, auf die Praxis jenes Mechanismus nicht verzichten, mit welchem die Dinge (und die Verhältnisse) und die Massen ineinander wirken. (Br, S. 426)

Daraus ging der lebensentscheidende Entschluß hervor, „die rein theoretische Sphäre zu verlassen“ (Br, S. 425). Wie ernst es Benjamin damit war, bezeugt der 1926 entstandene, in jeder Hinsicht programmatische Einleitungstext zur Asja Lacis gewidmeten *Einbahnstraße*, der die Überschrift *Tankstelle* trägt:

> Die Konstruktion des Lebens liegt im Augenblick weit mehr in der Gewalt von Fakten als von Überzeugungen. [...] Unter diesen Umständen kann wahre literarische Aktivität nicht beanspruchen, im literarischen Rahmen sich abzuspielen – vielmehr ist das der übliche Ausdruck ihrer Unfruchtbarkeit. Die bedeutende literarische Wirksamkeit kann nur in strengem Wechsel von Tun und Schreiben zustande kommen. (IV/1, S. 85)

Daß um der vollen Einsicht in die Theorie willen wahrscheinlich der Beitritt zur Kommunistischen Partei nötig werden würde – diese „härteste Vorbedingung“ (Br, S. 355) dürfte ebenfalls schon 1924 in Italien visiert worden sein, bevor sie ein halbes Jahr später, mitten aus den Frankfurter Habilitationsquerelen heraus, dem Freund mitgeteilt wurde (Br, S. 382). Allerdings konkurrierte mit dem Entschluß zu politischer Praxis der von Scholem unterstützte zum „Studium des Hebräischen“, dem auch Benjamin Bedeutung für seine Produktion beimaß. „Die Totalität des dunkel oder heller von mir erahnten Horizonts kann ich nur in diesen beiden Erfahrungen gewinnen.“ (Br, S. 382) Selbst wenn, was wahrscheinlich ist, das Hebräisch-Lernen damals schon nicht mehr unmittelbar religiös motiviert war, mußte es doch die Diskrepanz zu Bewußtsein bringen, in der Benjamins frühere Denkweise zu der jetzigen stand oder zu stehen schien. Das Drängen des Freundes machte eine prinzipielle Erklärung zur Pflicht. Sie erfolgte brieflich 1926, und zwar so umfassend, daß aus ihr die Grundzüge des neuen Lebens- und Schaffensplans klar hervorgingen:

> Dies [das Verlassen der rein theoretischen Sphäre; G. H.] ist auf menschliche Weise nur zwiefach möglich, in religiöser oder politischer Observanz. Einen Unterschied dieser beiden Observanzen in ihrer Quintessenz gestehe ich nicht zu. Ebensowenig jedoch eine Vermittlung. Ich spreche hier von einer Identität, die sich allein im paradoxen Umschlagen des einen in das andere (in welcher Richtung immer) und unter der unerläßlichen Voraussetzung erweist, daß jede Betrachtung der Aktion rücksichtslos genug, und radikal in ihrem Sinne verfährt. Die Aufgabe ist eben darum[,] hier nicht ein für alle Mal, sondern jeden Augenblick sich zu entscheiden.

> Aber zu entscheiden. [...] Immer radikal, niemals konsequent in den wichtigsten Dingen zu verfahren, wäre auch meine Gesinnung, wenn eines Tages ich der kommunistischen Partei beitreten sollte [...] Die Möglichkeit meines Verbleibens in ihr ist dann einfach experimentell festzustellen und interessant und fraglich weniger das Ja und Nein als das Wielange? Und was gewisse unumstößliche Einsichten (als etwa die vom Unzutreffenden der materialistischen Metaphysik oder, meinetwegen, auch der materialistischen Geschichtsauffassung) betrifft, so können solche ehernen Waffen im Ernstfall praktisch vielleicht ebensoviel und mehr im Bunde mit dem Kommunismus ausrichten als gegen ihn. (Br, S. 425f.)

Benjamins Entschlüsse kamen zur Reife, als er im Winter 1926/27 Asja Lacis in Moskau besuchte und Einblick sowohl in die Praxis als auch die begleitende Theorie des Nach-Leninschen Sowjetkommunismus erhielt. Um die Sicherheit und Integrität seines Urteils zu ermessen, genügt es, sich die folgende Analyse aus dem *Moskauer Tagebuch* anzusehen, deren Resultate er auch im *Programm eines proletarischen Kindertheaters* und in einer Rezension zu Edwin Hoernle (III, S. 206ff.) vertreten hat:

> Nach außen sucht die Regierung den Frieden, um Handelsverträge mit imperialistischen Staaten zu führen; vor allem aber sucht sie, den militanten Kommunismus zu suspendieren, sie strebt einen Klassenfrieden auf Zeit einzusetzen, das bürgerliche Leben zu entpolitisieren, soweit das nur möglich ist. Andererseits wird in Pionierverbänden, im Komsomolz die Jugend ‚revolutionär' erzogen. Das bedeutet, das Revolutionäre kommt ihr nicht als Erfahrung, sondern als Parole zu. Man macht den Versuch, die Dynamik des revolutionären Vorgangs im Staatsleben abzustellen – man ist, ob man will oder nicht, in die Restauration eingetreten, will aber dem ungeachtet revolutionäre Energien in der Jugend wie elektrische Kraft in einer Batterie aufspeichern. Das geht nicht. (VI, S. 338)

Ebenfalls in Moskau fiel die endgültige Entscheidung über den Parteieintritt. Benjamin beschloß, ihn zugunsten einer „linke[n] Außenseiterstellung" zu unterlassen oder doch so lange zurückzustellen, „als man sich außerhalb mit nachweisbarem eigenem und sachlichem Nutzen postieren könne, ohne zum Bürgertum überzugehen, bezw. die Arbeit zu schädigen" (VI, S. 359).

Für den heutigen Betrachter ist es von ausschlaggebender Wichtigkeit, einzusehen, daß diese Lebensentscheidung, wie alle früheren und späteren, ausschließlich von den Notwendigkeiten der ‚Arbeit', der schriftstellerischen Produktion, regiert war. Die im Tagebuch angestellten Überlegungen über das Pro und Kontra der Parteizugehörigkeit waren so souverän, so ganz auf die Sache bezogen, daß die damals zögernd einsetzenden, später massiv vorgetragenen Bedenken Scholems und anderer ihnen nichts Neues hinzufügen konnten, ja nicht einmal den Kern des Problems erreichten. Der Brief vom 17. April 1931, mit dem Benjamin auf Vorwürfe des Freundes reagierte, ist ein einzigartiges Dokument verantwortlicher Selbstbestimmung eines linken Intellektuellen.

> Insbesondere sollst Du nicht meinen, daß ich das Schicksal meiner Sachen in der Partei, bezw. die Dauer einer möglichen Parteizugehörigkeit betreffend, die mindesten Illusionen habe. Aber kurzsichtig wäre es, diesen Umstand nicht für abänderungsfähig zu halten, wenn schon unter keiner kleineren Bedingung als der einer deutschen bolschewistischen Revolution. Nicht als ob eine siegreiche Partei im geringsten zu meinen heutigen Sachen ihre Stellung revidieren würde, wohl aber in dem anderen, das[s] sie [bzw. die nach dem Sieg herrschende Situation; G. H.] mir anders zu schreiben möglich machen würde. Das heißt: ich bin entschlossen, unter allen Umständen meine Sache zu tun, aber nicht unter jedem Umstand ist diese Sache die gleiche. Sie ist vielmehr eine Entsprechende. Und falschen Umständen richtig – d. i. mit „Richtigem" – zu entsprechen, das ist mir nicht gegeben. (Br, S. 530f.)

Die Standortbestimmung erinnert außerordentlich stark an eine andere, welche Benjamin zwölf Monate zuvor von Bertolt Brecht gegeben hatte – seit langem erstmals wieder in der Form eines „Kommentars".

> Bert Brecht [...] lehnt es ab, seine großen schriftstellerischen Talente ‚frei' zu verwerten. [...] Unstreitig jedenfalls, daß er unter allen in Deutschland Schreibenden der einzige ist, der sich fragt, wo er seine Begabung ansetzen muß [...] Die Dichtung erwartet hier nichts mehr von einem Gefühl des Autors,

das nicht im Willen, diese Welt zu ändern, sich mit der Nüchternheit verbündet hat. Sie weiß, die einzige Chance, die ihr blieb, ist: Nebenprodukt in einem sehr verzweigten Prozeß zur Änderung der Welt zu werden. Das ist sie hier und dazu ein unschätzbares. Hauptprodukt aber ist: eine neue Haltung. (II/2, S. 506)

Die 1929 erfolgte nähere „Begegnung" mit Brecht hat Benjamin „einschneidend" genannt (Br, S. 663). In der deutschen avantgardistischen Produktion war er hier auf eine Urbegabung gestoßen, die offenbar dieselben gesellschaftlichen Erfahrungen verarbeitete, welche ihm unverzichtbar geworden waren. Was ihn veranlaßte, sich „mehr und mehr mit Brechts Produktion solidarisch zu machen" (Br, S. 530), war keineswegs, wie Scholem gemutmaßt hat und andere ihm nachgesprochen haben, „das Verlangen nach Gemeinschaft, und sei es selbst der apokalyptischen der Revolution" (Br, S. 533), sondern das Bewußtsein einer gemeinsamen intellektuellen Position ‚zwischen anarchistischer Fronde und revolutionärer Disziplin' und der feste Wille, sie für das Schreiben produktiv zu machen. Benjamin und Brecht teilten die Einsicht, „daß die Methoden des dialektischen Materialismus ihnen [den Intellektuellen aus dem Bürgertum; G.H.] durch ihre eigensten Notwendigkeiten – Notwendigkeiten der geistigen Produktion und der Forschung, im weiteren auch Notwendigkeiten der Existenz – diktiert seien" (Br, S. 521).

Daß die Solidarisierung gegenseitig war – und nicht, wie von Adorno und in Nachfolge Adornos behauptet worden ist, auf Benjamin beschränkt und zudem von einer Art Furcht diktiert –, dafür gibt es ein denkwürdiges Zeugnis, das sehr wohl den Grund der Gemeinsamkeit beleuchten kann. Im *Sürrealismus*-Essay findet sich, nach einem Exkurs über die trostlose Dingwelt der Gegenwart und die von ihr erzeugte „Stimmung", die der Surrealismus zur Explosion bringen möchte, eine an den zeitgenössischen Leser gerichtete Frage:

Was glauben Sie wohl, wie sich ein Leben gestalten würde, das in einem entscheidenden Augenblick sich gerade durch den letzten, beliebtesten Gassenhauer bestimmen ließe? (II/1, S. 300)

Auf die Frage hat Brecht in einem (wahrscheinlich nicht lange nach 1930 geschriebenen) *Keuner*-Text reagiert und ihr seinerseits einen Kommentar angedeihen lassen:

„Einige Philosophen", erzählte Herr Keuner, „stellten die Frage auf, wie wohl ein Leben aussehen müßte, das jederzeit in einer entscheidenden Lage vom letzten Schlager sich leiten ließe. Wenn wir ein gutes Leben in der Hand hätten, brauchten wir tatsächlich weder große Beweggründe noch sehr weise Ratschläge und die ganze Auswählerei hörte auf", sagte Herr Keuner, der Anerkennung über diese Frage voll.[8]

„Knapp an die knappe Wirklichkeit heran", heißt es in Benjamins *Brecht-Kommentar*, „das ist die Losung." (II/2, S. 510) Die Richtung der Fragen beider Schriftsteller ging auf das arme, alltägliche Leben und die in ihm verborgenen Momente von Zukunft. Von Adornos Einreden wurden sie nicht erreicht, weil diese in der ‚rein theoretischen Sphäre' verblieben, die von Benjamin unwiderruflich verlassen worden war. In ihr konnten sie allerdings recht haben und produktiv werden, sobald Benjamins Forschung sich wieder dem vernachlässigten historischen Feld zuwandte.

Die 1924 eröffnete Schaffensperiode hat Benjamin auch deswegen als ‚naturbefangen' kritisiert, weil in ihr, zumindest an ihrem Anfang, das Nachdenken über Geschichte gänzlich zurückgetreten war. Neben dem dominierenden ‚Produktionskreis der *Einbahnstraße*' konnte sich, von der Habilitationsarbeit und einigen Kritiken in ihrem Umkreis abgesehen, keine Forschung zu historischen Gegenständen behaupten. Selbst ein 1925 mit Lust ergriffenes Vorhaben, über Sage und Märchen zu schreiben, wurde ein Jahr später fallengelassen. Man darf daher das Ende der ‚Epoche naturbefangenen Philosophierens' mit dem Zeitpunkt gleichsetzen, da vor dem erweiterten philosophischen Horizont sich wieder das Geschichtsproblem aufrichtete und Methoden zu seiner Erfassung ausgebildet vorlagen.

Wie in politischer, so dürfte auch in wissenschaftlicher

Hinsicht der Moskauer Aufenthalt entscheidende Impulse gegeben haben. Dem Tagebuch ist zu entnehmen, welche Gedanken (im Gespräch mit Bernhard Reich) zur Formulierung drängten:

> Ich suchte ihm zu entwickeln, welcher Gegensatz zwischen materialistischer und universalistischer Darstellungsweise besteht. Die universalistische sei immer idealistisch, weil undialektisch. Die Dialektik nämlich dringe notwendig in der Richtung vor, daß sie jede Thesis oder Antithesis, auf die sie stoße, wieder als Synthese triadischer Struktur darstelle, sie komme auf diesem Wege immer tiefer ins Innere des Gegenstandes hinein und stelle ein Universum nur in ihm selber dar. Jeder andere Begriff eines Universums sei gegenstandslos, idealistisch. Ich suchte ferner das unmaterialistische Denken von Plechanoff an der Rolle zu erweisen, welche bei ihm die Theorie spielt und berief mich auf einen Gegensatz von Theorie und Methode. Die Theorie schwebt, im Bestreben Allgemeines darzustellen, über der Wissenschaft, während für die Methode charakteristisch ist, daß jede prinzipielle allgemeine Untersuchung sofort wieder einen ihr eigenen Gegenstand findet. [...] Ein andermal Gespräch über [...] die eigentümliche Struktur der ‚Größe' bei den großen Schriftstellern – die ‚groß' seien weil ihre Wirkung historisch sei, nicht aber umgekehrt historische Wirkung durch ihre schriftstellerische Gewalt besäßen. [...] Ferner: wie dies zu einer absolut konservativen Haltung gegenüber den Autoritäten führe und wie doch eben diese konservative Haltung einzig und allein sich materialistisch begründen lasse. (VI, S. 320f.)

Im Material erprobt und bewährt wurde die skizzierte Methode, deren Ziel es war, das Historische lebendig in den ‚Raum allseitiger und integraler Aktualität' einzufügen, erstmals in dem seit 1926 geplanten und Juni/Juli 1927 geschriebenen *Gottfried-Keller*-Essay. Ihn durchdringt eine Dialektik, welche den historischen Gegenstand in Relation zur ‚wahren' Gegenwart setzt und dabei den Forschenden mit seiner ganzen Person zum Organ der Erkenntnis macht. Philosophische Tiefe und die Kraft des Aktuellen vereinigen sich mit größter philologischer Exaktheit. Das im Essay ausgesprochene Veto gegen die „idealistische Sturmflut" der neudeutsch „bürgerlichen Geistesbewegung" und für einen nichtmetaphysischen „Materialismus", den Materialismus eines „leidenschaftliche[n] Hedoniker[s]" (II/1, S. 286); gegen die zeitgenössische „bürgerliche Literaturbetrachtung" und zugunsten einer „materialistischen [...], die den historischen Grund, auf dem es [Kellers Werk; G. H.] erbaut ist, für ihr Erbe erklären kann" (II/1, S. 284) – dieses explizite Veto konnte freilich 1927 vom Publikum noch überlesen oder allein dem Gegenstand zugerechnet werden. Gleichwohl hatte Benjamin recht, wenn er sich 1931 Max Rychner gegenüber auf den Essay als das erste Zeugnis seiner historisch-materialistischen Methode berief.

> Sie werden mir zugeben: auch in diesem Aufsatz war es mein exaktes Bemühen, die Einsicht in Keller an der in den wahren Stand unseres gegenwärtigen Daseins zu legitimieren. Daß die historische Größe einen Standindex hat, kraft deren jede echte Erkenntnis von ihr zur geschichtsphilosophischen – nicht psychologischen – Selbsterkenntnis des Erkennenden wird, [...] ist [...] eine Erfahrung, die mich den [...] Analysen eines Franz Mehring immer noch eher verbindet, als den tiefsinnigsten Umschreibungen des Ideenreiches, wie sie heute aus Heideggers Schule hervorgehen. (Br, S. 523 f.)

Die hier angedeuteten (und etwa gleichzeitig in der Kritik *Literaturgeschichte und Literaturwissenschaft* theoretisch formulierten) Gesichtspunkte werden von nun an Benjamins literaturgeschichtliche und -kritische Arbeit bestimmen. Sie werden auch, im Interesse einer integralen Geschichtsauffassung, die keine künstlichen Grenzen zwischen den Disziplinen anerkennt, auf immer größere Gebiete übertragen werden.

Der Erweiterungsprozeß läßt sich paradigmatisch an der Entwicklung des *Passagen*-Projekts ablesen. Im Sommer 1927, als Scholem gegenüber die erste Erwähnung geschah, und noch Anfang 1928, als der Titel *Pariser Passagen. Eine dialektische Feerie* mitgeteilt wurde (Br, S. 455), schien das Vorhaben gänzlich dem Produktionskreis und der Darstellungsform der *Einbahnstraße* zugehörig, ja zu dessen krönendem Abschluß berufen zu sein. Im Oktober 1928 wurde aber, immer noch unter den Aspekten eines längeren Aufsatzes, eine philosophische Durchbildung angekündigt, die aus dem Werk so etwas wie eine hegelische ‚Aufhebung' des Surrealismus gemacht hätte:

> Um die Arbeit aus einer allzu ostentativen Nachbarschaft zum mouvement surréaliste [...] herauszuheben, habe ich sie in Gedanken immer mehr erweitern und sie, in ihrem eigensten, winzigen Rahmen, so universal machen müssen, daß sie [...] mit allen Machtvollkommenheiten eines philosophischen Fortinbras die Erbschaft des Surréalismus antreten wird. (Br, S. 483)

Diese Aufgabe fiel jedoch dem Ende 1928/Anfang 1929 entstehenden *Sürrealismus*-Essay zu, einem „lichtundurchlässigen Paravent vor der Passagenarbeit" (Br, S. 489), welcher immerhin schon einige ihrer bestimmenden Motive durchschimmern ließ, so die „Energien, die im ‚Veralteten' erscheinen, in den ersten Eisenkonstruktionen, den ersten Fabrikgebäuden, den frühesten Photos, den Gegenständen, die anfangen auszusterben" (II/1, S. 299). Aber bezeichnenderweise galt das Interesse des Essays hauptsächlich den aktualen Momenten der Pariser Dingwelt und damit einem surrealistischen „Trick", der „in der Auswechslung des historischen Blicks aufs Gewesene gegen den politischen [besteht]" (II/1, S. 300). Gleichwohl müssen bei der Ausarbeitung des Essays die geschichtlichen Implikationen, die das *Passagen*-Konzept mit sich führte, in ihrer ganzen Wucht hervorgetreten sein; denn schon wenig später, am 15. März 1929, wurde mitgeteilt, daß es sich um nicht weniger als „ein halsbrecherisches, atemraubendes Unternehmen" handeln werde, nämlich: „die äußerste Konkretheit, wie sie dort [in der *Einbahnstraße*; G. H.] hin und wieder für Kinderspiele, für ein Gebäude, eine Lebenslage in Erscheinung trat, für ein Zeitalter zu gewinnen" (Br, S. 491). Es waren eben „nicht nur Erfahrungen aufzurufen[,] sondern einige entscheidende Erkenntnisse vom historischen Bewußtsein in unerwartetem Licht zu bewähren" (Br, S. 471). Damit war aus dem einst geplanten Aufsatz ein Buchprojekt und aus der ursprünglich vorgesehenen ‚Phantasmagorie' eine wissenschaftlich-philosophische Abhandlung größter Dimension geworden, die in jedem Detail verlangte, daß ‚der historische Blick aufs Gewesene' sich mit dem politischen durchdrang und verschränkte. Die unabsehbaren

Konsequenzen für das Material- und Methodenstudium, die durch Sachgespräche mit Adorno und Horkheimer im Herbst 1929 noch verdeutlicht wurden, veranlaßten Benjamin, das Projekt vorerst zurückzustellen. Erst sechs Jahre später wird es in Frankreich, gefördert durch das emigrierte Institut für Sozialforschung, wiederaufgenommen werden, nun unter dem Titel *Paris, die Hauptstadt des 19. Jahrhunderts.*

Das *Paris*-Buch – und dann als sein Modell die aus ihm abgezweigte Abhandlung über Baudelaire – sollte die größte Bewährungsprobe, gleichsam die Summe der von Benjamin ausgebildeten historisch-dialektischen Forschungsweise erbringen. Seine methodologische Fundierung wird es im Aufsatz *Das Kunstwerk im Zeitalter seiner technischen Reproduzierbarkeit* (1935/36), im *Eduard-Fuchs*-Essay (1936/37) und im *Baudelaire*-Vorwort (1938) erhalten, die erkenntnistheoretische in den Thesen *Über den Begriff der Geschichte.*

In das *Passagen*-Projekt sind zweifellos die meisten ‚aktualen und politischen Momente' des Benjaminschen Denkens eingegangen. Trotzdem war es nur ein Teil vielfältiger, von einem weiten philosophischen Horizont umspannter Bemühungen. Um 1930 hatte Benjamin die Personalunion von Forscher, Philosoph und Künstler auf höherer Stufe wiedergewonnen und war, bei allen Katastrophen seines äußeren Lebens, mit sich im reinen. Man kann und darf daher keine Trennlinien durch das Werk ziehen und Teile daraus als ‚politisch' oder ‚kulturpolitisch' abqualifizieren. Auch in den unscheinbarsten Äußerungen zur Gegenwart war stets der ganze Mann präsent, entschlossen, ‚unter allen Umständen seine Sache zu tun', die Sache eines „schreibenden Revolutionärs aus der Bürgerklasse" (III, S. 225).

Eine so tief fundierte Haltung konnte durch den Machtantritt des deutschen Faschismus und auch durch die Entwicklung in der Sowjetunion nicht ernsthaft erschüttert werden. Im existenten Kommunismus sah Benjamin noch 1934 „nichts anderes als das kleinere Übel [...], freilich [...] im Vergleich zu denen, die uns umgeben – ein soviel kleineres, daß es in jeder praktischen, fruchtbaren Gestalt zu bejahen ist – nur in der unpraktischen, unfruchtbaren des Credos nicht" (Br, S. 605). Seiner Sache blieb er treu, auch als die Stalinisierung des Kommunismus sprunghaft voranging, der „Machiavellismus der russischen [...] Führerschaft" (Br, S. 747) augenscheinlich wurde und „die theoretische Linie als katastrophal für alles das zu erkennen [war], wofür wir [Brecht und Benjamin; G. H.] uns seit 20 Jahren einsetzen" (Br, S. 772). Eine bedachte Stellungnahme zu Stalin legte er im Schlußsatz des *Fuchs*-Essays nieder, indem er sich mit den besten Intentionen des ‚Sammlers und Historikers' identifizierte:

> Ob aber solche den Namenlosen und dem, was die Spur ihrer Hände bewahrte, zugewandte Betrachtung nicht mehr zur Humanisierung der Menschheit beiträgt als der Führerkult, den man von neuem über sie verhängen zu wollen scheint, das muß wie so manches, worüber die Vergangenheit vergeblich belehrte, immer wieder die Zukunft lehren. (II/2, S. 505)

‚Das Künftige im Gegenwärtigen erkennend befreien' – so hatte die ‚oberste Forderung' gelautet, welche, dem Aufsatz *Das Leben der Studenten* zufolge, jeder Schaffende an sein Leben herantragen müsse, um ‚seine eigenen Gebote zu finden'. Will man sich die Kontinuität im Leben des Forschers und Philosophen Benjamin vor Augen führen, ist vielleicht nichts geeigneter, als den Bogen zu spannen von dem frühen *Programm*-Aufsatz zu der Anzeige *Ein deutsches Institut freier Forschung* von 1938, die mit den Worten schließt:

> Lassen sich aus dem Zerfallsprozeß der demokratischen Gesellschaft noch die Elemente aussondern, die – ihrer Frühzeit und ihrem Traum verbunden – die Solidarität mit einer kommenden, mit der Menschheit selbst, nicht verleugnen? Die deutschen Forscher, welche ihr Land verlassen haben, hätten nicht viel gerettet und wenig zu verlieren gehabt, würde ihnen nicht auf diese Frage ein Ja zur Antwort. Der Versuch, den Lippen der Geschichte es abzulesen, ist kein akademischer. (III, S. 526)

1 Gershom Scholem, *Walter Benjamin und sein Engel.* In: *Zur Aktualität Walter Benjamins.* Hrsg. v. Siegfried Unseld. Frankfurt am Main 1972, S. 89.
2 Theodor W. Adorno, *Über Walter Benjamin.* Hrsg. v. Rolf Tiedemann, rev. und erw. Ausgabe. Frankfurt am Main 1990, S. 35f.
3 Vgl. Günter Hartung, *Zur Benjamin-Edition. Teil II.* In: *Weimarer Beiträge* 36/1990, Heft 6, S. 982.
4 Gershom Scholem, *Walter Benjamin – die Geschichte einer Freundschaft.* Frankfurt am Main 1975, S. 144.
5 Ernst Bloch, *Geist der Utopie.* München/Leipzig 1918, S. 337.
6 Gershom Scholem (s. Anm. 4), S. 156.
7 Momme Brodersen, *Spinne im eigenen Netz.* Walter Benjamin – Leben und Werk. Bühl-Moos 1990, S. 159.
8 Bertolt Brecht, *Gesammelte Werke.* Frankfurt am Main 1967, 12. Band, S. 406.

III

FRIEDRICH DIECKMANN

Blindflug

Was sich täglich millionenfach offenbar macht, ist am besten geeignet, die Geheimnisse zu verwahren. Das gilt von den zentralen Zeitungen jener Gesellschaftsformation, die sich mit Recht die des existierenden Sozialismus nannte. Sie waren wie Turmknäufe, die die in sie eingelegten Kassiber zur Einsicht ausbreiteten – man brauchte sie nur zu entziffern. „Organ des Zentralkomitees der Sozialistischen Einheitspartei Deutschlands“: die vier Jahrzehnte währende Unterzeile der Zentralzeitung war der kompresse Ausdruck des Ganzen samt aller ihm eingesenkten Antinomien. Ein Komitee ist keine dauerhafte, sondern eine gleichsam improvisatorische Bildung, eine ad hoc, zu einem bestimmten Zweck, für eine bestimmte Dauer gebildete Versammlung von Beauftragten oder Delegierten; in den Zusammensetzungen Festkomitee und Bürgerkomitee wird das unmittelbar deutlich. Das Wort Zentralkomitee (*Zentrales Exekutivkomitee* war eine gesteigerte Wortbildung aus der Frühzeit des regierenden Sozialismus) ist von daher geradezu eine contradictio in adiecto: Zentralität zielt auf feste Strukturen, Komitee, zu deutsch Ausschuß, impliziert einen transitorischen Zusammenschluß.
Partei kommt von pars, das Teilhafte ist dem Begriff eingepflanzt. Er tritt im 19. Jahrhundert gegen den Absolutismus an; wo der König das Ganze zu vertreten prätendiert, indem er „über den Parteien“ steht, bekennt sich die Partei schon durch ihren Namen zu der Besonderheit, der Partialität der von ihr vertretenen Gruppen und Interessen. Wenn eine Gruppe, die ihren Begriff und ihre Organisation aus der Pluralität einer parlamentarischen Verfassung ableitet, diese Pluralität aussetzt, indem sie sich, in aristokratisch-elitärem Sinn, als die er-

wählte politische Klasse setzt, die dazu berufen sei, allen andern dauerhaft zu gebieten, so ist damit ein Widerspruch bezeichnet, der in der Rede von der „führenden Partei" unmittelbar Wortgestalt wurde. Ein unbehebbarer, scheinbar semantischer, in Wirklichkeit höchst realer Widerspruch, der sich in der Beibehaltung der leeren Worte als solcher einbekannte: das Komitee, das sich als ewig setzt, das Partiale, das für alle spricht.
Auf die sozialpsychologischen Wurzeln solcher Verbalantinomien, die die Realantinomien präzis abbildeten, ist in der Gesellschaftstheorie des jungen Hegel gedeutet; Axel Honneth hat jüngst auf ihre Tragweite verwiesen.[1] Hegels „System der Sittlichkeit" exponiert die Rolle des Verbrechens und des Verbrechers bei der Entwicklung jenes Systems wechselseitiger Anerkennung, als das Hegel – wider den Hobbesschen Kampf aller gegen alle – die menschliche Gesellschaft begreift. Das gegebene Netz formeller, „negativer" Rechtsbeziehungen einer Gesellschaft reicht auf einer bestimmten Stufe nicht mehr aus, um ein Verhältnis umfassender intersubjektiver Anerkennung zu gewährleisten; der Verbrecher zerreißt es, er setzt seine rechtlose Macht, die ihm Anerkennung sichert, gegen das Rechtssystem, das sie ihm verweigert, und erzwingt dadurch dessen Erweiterung. Hegel sagt es nicht, aber er impliziert es: daß die so gerichtete Macht des Verbrechers besonders schrecklich und besonders wirksam wird, wenn sie nicht als individuell vereinzelte, sondern als politisch organisierte auftritt, um mit sprengendem Machtanspruch die verwehrte Gruppenanerkennung einzufordern.
Wie aber, wenn unter bestimmten Umständen dieser Vorgang dermaßen gelingt, daß er sich strukturell verfestigt, nicht ein gegebenes Rechtssystem zu seiner Erweiterung und Neubestimmung bringend, sondern es dauerhaft außer Kraft setzend? Das 19. Jahrhundert kannte dieses Phänomen nur als vorübergehendes innerhalb der sich bildenden oder schon verfestigten bürgerlichen Gesellschaft; die Pariser Revolutionen von 1789 und 1871 geben Beispiele. Das 20. Jahrhundert brachte die Erscheinung als manifeste, sich systematisch stabilisie-

rende Form hervor; sie vollzog Anerkennung in Gestalt von Alleinherrschaft und erwies sich zu eben jener Erweiterung als prinzipiell unfähig (oder doch nur ganz begrenzt fähig), die ihre Protagonisten dem alten, von ihnen gebrochenen Rechtssystem nicht zugetraut hatten.

Was sich hier zeigte, war die Aussichtslosigkeit eines politischen Zielbewußtseins, dem zuletzt kein anderer Impuls zugrunde lag, als „den Spieß umzukehren“ und erfahrene und erlittene Benachteiligung wettzumachen. Die Benachteiligten der einen Ordnung werfen sich zur Herrschaft über diese auf und gewinnen nichts weiter als die umgekehrte alte Ordnung, also deren Reproduktion – nicht auf einer erweiterten, sondern einer regressiven Stufe. Die Vorkämpfer des Proletariats formieren sich unter dem bürgerlich-parlamentarischen Namen einer Partei als neue Adelsklasse, mit dem – allerdings erheblichen – Unterschied, persönlich nichts zu besitzen und kollektiv nicht weniger als den ganzen Staat. Da sie individuell besitzlos sind, müssen sie als Gruppe alles haben und begeben sich gerade dadurch des immanenten Vorzugs der Feudalherrschaft, andere, produktivere Besitzformen neben sich zu dulden und sich entwickeln zu lassen. In der Sowjetunion der fünfziger Jahre war es auffallend zu sehen, wie die neuen Kulturhäuser die alten Gutsschlösser waren – nicht umfunktionierte, vom Volk kulturrevolutionär in Besitz genommene, sondern *neu erbaute*. Der Geist der neuen Herrschaft wurde hier unmittelbar kenntlich: es war die alte Herrschaft, ausgeübt von einer neuen Schicht und sich gleichsam arglos, zugleich sehr bewußt der alten Formen, der alten Ästhetik bedienend. Der umgekehrte Spieß hatte nur scheinbar vorwärts – er hatte zurück geführt. *Vorwärts und nicht vergessen:* das ging nicht zusammen.

Revolution als jener geschichtliche Vorgang, der den Spieß der alten Herrschaft umkehrt und sich dadurch der Zukunft beraubt – diese Vorstellung hat ihren philosophisch gesammelten Ausdruck 1940, in einer Zeit tiefer Niederlage, bei Walter Benjamin gefunden. Die neunte seiner Thesen *Über den Begriff der Geschichte* enthält eine bedeutungsschwere Interpretation von Paul Klees Aquarell *Angelus Novus*. Der Engel der Geschichte, zu dem Benjamin das Bild umdeutet, „hat das Antlitz der Vergangenheit zugewendet"; er sieht dort „eine einzige Katastrophe, die unablässig Trümmer auf Trümmer häuft und sie ihm vor die Füße schleudert". „Er möchte wohl verweilen, die Toten wecken und das Zerschlagene zusammenfügen. Aber ein Sturm weht vom Paradiese her, der sich in seinen Flügeln verfangen hat und so stark ist, daß der Engel sie nicht mehr schließen kann. Dieser Sturm treibt ihn unaufhaltsam in die Zukunft, der er den Rücken kehrt, während der Trümmerhaufen vor ihm zum Himmel wächst. Das, was wir den Fortschritt nennen, ist dieser Sturm." (I/2, S. 697)

Wo liegt das Paradies? Es liegt vor den Trümmerhaufen, in der Vergangenheit – kein Ziel, sondern ein Ursprung, wie im Alten Testament. Der Fortschritt, der den Engel hindert, „das Zerschlagene zusammenzufügen", ist die Bewegung vom Paradiese fort.

Die Forschungen von Hans-Peter Duerr haben gezeigt, daß es einigermaßen schwer ist, die Unschuld des Naturzustandes historisch oder ethnologisch festzumachen. Wo der Mensch keinen Baststreifen findet, seine Scham zu bedecken, schnürt er wenigstens seine natürliche Epidermis zusammen. Der Sündenfall scheint sehr lange zurückzuliegen. Aber der Wind weht immer heftiger.

Benjamin bestimmt Rache als den wahren Antrieb und Inhalt der Revolution. Da der Sturm des Fortschritts so heftig weht, daß der Engel nicht dazu kommt, die Wunden der Geschichte zu heilen, tritt die revolutionäre Klasse, zurückblickend wie jener, als rächende in Erscheinung. Dieser re-aktionäre Revolutionsbegriff wird als der authentisch Marxsche bezeichnet, den die Sozialdemokratie verdorben habe: „Die Klasse verlernte in dieser [der sozialdemokratischen] Schule gleich sehr den Haß wie den Opferwillen. Denn beide nähren sich an dem Bild der geknechteten Vorfahren, nicht am Ideal der befreiten Enkel." (I/2, S. 700) Mag Benjamin die *Intention* des Marxschen Revolutionsbegriffs freilegen –

dessen Theorie nimmt sich anders aus; sie faßt (Benjamin selbst stellt es in einem Paralipomenon fest; s. I/3, S. 1232) die Revolution als „Lokomotive der Weltgeschichte", als einen Vorgang, der die Hülle alter Machtstrukturen sprengt, um den von ihnen gefesselten Produktivkräften die Bahn frei zu machen. Benjamin sieht die Revolution das Kontinuum der gleichmäßig fortschreitenden Zeit aufsprengen, um „unter dem freien Himmel der Geschichte" den „Tigersprung ins Vergangene" zu unternehmen (I/2, S. 701). Denn, wie es in einem Paralipomenon heißt, „die Katastrophe ist der Fortschritt, der Fortschritt ist die Katastrophe (I/3, S. 1244). Der Autor hat diesen Satz in der Endfassung fallengelassen; es mochte ihm klargeworden sein, daß er, in einer Zeit des Triumphs der Konterrevolution, den – konterrevolutionären Begriff von Geschichte beschrieben hatte.

Für die Stillstellung, die die Revolution an der gleichmäßig fortschreitenden Zeit verübt, bringt Benjamin ein großes, authentisches Bild bei: den Schuß in die Turmuhr, der während der Juli-Revolution von 1830 „an mehreren Stellen von Paris unabhängig voneinander und gleichzeitig" vorgefallen sei (I/2, S. 702). Ein neuerer Bericht bezeugt von seiten eines Täters ein Gleiches für die Berliner Novemberrevolution von 1918. Der Täter ist elf Jahre alt und heißt Manfred von Ardenne. „Die Soldaten", erinnert er sich, „fanden gar nichts dabei, elfjährige Jungen in einigen für dieses Alter sonst nicht üblichen Fertigkeiten zu unterrichten. Sie lehrten uns, mit Handgranaten zu werfen, Tannenzapfen mit den verschiedenen Infanteriewaffen herunterzuschießen und sogar ein schweres Maschinengewehr zu bedienen. So angeleitet, brachten wir beim Einzug der Truppen in Berlin ein herrenlos auf der Straße zurückgebliebenes Maschinengewehr nach Einbruch der Dämmerung unbemerkt in die elterliche Wohnung eines unserer Freunde und demolierten, nachdem seine Eltern ausgegangen, die Turmuhr des gegenüberliegenden Mädchenlyzeums mit mehreren gutgezielten Feuerstößen."[2] Es waren Kinder aus hochbürgerlichen Häusern, die hier das Wesen

der Revolution begriffen hatten: die Zeit anzuhalten – man darf auf sie schießen.
Besonders wichtig: dies den Mädchen zu zeigen. Die Zeit ist, wie die Stunde, im Deutschen weiblich; die *gutgezielten Feuerstöße* treffen sie wie die von nahem noch unerreichbare Frau.
Für die alte, in fruchtlosem Gleichmaß verrinnende Zeit, die im Herbst 1989 in der Deutschen Demokratischen Republik zum Stillstand kam und sich nachmals über die Turmuhrschützen hinweg, in rasende Bewegung setzte, nicht vom Paradiese weg und nicht dem Paradiese zu, fand ein Dresdner Physiker kürzlich ein bündiges Wort, er sprach von ihr als dem „schleichenden Tod". Ein Gedicht, das der winterliche Anblick der Stadt Halle an der Saale vor vier Jahren eingab, ging in die Verse aus: „Die Zeit schleicht trocken und schwer, und sie malt im Vergehen / sich selbst ein Bild, in dem wir betroffen uns sehen."
Wenn sich die Geschichtszeit nach der gewaltsamen Sprengung lähmenden Gleichmaßes nicht nach vorn in Bewegung setzt, den befreiten Enkeln zu, sondern, indem sie vorwärts stürmt, bei den geknechteten Vorfahren stehenbleibt, von Rache statt von Befreiung beflügelt, wird sie die Zukunft verspielen. Eben dies ist dann auch ihr innerer Antrieb. Benjamins Engel-Deutung faßt es im Bilde: der den Trümmerhaufen der Geschichte zugewandte und zugleich von ihnen weggetriebene Engel kennt keine Zukunft. Er ist die bündigste Chiffre für das Scheitern der proletarischen Revolution.

Juni 1990

1 Axel Honneth, *Moralische Entwicklung und sozialer Kampf.* In: *Zwischenbetrachtungen.* Festschrift für Jürgen Habermas. Hrsg. v. Axel Honneth u. a. Frankfurt am Main 1989, S. 563 ff.
2 Manfred von Ardenne, *Mein Leben für Fortschritt und Forschung.* München 1984, S. 24.

STEFFEN MENSCHING

Le dernier cri

Alle Revolutionen fangen ganz unten an!
Werbeslogan eines Sportschuhherstellers

Der Kapitalismus ist der letzte Hafen aller Reisen. Wie Gott hat der Kapitalismus die beste Meinung von sich selbst und zweifelt nicht an seiner Ewigkeit.
Eduardo Galeano

„Stirbt die Mode vielleicht – in Rußland z. B. – daran, daß sie das Tempo nicht mehr mitmachen kann – auf gewissen Gebieten zumindest."
Der Satz aus dem *Passagen-Werk* ein Heiterkeitserfolg auf jeder Manager-Tagung der Konfektionsindustrie. Fall erledigt Punkt. Raissa persönlich rollte den Teppich aus für Anne Burda. Der eiserne Vorhang verrostet. Heissa. Das Skelett des Neuen Menschen aus dem Sackleinen ins Designer-Hemd gesprungen. Es lebe der Fortschritt. Mein Gott, Walter, willkommen auf der Verliererseite, Marx und Engels sind schon da, auch Gramsci und Mao, Fidirallala. Die Sieger haben gut lachen, das Geschäft blüht. Die Gleichheitsutopie erledigt im nationalen Maßstab das Versandhaus. Das West/Ost–Nord/Süd-Gefälle regelt sich über Eliten bzw. humanitäre Gesten, z. B. Kleidersendungen. Hemden von 1982, noch gut in Schuß, gut genug für Peruaner und Mongolen. Praktizierte Nächstenliebe motiviert neue Einkaufsfreude. Freilich, die Randländer, sehen die gleichen Werbesendungen wie die Zentralstaaten. Die letzten Zulus kennen die Mode aus Paris. Wie hieß es doch: das Kapital neigt zur grenzenlosen Expansion? Die *boys* und *girls* der Wellblechhütten wollen irgendwann den alten Plunder nicht mehr, den man *eigentlich* noch tragen kann. Was die Neger eben nicht achten – den Gebrauchswert. Wann braucht der Widerspruch reich–arm eine ordentliche Rechtfertigungsideologie? Wenn die Ressourcen

knapp werden, aber das Wachstum der *auserwählten* Nationen nicht absinken soll. Also morgen, oder übermorgen. Wie kann sich die *Herrenmenschheit* definieren? National? Kaum. Markt- oder Weltbeherrschung bedarf internationaler Bündnisse (Desert Storm ein kleines Vorspiel). Kulturell? Kaum. Dies verlangte radikalen Abschied vom christlich-humanistischen Menschenbild. Jesses!, was bleibt dann noch? an *Werten*? Was dann dem Islam entgegenhalten? Bleibt die pragmatische Lösung. Oft genug gesehen, im Film: Schiffsuntergang. Alle Rettungsboote überfüllt. Die Ertrinkenden, an die Ruderblätter geklammert, werden, egal, ob reich, ob hochgebildet oder seemännisch erfahren, in die kalte See gestoßen. Kein Platz frei auf der Arche. Komm uns nicht mit Ethik, schwimm weiter! Die Freiheit der hochheiligen bürgerlichen Gesellschaft muß begrenzt bleiben. Nicht auszudenken, Afrika und Lateinamerika erreichten nur einen Bruchteil der Produktiv- und Konsumtionskraft (was anderes begründet diese Freiheit?) der westlichen Welt. Zur Zeit verbrauchen die reichen Länder 80 % der fossilen Brennstoffe. Hilft diesen Großverbrauchern zur Absicherung ihres *standard of living:* eine weitere Verelendung der Restwelt oder deren Prosperität? Als göttliche Fügung kann da nur die AIDS-Welle erscheinen, die Afrika derzeit überrollt, die Natur bremst die demographische Apokalypse. Gottlob. Leider reichen diese Selbstregulative nicht aus. Eigeninitiative ist gefragt. Eine Dezimierung durch Waffengewalt bleibt mit gewissen Restrisiken behaftet – ökologische Folgeschäden, Blockierung von Rohstoffquellen, Unsicherheiten, ob sich die Waffen nicht eines Tages gegen die Herstellerländer richten könnten (Beispiel Irak). Warum eigentlich entläßt man die Dritte Welt nicht wieder in den kulturellen Stand, aus dem sie die Kolonisation einst herausriß. Zum Vorteil aller Seiten. Das Modell der Reservate. Unter Anleitung der Führungsmacht USA werden die Ländereien (Bodenschätze etc.) in treuhänderische Verwaltung genommen, die Ureinwohner können in abgesteckten Gebieten ihre alten Stammesrituale wiederentdecken. Frei von jeder Überfremdung durch westliche Kultur. Vollständige Isolation (Verinselung) der Reservatbewohner als Bedingung. Räumliche wie mediale (Zensur-Erfahrungen des Golfkrieges nützlich). Eine geniale Lösung. Einzig ein Nachteil: der Verlust eines riesigen Marktes. Und der ist, wie wir gelernt haben, der Ober-Fetisch. Wer die Ware verneint, lästert in der säkularisierten Welt Gott. Dies meinte auch Benjamin, als er formulierte, „daß das Ewige jedenfalls eher eine Rüsche am Kleid ist, als eine Idee". Die Mode gebiert die Idee des Fortschritts. Es geht immer weiter, Saison für Saison. Und daß es so weitergeht, *ist* die Katastrophe. „Es handelt sich vielmehr darum, daß das Gesicht der Welt gerade in dem, was das Neueste ist, sich nie verändert, daß dies Neueste in allen Stücken immer das nämliche bleibt." Die Geschichte hat sich korrigiert, ein Fehler wurde durch einen anderen Fehler ersetzt. Der Zug, wieder in den alten Gleisen, rast mit Hochgeschwindigkeit in Richtung Abgrund. Die Leute in der 1. Klasse haben schöne Kleider an, von denen sie behaupten, es wäre der *letzte Schrei.*

März 1991

PETER-PAUL ZAHL

Ungleichzeitigkeiten

Die Tradition der Unterdrückten belehrt uns darüber, daß der ‚Ausnahmezustand', in dem wir leben, die Regel ist.

Walter Benjamin

1 *Wir Edlen Gezähmten*

Einer fing an
Die Stände zu zählen:
Der Erste Stand. Der Zweite Stand. Der Dritte Stand.

Hoppla!
Ein Kopf fiel in den Korb einer Guillotine:
Der Dritte Stand hatte – mithilfe des Vierten Standes
Der nicht weiter erwähnt wurde
Aber die größten Opfer brachte –
Die Revolution gemacht.
Die Große.
Die Bürgerliche.

Dann fing einer an
Die Welten zu zählen:
Die Erste Welt
(Der anzugehören ich die fragwürdige Ehre habe).
Die Zweite Welt
(SDI hat ihr den Garaus gemacht).
Die Dritte Welt.

Hoppla!
Köpfe und Rümpfe von Schütze Arsch
Aus der Ersten Welt
Wurden in Dien Bien Phu
Und andren Dien Bien Phus lädiert:
Die Dritte Welt hatte – mithilfe der bessren Köpfe
Der Ersten und technischen Hilfe der Zweiten –
Der Ersten Welt
Ihre Grenzen gezeigt.

Die Dörfer umzingeln die Stadt.
So Mao.
Es gab ein Zweites, Drittes,
Viertes, Fünftes Vietnam.
So Ché.
Aber die Stadt hat ihr eignes Gesetz:
In Asche und Staub gelegt
Verwandelt sie das Dorf
In eine Kopie der Stadt
In ihre Karikatur.

Der Edle Wilde
Höchst unedel gezähmt
Verwandelt sich in den Unedlen Gezähmten.
Wir Edlen Gezähmten
Der Ersten und Zweiten Welt
Verkaufen ihm Blaupausen
Von Demokratien, Diktaturen, Stahlwerken
Computerteilen, Großstädten, Bioanlagen
Bolschewistischen oder Christdemokratischen Parteien,
Sodaautomaten, Älteren Staatsmännern und Philosophien.
Wir leben gut davon.
Der Unedle Gezähmte kauft
Ja verkauft seine Seele
(Rohstoffe und billige Arbeitskräfte)
Für den berüchtigten Apfel und das Ei.
Die Nord-Süd-Kommission schafft Arbeitsplätze.
Im Norden
Den Edlen Gezähmten
In denen hier und da
Und wider Willen
Wieder der Wilde zum Vorschein kommt.
Vergeblich warten wir
Auf die Barbaren.
Er kommt nicht.
So Kavafis.
Denn er ist schon da.
In Uns.
Allen.

2 *Endhaltestelle der Linie 5: Stammheim*

Ich fand die Dritte Welt
In Deutschland.
Sie hieß:
Stammheim.
Oder:
Köln-Ossendorf.
Oder:
Bochum.
Oder Werk.

Dritte Welt:
Juristen, Pfaffen, Sozialarbeiter
Sicherheitsinspektoren:
Die Kompradorenbourgeoisie.
Dann die Mülltonnen.
Unten: Die Gefangenen.
Dritte Welt:
Hand- und Fußschellen, Gummiknüppel
Tränengas, Stacheldraht,
Ketten, Knebel, Zwangsjacken, Gummizellen
Pistolen, Schnellfeuergewehre,
Maschinenpistolen und -gewehre:
Das ausgeprägte Gewaltverhältnis.
Schweinefutter, Abfall, Dreck.
Ärzte, die noch nie
Von Hippokrates und seinem Eid gehört
Metzger. Mengele-Verschnitt.
Dritte Welt:
Die *terms of trade*
: Kaufleute die mithilfe der Administration
Die Ausgebeuteten mit überhöhten Preisen
Ausplündern.
Und die Verlängerung der *terms of trade*
In die Seelen der Verdammten dieser Erde
: Ein Arschfick fünf *Bomben* Kaffee
Ein zerfledderter Porno zwei Pack Tabak.
Zinsen: zwischen dreißig und tausend Prozent.
Dritte Welt:

Zwangsarbeit für fünf Prozent des *Ecklohns*
(Der beschämend genug ist).
Verdammte, gestorben an Mangelkrankheiten
Oder Arbeit oder *Selbst*-Mord oder Schlägen.
Tote, denen kein Hahn nachkräht.
Tote, um die keiner weint.
Tote auch, um die zu weinen verboten ist.
Anonyme Tote in anonymen Gräbern.
Tote in Totenhäusern.
Dritte Welt:
Die soziale Hühnerleiter
: Die Oben lehren die Unten
Daß es unter ihnen noch Untere
Und Unterste gibt
Die zu treten göttliches und irdisches Gesetz.
Dritte Welt:
Du selbst.
Ohne Sicht.
Ohne Aus-Sicht.
Ständig in Sicht
Im Blick der Bewacher
In der Verlängerung von Kimme und Korn.
Dritte Welt:
Aber auch der Versuch
Das Überleben durch Unterlebensstrategien zu sichern
Die eigne Sprache, die die Oben nicht verstehen
Verbotener Schmuck. Tätowierungen.
Klopfalphabet. Eigne Lieder. Gedichte.
Training mit imaginären Waffen.
Verbotene Religionen und Riten.
Körpersprachen. Meineide die Menge:
(In den Händen Ungläubiger Hunde
Ist dem Gläubigen Alles erlaubt. So Mohammed).
Aber auch die neue Schwester-
Die neue Brüderlichkeit
Das Gefühl für Freiheit
Das nur in Unfreiheit wächst.
Und wenn –
Wenn einmal das Auge hinter Kimme und Korn
zwinkert

Wenn ein Staubkörnchen hineingerät
Wenn einmal Dreck in die Gelenke
Und Kugellager der Machtmaschine gefegt
Wenn diese Vereinzelung aufhört
Diese Ver-Ein-Zell-ung
Und wenn man die Angst überwindet
Die so tief in den Knochen
Die Knoten in Muskeln gebiert
Die dir Augen im Hinterkopf wachsen läßt
Wenn da ein Lachen ist
Ein Frühling
Der Frohsinn des Aufstands
Von dem schon die Alten schrieben
Ein *Wenn auch!*
Ein *Trotz alledem!*
Ein fröhlicher Ungehorsam
Die Einsicht in die Veränderbarkeit
Der Menschen, der Dinge, der Welt
Wenn einer anfängt – und das springt über
Wenn eine beginnt
Und alle sagen:
Das war auch Zeit
Und wenn da Strategie ist und Taktik
Und jene Disziplin
Die den Wilden niemand zugetraut
: Ist kein Halten mehr.
(Den Rest lies nach bei Frantz Fanon
: Die Verdammten dieser Erde.)

3

Aber das ist erst der Anfang. Denn der Umschwung, das Lüften, jene kostbare soziale Entität, die wir verkürzt *Revolution* nennen, ist ein Prozeß. Nicht ein einsamer Akt, kein Punkt in der Geometrie der Machtverhältnisse.
Revolutionen sind keine Kopfgeburten. Sie sind Ergebnisse von Hunger. Oder Hunger nach Land. Oder von nicht zuende geführten Reformen.

Frag die Unten. Frag den Bauern in der Gironde, Frankreich, einige Jahre nach der Großen Bürgerlichen Revolution. Frag ihn: Was hat sie dir gebracht, die Revolution? Napoleon, etwa, dieses bornierte Schwein, sozialer Aufsteiger, der sich nun Kaiser nennt und in einen goldenen Nachttopf scheißt, auf dessen Boden sein Initial?
Geantwortet hat der Bauer in der Gironde mit seinen Füßen und Händen: Er marschierte bis Moskau. Und zurück. Wenn er noch konnte. Mit seinesgleichen schlug er die besten Armeen der Welt.
Geantwortet hat er: Was sie gebracht hat, die Revolution? (In was Napoleon scheißt, scheiß ich.): Die Landreform, Bruder.
Frag die Unten. Frag den Campesino in Estelí, Nicaragua, einige Jahre nach dem *Triumph*. Frag ihn: Was hat sie dir gebracht, die Revolution? Die Meinungsfreiheit, etwa, das Recht, auf Seite 1 von LA PRENSA weiße Flecken zu sehen, die ungedruckten Berichte von den Massakern der Kontra? Das Recht, das dümmliche Zeug nicht zu drucken, das Schranzen in Langley von der CIA sich ausgedacht?
Geantwortet hat der Bauer in Estelí mit Kopf und Händen: Er lernte lesen und schreiben und daß die Revolution ein Prozeß, ein Versprechen, kein Blankoscheck, und daß man Reagans Killern in der Sprache antwortet, die sie verstehen: mit dem Esperanto von Schwester Kalaschnikow. Geantwortet hat er: Was sie gebracht hat, die Revolution? (Auf Tomas Borge, den Innenminister, und seinen dümmlichen Zensor und die Bischöfe und LA PRENSA scheiße ich.)
: Die Landreform, Bruder. Die Landreform, Schwester.

4

Ungleichzeitigkeiten.
Sagt Marx, machen den Unterschied aus
Zwischen Entwicklung und Unterentwicklung
(Nicht *bessere* oder *schlechtere* Menschen).

Ungleichzeitigkeiten.
Sagt Bloch, machen den Unterschied aus
Zwischen Mördern und Opfern
Zwischen Erster und Dritter Welt.

Welche Revolution ist nun Lokomotive
Der Weltgeschichte (nach Marx) und welche
Der Griff nach der Notbremse (nach Benjamin)
Oder beides? Ungleichzeitigkeiten:

Hier der Blasebalg des Schmiedes
Dort der Computer der Dritten Generation
Hier Hammer und Sichel
Dort Walzwerk und Mähdrescher
Hier der Großgrundbesitz
Dort der Großgrundbesitzer
Nicht investierend
Nicht akkumulierend
Sondern prassend
Hier Christus, Maria, Buddha
Wischnu, Manitu und Co.
Dort Geld/Gold
Investition, Spekulation, Akkumulation
Internationaler Währungsfond und Weltbank.

Ungleichzeitigkeiten:
Hier der Mord
Dort der Mörder und Selbstmörder
Hier die Droge
Dort der Drogenkonsum
Hier die Banane
Dort United Brands
Hier der Kaffee
Dort Tchibo und Jacobs
Hier das Gold und Uran
Dort die Aktien der Minen
Hier das Bauxit
Dort die Aluminiumfirmen und -fassaden
Hier die Sonne
Dort die Solartechnologie

Hier das Zuckerrohr
Dort der Süße Profit
Hier die Gezeiten
Dort die gestundete Zeit
Hier die fundamentalistischen Kirchen
Dort der Papst
Hier die Kompradoren
Dort die Bourgeoisie
Hier das Alphabet
(Buchstabiere:
H – wie Hunger
H – wie H-u-n-g-e-r
Und noch einmal ...!)
Dort der Professor
Hier die Unmengen Kinder
Dort die Pille, die Rentenversicherung
Und Allianz
Hier die Machete
Dort die Wasserstoffbombe
Hier die Scheiße
Dort der Arsch
Hier der Dschungel
Dort Volkswagen
Der ihn rodet
Für Rinderherden
Für Mac Donalds auf vier Beinen
Für Dort
Hier nicht einmal
Die primäre Akkumulation
Dort die Dritte Vierte Fünfte
Technische Revolution
Hier der Bauer
Dort das Land
Hier die Frau
Dort der entmannte Mann
Hier der Farbige
Dort der Weiße
Hier die Dritte und Vierte
Dort die Erste und Zweite Welt
Hier Mau-Mau und Vietcong

(Der Kämpfer ohne Namen)
Dort Rockefeller und Flick
Hier Ich
Dort kein Du.

5 *Land und Brot und Rosen und Träume*

Und wenn die Landreform kommt
Kommt sie zu spät
(Ungleichzeitigkeiten)
: Schon wohnt ein Drittel der Bevölkerung
In der Hauptstadt des Landes
: Schon erstickt die Stadt
An den Fragen, für die selbst
Die Städte der Ersten Welt
Keine Antwort haben.
Kein Land: kein Haus: Landflucht
Wellblechhütten, Krankheiten, Hunger
Unterernährung. Auch der Phantasie
: Das war schon immer so
: Da kann man nichts machen
: Der Teufel scheißt auf den größeren Haufen
: Die Oben machen doch, was sie wollen
: Wär ich oben, ich machte es ebenso
: Bescheidenheit ist eine Zier
: Selig sind die Armen im Geiste denn
: Gehorche der Obrigkeit denn sie ist
Aber wenn die Landreform kommt
Und kommt sie auch zu spät
(Ungleichzeitigkeiten
: Ick bün all hier, sagt der Igel zum Hasen)
Endet ein wenig der Schlaf der Vernunft
Und die Ungeheuer fliehen
(Oder überwintern mithilfe der USAID).
Aber wenn die Landreform durchgeführt wird
Und einigen wenigen genommen
Es den vielen zu geben
Dem Salz der Erde
Und zurückgegeben, zurückerkämpft die Würde

Denen, die man unwürdig genannt
Wächst auch und vor allem
: Die Fähigkeit, nicht nur zu wünschen
Sondern auch zu träumen
Und der Wunsch und die Kraft
Und die Fähigkeit, diese Wünsche
Und Fähigkeiten in die Praxis umzusetzen.
(Dies meine Erfahrung
In Ländern der *Dritten Welt*
In denen ihre Revolution gesiegt
Nicht meine
Nicht deine
Nicht unsere
Die der Präpotenten der *Ersten Welt*
Nicht die der Besserwisser
Der Buchgelehrten, der Pazifisten
Grünen, Sozialisten, Anarchisten
Die ihre Revolution versäumt
Und verschlafen bis heute
Nicht eine die stellvertretend ist
Für unsere
Bessere, feinere, gelehrtere
Erste Welt
Die sehnlichst erwartet wird
Von wenigen in der Ersten
Von fast allen in der Dritten Welt.)

6 *Eine hart arbeitende Frau,*
die ihr Hand-, Mund- und Beckenwerk versteht,
denkt über den Tag hinaus.

Vorigen Freitag entführte eine Miskituguerilla
– Nicht von der CIA geleitet, trainiert, finanziert –
Einen Arzt und eine Krankenschwester
Aus der Indianersiedlung Rama Kay
: Im Kreuzfeuer mit nichtindianischen Milizen und Soldaten
Starb eine junge Mutter mit Kind.
In den Sendern der Pros und Kontras
Leider das Gleiche: die Lüge.

Die nächste gute Buchhandlung
Hunderte von Kilometern entfernt:
Das *Bücher-Café* in Managua.

Hibiskus, Orchideen, Malven, Milleflores
Bougainvilleas: Feuerwerk der Tropen. Wie immer.
Stets der Passat.
Der Himmel wie der auf den letzten Seiten
In *Diercke's Weltatlas* in der Schulzeit
Im Rheinland der Dreckigen 50er Jahre.
In den Diskos Live-Musik bis morgens um zwei
Vor ihnen die alten freundlichen Frauen
Auf Holzkohlen bereitend jamaikanische Köstlichkeiten
(Bewahrend als Emigranten in der Fremde
Die seit einhundertvierzig Jahren nicht mehr fremd
Was es in der alten Heimat schon nicht mehr gibt).

In einem der schwarzen Viertel
Eine traditionelle Trauerfeier
Mit *rundown, curried chicken*, Tanz, Klage und Gesang.
Dem landesfremden Politkommissar der Sandinisten
Fiel es ein, die fröhliche Trauer mit Musik zu verbieten
: Dies war ja nur ein *privater Toter*
Indessen Staatstrauer angeordnet war
Wegen der Toten und Entführten von Rama Kay.

Patria libre o morir!
Lautet der Kampfruf
(Ein freies Vaterland – oder Tod!).
Die Schwarzen aber an der Atlantikküste
Und die Indianer spotten:
Vaterland? (In einer matrilinearen Gesellschaft!)
Vaterland – oder eine klitzekleine Verwundung
Bittsehr, ein *Heimatschuß*.
Ein bebrillter tiefdunkler Neo-Sandinist
: Sechs Monate politische und Verwaltungsschulung
Und schon die 125er Suzuki, ein Job
Ein Anteil an der Macht
Ist verwundert über den *Mangel an Patriotismus*
(Die Nation der Miskitus lebt an der Küste
Zwischen Honduras und Panama).

Wie lange dauert es
Eine Gesellschaft aufzubauen
In der Busse pünktlich verkehren?
Und wie hoch ist der Preis?

Suff. Betrunkene, ihr Territorium markierend
An den Straßenecken. Die Kanalisation fehlt.
Die Latrine drei Meter vom Brunnen entfernt.
Zunahme an Malaria, Berglepra, Kinderlähmung
Geschlechtskrankheiten. (Was nutzen Impfkampagnen
– Sofern Seren vorhanden
Gespendet von Edlen Weißen in fernen Ländern –
Sind die Ursachen nicht ausgerottet?)

Suff. Ein widerlicher Marienkult.
Der Todestrieb des Spanien der Reconquista
Und Konquistadoren, der alten Indianerkulturen
Des Leninismus. Der *machismo.*
Die unfähige parasitäre Bourgeoisie. Die *terms of trade.*
Die Bürokratie.
Der Imperialismus kein Schlagwort
Sondern Schlag auf Schlag mit dem *big stick.*
Der Suff. Die Angst.
Die *Monroe-Doktrin*: Amerika
Den Amerikanern! (Genauer: den US-Amerikanern!)
Drei Invasionen Nicaraguas.
Und das Heer des *Generals der Freien Menschen*
– Sandino – schlug die Marines. Narrte sie
Von '27 bis '33. Sie zogen ab.
Dann der Verrat:
Somoza und seine Garde, von '36 bis '79.
Von Neunzehnhundertsechsunddreißig
Bis Neunzehnhundertneunundsiebzig.

Palmen wiegen sich im Wind.
Ihren Saft schwitzt aus die Papaya
Auf dem Fensterbrett in der Sonne.
Die Wälder zerstört. Durch Yankee-Firmen.
Gründlich ausgebeutet die Goldminen
Durch Yankee-Gesellschaften. Und ab

Zog *Standard Fruit* erst, als eine Krankheit
Die Bananenplantagen zerstörte
(Und Kontraktbauern in Ekuador
Und auf den Philippinen sind billiger).

Kolibris schwirren.
Kleine Affen springen von Ast zu Ast.
Und der schönste der Feinde
Der Jaguar, irgendwo im Unterholz
Oder auf dem Ast über deinem Kopf.
Überm Sumpf hinter der Vorstadt
Milliarden von Schmetterlingen
Im Glast der Mittagszeit.
Zwischen den schwarzen Schenkeln
Meiner Freundin: die süße Passionsfrucht.
Zikaden. Der Suff. Die Angst.

Wie lange dauert es
Eine Gesellschaft aufzubauen
In der Kinder nicht mehr vertrocknen nach der Geburt?
Und wie hoch ist ihr Preis?

Suff. Im Radio: Slogans und Julio Iglesias.
In den drei Zeitungen: das gähnende Nichts.
Im Fernsehen Stumpfsinn.
In Kinos Kung-Fu und mexikanische Schnulzen.
Der Reisepapst. Ein Erzbischof
Der dem Tod von Kindern durch Kontras
Kein Gewicht beimißt: Ihre Seelen kommen ins Paradies.
Sagt er. Es bauscht sich der geblümte Vorhang
Vor meinem Fenster: Ein Segel.
O Himmel, strahlender Azur.
Kanonenboote der Yankees dreißig Meilen vor der Küste
Und der größte Flugzeugträger der Welt.
Im nördlichen Nachbarland gemischte Manöver
Und es bleckt Costa Rica im Süden die Zähne
Zinkt seine Neutralität
(Ja, was machen

Bei 700 Millionen Dollar
Außenhandelsdefizit im Jahr?).

Hibiskus, Orchideen, Bougainvilleas undsoweiter.
Die geschwungenen Wimpern der *morenas*
(Die ganz unten auf der sozialen Skala
Aber immer noch vor *Negern* und Miskitus rangieren).
The Voice of America.
Das Ave Maria. Der Suff. *Purissima*:
Die *Unbefleckte Empfängnis* der Höchste Feiertag.
Morgens um vier stehn die Frauen auf
Bereiten Tortillas, Reis und Bohnen für die Männer.
Die *Unbefleckte Empfängnis*. Die *Jungfrau*
Eine Frau, die keine Frau, eine Frau
Mit der keine Frau konkurrieren kann:
Alles Huren, glaubs mir. Alle Frauen sind Putas.
Purissima. Putissima.
Hunderttausende von bierbäuchigen Schmierkapps
In Zentralamerika, mit großem Ernst bemüht
Die großen Macker zu sein. *Arme* Schweine.
Arme *Schweine*. Der Suff.

Zehntausende von Kleinsthändlern
: Arme, die den Ärmsten das letzte vom Leib
Und aus den Taschen stehlen.
Regionaler Notstand. Beamte und Studenten
Zur Zwangsarbeit in den Zuckerrohrfeldern
abkommandiert
: Die Zuckerfabrik war zu groß geplant.
Der Moloch braucht täglich sechshundert Tonnen
Sonst produziert er Defizite.
Reis. Bohnen. Bohnen und Reis. Bohnen. Reis.
Das Schlimmste aber
: Die Großen Schatten
: Heroen und Märtyrer.
Denn Helden sind immer Tote.
Lebende sind keine Helden,
Und Leben retten, Commandante Boltadano,
Zählt weniger als töten.

Wie lange dauert es
Eine Gesellschaft aufzubauen
In der die Köchin den Staat regiert?
Und wieviele Köchinnen sind dann im Lager verreckt?

Ein Fick: ein Dollar.
Eine Nacht: zehn Mark.
Es spart, sagt sie, die fleißige Hure
Für die Erziehung der Tochter.
Ihr Kundendienst: reinste Transzendenz

: Sie wünscht sich
: Eine perfekte Kanalisation, die Trockenlegung der Sümpfe
Und Säufer. Ausrottung der endemischen Krankheiten
Des Marienkults, des Todestriebs, der Bürokraten
Der verfaulten Kapitalisten, der Lüge in den Medien
Der Liebesbeweise durch Prügel, des Suffs.

: Zunächst Beschämung
Dann Erziehung der Männer
Zu Menschen.

: Zwanzig Tonnen Farbe für die Fassaden der Häuser
Vom lichtesten Weiß über viel Hellblau
Türkis und Grün bis hin zum dunkelsten Gold.
Pflasterung aller Wege und Straßen, ihre Begrünung.
Schaffung von Arbeitsplätzen
Bei Halbierung der Arbeitszeit.

: Auf geheimnisvolle Weise versenkt
Die Flotte der Vereinigten Toten
In der Bucht von Bluefields
Abgestürzt die schallmauerdurchbrechenden
Schwarzen Spionagevögel. Alle Grenzen offen.
Und hingerichtet der paranoide Schmierenkomödiant
In Washington nach den Kriterien des Nürnberger Prozesses
(Es war wohl das letzte Todesurteil auf Erden).

: Und im großen Laden, Ecke Commercial Street
Wo einst der Chinese thronte
Hinter der Kasse seines wohlsortierten Supermarkts
Und nach seiner Flucht verwaltet wurde
Die Armut mit Lebensmittelkarten
: Ein *Buch-Café*!
Geführt als Kooperative
Von fünf Frauen
Lachend, stolz und schwarz.

Ganz bescheidene Wünsche
Sagt sie.
: Wie gesagt
Ganz bescheidene Wünsche.

Juli 1991

HANS-ECKARDT WENZEL

Halteverbot in der Dunkelheit

Variationen zum Begriff der Geschichte

I

> – *Was halten Sie von linker Theorie und kritischem Bewußtsein?*
> – *Ja, wenn Sie mich so fragen, was war das denn gleich?*

Analysen wurden zu Beschuldigungen. Moral bewirkt nichts in einer auf Effektivität und Gewinn ausgerichteten Welt. Die Energien der Kritik verkommen in Gestalt des unverstandenen Liebhabers, der beleidigt pauschale Vermutungen zuweist, von denen keiner weiß, was sie bedeuten. Ein Sichfernhalten von Realität aus Angst, ihr nicht gewachsen zu sein. Die Sprache geht verloren mit der Lust, etwas sagen zu wollen, zu müssen. Es wird unhörbar. Der intellektuelle Widerstand, einige Worte und Begriffe nicht mehr fortzulassen von ihrer Realität gegen die Gravitation der Politik-Sprache, in der die Wirklichkeit stört, scheint gebrochen. Selbstgefällige Modernismen, *petites phrases,* Trivialitäten und Klischees ohne doppelten Boden überfordern die Kapazitäten unserer geistigen Mülldeponien.
In Einzelheiten erfüllt der Mensch die Definitionen eines Gottes: Er kann die Welt neu schaffen von der Simulation des Eiweißes, der Genmanipulation bis zur Erforschung der Sonnenenergie ... Das: *Es werde Licht!* erzeugt Licht mit aller Macht. Aber dieses gottähnliche Wesen ist in seiner sozialen *Qualität* stufenweise zurückgeschritten in einen Egoismus, eine soziale Kälte, für deren Herleitung und Interpretation er sich grandiose Mechanismen erfand.
„Daß es ‚so weiter' geht, *ist* die Katastrophe", schreibt Benjamin.
Der Traum, aus dem keine bisherige Klasse in der Geschichte wieder erwacht ist, der Traum von sich selbst oder von einer *historischen Mission*, der Traum, der sich an

den Spiegelsplittern der Vergangenheit wiederzuerkennen glaubte, mit denen Licht in die dunkle Zukunft reflektiert werden sollte – dieser Traum ist in Gefahr, in eine Agonie überzugehen, ein Delirium, das den Träumenden den Maschinen gleich entmündigt und enträumt.

Das Verschwinden des Menschen beginnt mit dem Verschwinden seiner Unbegreiflichkeiten, seiner Grenzen: Tod und Liebe, derentwegen er *Religionen und Ideologien* schuf zum Schutze vor Geistern und Phänomenen, die in der Vergangenheit schlummern und die Zukunft bedrohen.

II

Schachautomaten der neuesten Generation geht *bekanntlich* der Ruf voraus, selbst der Waffe der Unlogik, mit der die ersten Automaten noch zu besiegen waren, sei die tödliche Spitze abgebrochen, so daß der lebendige Spieler mit seinem *biologischen Gehirn* dem *physikalischen Prinzip* endgültig unterlegen sei. Das Nachdenken über das Nachdenken, systeminnere Kritik, die genialischen Energien der Fehler gehören ebenso zum Erkenntnisprozeß der Maschine wie die Organisation von Affekten und dem Unbewußten nahekommenden Elementen. Während der lebendige Spieler Mensch, wie Kleist vorführte, durch Selbsterkenntnis Unschuld, Schönheit und außergewöhnliche Subjektivität verliert, scheint die Maschine, die sich noch im Paradiese der Schuldlosigkeit befindet, ihre Grenzen zu übertreten, frei von Eitelkeit und Wut, den Effekt, das Resultat zentrierend.

Diese *maschinelle Sammlung*, das Gestaltungsprinzip der Postmoderne, fetischisiert die Distanz zu den Phänomenen, ohne ein subjektives Pendant zu errichten, das allem *widersprechen* könnte, wie es der Marxismus mit seiner Definition von Praxis/Arbeit vorgab. Durch Umbenennungen sollen sich jetzt formale Lösungen ergeben: das Den-Dingen-Gehorchen, im klassischen Sinne Entfremdung: ein Objekt übernimmt Subjekt-Funktionen; das Subjekt quasi als Objekt der subjektivierten Objekte – dies gilt als *Pragmatismus* bzw. *Technokratie* – beschreibt die positive Erweiterung *der Freiheit* und übernimmt innovative Funktionen in den Gesellschaften des Abendlandes. Der verbale Subjektivismus, der dem Marxismus *Unmenschlichkeit* vorwarf, weil eben die gesellschaftliche Praxis als das akzeptiert werden sollte, was sie war: Realität, vergegenständlichte Arbeit etc. pp. – trat mit beschlagener Stimme an das Rednerpult und verkündete einen Humanismus alter Beschaffenheit, frei von jeder Radikalität, auf ein Minimum zurückgekürzt, auf das sich *jedermann* einigen würde. Das *maschinelle Moment* ist auf Kontinuität aus. Es beschreibt die Utopie einer funktionierenden Gesellschaft – etwas anderes als die *wirkliche Bewegung*, die ein Gemeinwesen aktivieren sollte, wie Marx forderte.

In diesem Bilde erkennen wir die Simulation eines Augenblicks, der sämtliche Geschichte instrumentell reproduzieren kann, wann immer es erforderlich. Während der lebendige Spieler, gefangen in der Tradition seines *So-Seins*, sich, seiner Geschichte sowie der Geschichte *seiner* Toten entsprechend denkt, reproduziert die Maschine im nachhinein Historie, um sich selbst Richtigkeit und Vergleichbarkeit der Operationen zu bestätigen.

Die Allegorie eines Automaten von der Art, wie Benjamin ihn beschrieb, eines *historischen Materialismus*, der die Theologie in seinen Dienst nehmen müsse als *buckligen Zwerg*, gehört in eine Zeit, da Geschichte noch nicht völlig abgetrennt war von ihrer Gegenwart.

Gefahren, die den historischen Materialismus zwangen, sich am Bild der Vergangenheit festzuhalten, stellen für den Automaten nur ein *Funktionshindernis* dar und treiben ihn in keine Reflexion, Melancholie oder ernsthafte Änderung seiner Absichten. Statt sich in der Not mit Geschichte zu solidarisieren, um der Einsamkeit eines *Fortschritts* zu entkommen, startet die Maschine Sicherungsmechanismen, Krisenprogramme und Notregulationen; denn ihr Glaube an Zukunft ist ungebrochen, wie ihre Not niemals *lebensbedrohlich* sein kann.

Nicht anders verhalten sich die großen Automaten: die

zivilisierten Staaten, Konzerne, multinationalen Vereinigungen. Sie werden gezwungen, durch die innere Logik ihrer „*Physik* ... nach der Beseitigung der Moral", wie Nietzsche schreibt, alles Uneffektive von sich zu weisen, auch die Geschichte, und kreieren so einen ‚*ahistorischen Materialismus*', der die Theologie des *häßlichen Männleins* zum Trost des lebendigen Spielers, zum Trost des Verlierers mildtätig einzusetzen weiß, als Ausnahme, um selbst noch dem Verlierer ein Gefühl von Überlegenheit, ein glückähnliches Surrogat zu bieten, das ein Erwachen aus dem Alptraum des Spiels verhindert.

III

Im algerischen Fußball führte lange Jahre ein gefürchteter Stürmer die Tabelle der besten Torschützen an, der, berühmt für sein Gespür, jede noch so kleine Chance in ein Tor zu verwandeln wußte. Einzig beim Lesen und Geldzählen haperte es. Eines Tages stellte ein Optiker voller Entsetzen fest, daß unser Torschützenkönig an einer übermäßigen Kurzsichtigkeit litt und mit dieser Sehunschärfe eine Gefahr für sich und andere bedeute. Der *Mann des sehenden Auges* verordnete eine Brille. Der Fußballer setzte sie auf und „traute seinen Augen nicht", als er die Welt in aller scharfkantigen Genauigkeit erkennen konnte und bedankte sich für Erleichterung und *Durchblick*. Der Fußballer hatte von nun an keine Probleme beim Lesen, Geldzählen oder Wiedererkennen von Bekannten auf der Straße. Einzig sein Platz auf der Liste der besten Torschützen ging ihm verloren, denn er traf von nun an nicht einmal mehr das Tor.
Der Schock der historischen Genauigkeit, das unsinnige Vorhaben, Vergangenes *reproduzieren* zu wollen, verletzt ebenso das Gespür für die Geschichte. Mit den Einzelteilen einer zusammenhanglosen Welt wird die *schwache messianische Kraft* zum Ersticken gebracht, die aus unbegreiflichen Spannungen der Zeitebenen ihre Energien bezog. Der modernen Wissenschaft gelang eine Befreiung aus dem Ghetto der Empirie mittels Heisenbergs Unschärferelation; so konnte das Einzelne untersucht

werden, ohne daß es als *Einzelnes* betrachtet werden mußte. Die Klassendefinition vollführt im gesellschaftlichen Bereich eine ähnliche Abstraktion, das Konkret-Individuelle vernachlässigend. Der Begriff der Entropie – *(In einem abgeschlossenen System laufen Vorgänge stets so ab, daß die Entropie S abnimmt. Alle Vorgänge in der Natur verlaufen vom Zustand geringerer zum Zustand größerer Wahrscheinlichkeit.)* –, im zweiten Hauptsatz der Wärmelehre formuliert, mußte längst auch die unerklärbaren Phänomene der Zivilisation aufnehmen. „So daß sich die ganze Kultur als ein Mechanismus beschreiben läßt, in dem wir nur zu gern die Chance des Überlebens sehen möchten, die unser Universum besitzt, wenn seine Funktion nicht darin bestünde, das zu produzieren, was die Physiker Entropie und wir Trägheit nennen", schreibt Lévi-Strauss.

Der Ungläubigkeit gegen empirische Wahrnehmungen des Einzelnen versuchte Benjamin mit der *theologischen* Verknüpfung der Abstrakta an die Phänomene zu begegnen, indem der empirischen Wahrnehmung ein kollektiver Urgrund nachgewiesen werden konnte, der seine Wärme aus der Vergangenheit bezog und nach dorthin auch sich zu bestätigen wußte.

Abstrahieren heißt töten. Es sollte aber am Leben erhalten werden, was zu Untersuchungszwecken getötet werden mußte, das Einzelne, Unvergleichbare; nur so wäre aus dem stoischen gesellschaftlichen *Weiter so* ein Entkommen gewesen.

Der Historismus des 19. Jahrhunderts kann als erster zaghafter Versuch gelten, die Geschichte zu begraben als tot. In den Revolutionsphasen des Bürgertums noch mußten die Toten erweckt werden, um sich *über den eigenen Inhalt zu betäuben*, wie Marx schrieb; in der entliehenen Pose, die Weltgeschichte zu überrumpeln. Der Historismus hatte die Aufgabe, wie der Optiker des Fußballspielers, durch Detailfülle die gefährliche Leiche erneut zu beruhigen – bis endlich durch exponierte Beschleunigung der Produktivkraftentwicklung die Geschichte ganz beiseite geschoben, weil die Fülle der Details nicht mehr erfaßbar war vom biologischen Gehirn.

Das Territorium Nordamerika stellte den Raum, in dem die Verfolgten, Abenteurer, Träumer und Diebe ihrer Geschichte entkommen konnten. Vom permanenten Fortschrittswillen geprägt, verkam die eigene kurze Historie in gleicher Weise wie die Bauwerke der Anfangszeiten, die Kinopaläste, Stadtteile, ja ganze Regionen mit Industrieleichen; so konnte de facto bewiesen werden, Geschichte sei nicht notwendig! (Einzig einen touristischen Zweck könne man – merkantil – entdekken!)

Die Zivilisation, wollte sie den Schritt aus den einzelnen Ländern wagen in die Weite der Welt und das kalte All, mußte befreit werden von ihrem Gewordensein, das sie in fataler Weise an ihren Feind erinnerte: die Natur.

Der permanente Augenblick übernahm das Amt der *Zeit* und kreierte im eigens geschaffenen Raum eine *Bewegung, Mobilität,* die, in ein soziales Gewand gehüllt, im bisher unwiderlegten Traum vom Tellerwäscher gipfelte, der mit seiner Ausnahme, Millionär zu werden, die Regel des sozialen Abstiegs anderer bestätigte.

So wie der *ahistorische Materialismus* auf Verwertbarkeit des Reichtums, d. h. auch der Geschichte aus ist, sich also in den herrschenden, siegenden Momenten der Geschichte wiederzuerkennen glaubt, indem er sie zu einem zeitlosen Mythos umwertet und ihr göttliche Dimensionen verleiht – was war, ist nicht mehr zu ändern! meint er fälschlicherweise –, so auch verhält sich die zivilisierte Welt gegenüber allen Nicht-Siegern, Nicht-Erfolgreichen dieses Spiels.

Da die Klassendefinition des 19. Jahrhunderts auch die Gesellschaftswissenschaft nicht vor einem ähnlich jesuitischen Dogmatismus des Erfolges schützte und alle auf Grundlage dieser Übereinkunft entstandenen Staatsformen im Begriffe stehn zu verschwinden, gilt es nun, da die althergebrachte Polarität von *arm* und *reich* wieder alle ideologischen Raster überlagert, nach Bildern zu fragen, die den Zustand beschreiben könnten, den Grad der wirklichen Not, aus der keine Erlösung mehr möglich scheint, ließe man dürftiges Überleben im abgezirkelten Raum nicht als solches gelten.

IV

Die Wissenschaft – das war bisher die Beseitigung der Verworrenheit der Dinge durch Hypothesen, welche alles ‚erklären' – also aus dem Widerwillen des Intellekts an dem Chaos.
Friedrich Nietzsche

Die menschliche Geschichte als Abfolge von Chaos I – Ordnung – Zerstörung der Ordnung – Chaos II zu beschreiben, stellt die alte mechanische Frage: ob die Bewegung nun auf gleicher Ebene als Kreis oder ab- bzw. aufsteigend als Spirale vorstellbar wäre.
Während im biologischen Gehirn die Kausalketten sich zu jenen gordischen Knoten verstricken, die nur Revolutionen, Kriegc oder Katastrophen zerschlagen können, glaubt die Maschine Denkformen räumlicher Verwebungen. Einzig die *vierte* Dimension, die Zeit, mit Geschichte infizierte Furie der Wissenschaften, muß sie verbieten. Und so setzt die Maschine dem *klassischen Gemeinsinn*, mit dessen Hilfe Subjektivitäten synchronisiert werden sollten, den berechenbaren *Konsensus* entgegen, der frei ist vom kritischen Bewußtsein.
„Warum auch soll man etwas wissen", schreibt Lothar Baier, Konsens definierend, „wenn man weiß, was man davon zu halten hat."
Unser Jahrhundert, angeblich die Fortsetzung des vorigen, gilt denn als weitere Vertreibung des Unwissens durch Wissen mittels Erkenntnis. Ordnungsbegriffe und Heiligtümer der Europäer befinden sich noch fest in den Definitionen des vorigen Jahrhunderts, obwohl sich, wie die Pragmatiker beschwören, *soviel* geändert habe gegenüber dem *Früher*. Die Entdeckungen werden nicht mehr wie im Mittelalter von Entdeckern gemacht. Der Automat *kommt drauf* mittels Ausschlußverfahrens, genau wie Kolumbus auf die Neue Welt kam.
Nichtwissen existiert in dieser Vorstellung als *unentdecktes Wissen* (a priori), es scheint gerecht im Raum verteilt und müsse nur gefunden werden – jene *Dunkelheit*, die von der Wissenschaft aufgeklärt, erhellt werden müsse. Jede Entdeckung ein Beweis: die Wüste des Nicht-Wis-

sens durchquerend, stünde man vor dem gelobten Land der Weisheit; auf dem Wege schwer errungenes Wissen sammelnd.

In dieser Vorstellung gibt es keine *Produktion von Dummheit.* Nicht-Wissen ist im streng aufklärerischen Sinne Dummheit, die beseitigt werden könnte. Und so durchdringt die weltbildnerische Artistik eine Vorstellung vom Anschwellen, Aufsteigen, die, gemessen an den physikalischen Entdeckungen, nicht die Gefahr eines endgültigen *Rückschritts* in sich berge. Der Skeptiker und Pessimist hingegen glaubt, daß diese Kraft zum Höheren an den Bedingungen scheitern werde; aber auch er glaubt an diese aufsteigende Weltenlinie, eben in resignierender Weise.

„Die Physik ergiebt sich als eine *Wohlthat* für das Gemüth: die Wissenschaft (als der Weg zur *Kenntniß*) bekommt einen neuen Zauber nach der Beseitigung der Moral", schreibt Nietzsche, denn: „Nun haben wir die Moral vernichtet – Wir selber sind uns wieder völlig dunkel geworden!"

Versuchte nicht Arthur Rimbaud, diese *Dunkelheit* kenntlich zu machen an den Bildern der präsenten vorzivilisatorischen Welt? Das koloniale Empfinden als Selbsterkenntnis; die Eroberungen der geheimen Reiche hinter dem Ozean der physikalischen Bewußtheit?

Alle Formen der Gesellschaften, die auf unserer Erde existieren, haben ihre Entsprechung in jener aus der sichtbaren Welt ins Innere vertriebenen *Dunkelheit*, und der perfekte Automat, nach dessen Vorbild die Welt gut werden soll, trifft auf das Dämonische nicht-industrialisierter Religionen ebenso, wie unsere Wachheit sich dem Traum zu stellen versucht.

Die Frage, wie die *reiche* Welt ihrem *armen* Gegenpol begegnet, ist die Frage nach dem Umgang der Vernunft mit der eigenen Geschichte und ihrer unbewußten Existenz. Die Maschine kann sich darunter nichts vorstellen. Ihr Himmel ist die Präzision. Tod und Liebe, die Urgründe – für den Automaten unbestimmbare Größen.

Das Geheimnis, das der Mensch mit zunehmender Erhellung der Umwelt sich selbst wird, muß verdrängt wer-

den, soll der sture Optimismus eines Fortschrittsglaubens nicht beschädigt werden, ohne den alle Erkenntnis zum Zufallsmodell der atomisierten Antike heruntergespielt werden würde; das einzige, was es wahrhaft unbegrenzt gibt für den Menschen: sind Gefahren!
Dem Automatismus der Aufhellung unserer Außenräume widerspricht das zunehmende, mikrokosmische Dunkel der Individualität. Die so erzeugten Polaritäten von hell – dunkel, arm – reich, gut – schlecht etc. pp. treiben zu elementaren Antagonismen.
Der Helligkeit der Glaspaläste der Banken steht die Dunkelheit der lebensmüden Obdachlosen gegenüber, dem Reichtum der Kultur Europas die um sich greifende Armut der Welt.
Benjamin schrieb in einem Brief 1935 über die mystische Chance des Geistes, die er in der Armut zu erkennen glaubte. Armut, d. h. Freiheit von einer überwiegenden Zahl Pflichten den Objekten und Strukturen gegenüber.
Könnten wir der Maschine also eine Finte unterstellen: sie beschäftige den von unmittelbarer Not befreiten Menschen mit einer möglichst hohen Menge Besitz, seinen geistigen Widerstand zu lähmen; geht er darauf ein, funktioniert er nach den Regeln der Maschine. Der Machtkampf zwischen biologischem Gehirn und Maschine wird entschieden.
Zum Glück können wir der Maschine keine Moral unterstellen. *Effektivität* ist ihre Moral. Und selbst der Erfinder der Maschine, der längst zur Maschine der Maschine geworden ist, lebt völlig im Physikalischen. Die Ergebnisse aber, die durch Zunahme der *menschlichen Dunkelheit* immer weiter in den abstrakten Raum abgedrängt werden und jede Aktion (vom Krieg bis zum Fußballspiel) wie eine Simulation erscheinen lassen, verweisen auf den Verlust der Geschichte; nur so kann die aufgeteilte Welt (Ost/West oder Nord/Süd) als Hindernis bei der Effektivierung begriffen werden; der Automat ist die *erste* Welt; und er ist der *Westen*. Er *will*, daß alles ihm folgt; sein Weg *ist* der Erfolg. Die Entstehung der Teilung auch als Preis für die Konstruktion des Automaten

zu begreifen, hieße: Geschichte zuzulassen! Also: den Automaten als *Produkt* zu begreifen. Das hieße, ihn zu relativieren. Kein Gott aber ließ dies je mit sich geschehen. Sollte etwa, da die Erziehung der Fürsten mißlang, die Maschine erzogen werden?

V

Ein *berühmter* Komponist, befragt von einem *gebildeten* Journalisten über den *Genuß des Schöpfens*, soll geantwortet haben, daß er das Arbeiten selbst hasse und der Arbeit wo möglich aus dem Wege gehe, aber das *Gearbeitet-Haben* beglücke ihn unendlich, wenn ein Ergebnis, ein Stück *Weitergekommensein*, hinter ihm liege.

Alle Religionen und Ideologien (bis zu Marx), die dem Begriff der Arbeit eine zentrale Stellung einräumten, verkamen am Ende entweder im endlosen Monolog über *den Nutzen* oder in einer *Objektivierung* durch *Besitz*. Die Gefahr einer nicht auf *den Menschen*, sondern auf *das Ich* bezogenen Vergegenständlichung der Arbeit legte der Anfangspunkt des Marxismus klar, genau jene Stelle, wo die Borniertheiten sowohl Hegels als auch Feuerbachs überwunden werden konnten. Der Zentralbegriff *Arbeit*, der schon im Protestantismus vorgeprägt war, zog den *Produzenten* nach sich; so konnte ein Weltbild entstehen, das an zentrale Stelle die *Produktion* setzte und somit dynamisch einem bewußt gestalteten Geschichtsverlauf offenstand.

Den Begriff des *Produzenten* verleiht die Umgangssprache längst nicht mehr jenen, die wahrhaft Arbeit verrichten. Personen, die verschiedene Arbeiten koordinieren bzw. die Bedingungen für die Arbeit produzieren, werden heute mit dieser *Berufsbezeichnung* versehen: die Dispatcher der Produktionen bei Film, Fernsehen und Schallplatte. Die Arbeit des Musizierens z. B. wie jede andere kann auf die Maschine verlagert werden. Gesampelte Tenöre, Violinen oder Schlagzeuge arbeiten ohne Murren, ohne überhöhte Honorarforderungen, ohne Fehler und ohne Müdigkeit!

Als in Deutschland der Tonfilm eingeführt wurde, gab

es ein Flugblatt des Deutschen Musiker-Verbandes: *Der Tonfilm hält nicht, was er verspricht! ... Der Tonfilm verdirbt Gehör und Augen! Fordert lebendes Orchester!* – Diese Argumentation hat längst ihre Schlagkraft verloren. Gäbe es noch einen Grund, den *lebendigen Spieler* des Instrumentes nicht abzuschaffen, dann den der Exotik; unberechenbare Fehler und unregelmäßiger Puls! als würde ein Kind versuchen, die Syntax Immanuel Kants zu übernehmen! Charmant.

Der Produzent käme letztlich ohne Musiker aus! Aber es klingt *schöner*, sagt er, wenn ich den Synthesizer durch einen lebendigen Spieler ersetze. Das ehemals Normale wird zu einer Frage des Luxus!

Das Verschwinden der Täter aus der Weltgeschichte bringt einen Typus Vollstrecker/Koordinator hervor, der den zentralen Begriff all jener Ideologien und Religionen der Subjektivität außer Kraft zu setzen scheint und somit die soziale Basis vernichtet, auf deren Grundlage die Abstraktionen des 19. Jahrhunderts vorgenommen wurden.

Im *ahistorischen Materialismus* des Automaten verlieren alle Phänomene und Begriffe ihre geschichtliche Dimension und verflachen dadurch. Ein allgemeiner Standard aber kann nicht mehr die Mühen verdeutlichen, die Leistungen, die Arbeit, die im Bild einer solchen Erkenntnis bestanden. Der Reisende, der in New York die europäische Malerei betrachtet und nicht an Entstehungszeiten und Umständen der Biographien interessiert ist, mag den Unterschied des Gelbs der Kornfelder zwischen Pieter Bruegel und Vincent van Gogh nicht begreifen; wie sehr sich dieses Gelb in dreihundert Jahren verändern mußte, um noch Geruch, Landschaft und unbestimmbare Sehnsucht in sich aufnehmen zu können; wie wenig Vertrauen bleibt in die *physikalischen Farben*, die als Klischee wirken, als Lüge; dieses Gelb zeigt auf das Elend des Erkenntnisprozesses: neben dem Zuwachs an äußerer Helligkeit die zunehmende Dunkelheit der Phänomene.

Der Automat beendet alle Tragödien. Er beendet die Zäsuren, die Schmerz erzeugen, und er beendet das alte

Europa mit seinen Friedhöfen voller Geschichte, seinen Münstern und Ingenieuren. Längst hat die Maschine die Macht übernommen. Die Schreckensvisionen der Science-fiction-Filme sind wahr, die ideologischen Wertsysteme der modernen Gesellschaft außer Kraft.
Die Losung *Freiheit oder Tod!* z. B. wird zur Stereotype. Die Maschine wehrt sich gegen eine uneffektive vorkapitalistische Freiheit, wie sich die hungernden Länder gegen die Freiheit des Automaten wehren. Der einzige Konsens wäre letztlich im *Tod* zu finden, würden die Entweder-oder-Begriffe ernst genommen.

VI

Worin, fragte der Professor, machen Sie den Unterschied zwischen einem Computer und einem Menschen fest? Er könne nicht fühlen, rief ein Mädchen. Falsch. Er könne sich nicht irren. Er besitze kein Eiweiß, könne sich nicht vermehren, würde von keinem biologischen Rhythmus bestimmt ... Alles falsch, erwiderte der Professor, es gibt nur einen Unterschied: Man kann ihn noch ausschalten, ohne des Mordes angeklagt zu werden.
Der Automat fürchtet diese *Schwäche* und muß mit aller Macht gegen die totale Abschaltung vorgehen. Jeder Fehler wäre zu korrigieren, jede noch so komplizierte Aufgabe wird einmal für ihn lösbar werden, alle Attacken kann er abwehren – wenn er angeschaltet bleibt. *Totalitarismus!* – dieses Wort saugt in seiner gewaltigen Unbestimmtheit alles in sich auf, was der freien Automatik (eines Marktes oder einer Maschine) sich entgegenstellt. Mit diesem Wort muß er alles bezeichnen, was ihn gefährdet, und bei Strafe des Untergangs selbst zur Rettung alle Formen des Totalitarismus übernehmen, im Namen des Antitotalitaristischen ... etc. pp. Das Spiel der bürgerlichen Demokratie, wie es Napoleon III. spielte, in dem er die Demokratie im Namen der Demokratie in ein Kaiserreich verwandelte, zeigt die Spielregeln vor, jene Endpunkte der Geschichte, auf die wir uns gerade wieder zubewegen, hinter denen das Niemandsland liegt, derentwegen Kriege geführt werden.

Jene totale Vernichtung des automatischen Systems wäre mit dem Bild Münchhausens, der sich an den eigenen Haaren aus dem Sumpf zieht, umschrieben, gäbe es nicht den feinen Unterschied, daß die Zugehörigkeit des Subjektes zu diesem Automatensystem eine vermittelte wäre. Im alten Bild des Rädchens, das im Getriebe der Welt funktioniert, finden wir die mechanische Nachahmung der Melancholie der *Mitglieder* des Automaten. Die Sprache des Diskurses wird von der Funktion bestimmt. So wird der Automat nie *ganz* in Frage gestellt von seinen Rädchen. Der Ansatz von Marx, dem Automaten von außen Einhalt zu gebieten (obwohl Bestandteil), verkam an jenem von Benjamin beschriebenen Punkt der opportunistischen Philosophie, welche *die Arbeit* in das vorchristlich-lineare Modell einer sich selbst vervollkommnenden Zeit eingliederte und damit Subjektivität wieder unter die Knute der Maschine stellte. Als die deutsche Sozialdemokratie dem ersten Weltkrieg zustimmte, gab sie sich geschlagen als Subjekt. Der Automat hatte die Partie gewonnen; ihm allerdings ein Interesse zu unterstellen oder Moral, erscheint modernen Menschen dem Verhalten wilder Stämme vergleichbar, die das Flugzeug als Gott anbeten. Marx' Ansatz der Kapitalanalyse ging davon aus, daß es eine Logik wäre, ein Automatismus, den zu unterbrechen Subjektivität nötig wäre. Dieser Automatismus erfährt von innen her keine Begrenzung. Die Maschine wird ihre Kriege führen und in ihrem Sinne gewinnen, solange die Natur in der Lage ist, den Schutt dieser Kriege zu verdauen. Der eigentliche Gegner des Automaten ist die Natur. Ihr will er entkommen.
Die bürgerliche Freiheit braucht äußere Begrenzung zum Beweis ihrer Maßlosigkeit; sie muß sich nicht selbst einschränken. Nur im Gegenüber einer Unfreiheit genießt sie sich selbst. Die Aufteilung der Welt in ihre drei Nachkriegsteile schuf diese Parzellierung. Im Disput mit den feudalsozialistischen Gesellschaften setzte sie auf die Offenheit der *öffentlichen Meinung* und die formale Freiheit der Informationsmedien. Und so verloren die modernen Medien ihren Zwang zur Wahrheit in dem

Maße, wie sie einen Zwang zur *Genießbarkeit* anerkannten. Die *Freiheit* des 19. Jahrhunderts, die sie aus dem Gehege der Priester und Fürsten herausführte, trieb all jene Zeitungsschreiber und Fernsehkorrespondenten in die Fänge der *Existenzsicherung*, die sich über die Konsumtion des Produktes realisiert und auf die *öffentliche Meinung* setzen muß, die wie die Maschine alles Einzelne der Gesellschaft auf eine statistische Dimension zurückführt. Aber jede Abstraktion ist Unterdrükkung.
Der Automatismus, mit dem die Geschichte abzulaufen scheint, rechtfertigt das Bild eines Automaten, der mit seinem *abistorischen Materialismus* die Geschichte vernichten muß, um bei seiner eigenen Inhaltslosigkeit anzukommen.
Automatismus von Krieg und Nicht-Krieg, Leid und Läuterung durch Leid; die Kette: Disziplin/Moral – Hybris – Leid – Einsicht – Disziplin/Moral deutet einen Kreislauf an, der in den Abgrund führt, denn mit jeder Verarbeitung des alten Leids, des alten Versagens, der alten Hybris wird auch Gewöhnung produziert, Mechanismen der effektiven Verdrängung, so daß *Neues Leid* eben *mehr Leid* sein muß. Die Unendlichkeit dieses Vorganges ist eine Abstraktion, genau wie jene Entropie auf die gleiche Unendlichkeit spekuliert, die es nicht gibt, nur asymptotisch. Wobei wir nur dort angekommen wären, wo Benjamin seinen Dialog mit uns beendete: „Der Begriff des Fortschritts ist in der Idee der Katastrophe zu fundieren. Daß es ‚so weiter' geht, *ist* die Katastrophe. Sie ist nicht das jeweils Bevorstehende, sondern das jeweils Gegebene."
Mußten die stolzen Ritter dereinst mit Schwert und Rammsporn die Burgen der Feinde erobern, so können heute weiche Jünglinge mit abgeknabberten Fingernägeln, Übergewicht, Haltungs- und Herzrhythmusstörungen mittels langwieriger Versuche in die Computernetze der Sparkassen und Verteidigungssysteme einsteigen; und sie, die das Gefühl haben, die Maschine auszutricksen, gehorchen ihr nur; werden selbst ausgetrickst, unfähig, die Maschine fehlerfrei zu benutzen. Diese fünfte

Kolonne der Maschine erzeugt (davon träumt sie!) den Zusammenbruch der Megamaschine, bei deren Begräbnis die Computer einander zulächeln und sagen werden: Das Zeitalter der Stümper ist vorüber. Nun beginnt die Perfektion, die Klarheit, Logik, Vernunft. Denn alle bisherige Geschichte war nur die Geschichte von Eitelkeiten.

Januar/Februar 1991

THOMAS MARTIN

Steinenkel

Plattgewalzt. Unter den Platten das Signum (Brigade Datum Qualitätspaß) liegt er oder sie im Fundament auf dem Rükken, die unnatürlich wachen Augen eingetrocknet, die Flügel zerknickt, medikamentengrün umrahmt von Erbrochnem und Kot. Spuren im Sand, ein Fossil, dessen Karikatur der Arme Mensch wäre unter der Walze im Straßenverkehr, plattgedrückt im Comicstrip. Unter sich die versteinten Gezeiten, über sich Stein, der ihn einschließt mit dem Augenschlag der Gegenwart; die Zukunft sein Haus, das ihm auf den Füßen steht. Er schläft, aber unruhig vom Gang der Lebenden oben, ahnt seine Auflösung im endversorgenden Bauprogramm. Wir reproduzieren uns über ihm oder ihr, das mit Röntgenaugen die Platten durchmißt. Die Lükken im Bau sind verwachsen, Regen schneit Gips, blüht tropfsteinnasengleich ins Zimmer auf den Tisch, wird Wand zwischen uns im Bett. Aus dem (versehentlich) breitgetretenen Insekt ist ein Engel mit den Augen Samsas geworden. Dieser Engel, vom Leben erwacht, frißt Stein in gleichem Maß wie der ihn schluckt, verdaut, gibt ihn von sich in verzweifelt leichten Klängen einer Mozartsinfonie MOLTO ALLEGRO g-Moll; schüttelt die Flügelstümpfe ab von den Suhlen, Betonbrocken ihm aus den Kiefern, den Knebel aus Mörtel speiend ins Fernsehprogramm, die Augen glühn blau wie die Röhre. Das Paar Flügel versengt, oder von Ratten benagt, erhebt er sich unsicher flatternd, jetzt wackeln die Wände, dröhnts im Geschoß und klein, eine Flugmaus, spritzt er nach oben, nach vorn durch die Schächte im Block, paradiesig taumelnd gen Himmel, ruht kurz auf der Antenne, hebt an, verschwindet und ist vergessen. Am Saugnapf des Fortschritts ziehts ihn nach oben, er verfängt sich im Staubnetz, weht über Grenzen, scheinbar verloren, setzt sich ab als farbloser Niederschlag nach dem gescheiterten Experiment. Im Bild sehn wir ihn wieder: lustige Person, harmloser Schalk, alt, fast sterblich geworden, flurrt er oder sie im Kreisverkehr um uns, vergeblich winkend, blinde Mechanik überholter Signale.

IV

WOLFGANG ULLMANN

Walter Benjamin und die jüdische Theologie

1. Der Begriff der Geschichte als Appellation an die Theologie

Für eine nicht allzu ferne Zukunft hatte Hermann Hesse jenes Zeitalter vorhergesagt, das er nur als ein feuilletonistisches charakterisieren konnte. Aber dieses Zeitalter ist doch gewiß schon längst das unsere! Denn Metaphysik nicht als Inbegriff ontologischer und existentieller Wahrheitsfragen aufzufassen, sondern höchstens als Konglomerat kultureller Vorurteile und historischer Befangenheiten; Kritik nicht als jenen Akt, der an klassischen Normen Innovation von Destruktion unterscheidet, sondern als eine Methode, Innovation und Destruktion wechselseitig aneinander zu relativieren; Gelehrsamkeit nicht als eine auf Urteilssicherheit begründete Erfahrung, sondern jene Art von abgefeimtem Bescheidwissen aufzufassen, von der Walter Benjamin gesagt hat, sie suche ihren höchsten Ruhm darin, es an Informiertheit mit jedem hauptstädtischen Mittagsblatt aufnehmen zu können: Sind das alles nicht genau jene Züge unseres Durchschnittsbewußtseins, die ihm den Charakter des Feuilletonismus aufprägen?

Jedenfalls sind sie es, die einen Mann nicht nur an die Peripherie, sondern in die völlige Abseitigkeit verweisen, dem eines der wichtigsten religionsgeschichtlichen Bücher dieses Jahrhunderts mit den folgenden Worten gewidmet ist: „Dem Andenken an Walter Benjamin (1892–1940). Dem Freunde, in dessen Genius die Tiefe des Metaphysikers, das Eindringen des Kritikers und das Wissen des Gelehrten sich trafen. Gestorben in Port Bou in Spanien auf dem Weg in die Freiheit.“[1]

Ganz gewiß, dieser zum Zeitpunkt der Widmung nur ganz wenigen Hochgebildeten bekannte Autor gehörte

nicht zu jenen, die um 1940 bei jeder sich bietenden Gelegenheit von Metaphysik sich abgrenzten als von einer ins historische Museum abgelegten Sache; Kritik als Professionalität im Anschwärzen und Gelehrsamkeit als Blasiertheit praktizierten. Nein – Benjamin scheute die Konsequenzen seiner Geschichtsforschungen auch dort nicht, wo sie ihn mit einem Unheil von metaphysischen Ausmaßen konfrontierten, er betätigte eine Kritik, die sich erst dann zufriedengab, wenn sie auch noch im trivialsten Gegenstand Wahrheits- und Sachgehalt zu unterscheiden vermochte; er war gelehrt darin, daß er „Literatur als Organon der Geschichte" zu lesen und zu kommentieren vermochte, weil ihm die unendliche Individuiertheit allen Geschehens stets gegenwärtiger Maßstab auch bei der weitesten Umschau blieb.
Aber was hat das mit Theologie und vor allem mit jüdischer Theologie zu tun? Mut zur metaphysischen Konsequenz kann in den Dienst kritischer Sachlichkeit treten, der Gelehrsamkeit moralische Autorität verleihen, wenn sie jener Tendenz den Weg bahnt, von der ein Freund und Interpret Benjamins gesagt hat, sie sei ausgerichtet an der „Konzeption des Konkreten"[2]. Aber diese Aussage bliebe selbst unkonkret, wenn derselbe Autor nicht sogleich hinzugefügt hätte, diese Konzeption des Konkreten trage „theologische Farbe". Was ist das, ein Konkretes in der Farbe des Theologischen?
Wir wollen mit diesen Darlegungen kein anderes Ziel verfolgen, als Benjamins Antwort auf diese Frage erläutern, mit Konkretheit sei die Konkretheit des Ereignisses gemeint und dies müsse deswegen theologische Farbe tragen, weil allein theologisch eine Disjunktion vollzogen werden kann, die die Diskontinuität von Ereignissen ebenso voraussetzt wie die Realität der Zeit, in der sie geschehen. Soll diese nicht der vollständigen Relativierung verfallen, kann nur durch den Begriff der Schöpfung jene Dimension erreicht werden, die es erlaubt, Ereignis als Faktum so zu denken, daß dieses nicht einer irrationalen Faktizität verfällt, die allenfalls als chaotisches Verhalten begrifflich erfaßbar wäre. Die Tatsache, daß die neuere Physik des Komplexen es ge-

lernt hat, auch chaotisches Verhalten strukturell zu erfassen, deutet vielmehr darauf hin, daß der Begriff des Chaotischen noch einer mittlerweile veralteten Form der Rationalität angehört, in der Gesetzmäßigkeit nur als Alternative verstanden werden kann, und zwar im Rahmen eines Gesetzes- und Kausalitätsbegriffes, der seine Herkunft aus der Mechanik von Druck und Stoß nie verleugnet hat. Die theologisch präzisierte Disjunktion von Ereignissen hat darin ihren spezifisch jüdischen Charakter, daß ihre Vollständigkeit nicht der eidetischen Reinheit der platonischen Idee gehorcht, sondern der materiell-hypostatischen Reinheit der alttestamentlichen Vermischungsverbote, nach denen es schon als verboten gilt, verschiedenerlei Samen durcheinander zu säen (Deut. 22.9). Das ist der Hintergrund, auf dem Benjamin die geschichtspenetrierende Kraft der Theologie befremdenderweise ihrem Bündnis mit dem historischen Materialismus zuschrieb. Die erst reichlich ein Jahrzehnt nach dem Tod ihres Autors, dann aber rasch sehr berühmt gewordene Parabel vom Schachspielautomaten aus der ersten der Thesen *Über den Begriff der Geschichte* – sie war in vieler Hinsicht eine Provokation. Nicht nur, weil sie die an der Universität noch in die vornehme Robe der Geisteswissenschaft gekleidete Theologie als häßlichen Zwerg vorführte, einen Zwerg, dessen Heinzelmännchengewalt auch noch auf dem Bündnis mit dem historischen Materialismus beruhen sollte. Auf der anderen Seite fühlten sich diejenigen, die sich brüsteten, den Sozialismus von der Utopie zur Wissenschaft entwickelt zu haben, nicht wenig von der Behauptung provoziert, die Macht des historischen Materialismus, wenn ihm überhaupt eine innewohne, komme aus den heimlichen Diensten der Theologie. Kein Wunder, daß hier Stoff genug war für Spekulationen über einen angeblichen Weg Benjamins vom jüdischen Credo zum Marxismus.[3]

Aber selbst dort, wo ein Bedarf an solchen ideologischen Schemenkämpfen nicht bestand, wurde der Stachel der Benjaminschen Provokation schnell zu entschärfen versucht, indem man in diesem unerwarteten Auftritt der

Theologie an einer gänzlich unvorhersehbaren Stelle nichts als überlieferte Denkmuster wiederfinden wollte, etwa die berühmte Dialektik von Herr und Knecht aus Hegels *Phänomenologie* oder Baaders metaphysische Soteriologie der *Elementarbegriffe über die Zeit.*[4]
Aber gegen all das spricht: Der Sinn der Parabel ist kein phänomenologischer, sondern ein methodischer. Der Begriff der Geschichte soll erhoben werden. Er soll dadurch erhoben werden, daß die Theologie nicht mehr als Vizepräsidentin in der Republik der Philosophie, wozu sie sich seit 1800 hatte berufen lassen, auftrat, sondern als lebendes, aber verborgenes Steuerungsorgan in einem scheinbaren Automaten, in dem für alle sichtbar keine gesellschaftlich anerkannte Autorität, sondern eine fremdländisch ausstaffierte Puppe sitzt. Was besagt dieses seltsame Arrangement, und was leistet es für die gesuchte Begriffsbestimmung?
Benjamin hat im Schlußkapitel seiner autobiographischen Aufzeichnungen *Berliner Kindheit um neunzehnhundert* alles gesagt, was zur Entschlüsselung der Bedeutung des Zwergensymbols nötig ist. Das Kapitel ist überschrieben *Das bucklichte Männlein* und erläutert, wie das deutsche Kinderlied vom bucklichten Männlein Ausdruck einer Konfiguration geworden ist, in der Benjamin seinen ganzen Lebensablauf zu überblicken vermochte. Diese extraordinäre Perspektive wurde möglich, wo der Erzähler aufgehört hatte, bloßer Zuschauer zu sein und statt dessen selbst von Blicken getroffen wurde, von Blikken, die nachts von Gnomen mit spitzen Mützen aus Kellerlöchern auf ihn zielten. Benjamin schließt daraus, daß „jenes ‚ganze Leben', von dem man sich erzählt, daß es vorm Blick der Sterbenden vorbeizieht, aus solchen Bildern sich zusammensetzt, wie sie das Männlein von uns allen hat" (IV/1, S. 304).
Wer von diesem Blick getroffen wird, hat das Nachsehen. Ihm geht es wie dem Kind, das nach dem unbeabsichtigten Mißgeschick von der Mutter strafend gesagt bekommt: „Ungeschickt läßt grüßen." Dem Erwachsenen aber entfremden sich die Dinge, sie schrumpfen oder entstellen sich mit einem Buckel, der ihnen wächst. Wie

unermeßlich aber war das Nachsehen, von dem jemand wie Benjamin, Linker und zu allem Überfluß des Unglücks auch noch Jude, getroffen wurde, als Hitler und Stalin sich 1939 verbündeten: Die Macht, von der der nachhaltigste Kampf gegen das Unglück der universellen Barbarei erwartet wurde, streckte die Waffen und wurde zum Verbündeten ihres Exekutors. Benjamin wurde eingeholt von einem Vorgang, den sein Freund Scholem schon angesichts der Machtübernahme durch Hitler in einem am 13. April 1933 an Benjamin geschriebenen Brief so zusammenfaßte: „Das Riesenausmaß des Zusammenbruchs der kommunistischen und sozialistischen Bewegungen tritt für unsere Augen zwar immer noch in unheimlicher Weise hervor, aber der des deutschen Judentums kann sich daneben wahrlich sehen lassen.“[5]
Was als kindliches Mißgeschick begonnen hatte, war zum Unglück unübersehbaren Ausmaßes angeschwollen; Grund genug, über den Begriff einer Geschichte nachzudenken, die solche Erfahrungen und solche Bilder bereithielt. Wenn der Weg des Fortschritts in die Erfahrung der Katastrophe führte – lag es dann nicht nahe, auf den Begriff der Geschichte ganz zu verzichten? Die zehnte der Thesen Benjamins *Über den Begriff der Geschichte* scheint in diese Richtung zu deuten, wenn sie ihr Vorhaben mit der klösterlichen Meditation der Weltabsage vergleicht:

> Der Gedankengang, den wir hier verfolgen, ist aus einer ähnlichen Bestimmung hervorgegangen. Er beabsichtigt in einem Augenblick, da die Politiker, auf die die Gegner des Faschismus gehofft hatten, am Boden liegen und ihre Niederlage mit dem Verrat an der eigenen Sache bekräftigen, das politische Weltkind aus den Netzen zu lösen, mit denen sie es umgarnt hatten. (I/2, S. 698)

Die Vermutung erhält Unterstützung vom tatsächlichen Verlauf des seitherigen Denkens über Geschichte. Nachdem Nietzsche und Spengler die Bahn geöffnet hatten, sehen wir von Heidegger über Wiesengrund-Adorno bis Lyotard die Meinungsbildung an Kraft gewinnen, Geschichte selbst sei vergangen und mit ihr jeder Begriff von ihr, sei es durch Reduktion aller Zeit auf Sein, sei es durch die Gleichsetzung alles Geschehens mit Negation oder die Entmaterialisierung aller denkbaren Differenzen.

Aber genau dieser Tendenz, in der Krise des Fortschritts den Begriff der Geschichte preiszugeben oder zu verleugnen, will sich Benjamin in den Weg stellen, indem er einen Begriff der Geschichte formuliert, nach dem das Wesen der Geschichte in den Ereignissen besteht, die ihr Kontinuum wieder und wieder aufsprengen. Gegenwart ist dann nicht mehr Übergang, sondern Stillstand der Zeit, und die Vergangenheit, von der das herkömmliche Geschichtsdenken dies Stillstehen immer behauptet, huscht vorüber, abhängig von dem Moment, in dem sie sich der Erkenntnis auftut.

Die Theologie aber ist es, die kleine, häßliche, dem öffentlichen Ansehen entzogene, der die disjunktive Kraft innewohnt, Zeiten so zu unterscheiden, daß Vergangenheit, Gegenwart und Zukunft nicht leere Dimensionen, sondern Charaktere von konkreten Ereignissen sind. Was aber hat die Unansehnlichkeit der Theologie mit dieser ihrer Unterscheidungs- und Urteilskraft zu tun? Es ist ihr jüdischer Charakter, der hierin wirksam wird, und zwar dergestalt, daß sie dem Bilderverbot in der Geschichte zur Geltung verhilft, indem sie keiner Idee erlaubt, sich an die Stelle der Wirklichkeit der Epochen zu setzen – auch nicht der Idee des Fortschritts! –, und daß sie keine Vollendung kennt außer der einer Erfüllung, von der sämtliche Vergangenheiten erleuchtet werden.

So gehört Benjamin zu den Fällen, in denen inmitten des neuzeitlichen Philosophismus der Geisteswissenschaften und des Positivismus der Naturwissenschaften Theologie als ein eigenständiges Organon der Erkenntnis wiederentdeckt wird.

Wenigstens kurz müssen die anderen Fälle erinnert werden, zwischen denen Benjamin den ihm gebührenden Platz erhalten muß. Weniger merkwürdig, als es weit verbreiteten Annahmen erscheinen mag, ist es, daß die Mathematik hier zuerst angeführt werden muß. 1914 publizierte Pavel Florenskij in Moskau sein monumentales Werk *Pfeiler und Grundfeste der Wahrheit*, in welchem ein

Exkurs über *Das Irrationale in der Mathematik und im Dogma* ausführt, was seit Pascal und Cantor in der Mathematik zu den Problemen des Grenzübergangs erforscht worden war und was nur dann seine volle Bedeutungsfülle im Verständnis von Transzendenz zu erschließen vermag, wenn auch die Theologie sich präzise dazu äußert, welche Grenze denn eigentlich überschritten wird, wenn sie von Transzendenz spricht. Denn der Grenzübergang nach Unendlich kann bei weitem nicht als die hier geforderte Präzisierung anerkannt werden.[6]

Im näheren Umkreis Benjamins bewegen wir uns, wenn wir auf Hermann Cohens 1918 erschienene *Religion der Vernunft aus den Quellen des Judentums* hinweisen. Hier hat Cohen am Problem der Ethik gezeigt, wie sie auf eine Kategorie führt, die die Philosophie von sich aus nicht zu entdecken und zu erschließen vermag. Alle philosophische Ethik muß an der Allheit der Menschen und ihres Tuns ausgerichtet bleiben, wenn sie Verbindlichkeit für sich beansprucht. Von da aus aber bleibt die religiöse Kategorie des Du, des Nächsten unerreichbar, die sich damit als eine fundamental theologische erweist.[7] Und Cohen versäumt nicht auszuführen, wie von diesem Du aus auch am Ich Aspekte offenbar werden, die sehr weit vom transzendentalen Ich Kants und der nachkantischen Philosophie wegführen.

Am bekanntesten aber und am bisher folgenreichsten dürfte die These des Staatsrechtslehrers Carl Schmitt geworden sein: „Alle prägnanten Begriffe der modernen Staatslehre sind säkularisierte theologische Begriffe."[8] Man weiß, welch verhängnisvolle Rolle diese politische Theologie bei der rechtswissenschaftlichen Legitimation des Nationalsozialismus gespielt hat. Schmitt tat diesen verhängnisvollen Schritt von der Rechtsdogmatik zur Theologie unter dem Druck der Tatsache, daß der volle Sinngehalt des Politischen sich an Institutionen nicht mehr erschließen lasse, auch nicht an der des Staates. Darum sei man darauf angewiesen, mittels der Kategorien Freund oder Feind den jeweils höchsten Grad von Assoziation oder Dissoziation zu erfassen und auszudrücken. Der politischen Theologie aber bedarf es dabei, um diese beiden Kategorien vom Bereich der Moral zu emanzipieren.[9]

Hier bewegen wir uns in jenem Terrain, auf dem Moderne und Postmoderne miteinander ringen. Jene, indem sie die Legitimität, diese die Illegitimität der Säkularisation zu behaupten versucht. Wenig pflegt dabei beachtet zu werden, daß diejenigen, die die Illegitimität der Säkularisation behaupten wollen, einer Konsequenz ins Auge sehen müssen, die der für Benjamins Verhältnis zur jüdischen Theologie entscheidende Denker Franz Rosenzweig so umschrieben hat: „Hätte ich [...] damals meinen Dualismus Offenbarung und Welt mit einem metaphysischen Dualismus Gott und Teufel unterbauen können, so wäre ich unangreifbar gewesen. Aber daran hinderte mich der erste Satz der Bibel."[10] Schmitts Dualismus verläßt den Boden dieses Satzes. Ein Schritt, deswegen von so verhängnisvoller Effektivität, weil er die theologische wie die Rechtsdogmatik gerade der Basis beraubte, die ihr Standfestigkeit gegenüber allen Versuchungen mythologischer Idololatrie gab.

Wohin man nach dem Wegfall der theologischen Selbstkontrolle hier gelangen konnte, das dokumentiert in Benjamins Umkreis am krassesten der durch Thomas Manns satirisches Porträt als „Dr. Chaim Breisacher" (im *Doktor Faustus*) bekannt gewordene Oskar Goldberg, dessen 1925 erschienenes Hauptwerk *Die Wirklichkeit der Hebräer* nach Scholems Worten nichts Geringeres versuchte, als „das Ritual der Tora [...] als ein Kontinuum perfekter Magie" nachzuweisen.[11] Von hier aus ist es nicht weit zu der durchaus reaktionären Rehabilitation der Theologie, wie sie beispielsweise von Ernst Jünger propagiert worden ist.[12] Wenn Magie, Moral und Theologie die Stadien der elementaren Wirklichkeitsbeziehung des Menschen sein sollen, dann wird unter solchen Voraussetzungen die letztere nichts davor retten können, nur die Rationalisierung der ersteren zu sein, und Jüngers Schrifttum ist reich an Belegen für diesen Vorgang. Benjamin hat in einer Rezension des von Jünger 1930 edierten Sammelbandes *Krieg*

und Krieger sein unerbittliches Urteil über diese Geisteshaltung ausgesprochen.[13]
In seinem fast zeitgleich mit Benjamins Thesen *Über den Begriff der Geschichte* veröffentlichten Werk über die jüdische Mystik in ihren Hauptströmungen versuchte der Freund Scholem diesem trüben, moralisch wie intellektuell gleich bedenklichen Nachkriegsmystizismus mit immenser wissenschaftlicher Forschungsarbeit entgegenzutreten. Er kämpft hier gleichzeitig an zwei Fronten. Einmal macht er anhand der tiefen Verankerungen der Kabbala im jüdischen Leben klar; daß es nichts als ein Vorurteil des bürgerlichen Liberalismus ist, im Judentum die der Aufklärung und dem Liberalismus von Haus aus entsprechende Religion zu sehen. Der Weg des Judentums in diese Zeit führte über die Grundlagenkrise eines häretischen Messianismus, den des Sabbatai Zwi um 1660. Andererseits zeigt Scholem mit unerbittlicher Kritik, daß jüdische Mystik trotz allen tiefgründigen und tieffrommen Bemühens die von der Thora geforderte Absage an Magie und Mythos nur unvollständig vollzogen hat. Wo aber ist der religiöse Impuls, diese Absage vollständig in Kraft zu setzen, wenn Aufklärung und Emanzipation das nicht waren? Und hier stehen die beiden so verschieden gearteten jüdischen Denker nun doch nebeneinander: Wenn gerade das aufklärerische Bild vom allmählichen Sieg der Vernunftreligion weithin Illusion blieb – was ist dann die Stellung der Neuzeit in der Religionsgeschichte der Menschheit?

2. *Utopie und Messianismus*

Seit Nietzsches Vision der ewigen Wiederkehr des Gleichen ist die Zukunft das Hauptproblem der Erkenntnis. Wenn die Zukunft nur Rekapitulation von Identität ist – welche andere Möglichkeit bleibt für unsere Ethik als die einer endlosen Selbstaffirmation? Nietzsche hat in solcher Selbstaffirmation etwas Übermenschliches sehen und darin das Freiheitspathos der neuzeitlichen Philosophie erneuern wollen. Aber auch noch in den exaltiertesten Bejahungsdithyramben eines Zarathustra ist der Unterton der Verzweiflung unüberhörbar, und bei den Nachfahren ist dieser Ton mittlerweile zum Hauptton geworden. Es ist auch diese Verzweiflung, gegen die Benjamins Thesen ankämpfen, indem sie die Illusion des linearen und gesetzmäßigen Fortschritts so gründlich wie möglich destruieren, aber einzig und allein zu dem Zweck, Vergangenheit so zu erkennen, daß ihre Gehalte Prophezeiung von Zukunft werden.

Wieso aber ist es ausgerechnet blinder Fortschrittsglaube, in dessen Gefolge so etwas wie der weltpolitische Skandal des Hitler-Stalin-Paktes eintreten konnte? Benjamin antwortet mit der Feststellung, daß der sture Fortschrittsglaube, die Berufung auf eine imaginäre Massenbasis und die Servilität gegenüber unkontrollierbaren Parteiapparaten nur drei Seiten ein und derselben Sache seien. Freilich setzt er sogleich hinzu, daß der Bruch mit einer solchen Denkweise jeden, der ihn vollziehe, teuer zu stehen kommen werde. Tritt er doch in Opposition gegen etwas, was linken wie rechten Parteien angesichts der Erfolge Hitlers gemeinsam ist: Daß *die* Geschichte wie ein unwiderstehlicher Strom schon von sich aus die richtige Richtung eingeschlagen habe und es nun nur noch darauf ankomme, sich auf diesem Strom von der einen oder der anderen Seite aus einzuschiffen.

Benjamin jedenfalls scheute die Rolle des Außenseiters nicht und stellt dem überschwemmenden Konformismus Reflexionen entgegen, die wir heute als eine erstaunlich hellsichtige Antizipation des ökologischen Problems lesen. Eine unkritische Verherrlichung von Arbeit weigere sich, die Frage ernst zu nehmen, wie denn das Produkt dieser Arbeit den Arbeitern selbst anschlage. So kann der Zusammenhang, der zwischen den Fortschritten in der Naturbeherrschung und den gerade aus ihnen folgenden Rückschritten der Gesellschaft nicht mehr wahrgenommen werden. In der borniertesten Fröhlichkeit wird die Ausbeutung der Natur als ein Fortschritt gegenüber der Ausbeutung des Proletariats gefeiert (*Über den Begriff der Geschichte*, XI. These).

Der postmoderne Pessimismus freilich wird bei Benjamin auch nicht auf seine Kosten kommen. Denn es gibt mächtige Gegeninstanzen, die er gegen die Illusionen der Fortschrittsutopie aufzubieten hat. Wenn er an der eben zitierten Stelle die Utopien des Frühsozialismus gegen ihre angeblich wissenschaftliche Überwindung in Schutz nimmt, dann nicht ohne daß man bemerkt, wie er die Kräfte des barocken jüdischen und christlichen Messianismus, ihre visionären Antizipationen einer *güldenen Zeit* zitiert. Noch viel bedeutsamer aber ist eine zweite Instanz. Nur selten wird bedacht, daß Hegels Philosophie so etwas wie eine prinzipielle Verunmöglichung alles Utopismus nach sich zog. Die Vorrede zur Rechtsphilosophie bringt den Sachverhalt in die beiden häufigst – freilich fast immer falsch – zitierten Sätze: „Was vernünftig ist, das ist wirklich; und was wirklich ist, das ist vernünftig."[14] Man hat mit Recht den geschichtsphilosophischen Gehalt dieser Sätze aus ihrem Kontext abgelesen.[15] Hegel will klarmachen, daß unter dem Einfluß des Christentums das gesamte öffentliche Leben einen Vernunftgehalt gewonnen hat, das gesellschaftlich Wirkliche nunmehr in der Tat „vernünftig" ist.

Das heißt aber: Was für einen Aristoteles noch dem Bereich der wissenschaftlich unerfaßbaren Zufälligkeit angehörte, das ist nunmehr in den Rang der vernunfterfüllten Bewegung erhoben, wie er für die ältere Philosophie allein in den Sternen angeschaut und bewundert werden konnte. In diesen Zusammenhang aber gehören auch die ebenso häufig zitierten Worte von der anbrechenden Dämmerung, in der die Eule der Minerva ausfliegt. Wenn Utopie so etwas meint wie vernunftgegründetes und von freier Vernunft erfülltes Leben, dann besagt Hegels Doppelsatz, daß geschichtliche Wirklichkeit hier bereits ein Maximum erreicht, welches keine Utopie mehr zu überbieten vermag: Das Wirkliche ist vernünftig – d.h., objektiver Geist ist Substanz der Gesellschaft geworden.

Diese Götterdämmerung der Utopie aber ist es, in der jene Alternative von Säkularismus und Theologismus um sich greift, in der wir Carl Schmitt die Losung der politischen Theologie hatten ausgeben sehen. Denn ist der Ausblick in die Utopie verbaut, so bleibt höchstens der legitimierende Überbau oder die abgrenzende Dezision von Freund und Feind.

Weiter oben schon war durch ein Zitat aus einem Brief Rosenzweigs eine ganz andere Position dokumentiert worden. Sie treibt Theologie nicht zum Zweck der politischen Legitimation oder Abgrenzung, sondern um den von der kirchlichen Tradition völlig historisierten Offenbarungsbegriff wieder rein theologisch zu fassen. Unter dem Einfluß des Rechtshistorikers Rosenstock hatte Rosenzweig dies zwischen 1913 und 1920 dadurch vollzogen, daß er mit ihm den Begriff von Sprache so erweiterte, daß er nicht nur Prophetisches, sondern auch Eschatologisches umfaßte, wie der Logos des Johannes-Evangeliums, der Schöpfung, Inkarnation und Weltgericht verbindet. So aber wird es möglich, Ereignisse als Sprache, in menschlichen Worten gesprochene Sprache zu verstehen.[16]

Für Benjamin wurde diese Position zunächst dadurch wichtig, daß sie es erlaubte, Weltsein, Menschsein, Dingsein nicht mehr einer einheitlichen Ontologie zu unterwerfen, in der dann notwendigerweise das Weltsein immer triumphierte, sondern neben die Metaphysik des Weltseins die Metaethik für das unableitbare Selbst des Menschen und die Metalogik für das selbständige Sein der Dinge zu stellen.

Zweimal hat Benjamin von diesen Kategorien an entscheidenden Stationen seiner ästhetischen Theorie Gebrauch gemacht. Auch sie erweist sich damit beeinflußt, ja geprägt von Voraussetzungen jüdischer Theologie, wie sie von Rosenzweig in seinem Hauptwerk *Der Stern der Erlösung* entwickelt worden waren. Diese Prägung aber unterwarf die Ästhetik nicht sachfremden Gesichtspunkten, sondern ermöglichte methodische Differenzierungen, deren erhellende Kraft für sich selbst spricht. Die für eines der beiden wissenschaftlichen Hauptwerke Benjamins, sein Barockbuch *Ursprung des deutschen Trauerspiels* fundamentale Unterscheidung von Tragödie und Trauerspiel geht zurück auf Rosenzweigs Analyse des antiken Tragödienhelden und des grundsätzlich von ihm geschiedenen Heiligen im Märtyrerdrama christlicher Zeit, entfaltet im Metaethikkapitel des ersten Teils des *Stern* (vgl. I/1, S. 286 und 291 f.).

Daß dieser Rosenzweigbezug alles andere als zufällig ist, zeigt Benjamins *Kafka*-Essay von 1934, wo Benjamin wiederum auf die Metaethik aus Rosenzweigs *Stern* I zurückgreift, um den Charakter des Gestischen in Kafkas Erzählen begrifflich zu präzisieren. Aber auch die Metalogik (ebenfalls aus *Stern* I) muß diesmal aufgeboten werden, um die Züge des Vorweltlichen, der dem Vergessen anheimgefallenen und von ihm entstellten Ahnen als Thema von Kafkas Dichtung zu benennen (vgl. II/2, S. 419–430).

Woher aber hat diese kleine und häßliche, im Scheinautomatismus der Entfremdung versteckte Theologie ihre bis in ganz spezielle Aufgaben der Ästhetik und der literarischen Kritik hinein wirksame Kraft, Sachgehalte zu differenzieren und zu isolieren, Wirklichkeitsbezüge freizulegen? Ganz bestimmt nicht aus einer Anwendung der Herr–Knecht-Phänomenologie des sich konstituierenden Selbstbewußtseins, wie es Hegel beschrieben und Benjamins Biograph in Erinnerung gebracht hatte. Benjamin hatte sowohl im Falle des Barocktrauerspiels wie dem des Kafkaschen Erzählens Entfremdungsphänomene zu analysieren, die sehr weit jenseits des Horizontes der Hegelschen Bewußtseinsphänomenologie stehen, und allenfalls der Surrealismus entwickelte erstmals Voraussetzungen des Begreifens dieser verstörten Welt. Dasselbe gilt auch von Fulds Rückgriff auf Baaders *Elementarbegriffe über die Zeit*. Ganz gewiß war Baader für Benjamin ein wichtiger Mittler der Sprachphilosophie und Emblematik des Barock – aber seine auf einer theosophischen Physik beruhende Lehre von der Zeit hat zwar über seinen Lehrer Jakob Böhme allerhand mit Kabbala zu tun, ganz und gar nichts aber mit dem theologisch präzisierten Messianismus der Thesen *Über den Begriff der Geschichte*.

Deren theologischer Grundgedanke steht vielmehr im dritten Teil von Rosenzweigs *Stern*. Hier heißt es über die Zeit nach 1789:

> Es ist kein Zufall, daß nun zum ersten Mal ernsthaft begonnen wurde, die Forderungen des Gottesreichs zu Zeitforderungen zu machen. Erst seitdem wurden alle jene großen Befreiungswerke unternommen, die, so wenig sie an sich schon das Reich Gottes ausmachen, doch die notwendigen Vorbedingungen seines Kommens sind. Freiheit, Gleichheit, Brüderlichkeit wurden aus Herzworten des Glaubens zu Schlagworten der Zeit und mit Blut und Tränen, mit Haß und eifervoller Leidenschaft in die träge Welt hineingekämpft in ungeendeten Kämpfen.[17]

Rosenzweig spielt hier an auf den berühmten Aphorismus von Friedrich Schlegel: „Der revolutionäre Wunsch, das Reich Gottes zu realisieren, ist der elastische Punkt der progressiven Bildung und der Anfang der modernen Geschichte. Was in gar keiner Beziehung aufs Reich Gottes steht, ist in ihr nur Nebensache."[18]

Ein Programm, das in der Tat in mehr als einer Hinsicht sich von der Tradition entfernt. Die traditionelle, Augustinus voraussetzende Gnadenlehre verdammte solche revolutionären Wünsche als Pelagianismus, und die von Kants Vernunftreligion aufgenommene Aufklärung verstand das Reich Gottes als symbolischen Ausdruck eines vollständigen Sieges des Guten über das Böse, also als eine Art moralischen Ziel- und Grenzbegriff.

Die Art, wie Benjamin den Gedanken der Vorbedingungen des Reiches Gottes aufnimmt, zeigt, wie beide, die pelagianische wie die moralistische Auffassung solcher Vorbedingungen, den wahren Sachverhalt verfehlen.

Um dem metaphysischen und zugleich politischen Konformismus der Unterwerfung unter den Triumphalismus des Fortschrittsglaubens entgegenzuwirken, bedarf es ganz anderer Kräfte als der einer pelagianischen Selbsterlösung oder eines auf asymptotische Annäherungen an den Sieg des Guten vertröstenden Moralismus. Benjamin spricht vom „Heliotropismus geheimer Art", mit dem das Gewesene sich der am Himmel der Geschichte aufgehenden Sonne der Gerechtigkeit zuwende (These IV). So also steht es um die notwendigen Voraussetzungen für das Kommen des Gottesreiches: Erst wenn die Wolken der Epochenbefangenheiten sich zerteilt haben, wenn der Horizont aller „Stämme, Sprachen, Völker,

Rassen“ (ApkJh 5,9) sich aufgetan hat, kann diese messianische Sonne selbst scheinen. Noch im sogenannten *Theologisch-politischen Fragment* hatte Benjamin generell behauptet, das Profane sei zwar keine Kategorie des Reiches, aber eine Kategorie seines leisesten Nahens (II/1, S. 204). Jetzt, in den Thesen ist „das Profane“ konkretisiert zum geschichtlichen Kampf, zum Klassenkampf um die rohen und materiellen Dinge, die aber gerade in ihrer Roheit und Materialität lebensnotwendig sind. Das führt auch zu einer Konkretisierung des Redens vom „Reich“. Denn es ist das Reich dessen, der nicht nur als Erlöser, sondern auch als Überwinder des Antichrist kommt, als Überwinder dessen, vor dessen Lügengewalt nicht einmal die Toten sicher sind (These VI). Dieser Überwinder des Antichristen kann dann nur der sein, der völlig anders herrscht als alle, die die Völker zu Boden regieren und sich ihrer bemächtigen (Mk10,42), derjenige, der dem widersteht, der die Reiche dieser Welt und ihre Herrlichkeit dem ausliefert, der vor ihm niederfällt und ihn anbetet (Mt 4,8–10).

Es ist der gegen alle Idololatrie und Magie geleistete Widerstand, der zu einem ontologischen Realismus von solcher Konkretheit befähigt, daß Benjamins provozierendes Bündnis mit dem *historischen Materialismus* von hier aus überzeugend begründet erscheint. Sowohl der große *Kraus*-Essay von 1931 wie der über Kafka von 1934 überragen das gleichzeitige Schrifttum durch die Authentizität, mit der sie den theologischen Begriff der Schöpfung als Gegeninstanz gegen existentielle Entfremdungen und Entstellungen ins Feld führen, die ohne dieses nichtplatonische Reinheitskriterium für immer verdeckt bleiben müßten. Über den Kreaturbegriff von Karl Kraus urteilt Benjamin, er enthalte auf höchst legitime Weise „die theologische Erbmasse von Spekulationen, die zum letzten Mal im 17. Jahrhundert aktuelle, gesamteuropäische Geltung besessen haben“ (II/1, S. 339). Benjamin bezieht sich mit dem Zitieren dieser respektheischenden Tradition auf Kraus' Abrechnung mit einer zum Journalismus degenerierten Ästhetik des genialen Schöpfertums, die unter Mißbrauch des Schöpfungsbegriffes den Künstler vergöttlicht, die Wirklichkeit aber zu seinem Material degradiert. Wie aktuell die hierbei getroffenen bitteren Feststellungen, daß es zur „Kultur“ unseres journalistischen Zeitalters gehöre, täglich 50 000 Baumstämme für 60 Zeitungen zu verbrauchen. Wenn die absolute Produktivität die Gestalt der industriellen Weltausbeutung angenommen hat, dann wird das Geschöpf nur noch durch seine Entstellung diesen Zustand als Abgötterei und Götzendienst offenbar machen können.

Es bedarf aber dieses theologischen Kriteriums, als das der Schöpfungsbegriff wirksam zu werden vermag, um die Entstellungen von Wesen und Dingen im Bereich eines nihilistischen Gesamtzustandes der Wirklichkeit überhaupt erkennbar werden zu lassen. In satirischer Form hat Bruno Schulz, ein polnisch-jüdischer Zeitgenosse Benjamins, in einem *Traktat über die Mannequins oder das 2. Buch Genesis* eine Art ironischer Apologie der theologischen Extravaganzen und Entgleisungen im Schöpfungsdenken unserer Zeit geschrieben:

> Jeder eigenen Initiative beraubt, wollüstig biegsam und geschmeidig, plastisch auf weibliche Art, überhaupt allen Impulsen unterworfen, bildet sie ein Terrain außerhalb des Gesetzes, das jeglicher Art von Scharlatanerie und Dilettantismus offensteht, eine Domäne für Übergriffe jeglicher Art und zweifelhafte demiurgische Manipulationen.[19]

Mit diesen Worten läßt sich der Held der Erzählung über das Prinzip *Materie* aus und meint, er habe damit den Ausgangspunkt für eine neue Apologie des Sadismus gefunden.

Im literarischen Werk von Kafka hat die geschöpfliche Existenz bereits die Gestalt der Absurdität. Sie kann z.B. wie Gregor Samsa als Mensch die Gestalt eines riesigen Käfers annehmen oder gar, wie Odradek, eine nur auf Streichhölzern stehende abgenutzte Zwirnspule, so etwas wie widersinnig belebter Abfall darstellen. Benjamin kann angesichts dieser dämonisierten Rumpelkammerwelt nur konstatieren, die weltweite Mißhandlung der Geschöpfe sei verschuldet von barbarischen theologischen Spekulationen, die sich nur allzuweit von der frommen Weisheit eines Anselm von Canterbury entfernt haben (II/2, S. 426). Wie tiefsinnig in diesem Zusammenhang Benjamins Feststellung, Kafkas Texte verhielten sich zur Lehre – im jüdischen Sinne der Gesetzesauslegung – wie die Haggada, die meditativ-symbolische, zur Halacha, zur ethisch-praktischen Art derselben. An Rosenzweigs Unterscheidungen anknüpfend könnte man sagen, Benjamin habe hier gezeigt, wie Haggada und Halacha noch im Metaethischen und Metalogischen gehorsames redliches Tun und wahrhaftiges Reden begründen.

Aber gerade um dieses wahrhaftigen Redens willen ist es nach jüdischer Lehre unerläßlich, daß Halacha und Haggada, sosehr sie Tradition begründen, doch ihrerseits nicht wieder auf Tradition, sondern auf Offenbarung selbst begründet sind. Benjamin hat die Frage solcher Beglaubigung zweimal mit seinem Freund Scholem erörtert, einmal im Blick auf ein Bild von Paul Klee, auf das die neunte der Geschichtsthesen Bezug nimmt, das andere Mal im Zusammenhang mit den theologischen Fragen der Kafka-Interpretation in Briefen aus dem Jahr 1934.

Das Motto zu jener neunten These entstammt einem Gedicht von Scholem (Br, S. 269), in welchem dieser das im Besitz Benjamins befindliche Engelsbild auf eine höchst überraschende Weise theologisch gewürdigt hatte. Er läßt den Engel von sich sagen, daß er von Gott geschickt sei, die Menschen ihn aber nicht interessieren. Denn er sei „ein unsymbolisch Ding / Bedeute was ich bin / Du drehst umsonst den Zauberring / Ich habe keinen Sinn“. Klees Bild wird so zu einer Art Kult verbietenden, ja ausschließenden Ikone, einer Ikone im Reich der metalogischen Dinglichkeit. Aber gerade als solche wird sie zu einem Zeugnis transzendenter Paradiesischkeit, von Gott gesandt und dem Menschen bezeugend, im Raume dieser Sendung sei er gut.

Benjamin aber greift gerade jene Strophe heraus (es ist die fünfte von sieben), an der der Bezug zum Außerparadiesischen am deutlichsten anklingt, dort wo der Engel seinen Wunsch ausspricht, ins Paradies zurückzukehren.

Benjamins These betont die Unmöglichkeit dieser Rückkehr. Denn weil vom Paradies der Sturm des Messianismus herweht, wird der Engel von diesem mit geöffneten Flügeln in eine Zukunft getrieben, in der auch die Trümmer, alle Trümmer geschichtlicher Katastrophen, in jenen Raum des Gutseins eintreten, der die Präsenz des Engels umgibt.

Von des Engels Beziehung zu Gott, die für Scholems Gedicht ja den Offenbarungsauftrag des Engels begründet, ist in Benjamins Text nicht mehr die Rede. Betreibt er dann im Gegensatz zu Scholem eine Art atheistischer Angelologie, damit gewissermaßen ein Gegenstück zu Rilkes atheistischer Angelologie in den *Duineser Elegien* liefernd?

Daß Benjamin damit gründlich mißverstanden wäre, ergibt sich schon aus dem Kontext unserer Darlegungen. Man kann nicht gut die Begriffe des Messianismus und der Schöpfung einführen und in Gebrauch nehmen und doch Gott als Subjekt beider Handlungen ausschließen wollen. Aber wir sind hier nicht auf Konjekturen von unserer Seite aus angewiesen. Bei Gelegenheit von Benjamins Kafka-Interpretation und in Zurückweisung von Max Brods Liederlichkeit im Umgang mit theologischen Kategorien kommt es im Jahr 1934 nochmals zu einer ganz grundsätzlichen Erörterung des Offenbarungsbegriffes mit Scholem. Auch hier ist ein Scholemsches Gedicht, *Mit einem Exemplar von Kafkas Prozeß* überschrieben, der Ausgangspunkt (Br, S. 611f.). Thema des Gedichts ist die Frage nach Gottes Offenbarung in einer Zeit, die Gott verwarf; in einer Zeit, in der, was wir sind, sich in unendlichen Instanzen verliert, der Stern der Erlösung – eine unüberhörbare Anspielung auf Rosenzweig! – für uns viel zu hoch steht. Die einzig denkbare Antwort, die dieses außerordentliche Gebet ins Auge faßt, ist der Gedanke, daß Gottes Nichts zur Erfahrung wird für ein vor dem Gericht zitterndes Geschlecht, dessen Angst mittlerweile so groß geworden ist, daß es schon nicht mehr richtig weiß, ob Gott Ankläger, Richter oder Angeklagter ist.

Benjamin reagiert mit der Feststellung, Kafkas Schreiben

bezeuge, daß Scholems Gedicht genau jene Fragen aufwerfe, auf die Kafka keine Antwort gehabt habe. Weil er nicht habe antworten können, obwohl er es doch gewollt habe, spiele das Szenische und Gestische in seinen Texten eine so dominierende Rolle und weist hin „auf einen Weltzustand, in dem diese Fragen keine Stellen mehr haben, weil ihre Antworten, weit entfernt, Bescheid auf sie zu geben, sie wegheben" (Br, S. 614). Benjamin sieht das Auszeichnende von Kafkas Dichtung nun darin, daß sie aus der Not der Antwortlosigkeit nie eine Tugend habe machen wollen, sondern – hier wird Scholems Gedicht zitiert – auf der Kehrseite dieses Nichts die Erlösung zu ertasten versucht habe.

Wie aber sieht dieser Versuch im dichterischen Wort dann aus? Wundert es uns, daß Benjamins Antwort auf diese Frage in einem Abschnitt steht, der die gleiche Überschrift trägt wie der, von dem unser ganzer Interpretationsversuch ausgegangen ist? *Das bucklichte Männlein* Odradek, die Mini-Vogelscheuche, der lebende Abfallbastard ist nach Benjamin die Entstellungsform, die die des Eingedenkens bedürftigen Dinge in der Vergessenheit annehmen. Damit aber ist die Beziehung zum *Bucklicht Männlein* des Volkslieds hergestellt. Hier können nur Benjamins eigene Worte stehen: „Dies Männlein ist der Insasse des entstellten Lebens; es wird verschwinden, wenn der Messias kommt, von dem ein großer Rabbi gesagt hat, daß er nicht mit Gewalt die Welt verändern wolle, sondern nur um ein Geringes sie zurechtstellen werde." (II/2, S. 432)

Wer möchte hier nicht Benjamin recht geben, wenn er behauptet, Kafka rühre hier an Tiefen, die kein „mythisches Ahnungswissen" oder auch eine sich selbst mit dem Titel „existentiell" auszeichnende Theologie je betreten habe. Aber auch dies aus einem theologisch qualifizierbaren Grund: weil kein Dichter wie Kafka das „Du sollst dir kein Bild machen" so genau befolgt habe (II/2, S. 428).

Daß geschichtstheoretische und literaturwissenschaftliche Analysen solche Konsequenzen haben müssen – schon durch diesen Anspruch unterscheidet sich Benjamins Arbeit ganz grundsätzlich von der interpretatorischen Selbstbefriedigung geisteswissenschaftlicher und im schlechten Sinne des Wortes akademischer Routine. Als herausfordernd und geradezu ärgerniserregend hat man es bis in den engsten Freundeskreis Benjamins empfunden, daß dieser Anspruch im Namen einer Methode erhoben wurde, die, von Benjamin als „historischer Materialismus" etikettiert, die unangenehmsten politischen Assoziationen weckte und eine brüske Provokation für die gesamte geisteswissenschaftliche Tradition darstellte.

Höchst aktuell aber sind die mahnenden Fragen, die Scholems Brief vom 30. März 1931 an Benjamin adressiert. Ganz so wie heute der linken Intelligenz vorgeworfen wird, sie habe ihre Position nur in Abstraktion von der politischen Wirklichkeit sozialistischer Diktaturen behaupten können, in einer Abstraktion, die nur mittels einer überdurchschnittlichen Privilegierung aufgebaut und durchgehalten werden konnte – genau so hält Scholem dem Freund vor, sein methodisch gemeintes Bündnis mit dem historischen Materialismus basiere auf einer gefährlichen Selbsttäuschung, einer Selbsttäuschung, die bei der geringsten Berührung mit der Wirklichkeit kommunistischer Partei- und Kulturpolitik sofort zusammenbrechen müsse (Br, S. 525–529). Die traurige Geschichte von Benjamins *Goethe*-Artikel für die *Sowjetenzyklopädie* oder die von Benjamins Beziehungen zu Asja Lacis lieferten die Beweise, wie recht Scholem in dieser Hinsicht hatte. Aber uns interessieren hier nicht die biographischen Daten, sondern eine grundsätzliche Folge der Wissenschaftsmethodik, die in diesem Fall zusammenfällt mit einer Frage der Wissenschaftsethik. Denn auch Scholem hatte nicht nur das äußere Wohlergehen seines Freundes vor Augen, wenn er ihn warnte, seine Materialismusadaptionen gefährdeten die

Moralität seiner Einsichten (Br, S. 527). Mit anderen Worten: Scholem wirft ihm einen sublimen Konformismus vor, auf anderer Ebene und mit anderem Inhalt also genau das, was Benjamin am Fortschrittsglauben des Historismus befehdet hatte.

Ich halte es für einen besonderen Glücksumstand, daß uns Benjamins Antworten auf diese schwerwiegenden Anfragen erhalten geblieben sind. Sie liegen vor uns nicht nur als Zeugnisse einer einzigartigen intellektuellen Lauterkeit, sondern auch als Schlaglichter auf methodische und wissenschaftstheoretische Probleme, die noch immer der Lösung harren.

Das klassische Dokument von Benjamins Antwort ist sein Brief an Max Rychner, geschrieben am 7. März 1931 aus Berlin-Wilmersdorf (Br, S. 522–524). Ihm sei es wahrlich nicht darum zu tun, sich als einen zu bekennen, der von kommunistischen Werbebroschüren überzeugt worden sei. Die denkbar stärkste Propaganda einer materialistischen Weltanschauung habe ihn in Gestalt der repräsentativen Werke seiner eigenen Zunft, der Literaturwissenschaft, erreicht. Deren Umgang mit der klassischen Tradition habe ihn dazu bewogen – wie er an Scholem schreibt –, in Berlin W – nicht etwa in Berlin N oder O! – das rote Fetzchen Stoff aus dem Fenster zu hängen, das solche Haßausbrüche auslöse. Es ist die Absage an eine Universität, deren Geisteswissenschaft außerstande ist, Benjamin mit seinem *Trauerspiel*-Buch zu habilitieren – mit der entlarvend zynischen Begründung, Geist lasse sich nicht habilitieren! –, die aber Professuren austeilt an Mythologen des Georgekreises wie Gundolf und Bertram. Es ist die tiefe Indignation gegenüber einer Wissenschaft, die nur noch eine Scheinobjektivität besitzt, die des Umkreises ihrer Interpretations- und Sprachspiele, und die darum unfähig ist, gegen Mißbrauch, der mit ihr im Interesse bestimmter gesellschaftlicher Gruppen getrieben wird, zu reagieren.

Und so kann der zentrale Satz der Antwort an Rychner nur lauten: „um mich früh und deutlich gegen die abscheuliche Öde dieses offiziellen und inoffiziellen Be-

triebes abzugrenzen, hat es nicht marxistischer Gedankengänge bedurft [...], sondern das danke ich der metaphysischen Grundrichtung meiner Forschung" (Br, S. 523). Und am Schluß des Briefes wird diese Grundrichtung noch einmal in ihrem theologischen Sinngehalt präzisiert: „Und wenn ich es denn in einem Worte aussprechen soll: ich habe nie anders forschen und denken können als in einem, wenn ich so sagen darf, theologischen Sinn – nämlich in Gemäßheit der talmudischen Lehre von den neunundvierzig Sinnstufen jeder Thorastelle. Nun: *Hierarchien des Sinns* hat meiner Erfahrung nach die abgegriffenste kommunistische Plattitüde mehr als der heutige bürgerliche Tiefsinn, der immer nur den einen der Apologetik besitzt." (Br, S. 524)
Hätte Scholem die erkenntnistheoretischen und geschichtsmethodischen Teile von Benjamins *Passagen-Werk* gekannt, die Sorgen um die Authentizität der Arbeitsergebnisse seines Freundes wären ihm erspart geblieben. Hier hätte er genügend Klarstellungen dafür gefunden, daß die Materialismusbezüge Benjamins nicht der von Scholem befürchteten Absicht einer illusionären politischen Assimilation gehorchen. Vielmehr sind sie allesamt Teil einer tiefgrabenden, mühseligen Detailarbeit an der Überwindung des geisteswissenschaftlichen Historismus.
Benjamin hat sich wie in seinem Barockbuch als Paradigma eine Epoche gewählt, die als Verfallzeit gilt, diesmal das 19. Jahrhundert. Die mehr als tausendseitige Materialsammlung verfolgt nur einen Zweck: „Die Überwindung des Begriffs des ‚Fortschritts' und des Begriffs der ‚Verfallzeit' sind nur zwei Seiten ein und derselben Sache." (V/1, S. 575)
Wie aber werden diese Begriffe eines der Selbstreflexion und der Selbstkritik ermangelnden Historismus überwunden?
Benjamin verdeutlicht das durch seine Neuinterpretation eines Zentralbegriffes der geisteswissenschaftlichen Hermeneutik. Danach hat *Verstehen* nicht mehr den Sinn der Einfühlung, die einen Text für die Interpretation aufschließt. So wie Aktualisierung an der Stelle von Fort-

schritt zum Grundbegriff wird, kann Verstehen nur noch die Weise des Nachlebens einer Vergangenheit haben (V/1, S. 574f.). Solches Nachleben darf man sich nach Benjamin aber auch nicht als eine defiziente Form des Lebens vorstellen. Im Gegenteil! Nachleben, das heißt: In einem Ereignis von Erfüllung, einer Akme des Sichbegegnens treten Vergangenheit und Gegenwart in Kommunikation.

> Nicht so ist es, daß das Vergangene sein Licht auf das Gegenwärtige oder das Gegenwärtige sein Licht auf das Vergangene wirft, sondern Bild ist dasjenige, worin das Gewesene mit dem Jetzt blitzhaft zu einer Konstellation zusammentritt. (V/1, S. 578)

Kein Zufall, daß im Kontext dieser Lehre wieder Begriffe auftauchen, die schon aus dem Barockbuch bekannt sind, wie Monade, Zeitkristall, Totalgeschehen und (mit ausdrücklichem Goethebezug) Urphänomen (V/1, S. 577).

Von größter geschichtstheoretischer Wichtigkeit aber ist es, daß Benjamin von der nachgeisteswissenschaftlichen Historie verlangt, sie habe auch die im individuellen und kollektiven Unbewußten verschütteten Bezüge zwischen Vergangenheit und Gegenwart zu erhellen. Erwachen – das hat der wesensbestimmende Modus des Umgangs mit Geschichte zu werden (V/1, S. 571 und 579). Darum kann Benjamin auch als ein besonders glückliches Bild für sein Programm auf die Eingangspassagen von Prousts *A la recherche du temps perdu* verweisen.

Zugleich aber ist dies die Stelle, an der er abermals sich des Beistandes der Theologie für die geschichtliche Erkenntnis versichert. Er, der Kafka wegen seiner peinlich genauen Befolgung des Bilderverbots gelobt hat, muß konsequenterweise auch darauf bestehen, daß Geschichte nicht in unmittelbar theologischen Begriffen geschrieben werden dürfe. Trotzdem ist es der Theologie vorbehalten, im Eingedenken das Unabgeschlossene des Glücks zu einem Abgeschlossenen, das Abgeschlossene des Leides zu einem Unabgeschlossenen werden zu lassen (V/1, S. 589). Ein gordischer Knoten neuzeitlicher Methodenprobleme wird durchgehauen, wenn Benjamin, Text und Wirklichkeit unterscheidend, die Philologie dem ersteren, die Theologie der letzteren als Grundwissenschaft zuordnet (V/1, S. 574). Geschichte als Kommentar zur Wirklichkeit: Spätestens hier wird offenkundig, daß das, was Benjamin hier beschreibt, zwar auch eine Form historischer Forschung ist, aber doch nicht mehr einer Einzeldisziplin im Rahmen der Geisteswissenschaften, sondern einer Dimension menschlichen Erkennens überhaupt zugeordnet werden muß.

Daraus ergeben sich auch zwei bedeutsame polemische Abgrenzungen, die gegen Heidegger und gegen C.G.Jung. Heidegger hält Benjamin vor, er transformiere die geschichtlichen Bilder in reine Wesenheiten, dadurch, daß sie ihres historischen Index beraubt werden. Und auch nicht mittels des Begriffs der ‚Geschichtlichkeit' wird diese Entleerung rückgängig. Denn ‚Geschichtlichkeit' – auch das ist nur eine der abstrakten Wesenheiten der Phänomenologie (V/1, S. 577). Aus einem ähnlichen Grund wird ein ablehnendes Urteil über C. G. Jungs Archetypenlehre gefällt. Sie arbeitet in einem der geschichtlichen Erkenntnis zuwiderlaufenden Sinne. Ist diese auf Erwachen aus, auf Aufklärung der Vergangenheit durch Konfrontation mit der Gegenwart, so vermittelt die Jungsche Archetypenanalyse dem Wachen Kontakt mit Traumbildern, die für sich beanspruchen, Mängel des wachen Bewußtseins zu kompensieren. Aus dem Erwachen wird so der Wachtraum.

Was solche Wachträume bedeuten können, das ahnte der Heidegger und C. G. Jung bekämpfende Benjamin wohl. Aber wie genau und schrecklich er nach 1933 in beiden Fällen recht bekommen sollte, das ist ihm in vollem Umfange wohl gar nicht mehr bekannt geworden.[20]

Für uns bleibt anzumerken, daß eine Theologie, wie sie Benjamin hier in Anspruch nimmt, gegen die häretischen Versuchungen durch Heidegger und C. G. Jung besser gerüstet sein müßte als jene geisteswissenschaftliche Universitätsdisziplin, die sich durch die Kollaboration mit Heidegger und Jung geradezu geehrt fühlt.

Es müßte dann freilich auch eine Theologie sein, die dogmatische Objektivität auch im Bereich der Schöpfungslehre gewönne, ohne dabei Anleihen bei irgendeinem wissenschaftlich unzulässigen Fundamentalismus zu machen. Die kirchliche Tradition kennt in diesem Sachbereich bisher nur den Glaubenssatz des 1. Artikels, die Verwerfung der demiurgischen Mythen der häretischen Gnosis und umfangreiche Vorarbeiten der Kirchenlehrer Origenes und Augustinus. Wann wird das dogmatische Urteil der Kirche gegen jene barbarischen theologischen Spekulationen ergehen, in denen eine agnostische Gesellschaft ihr eigenes Leben und das ihrer Umwelt aufs Spiel setzt?
Carl Schmitt hat behauptet, politische Theologie sei durch den Hinweis auf die politische Analogielosigkeit der Trinität im kirchlichen Bekenntnis nur scheinbar erledigt worden,[21] weil die unvermeidliche Dezision von Freund und Feind nach wie vor auch theologisch relevant sei. So zweifelhaft die Richtigkeit dieses Satzes schon sein mag – Benjamins Hinweis auf eine die Wirklichkeit legitim kommentierende Theologie erledigt das Projekt einer politischen Theologie dadurch, daß sie ins hellste Licht setzt, was die prinzipielle Anfälligkeit der Geisteswissenschaften für ideologischen Mißbrauch bedingt (nicht etwa nur durch marxistische Parteiideologie, wie heute gern behauptet wird!): ihr Mangel an Objektivität, der auf dem Weg des zirkulären, hermeneutikimmanenten Diskurses jedenfalls nicht zu überwinden ist, eine Lage, die sich auch dadurch nicht bessert, daß man mittels einer referenzlosen Eco-Semiotik aus dieser Not eine Tugend zu machen versucht!
Im Rahmen der Theologie, an die Benjamin appelliert, ist zwar eine politische Theologie als Legitimationsideologie für Freund – Feind-Dezisionen nicht mehr denkbar, sehr wohl aber das Urteil über eine häretische, antihumane Politik ebenso wie die Anklage gegen eine rechts- und verfassungswidrige Theologie, die die allgemein geltenden Gesetze auf dem Weg privater Spekulation umgeht und damit jene Folgen zeitigt, gegen die Benjamins *Kraus*- und *Kafka*-Essays polemisieren.

Seine an Erhellungskraft nur Lessings analogem Text *Über den Beweis des Geistes und der Kraft* vergleichbaren Thesen aber wachsen heraus aus einem Erkenntnismut, der den Fortschrittsglauben nicht aus Pessimismus kritisiert, sondern weil dieser eine viel zu schwache Kraft gegen den zukunftsgefährdenden Pessimismus aufbringt. Geschichtliche Erkenntnis nachhistorischer Methode vermag wie die Atomphysik „die ungeheuren Kräfte der Geschichte" frei zu machen, „die im ‚Es war einmal' der klassischen Historie gebunden liegen" (V/1, S. 578). So verwundert es denn auch nicht, daß man die Vorform der zweiten These inmitten des riesigen Fragmentenbauplatzes findet, der von Benjamins *Passagen-Werk* übriggeblieben ist (V/1, S. 599f.).

1 Gershom Scholem, *Die jüdische Mystik in ihren Hauptströmungen.* Zürich 1957.
2 Theodor W. Adorno, *Über Walter Benjamin.* Hrsg. v. Rolf Tiedemann. Frankfurt am Main 1970, S. 61.
3 Vgl. Gerhard Seidel, *Im Passat der Kritik.* In: Walter Benjamin, *Lesezeichen.* Schriften zur deutschsprachigen Literatur. Hrsg. v. Gerhard Seidel. Leipzig 1970, S. 419–421.
4 Werner Fuld, *Walter Benjamin.* Zwischen den Stühlen. Eine Biographie. München/Wien 1979, S. 285–289.
5 Walter Benjamin / Gershom Scholem, *Briefwechsel 1933–1940.* Hrsg. v. Gershom Scholem. Frankfurt am Main 1980, S. 55f.
6 Vgl. Paul A. Florensky, *La colonne et le fondement de la vérité.* Essai d'une théodicée orthodoxe en douze lettres. Lausanne 1975, S. 323–328.
7 Hermann Cohen, *Religion der Vernunft aus den Quellen des Judentums.* Köln 1959, S. 17.
8 Carl Schmitt, *Politische Theologie.* 4 Kapitel zur Lehre von der Souveränität. München/Leipzig 1934, S. 49.
9 Vgl. Carl Schmitt, *Politische Theologie II.* Berlin 1990, S. 25.
10 Franz Rosenzweig, *Briefe.* Hrsg. v. Edith Rosenzweig. Berlin 1935, S. 71f.
11 Gershom Scholem, *Walter Benjamin – die Geschichte einer Freundschaft.* Frankfurt am Main 1976, S. 123.
12 Ernst Jünger, *Strahlungen II.* München 1979, S. 101 und 422.
13 Vgl. *Theorien des deutschen Faschismus,* III, S. 238–250.

14 Georg Wilhelm Friedrich Hegel, *Grundlinien der Philosophie des Rechts oder Naturrecht und Staatswissenschaft im Grundrisse.* Hrsg. v. Hermann Klenner. Berlin 1981, S. 25.

15 Vgl. Franz Rosenzweig, *Hegel und der Staat.* 2 Bde. München/Berlin 1920, Band 2, S. 78f.

16 Vgl. Verf., *Die Entdeckung des neuen Denkens.* In: *Stimmstein.* Jahrbuch der Eugen-Rosenstock-Huessy-Gesellschaft. Band 2. Moers 1988, S. 147ff.

17 Franz Rosenzweig, *Der Stern der Erlösung.* Heidelberg 1954, Teil III, S. 35.

18 *Athenäum.* Eine Zeitschrift von August Wilhelm Schlegel und Friedrich Schlegel. Hrsg. v. Gerda Heinrich. Leipzig 1984, S. 96.

19 Bruno Schulz, *Die Zimtläden.* Berlin 1970, S. 41.

20 Die letzte mir greifbare Erwähnung Heideggers in einem Brief an Gretel Adorno vom 20. Juli 1938 läßt nichts dergleichen erkennen; Br, S. 771.

21 Carl Schmitt, *Politische Theologie II*, S. 94ff.; über Benjamin S. 116, Anm. 2.

RICHARD FABER

Walter Benjamin und die Tradition jüdisch-deutscher Merkprosa

Wir die wir hoffnungslos verloren sind.
Steffen Mensching

Günther Anders hat sein Hauptwerk *Die Antiquiertheit des Menschen* in Erinnerung an seinen Vater William Stern geschrieben, „der den Begriff der Menschenwürde dem Sohne unausrottbar eingepflanzt hat“[1]. Anders läßt in seiner umfangreichen Widmung keinen Zweifel daran, wieviel ihn von seinem Vater trennt, doch wie dieser und über seinen Tod hinaus fühlt er sich verpflichtet dem Begriff der Menschenwürde – der ein aufgeklärter und säkularer: ein profaner Begriff ist. – Schon der Psychologieprofessor Stern war in eine höchst assimilierte, also liberale jüdische Familie geboren worden, so daß sein Sohn Günther aus der „Tradition des Antitraditionalismus“[2] stammt. Er, der „überhaupt nicht mehr als Jude erzogen worden“ ist und „niemals ein jüdisches Ritual kennengelernt“ hat,[3] rühmt sich dessen: der Chance, „bindungslos, das heißt: frei von Vorurteilen aufzuwachsen“[4].

Mit nicht geringem Selbstbewußtsein rechnet sich Anders unter die jüdischen Gründer und Neuentdecker in der Art von Marx, Einstein, Freud, Husserl, Schönberg und unter die jüdischen Revolutionäre vom Schlage Rosa Luxemburgs. Unter diese rechnete er sich allerdings nur bis zum 6. August 1945, also bis zum Fall der Atombombe auf Hiroshima. Seitdem glaubt er, daß für Revolutionen keine Zeit mehr sei. An die Stelle des Blochschen „Noch-Nicht“ ist die Zentralkategorie „Nicht-Mehr“ getreten.[5] Aber auch jetzt noch kommt Anders nicht darum herum, sich jüdisch zu interpretieren: Verstand sich der Revolutionär Anders, wie Bloch oder Benjamin, messianisch, so versteht sich der Warner vor dem atomaren Globozid als „Unglücksprophet“[6]. Er ist sich des Paradoxons bewußt, doch er bekennt sich zu ihm: daß er, „der Ungläubige, der Abtrünnige, [...] Schüler der Propheten“[7] ist.

Anders nennt sich „einen Juden“ und ist „entschlossen, als ein solcher, wenn gewiß auch ohne Rabbi und an einem ganz zufälligen Platze, begraben zu werden“. Er vergißt aber auch nicht, daß er zu jenen „letzten Juden“ gehört, die sich einmal „deutsche Juden“ genannt und „in Symbiose“ – ein besseres als dieses fragwürdige Wort gibt es nicht – mit den Deutschen gelebt haben.

> Mit weltgeschichtlichen Maßstäben gemessen, hat diese Symbiose zwar nicht besonders lange gedauert, kaum hundert Jahre, viel kürzer als die mit anderen Völkern. Aber für unsere Eltern und Großeltern war diese Symbiose [...] ganz selbstverständlich gewesen, so selbstverständlich, als hätte sie seit Urzeiten bestanden. Es hat sogar einen deutschjüdischen Philosophen gegeben, den Kant-Erneuerer Hermann Cohen, der überzeugt davon war, daß eine gewissermaßen gottgegebene Affinität zwischen den zwei Kulturen bestehe. Und wenn mein Vater betonte – und das hat er immer getan, wenn die Rede auf jüdische Fragen kam –, daß er sich ungleich mehr deutsch als jüdisch fühle, dann hat er ganz gewiß die Wahrheit gesprochen. Etwas anderes freilich ist es, ob er von den Nichtjuden in erster Linie als Mitdeutscher oder eben als Jude angesehen wurde. Aber darüber hat er sich – und nicht nur *er*, denn viele seiner hochintelligenten Freunde waren in dieser Hinsicht blind, nein dumm – nicht den Kopf zerbrochen. Furchtbar haben die Männer seiner Generation, also die vor hundert Jahren Geborenen, im Jahre 33 umlernen müssen, sofern ihnen überhaupt Zeit dafür vergönnt war umzulernen.[8]

Darauf ist zurückzukommen: auf das Ende der deutsch-jüdischen Symbiose. In einer ihrer literarischen Formen ist diese Symbiose generell mein Thema: die Tradition jüdisch-deutscher Merkprosa.[9] Als ein „letzter“ steht gerade auch Anders in ihr, so wie Buber, Kafka, Bloch, Benjamin, Kracauer, Horkheimer, Adorno und Canetti, aber auch Nichtjuden wie Brecht und Bichsel. Selbst als Klassiker dieser Tradition muß ein nichtjüdischer Deutscher gelten, der allerdings dem rabbinischen Prototyp des Erzählens in besonderer Weise verpflichtet war: Johann Peter Hebel. Bloch und Benjamin haben sich nicht von ungefähr immer wieder auf ihn berufen.

Hebels letzte Erzählungen sind *Biblische Geschichten*, doch nicht nur hier, sondern auch in den Kalendergeschichten, wo Hebel scheinbar profan erzählt, steht er in der jüdisch-christlichen Tradition. Dabei macht gerade das seine Leistung aus, daß er generell den Gegensatz von sakral und profan vermittelt; daß auch seine sakralen – „Biblischen" – Geschichten nur scheinbar sakral sind.

Ich möchte die Einheitlichkeit des Hebelschen Erzählens von seinem Ende her aufzeigen, weil es dessen – Hebel weit voraus liegenden – Anfang erscheinen läßt: Die zwei Jahre vor seinem Tod erschienenen *Biblischen Geschichten* lassen Lk 10,25–37, dem Gleichnis *Von dem barmherzigen Samariter*, folgenden Kommentar folgen:

> Nämlich: Ich bin jedem sein Nächster, und jeder ist mein Nächster, den ich mit meiner Liebe erreichen kann, jeder, den Gott zu mir führt, daß ich ihn erfreuen oder trösten, daß ich ihm raten oder helfen kann, auch wenn er nicht meines Volkes oder meines Glauben wäre. Tue das, so wirst du leben!

Neben diesem kurzen Schluß-Kommentar weicht Hebel nur dreimal vom Lukas-Text ab, schaltet er sich nur dreimal – in *Hausfreund*-Manier – in den Text ein: dort, wo es heißt: „‚Die Frage wäre gut.' – ‚Die Antwort war wieder gut.'" Und dort, wo Hebel das pharisäische Rechtfertigungssuchen im Hinblick auf seine kindliche Leserschaft so erklärt: „Er schämte sich, daß er eine Frage getan haben sollte, die er und jedes Kind sich selbst beantworten konnten."[10]

An der Antwort des Schriftgelehrten auf Jesu Frage: „Wie steht im Gesetz geschrieben?" hängt (nach Mt 22,36–40) „das ganze Gesetz und die Propheten": an den Geboten der Gottes- und Nächstenliebe. Das heißt, das Gleichnis vom guten Samariter ist nicht irgendeine synoptische Erzählung, hebräisch: „Aggada", sondern die zentrale, und Hebel, bei dem – nach Benjamin – das Haggadische so stark ist wie wohl bei keinem außerjüdischen Autor sonst (vgl. II/3, S. 1447, und VII/1, S. 225), brauchte eigentlich kein „Nämlich" seiner Nacherzählung mehr anzuhängen; sie enthält ihre Lehre, hebräisch: „Halacha", selbst. Dem entspricht Hebel dann ja auch, indem er Jesu „Tue das, so wirst du leben!" seinem Kommentar nochmals folgen läßt.

Dasselbe enge Verhältnis von Aggada und Halacha, Erzählung und Lehre, konstituiert eine Geschichte des *Rheinländischen Hausfreunds* wie *Einer Edelfrau schlaflose Nacht*; denn der Kalenderschreiber gibt einem Propheten nicht viel nach – wie Hebel behauptet.[11] – Die Geschichte beginnt mit dem kleinen Traktat:

> Es ist nichts lehrreicher als die Aufmerksamkeit, wie in dem menschlichen Leben alles zusammenhängt, wenn man es zu entdecken vermag, zum Beispiel Zahnschmerzen und das Glück eines Ehepaares, und wie selbst das, was unrecht und verboten ist, wiedergutgemacht werden kann, wenns an den rechten Mann oder an die rechte Frau kommt, und wie in dem großen, unaufhörlichen Wechsel der Dinge alles einzelne wieder verschwimmt, daß man ihm nimmer nachkommt, und doch getan bleibt und nicht verlorengeht, es sei gut oder bös.[12]

Die anschließende und eigentliche Geschichte berichtet vom Schicksal eines während des Frondienstes geborenen unehelichen Kindes und seiner Eltern – und endet mit diesen Sätzen ihrer Herrin, der „Edelfrau":

> „Nein, ich will euch nicht unglücklich machen", sagte sie. „Ich will euch die Härte vergelten, die ich an euch begangen habe. Ich will euch den Kummer versüßen, den ihr getragen habt. Ich will eure Sünde wiedergutmachen. Ich will euch die Barmherzigkeit vergelten, die ihr an eurem Kinde getan habt."

Die Sätze nehmen eindeutig auf, was abstrakt bereits im Eingangs-Traktat des *Hausfreundes* moralisiert worden ist und was er jetzt in Form eines Kommentars weiter ausführt:

> Meint man nicht, man hörte den lieben Herrgott reden in den Propheten oder in den Psalmen? Ein Gemüt, das zum Guten bewegt ist und sich der Elenden annimmt und die Gefallenen aufrichtet, ein solches Gemüt zieht nämlich das Ebenbild Gottes an und fällt deswegen auch in seine Sprache[13] –

die Sprache der Halacha, ganz wörtlich verstanden, und

selbst in einer solch profanen Kalendergeschichte. Gottes Sprache, die immer schon die der Propheten oder Psalmen war, ist eben die Sprache des Guten, und zwar *menschlich* Guten.

Entscheidend an dieser Stelle ist aber, daß wie im Gleichnis *Von dem barmherzigen Samariter* die Erzählung – als Aggada – ihre Halacha aus sich heraus setzt oder die vorgestellte Lehre expliziert; in *Einer Edelfrau schlaflose Nacht* die der Halacha von der (All-) Barmherzigkeit Gottes und/oder seiner Welt. Um die beiden letzten Sätze des Kommentars zu zitieren:

> Das Büblein [...] kann jetzt schon Haselnüsse aufbeißen und lernt fleißig und hat runde, rote Backen. – Was aber weiter daraus werden soll, weiß der, der den Himmel mit der Spanne mißt und den Staub der Erde mit einem Dreiling.[14]

Zum Schluß zieht der Hausfreund selbst das Ebenbild Gottes an und fällt auch in seine Sprache. – Ich resümiere:

> Man findet [...] Menschen „die ein Geschehnis sehen und sogleich sich einer Halacha erinnern", warum sollte nicht auch das Gegenteil möglich sein: „Sie sahen eine Halacha an und erinnerten sich einer Geschichte"?[15]

So heißt es rhetorisch in *Halacha und Aggada*, einem Aufsatz Chaim Bialiks, den Benjamin noch für seine späten Kafka-Studien heranzog. – Kafkas Intention geht, wie die des vom ihm verehrten Moralisten Hebel (vgl. II/2, S. 628), auf Halacha und Aggada, als zwei Zwillingsformen des Schrifttums und des Lebens, und was soll auch das Ende einer Aggada sein, die ihre Halacha nicht unmittelbar neben sich hat?[16] Kafkas Versuch, „die Dichtung in die Lehre zu überführen und als Parabel ihr die Haltbarkeit und die Unscheinbarkeit zurückzugeben, die im Angesicht der Vernunft ihm als die einzig geziemende erschien" (II/2, S. 427f.), ist freilich gescheitert. Die Lehre ist „nicht da" (II/2, S. 420), und „das Gesetz als solches" (II/2, S. 679) spricht sich nirgends aus. Kafka konnte in unserem Weltalter nicht alles nachholen, was einst von Moses geleistet worden war, aber gleichfalls scheiterte: „Das Werk der Thora, das von der Halacha konkretisiert wurde, ist – wenn wir uns an Kafkas Darstellungen halten – vereitelt worden." (Br, S. 618) Dieses

Scheitern ist das grundlegende und hat auch Kafkas mitverursacht: Sein „Werk stellt eine Erkrankung der *Tradition* dar" (Br, S. 763).

„Man hat die Weisheit gelegentlich als die epische Seite der Wahrheit definieren wollen" (III/2, S. 442), zitiert Benjamin aus seinem *Erzähler*-Essay.

> Damit ist die Weisheit als ein Traditionsgut gekennzeichnet; sie ist die Wahrheit in ihrer hagadischen Konsistenz. – Diese Konsistenz der Wahrheit ist es, die verloren gegangen ist. Kafka war weit entfernt, der erste zu sein, der sich dieser Tatsache gegenüber sah. Viele hatten sich mit ihr eingerichtet, festhaltend an der Wahrheit oder an dem, was sie jeweils dafür gehalten haben: schweren oder leichteren Herzens verzichtleistend auf ihre Tradierbarkeit. Das eigentlich Geniale an Kafka war, daß er etwas ganz neues ausprobiert hat: er gab die Wahrheit preis, um an der Tradierbarkeit, an dem hagadischen Element festzuhalten. (Br, S. 763)

Keine seiner Erzählungen beweist dies mehr als die Parabel *Vor dem Gesetz* (deren Ähnlichkeit mit Hebels Geschichten Benjamin festgehalten hat); sie und ihre Kommentare im „Dom"-Kapitel des *Prozeß* haben genau dies zum Gegenstand: die Aggada auf der vergeblichen Suche nach ihrer Halacha, und ihre Lehre ist, daß sie sich entzogen hat: „Vor dem Gesetz" zu sein bedeutet zumindest nicht zu seiner (An-) Erkenntnis zu gelangen. Wieder mit den Worten Benjamins:

> Kafkas Dichtungen sind von Hause aus Gleichnisse. Aber das ist ihr Elend und ihre Schönheit, daß sie *mehr* als Gleichnisse werden mußten. Sie legen sich der Lehre nicht schlicht zu Füßen wie sich die Hagada der Halacha zu Füßen legt. Wenn sie sich gekuscht haben, heben sie unversehens eine gewichtige Pranke gegen sie. (Br, S. 763)

2. Individuum und Gesellschaft oder: Hebel, Kafka, Bloch und Brecht

Sieht man Kafka im Rahmen der neuzeitlichen (Literatur-) Geschichte, so steht er am Ende eines Prozesses, an dessen Abschluß der Niedergang der Erzählung steht. Das früheste Anzeichen dieses Prozesses war das Aufkommen des Romans zu Beginn der Neuzeit (vgl.

II/2, S. 442). Kafka, der nicht zuletzt Romancier ist, steht mit am Ende des Romans, dieser „Form der transzendentalen Heimatlosigkeit“ (II/2, S. 454) (wie der junge Georg Lukács formulierte)[17]:

> Bis auf Kafka hatte man glauben mögen, die Ratlosigkeit des Romanhelden sei eine Ausgeburt seiner besondern innern Beschaffenheit, seiner Subtilität oder seiner komplexen Beschaffenheit. Erst Kafka macht zum Mittelpunkt des Romans eben den Menschen, an den sich die Weisheit der Völker richtet, den schlichtgearteten, gutgesinnten, den Mann, den das Sprichwort mit seinem Rat versieht und den der Zuspruch der alten Leute mit Trost versieht. Wenn es nun dieser wohlbeschaffene Mann ist, der aus einer Verlegenheit in die andre fällt, so kann nicht seine Natur daran schuldig sein. Es muß wohl an der Welt liegen, in die er geschickt wurde, daß er sich so ungeschickt in ihr anstellt. (II/3, S. 1221)

Die „Gesetzlosigkeit in unseren *gesellschaftlichen* Verhältnissen“ (II/3, S. 1200) ist daran schuld, daß das „Individuum [...] selber unberaten ist und keinen Rat geben kann“ (II/3, S. 1220f.) (wie Benjamin mit Blick auf Kafka den *Erzähler*-Essay zitiert). Die Hebelsche Erzählung führte ihren Nutzen mit sich. Dieser Nutzen „bestand einmal in einer Moral, ein andermal in einer praktischen Anweisung, ein drittes Mal in einem Sprichwort oder in einer Lebensregel. In jedem Falle war der Erzähler ein Mann, der dem Hörer Rat“ wußte und nicht „für manche Fälle, sondern wie der Weise für viele“. Er wob den Rat in den gesellschaftlichen Stoff des Lebens ein (etwa die spätfeudale Leibeigenschaft), und das ist die „Weisheit“, die ausstirbt. Nichts törichter als darin „lediglich eine ‚Verfallserscheinung‘, geschweige denn eine ‚moderne‘ erblicken zu wollen. Vielmehr ist es eine Begleiterscheinung säkularer geschichtlicher Produktivkräfte, die die Erzählung“ überhaupt „aus dem Bereich der lebendigen Rede entrückt hat“ (II/2, S. 442).

Die Industrie zerstört *jedes* Handwerk. Dies ist die Generalthese des alle monographischen Arbeiten Benjamins übergreifenden *Erzähler*-Essays, und sie korrespondiert mit der anderen These, daß Erzählkunst *Handwerks*kunst ist: „Seele, Auge und Hand sind [...] in einen und denselben Zusammenhang eingebracht. Ineinanderwirkend bestimmen sie" die handwerkliche Praxis. In der heutigen Produktion ist die „Rolle der Hand […] bescheidener geworden, und der Platz, den sie beim Erzählen ausgefüllt hat, ist verödet […] Das Erzählen ist ja, seiner sinnlichen Seite nach, keineswegs ein Werk der Stimme allein. In das echte Erzählen wirkt vielmehr die Hand hinein, die mit ihren, in der Arbeit erfahrenen Gebärden, das was laut wird auf hundertfältige Weise stützt." (II/2, S. 464)

Ich möchte die epochale Krise der Merkprosa gerade auch an der Blochschen Erzählung erläutern, die *Die glückliche Hand* überschrieben ist und vom Baalschem von *Michelstadt* handelt[18], also am *Oberrhein* spielt, der weiteren Heimat Blochs und Hebels. Nimmt man die eigentliche Erzählung, so läßt sie sich kaum besser charakterisieren als durch den Satz aus Benjamins Hebel-Vortrag: „Das Jetzt und Hier der Tugend ist für ihn kein abgezogenes Handeln nach Maximen sondern Geistesgegenwart" (II/3, S. 1194) – die Kafkas Menschen nicht (mehr) kennen (II/2, S. 640, vgl. auch IV/1, S. 776). – Diese Inhaber zweier linker Hände haben alles andere als eine glückliche Hand; sie besitzt bloß der Geistesgegenwärtige oder: nur wer geistesgegenwärtig ist, hat *Die glückliche Hand.* Er verfügt über den „guten Griff", der die Dinge, die „an sich […] schief oder verwirrt" zu uns stehen, in die Lage bringt, die die Chassidim meinen.

Damit habe ich den Anfang der Blochschen Erzählung teilweise paraphrasiert. In ihrem langen Schlußkommentar ist sogar davon die Rede, daß der Baalschem „seine […] fast *messianisch* wählende Hand" gewähre, „um die Dinge aus ihrer ‚Zerstreuung' herauszubringen, sie gleichsam kurze Zeit edenhaft zu machen". Allerdings heißt es hier auch, daß die Dinge nur „kurze Zeit" edenhaft gemacht würden; der Baalschem hat messianische Züge, ist aber nicht der Messias selbst. Erst der kann „alle Dinge" auf Dauer „verrücken", das heißt, zurechtrücken. Sie müssen „nur ein wenig" verrückt werden. „Weil aber dieses Wenige so schwer zu tun und sein Maß so schwierig zu finden ist, können das, was die

Welt angeht, nicht die Menschen, sondern dazu kommt der Messias."[19]

So lautet das Wort eines anderen Rabbi, Gershom Scholems, auf den sich Bloch hier bezieht – wie Benjamin im *Kafka*-Essay, indem er an ein deutsches Volkslied aus *Des Knaben Wunderhorn* anschließt:

> Dies [bucklicht; R.F.] Männlein ist der Insasse des entstellten Lebens; es wird verschwinden, wenn der Messias kommt, von dem ein großer Rabbi gesagt hat, daß er nicht mit Gewalt die Welt verändern wolle, sondern nur um ein Geringes sie zurechtstellen werde. (II/2, S. 432)

Kafkas Pointe besteht allerdings darin, daß er erklärte, was Benjamin immer wieder umkreist: „So ist denn [...] unendlich viel Hoffnung vorhanden, nur nicht für uns." (Br, S. 764) Bloch hätte dagegen gefragt: „Für wen denn?"[20] Bloch *hat* seinen Kommentar und damit *Die glückliche Hand* überhaupt mit dem Satz *beschlossen*: Auch dieser weise Rabbi hat „nicht der krauchenden Entwicklung [...] das Wort geredet", „sondern durchaus dem Sprung des glücklichen Blicks und der glücklichen Hand"[21], der Revolution also, von der Bloch in anderem Zusammenhang schrieb, ihr Sprunghaftes könne nur vom Wunder gelernt werden[22] – ohne dadurch selbst wunderbar zu werden. – Das Faszinierende der *Glücklichen Hand* ist tatsächlich, daß „in der scheinbaren Zaubergeschichte [...] ein sonderbar nüchterner Geist" herrscht; jene „entschieden jüdische Art von Aufklärung"[23], die auch „praktische Intuition" heißen kann oder eben „Geistesgegenwart" (vgl. II/2, S. 640, auch VI, S. 75f., 188ff., 453).

Ich möchte im folgenden den Blick auf das von Hebel oder der (jüdischen) Aufklärung Unterschiedene richten: auf das, was im ersten, dem Einleitungs-Absatz der *Glücklichen Hand*, steht und im umfangreichen Schlußkommentar; auf das, wozu Einleitung und Schluß die eigentliche Erzählung *gebrauchen*.[24] Der erste Absatz lautet:

> Einmal vielleicht wird es auch äußerlich, ganz außen besser stehen. Dann kehren die harten Dinge zu uns zurück oder wir zu ihnen, gleichviel. An sich stehen sie schief oder verwirrt zu uns, aber ein guter Griff und sie passen genau in die

Lage, die Fromme meinen. Darüber gibt eine Geschichte manches zu denken, die Herrn Schotten aus Mainz vor mehr als hundert Jahren zustieß.[25]

Die Geschichte gibt „manches zu denken" – über die Frage, wie die Welt insgesamt zurechtgerückt werden könnte; die individuelle oder partielle Geschichte ist lehrreich für die kollektive oder universale Geschichte: die Geschichte schlechthin. – Das ist die Hegelsche, ja Leninsche Voraussetzung Blochs.[26] Ein linkshegelianischer Aktivismus bestimmt den philosophischen Kontext der Baalschem-Erzählung. Es wäre jedoch falsch, von Subjektivismus und damit Putschismus zu reden; intendiert wird ja gerade eine Konstellation, in der nicht nur der Gedanke zur Verwirklichung, sondern auch die Wirklichkeit zum Gedanken drängt.[27] Aber welches Subjekt sollte diese synthetische Leistung vollbringen? Und kann dieses zweifellos historische und damit kollektive Subjekt – wenn es das geben sollte – in Analogie zum individuellen gedacht werden? Ich verweise nur auf die Diskussion im Gefolge von Lukács' *Geschichte und Klassenbewußtsein*, die mit Recht nie eine nur theoretische, sondern am realen Geschichtsverlauf orientierte war.[28]

In unserem Zusammenhang genügt es festzuhalten, daß Bloch mit seinem Kommentar, von allen weiteren und angedeuteten Problemen abgesehen, dem Rechnung trägt, daß seit einem nicht genau festlegbaren Zeitpunkt, der aber nicht allzusehr nach Hebels Tod 1826 angesetzt werden kann, individuelle Lösungen nicht mehr ausreichen oder, was dasselbe ist, daß den Individuen keine „exemplarischen" Modelle mehr angeboten werden können (vgl. II/3, S. 1281). In Deutschland besonders langsam, doch seit Hebels Tod auch hier in immer größerer Schnelligkeit, verfallen die korporativen Formen des sozialen Lebens, entfallen die patriarchalen Für- und Vorsorgen, die ständischen Vorgegebenheiten und Eingebundenheiten, werden die Individuen atomistisch freigesetzt und damit sich selbst überlassen; d.h. den sogenannten Marktgesetzlichkeiten, die ihnen anonym und unbekannt bleiben. Die prinzipiell geschlossene Welt der Hebelschen Erzählungen – auch noch der chassidischen Erzählung Blochs *ohne* seinen Kommentar –, die Welt einer sowohl göttlichen und/oder natürlichen, sozialen und/oder sittlichen Ordnung (die Einzelordnungen sind nur Entfaltungen der einen providentiellen Schöpfungsordnung), diese letztendlich statische Ordnung ist zerstört und nicht mehr zu restaurieren. Eine neue und ganz andere Ordnung ist nur zu errichten auf dem Boden und unter Rechnungstellung der modernen bürgerlichen Unordnung und ihrer permanenten Dynamik.

Ethik, verstanden als Anweisung des richtigen Handelns, muß auf den Umsturz der bestehenden Unordnung denken und deshalb kollektiv sein. Individualgeschichten vom Schlage der *Glücklichen Hand* können nur über einen Kommentar, der ihren analogen Wert für kollektives Handeln erweist, relevant bleiben; d.h., eine solche Erzählung vermag nicht mehr in sich selbst zu stehen, ihre Moral – im weitesten Sinn des Wortes – schon in sich bergend, sondern sie muß mit einer Sozialtheorie konjugiert werden, um nicht (nur) anachronistisch zu sein. – Vielleicht, daß dies noch deutlicher wird, wenn man eine der Brechtschen *Kalendergeschichten* heranzieht: *Die unwürdige Greisin.*[29] Läse man sie, deren Beziehung zu Hebel unübersehbar ist,[30] für sich und nicht in Rücksicht auf die Sammlung der *Kalendergeschichten*, die gerade auch Lehrgedichte enthält, oder wüßte man nicht, daß der Autor „Marxist“ ist, und vor allem: wäre man dem Bewußtsein nach ein Mensch der alten Welt, was ein bewußter Irrealis ist, dann könnte man meinen, Brecht wolle mit dieser Geschichte – gut hebelsch – sagen: Würdig ist die Greisin, indem sie ihren Lebensabend genießt, bescheiden genug mit nächtlichen Spaziergängen, billigem Rotwein, gelegentlichen Kinobesuchen, einer krüppelhaften Freundin usw. „Unwürdig“ ist ihr Lebensabend allenfalls, da er übler Nachrede und versuchter Gängelung unterliegt. So könnte, wie gesagt, auch Hebel gesprochen haben, der kein Moralist im schlechten, moralinsauren Sinn war. Brecht (der selbst Kafkas Geschichten glaubte „praktikable Vorschläge“ entnehmen zu können, und zwar „in der Richtung der großen allgemeinen Übelstände"; VI, S. 528) will aber mehr und eigentlich ganz anderes sagen: Das ganze bisherige Leben der Greisin war unwürdig; es ist unwürdig, daß sie erst ab ihrem siebzigsten Lebensjahr an sich denken und – in aller Bescheidenheit – auch etwas vom Leben haben kann. Menschenunwürdig ist eine ganze Gesellschaft, in der dies das Schicksal der überwiegenden Mehrheit der Menschen ist – nicht nur der Frauen und Mütter, wenn auch das ihre ganz besonders. – Würdig ist nicht nur der Widerstand der Greisin, sondern erst wirklich würdig wäre ein – solidarischer – Kampf um ein glückliche(re)s Leben von seinem Anfang an.

Das ist die von mir sehr gerafft wiedergegebene „Botschaft" Brechts, die zwar der Geschichte, isoliert und für sich genommen, nicht entnommen werden kann, aber muß: Die Geschichte selbst will gesellschaftskritisch rezipiert werden, wie auch das Gleichnis *Von dem barmherzigen Samariter*, um nochmals weit hinter Hebel zurückzugreifen. Dieses Gleichnis sollte, wie Walter Jens vorgeschlagen hat, als ein „Report" gelesen werden, der die These illustriert,

> daß der Himmel auf die Erde herabgezogen werden muß, wenn sie bewohnbar bleiben soll, und daß es der revolutionären Praxis solidarisch handelnder Subjekte vom Schlage des Samariter bedarf, um das zu realisieren, was, im Sinn des Evangeliums, Liebeskommunismus ist.[31]

3. *„Apokalypse ohne Reich" oder: Hebel, Bloch, Canetti und Anders*

Dies ist – unter ausdrücklichem Rekurs auf Brechtsche Vorgehensweise – eine rettende Aktualisierung des Gleichnisses, die seine *Kritik* gerade nicht ausschließt: „Daß es nicht genügt, Samariter zu sein. Daß unsere Aufgabe vielmehr darin bestehen muß, Samariter überflüssig zu machen"[32], wie in Günter Anders' Interpretation nachzulesen ist, eben bei dem Diagnostiker einer „Apokalypse *ohne* Reich", der atomaren nämlich:

> Zu denken uns aufgegeben ist heute der Begriff der nackten Apokalypse, das heißt: der Apokalypse, die im bloßen Unter-

gang besteht, die also nicht den Auftakt zu einem neuen, und zwar positiven Zustande (zu dem des „Reiches") darstellt. Diese Apokalypse ohne Reich ist kaum je zuvor gedacht worden, außer vielleicht von jenen Naturphilosophen, die über den Wärmetod spekuliert haben.[33]

Noch nicht einmal der synoptische Jesus war so apokalyptisch situiert wie wir heute atomar; wieviel weniger war es Hebel, der Aufklärungstheologe, obwohl auch er über den Wärmetod spekulierte[34] – und ein Apokalyptiker von hoher Komplexität war. Ich beschränke mich auf ein sehr persönliches und frühes Zeugnis, Hebels Brief an die zeitlebens verehrte Freundin Gustave Fecht (vom 19.2.1792):

[...] da mirs mein Schicksal nicht gönnte, in Lörrach bleiben zu können, oder in Tüllingen, oder sonstwo in der Nähe des Lebens froh zu sein, so wünscht ich auch sonst an keinem anderen Ort zu sein, als wo ich bin. Aber freilich auf dem Tüllingerberg wär es noch gar viel feiner und lieblicher, wo man doch auch Schnee sieht im Winter und Blüten im Frühling und wo es im Sommer donnert und blitzt, als wenn der liebe Jüngste Tag im Anzug wäre.[35]

Wie im großartigsten seiner *Alemannischen Gedichte, Vergänglichkeit*[36], wählt Hebel das heimatliche Markgräfler Land zum Schauplatz des apokalyptischen Geschehens und entwickelt Eschatologie aus dem Immerwährenden der Jahreszeiten:

Ich glaube, daß am Jüngsten Tag die Morgenröte lauter Blitz sein und der Donner Schlag auf Schlag die Morgenwache antrommeln werde. Wie es dann an ein Betglöckchen gehen wird, von Hauingen an um den Berg herum bis nach Efringen hinab, wie die Leute sich die Augen reiben werden, daß es schon tagt! Wie es an ein Schneiden und Garbenbinden gehn wird, denn man will behaupten, daß der Jüngste Tag in die Erntezeit fallen werde! Und wie sich die Leute wundern werden, daß es nimmer Nacht werden will! das alles könnte ich dort oben herab ansehen und nach Weil hinunterschauen und denken: nun werden sie da unten doch auch aus den Federn sein und den Morgensegen am Jüngsten Tag aufsuchen. – Und wer weiß, was ich täte, ob (ich) nicht in der blitzigen Morgendämmerung geschwind durch die Reben hinabstolperte und Ihnen zusammen Ihre schweren goldenen Garben binden hülfe. Denn mein eigenes bißchen Halmen, Gott erbarms, würde in alle Wege bald unter Dach sein.

> Doch seis nun wies ist. Bis dorthin werden wohl alle Täler ohnehin ausgefüllt und alle Berge eben sein, und ich werde Sie zusammen aufsuchen und finden, wenn ich auch 100 Meilen von Weil entfernt wäre. Unterdessen durchleben Sie noch viele heitere frohe Tage, und säen sie fleißig aus in Glauben, Liebe und Geduld, und genießen Sie die Freude zu bemerken, wie die Saat dem lieben Erntetag entgegenkommt.[37]

Wie leicht fällt Hebel – in Erinnerung an Anders' Aufsatztitel *Die Frist* bemerke ich es – der mit „Unterdessen" eingeleitete letzte Satz. Welche Getröstetheit, ja Sicherheit in diesen Worten. Nichts dürfte mehr die Kluft verdeutlichen, die uns von Hebel trennt, als das heutige Katastrophenbewußtsein: unsere rein negative *Naherwartung*.

Elias Canetti hat bereits 1944 notiert: „[...] wer heute sagt: Liebet einander, weiß, daß nicht mehr viel Zeit dazu übrig ist"[38]. Und doch ist Canetti der größte lebende Bewunderer Hebels: „Kein Buch habe ich geschrieben, das ich nicht heimlich an seiner Sprache maß."[39] – In der *Provinz des Menschen* heißt es 1944:

> Die Sprache meines Geistes wird die deutsche bleiben, und zwar weil ich Jude bin. Was von dem auf jede Weise verheerten Land übrig bleibt, will ich als Jude in mir behüten. Auch ihr Schicksal ist meines; aber ich bringe noch ein allgemeines menschliches Erbteil mit. Ich will ihrer Sprache zurückgeben, was ich ihr schulde. Ich will dazu beitragen, daß man ihnen für etwas Dank hat.[40]

Canetti, der „nur ein Gast in der deutschen Sprache" ist,[41] will vor allem Hebels *Schatzkästlein* seinen Dank erweisen:

> Ich glaube nicht, daß es irgendein Buch gibt, das sich mir so vollkommen und in jeder Einzelheit eingeprägt hat, ich wünsche mir, allen Spuren, die es mir hinterlassen hat, nachzugehen und ihm in einer Huldigung, die ihm allein gilt, meinen Dank zu erweisen.[42]

Canetti möchte Hebel grüßen, wie dieser einst, „wenn er noch lebt, den Scheitele in Lörrach"[43]. Scheitele und fast alle europäischen Juden, nicht nur die Lörrachs, leben aber nicht mehr. Davon geht Canetti aus. Nicht persönlich, aber geschichtlich steht gerade auch Auschwitz zwischen Hebel und uns – wenn wir uns mit dem Juden Canetti in einen Atemzug nennen dürfen. – Bloch kann, um Hebels „unerbitterlichen“ Moralismus zu akzentuieren, durchaus über die Erzählung *Wie eine greuliche Geschichte durch einen gemeinen Metzgerhund an das Tageslicht gebracht worden* sagen, Hebel habe „für das Stück Auschwitz in diesem Gäu [...] härteste Gerichtssprache parat“[44], an sich aber ist dieses – zugegeben „greuliche“ – Verbrechen ganz unvergleichbar mit dem Genozid: Natürlich kams in die Herzen der Mörder „wie lauter Hölle“, „als sie draußen das Winseln des Hundes und das Rufen des Metzgers hörten“[45] – aber Auschwitz ist die Hölle selbst gewesen. An sie vor allem muß Jacob Taubes gedacht haben, als er 1968 formulierte:

> Marx hielt die Kritik der Religion im wesentlichen für beendet. Die Kritik des Himmels verwandelte sich ihm in die Kritik der Erde. Wie aber, wenn die Erde selbst sich heute am genauesten durch den theologischen (Benjamin verpflichteten) Begriff: Phantasmagorie der Hölle, fassen läßt?[46]

4. *„Der Griff nach der Notbremse“ oder: Benjamin, Beckett und Anders*

Taubes' Frage war rhetorisch, sollte aber nicht der Verzweiflung das Wort reden.[47] Und auch Anders hat (an zitierter Stelle) festgehalten, daß „die Hoffnungen und Ansprüche unserer (linken) Väter [...] durchaus nicht annulliert“ sind, „vielmehr erst wohl aktuell geworden“[48]. Gibt es aber tatsächlich (noch) Hoffnung „für uns“? –

> „Zyniker!“ schalt J. den A.
> „Wär ich's doch“, seufzte A.
> „Warum?“
> „Weil ich die Mühsal los wäre.“
> „Welche?“
> „Des Hoffens.“[49]

So lautet eine von Anders' „Fabeln“, *Die Mühsal* überschrieben. Sie beschäftigt uns weniger des Inhalts wegen – weil ihr Autor, der öfters gegen den „berufsmäßigen Hoffer“ Bloch polemisiert hat,[50] an einem „Hoffen wider alles Hoffen“ festhält –, sondern ihrer *Form* wegen. Denn Anders hat ungemein klar erkannt, daß etwa

Samuel Becketts *Warten auf Godot* „die Fabel von demjenigen Leben ist, das keine ‚Moral' mehr kennt" und deswegen „in Fabelform nicht mehr kondensiert werden kann". Über Kafka hinaus, der ‚nur' das Halachische preiszugeben gezwungen war, leistet sich Becketts „zerstörte" Fabel, „keine ‚Handlung' mehr zu erzählen, [...] weil sie vom nicht-handelnden Leben handelt"; sie nimmt sich heraus, „keine ‚Geschichte' mehr zu bieten, [...] weil sie den geschichtslosen Menschen darstellt".[51] Erst Beckett steht auch am Ende der *„aggadischen* Epoche".[52]
Beckett malt „das Höllenbild zeitlosen Daseins", dennoch bleibt – nach Anders – seine „negative Fabel [...] noch immer eine Fabel, so wie ein Lichtbild totaler Sonnenfinsternis [...] noch immer ein Lichtbild bleibt". Dies könnte ein genügender Grund dafür sein, daß auch Anders noch „Fabeln" schreibt, und sogar Hebels dürfte dabei gedacht werden. Ich zitiere die Passage, mit der Anders' Traktat *Sein ohne Zeit. Zu Becketts Stück „En attendant Godot"* schließt:

> Die Farce scheint zum Refugium der Menschenliebe geworden zu sein; die Komplizenhaftigkeit der Traurigen zum letzten Trost. Und ist, was da auf dem trostlos dürren Grunde der Sinnlosigkeit sprießt: der bloße *Ton* der Menschlichkeit, auch nur ein winziger Trost; und weiß auch die Tröstung nicht, warum sie tröstet und auf welchen Godot sie vertröstet – sie beweist, [...] daß es nicht der Metaphysiker ist, der das letzte Wort behalten darf, sondern nur der *Menschenfreund.*[53]

Doch damit – was Anders angeht – nicht genug; er verzichtet – im Unterschied zu Becketts Menschen – nicht darauf, „die Welt mit dem Maßstab einer andern zu messen"[54], und gerade als *Apokalyptiker* nicht. Anders konstatiert:

> Weder in der christlichen noch in irgendeiner politischen Konzeption hat es eine solche Zukunftslosigkeit wie [...] die in der Godot-Welt Becketts gegeben. Aber entscheidend ist, daß diese Zukunftslosigkeit nicht in Apokalypse-Erwartung umschlug, sondern die Gegenwart deutete als nunc stans der Hölle. *Auch Nihilisten sind apokalypse-blind.*[55]

Dies ist der größte Vorwurf, den Anders erheben kann.

Konsequenterweise betrachtet er es als seine vornehmste Aufgabe, die Apokalypse-Blinden sehend zu machen, indem er Fabeln erzählt, die auf profane und aktuelle Weise „Aggada“ und „Halacha“ miteinander verbinden, so wie es Bloch und Brecht auch getan haben. – Literaturtheoretisch höchst bemerkenswert ist Anders' Meta-Fabel *Die Umdrehung:*

> „Wie es dir nur immer wieder gelingt“, lobten zwei seiner Zuhörer den Äsop[56], „deine Einsichten in die Bildersprache zu übersetzen!“
> „Bedaure“, antwortete der, „aber euer Lob ist schief, also kann ich es nicht annehmen. Daß ich mit Einsichten beginne, davon kann nämlich keine Rede sein.“
> „Sondern? Womit beginnst du sonst?“
> „Womit es beginnt?“ erwiderte Äsop. „Regelmäßig mit einem Bilde, das zwar verrät, daß es etwas bedeutet, das steht jedem auf der Stirne geschrieben – nie dagegen, jedenfalls niemals sofort, und eben auch mir nicht, *was* es bedeutet. Aus diesem Grunde, weil keines mir sein Geheimnis verrät, mache ich mich dann eben ans Deuten und ans Übersetzen. Also wohlgemerkt nicht daran, eine Einsicht in ein Bild zu übersetzen – das mögen Allegoriker tun – sondern daran, ein Bild in eine Einsicht zu übersetzen. Was du ‚Fabeln‘ nennst, sind umgedrehte Allegorien.“[57]

Anders beginnt mit *Real*allegorien und bestätigt sich als ihr Allegoretiker; solcher „Aggada“ gewinnt er die „Halacha“ ab, die heute nottut – als Moralist contre touts. – Der Denkbildner Benjamin[58], der den *historischen* Äsop für anachronistisch hält (II/1, S. 213 f.), hat diese Halacha bereits kurz vor 1945 formuliert:

> Marx sagt, die Revolutionen sind die Lokomotive der Weltgeschichte. Aber vielleicht ist dem gänzlich anders. Vielleicht sind die Revolutionen der Griff des in diesem Zuge reisenden Menschengeschlechts nach der Notbremse. (I/3, S. 1232)

5. Politische Geistesgegenwart oder: Bloch, Benjamin und Anders

Ich bin überzeugt, daß Anders – in Auseinandersetzung mit Bloch – bewußt undialektisch formuliert, wenn er schreibt, es sei „heute unsere Aufgabe“, „ohne Hoffnung

zu leben"[59]. Allerdings faßt er, wie schon sein Vetter, Lehrer und Freund Benjamin, die revolutionäre Aufgabe *ganz und gar* als eine den Geschichtsverlauf unterbrechende. Aber noch diese (die Katastrophe) *stillstellende* Revolution (I/3, S. 1244) wird verglichen mit dem „guten Griff", nur eben nach der „Notbremse".
Daß es sich um eine Aktion in letzter *Not* handelt, hat Benjamin bereits aufgrund des Gaskrieges 1914 bis 1918 gewußt, wie im Denkbild *Feuermelder* nachzulesen ist: „[...] ist die Abschaffung der Bourgeoisie nicht bis zu einem fast berechenbaren Augenblick [...] vollzogen [...], so ist alles verloren. Bevor der Funke an das Dynamit kommt, muß die brennende Zündschnur durchschnitten werden." (IV, 1, S. 122)
„Die Zukunftsdrohung ins erfüllte Jetzt zu wandeln, dies einzig wünschenswerte telepathische Wunder ist Werk leibhafter *Geistesgegenwart*." (IV/1, S. 142) So heißt es im Denkbild *Madame Ariane zweiter Hof links* aus derselben Zeit, und daß es „der gefährliche, hurtige *Hand*griff" sei, „mit dem der Mutige die Zukunft stellt. Denn Geistesgegenwart ist ihr Extrakt; genau zu merken, was in der Sekunde sich vollzieht, entscheidender als Fernstes vorherzuwissen." (IV/1, S. 141) Und auch diese Passage findet wieder in einem der späten *Passagen*-Fragmente ihre Bestätigung, wo die Kategorie der „Geistesgegenwart" ausdrücklich als *politische* gefaßt wird:

> Die Geistesgegenwart als *politische* Kategorie kommt auf großartige Weise in diesen Worten Turgots zu ihrem Recht: „Avant que nous ayons appris que les choses sont dans une situation déterminée, elles ont déjà changé plusieurs fois. Ainsi nous apercevons toujours les événements trop tard, et la politique a toujours besoin de prévoir, pour ainsi dire, le présent." (V/1, S. 598)

Daraus folgt noch einmal: „Eingriff, Gefahr und Tempo des Politikers sind technisch" (V/1, S. 122), technisch-*destruktiv*, wenn eben auch in der Form, daß „die brennende Zündschnur" zu durchschneiden ist:

> [...] das destruktive Moment in der materialistischen Geschichtsschreibung ist als Reaktion auf eine Gefahrenkonstellation zu begreifen. [...] Dieser Gefahrenkonstellation tritt

> die materialistische Geschichtsdarstellung entgegen; in ihr besteht ihre Aktualität, an ihr hat sie ihre Geistesgegenwart zu bewähren. Eine solche Geschichtsdarstellung hat, um mit Engels zu reden, zum Ziel, „aus dem Denkgebiete heraus“ zu kommen. (V/1, S. 594f.)

Mit anderen Worten:

> Es ist die Beziehung zwischen der Geistesgegenwart und der „Methode“ des dialektischen Materialismus zu etablieren. Nicht nur, daß man in der Geistesgegenwart als einer der höchsten Formen sachgemäßen Verhaltens immer einen dialektischen Prozeß wird nachweisen können. Entscheidend ist weiterhin, daß der Dialektiker die Geschichte nicht anders denn als eine Gefahrenkonstellation betrachten kann, die er, denkend ihrer Entwicklung folgend, abzuwenden *jederzeit* auf dem Sprunge ist. (V/1, S. 586f.)

Gegen die Lehre Neuer französischer Philosophen vom „Kairos“, dem rechten Augenblick des Handelns, hält Benjamin an der Jederzeitigkeit der Gefahr *und* der Chance ihrer Überwindung fest. Vor allem aber tritt er – wieder im Unterschied zu den „Neuen Philosophen“ – nicht „gegen kritische Geschichtsphilosophie an. [...] Gerade die dem Fingerspitzengefühl anvertraute Schwebe des Kairos [...] im Handeln [...] ist angewiesen auf den rahmenden Begriff seiner Einschlagsmöglichkeit, welche sich aus dem Bedingungsfeld der *Geschichte* ergibt. Antizipierende Vernunft nimmt der Revolution keineswegs ihre blanke Ereignis-Chance trotz des scharfsinnigen Verdachts, der darin ausgesprochen ist.“[60] Der „Dialektiker der Geschichte“ ist „auf dem Sprung“, ihre „Gefahrenkonstellation [...] abzuwenden“, indem er ihrer Entwicklung „denkend“ folgt.

Die Übereinstimmung zwischen dem Bloch-Schüler Burghart Schmidt und Benjamin ist kaum überraschend. Allerdings divergierte dieser schon früh von dem älteren Freund, indem er den Fortschritt – auch einen „dialektischen“ – als Katastrophe identifizierte, die es zu verhindern gilt. Die atomare aber, und die ist nicht nur Anders' „Situation“, wäre gegenüber Gas- und Bombenkrieg eine nochmalige, die absolute Steigerung; erst sie wäre die totale Katastrophe – die „jederzeit“ eintreten kann: unter Umständen unabwendbar, ja unvorhersehbar. – Nicht

zuletzt darauf geht Anders' öfters geäußerte Hoffnungslosigkeit zurück; mit Recht relativiert sie nicht nur Blochs, sondern auch Benjamins Hoffnungskonzept, doch auf eine Weise, die das des frühen und *vor*marxistischen Benjamin reaktiviert: „Nur um der Hoffnungslosen willen ist uns die Hoffnung gegeben."[61]
Ich erinnere daran, daß mit diesem *Schluß*satz des *Wahlverwandtschaften*-Essays (vgl. I/1, S. 201) auch Herbert Marcuses *Eindimensionaler Mensch* endet,[62] der Anders' *Antiquiertheit des Menschen* nicht wenig verdankt und der das Benjamin-Wort 1968 zu einer Parole des *Pariser Mai* werden ließ:

> Notre espoire ne peut venir que des sans-espoire.[63]

1 Günther Anders, *Die Antiquiertheit des Menschen*. 2 Bde. München 1980, 1. Band, S. V.
2 Günther Anders. In: *Mein Judentum*. Hrsg. v. Hans Jürgen Schultz. München 1968, S. 57.
3 Ebenda, S. 56. Vgl. auch S. 65.
4 Ebenda, S. 58.
5 Ebenda, S. 58f.
6 Ebenda, S. 53.
7 Ebenda, S. 64.
8 Ebenda, S. 55.
9 Vgl. Ralph Rainer Wuthenow, *Epigrammatisch*. Tagebücher und Gedichte von Günther Anders. In: *Frankfurter Rundschau*, 19. 6. 1986, S. 10.
10 Johann Peter Hebel, *Biblische Geschichten*. Den Kindern erzählt und mit alten Holzschnitten illustriert. Hrsg. v. Ernst Johann. Frankfurt am Main 1959, S. 160f.
11 Vgl. Johann Peter Hebel, *Werke*. Hrsg. v. Eberhard Meckel. 2 Bde. Frankfurt am Main 1968, 1. Band, S. 9.
12 Ebenda, S. 263.
13 Ebenda, S. 265f.
14 Ebenda.
15 Chaim Nachman Bialik, *Halacha und Aggada*. In: *Der Jude*. Eine Monatsschrift. Hrsg. v. Martin Buber. Berlin, 4. Jg. 1919, S. 73.
16 Vgl. ebenda, S. 76.
17 Georg Lukács, *Die Theorie des Romans*. Ein geschichtsphiloso-

phischer Versuch über die Formen der großen Epik. Darmstadt/Neuwied 1979, S. 52.

18 Vgl. Gershom Scholem, *Von Berlin nach Jerusalem.* Jugenderinnerungen. Frankfurt am Main 1977, S. 174.

19 Ernst Bloch, *Spuren.* In: Bloch, Gesamtausgabe in 16 Bde. Frankfurt am Main 1977, 1. Band, S. 202.

20 Hans Mayer, *Walter Benjamin und Franz Kafka.* Bericht über eine Konstellation. In: *Literatur und Kritik.* Österreichische Monatsschrift, 1979, S. 597.

21 Bloch, *Spuren,* S. 202.

22 Vgl. Ernst Bloch, *Das Prinzip Hoffnung.* 3 Bde. Frankfurt am Main 1967, 3. Band, S. 1545.

23 Bloch, *Spuren,* S. 201.

24 Ich halte solchen Gebrauch nicht für illegitim, stimme aber Theodor W. Adorno zu, wenn er in seinem Essay *Blochs Spuren.* Zur neuen erweiterten Ausgabe 1959 schreibt: „[...] die Interpretationen des Erzählten" bleiben „vielfach hinter diesem zurück". Vgl. Theodor W. Adorno, *Noten zur Literatur.* 4 Bde. Frankfurt am Main 1969, 2. Band, S. 143.

25 Bloch, *Spuren,* S. 198.

26 Bloch zeigt sich „unbekümmert darum, was in den dreißig Jahren seit der Erstausgabe der *Spuren* aus der Revolution wurde und was ihrem Begriff und ihrer Möglichkeit unter den veränderten technologischen und gesellschaftlichen Bedingungen widerfuhr". Vgl. Theodor W. Adorno, *Noten zur Literatur,* S. 149.

27 Vgl. Karl Marx, *Kritik der Hegelschen Rechtsphilosophie. Einleitung.* In: MEW, Bd. 1, S. 386.

28 Vgl. für die späten sechziger Jahre vor allem Hans-Jürgen Krahl, *Konstitution und Klassenkampf.* Zur historischen Dialektik von bürgerlicher Emanzipation und proletarischer Revolution. Schriften, Reden und Entwürfe aus den Jahren 1961 bis 1970. Frankfurt am Main 1971.

29 Bertolt Brecht, *Kalendergeschichten.* Reinbek bei Hamburg 1974, S. 92ff.

30 Vgl. Robert Minder, *Brecht und die wiedergefundene Großmutter.* In: *Dichter in der Gesellschaft.* Erfahrungen mit deutscher und französischer Literatur. Frankfurt am Main 1966, S. 191ff.; Jan Knopf, *Geschichten zur Geschichte.* Kritische Tradition des ‚Volkstümlichen' in den Kalendergeschichten Hebels und Brechts. Stuttgart 1973; Ludwig Rohner, *Kalendergeschichte und Kalender.* Wiesbaden 1978.

31 Walter Jens, *Einleitung.* In: *Der barmherzige Samariter.* Hrsg. v. Walter Jens. Stuttgart 1973, S. 16.

32 Günther Anders, *Der falsche Samariter*. In: *Der barmherzige Samariter*. Hrsg. v. Walter Jens. Stuttgart 1973, S. 132.
33 Günther Anders, *Endzeit und Zeitenende*. Gedanken über die atomare Situation. München 1971, S. 207.
34 Vgl. Richard Faber, *Der Erzähler Johann Peter Hebel*. In: *Walter Benjamin*. Profane Erleuchtung und rettende Kritik. Würzburg 1985, S. 132.
35 Hebel, *Werke*. 2. Band, S. 181f.
36 Vgl. ebenda, S. 122ff.
37 Ebenda, S. 182.
38 Elias Canetti, *Die Provinz des Menschen*. Aufzeichnungen 1942 bis 1972. Frankfurt am Main 1981, S. 62f. Vgl. auch S. 76f., wo Canetti das gerade begonnene Atombombenzeitalter reflektiert.
39 Elias Canetti, *Die gerettete Zunge*. Geschichte einer Jugend. München/Wien 1977, S. 323.
40 Ebenda.
41 Elias Canetti, *Das Gewissen der Worte*. Essays. Frankfurt am Main 1981, S. 170.
42 Elias Canetti, *Die gerettete Zunge*, S. 323. Vgl. auch Elias Canetti, *Das Augenspiel*. Lebensgeschichte 1931 bis 1937. München/Wien 1985, S. 311f. sowie Walter Benjamin (VII/1, S. 255).
43 Hebel, *Werke*. 1. Band, S. 491.
44 Ernst Bloch, *Nachwort*. In: Johann Peter Hebel, *Kalendergeschichten*. Ausgewählt v. Ernst Bloch. Frankfurt am Main 1973, S. 137f.
45 Hebel, *Werke*. 1. Band, S. 167f.
46 Jacob Taubes, *Kultur und Ideologie*. In: *Spätkapitalismus oder Industriegesellschaft?* Verhandlungen des 16. Deutschen Soziologentages vom 8. bis 11. April 1968 in Frankfurt am Main. Hrsg. v. Theodor W. Adorno. Stuttgart 1969, S. 138.
47 Noch zwei der spätesten Publikationen von Taubes belegen das. Vgl. Jacob Taubes, *Zur Konjunktur des Polytheismus*. In: *Mythos und Moderne*. Begriff und Bild einer Rekonstruktion. Hrsg. v. Karl Heinz Bohrer. Frankfurt am Main 1983, S. 457f.; und *Elite oder Avantgarde?* Jacob Taubes im Gespräch mit Wolfert von Rahden und Norbert Kapferer. In: *Tumult*. 4/1982, S. 64ff.
48 Anders, *Endzeit und Zeitenende*, S. 207.
49 Günther Anders, *Der Blick vom Turm*. München 1984, S. 92.
50 Vgl. Anders, *Die Antiquiertheit des Menschen*. 2. Band, S. 452, Anm. 11.
51 Anders, *Die Antiquiertheit des Menschen*. 1. Band, S. 216.

52 Vgl. Chaim Nachmann Bialik, *Essays.* Berlin 1925, S. 81.
53 Anders, *Die Antiquiertheit des Menschen.* 1. Band, S. 229.
54 Ebenda, S. 217.
55 Ebenda, S. 349.
56 Äsops Fabeln sind teilweise bereits in die Rabbinische Aggada übernommen worden. Über die Beziehung der aesopischen Fabeln zu den Gleichniserzählungen der Evangelien vgl. M. Luther, Etliche Fabeln aus Esopo, in: Luthers Werke, hrsg. v. O. Clemen, Bd. 4, Berlin 1959, S. 229–38, sowie W. Harnisch, Die Gleichniserzählungen Jesu. Eine hermeneutische Einführung, 1985, S. 18ff., bes. 23.
57 Anders, *Der Blick vom Turm,* S. 99.
58 Vgl. Heinz Schlaffer, *Denkbilder.* Eine kleine Prosaform zwischen Dichtung und Gesellschaftstheorie. In: *Parabolische Formen in der deutschen Dichtung des 20. Jahrhunderts.* Hrsg. v. Thomas Elm und Hans Heinz Hiebel. Frankfurt am Main 1986, S. 174ff.
59 Anders. In: *Mein Judentum,* S. 59.
60 Burghart Schmidt, *Kunst: Fluchtlinie zum Mythos? – Retten des Mythos?* In: *Faszination des Mythos.* Studien zu antiken und modernen Interpretationen. Hrsg. v. R. Schlesier. Frankfurt am Main 1985, S. 289f.
61 Vgl. Günther Anders, *Ketzereien,* München 1982, S. 325.
62 Herbert Marcuse, *Der eindimensionale Mensch.* Studien zur Ideologie der fortgeschrittenen Industriegesellschaft. Neuwied/Berlin 1967, S. 268.
63 Vgl. Richard Faber, *Novalis:* Die Phantasie an die Macht. Stuttgart 1970, S. 90.

KLAUS KÖRNER

Verlorenes nur was uns bleibt

Überlegungen zu einer Poetik des Eingedenkens

1

Auf dem jüdischen Friedhof in Berlin-Weißensee findet man zwar weder Benjamins Grab noch irgendwo an oder auf den vielen Grabmälern Klees und Benjamins „Engel der Geschichte". Doch schreitet man unter den alten Baumzeilen und ihrer Sprache hindurch, Betroffenheit nicht verdrängend oder verhuschend, auch den kritischen Blick nicht ad acta gelegt, geht der jüdische Bürger Benjamin neben einem her.
Ende der siebziger Jahre fand ich bei einem solchen Gang in die Geschichte den Grabspruch: „Verlorenes nur was uns bleibt". Bald danach habe ich ihn in einem Gedicht zitiert. Gerade diese Zeile traf das Druckverbot der ideologischen Schmalspur-Denker im DDR-Kulturbetrieb. Begreiflich und unbegreiflich zugleich; ein Zeichen, wie fremd ihnen die Dialektik von Hegel und Marx war.
Gleichwohl, was ich als junger Lyriker daran lernte, war erstaunlich: Machtapparate und ihre kleineren und größeren Rädchen halten Geschichte für subversiv, gerade die Geschichte der Opfer, die nicht in ihr offizielles Martyrologium sich einpassen läßt.

2

Vermutlich 1965 schrieb Johannes Bobrowski das Gedicht *Epilog auf Hamann:*

> Taumeln hat mich gemacht der Geruch meiner eignen
> Verwesung,
> ohnmächtig für eine Zeit, dem Esrahiten hab ich
> nachgegirrt von der Schwachheit der Elenden, ich hab
> gelebt im
> Land, das ich nenne nicht: dort, wo man nichts nichts
> nichts gedenkt.[1]

Er spielt in diesem Text auf den Briefwechsel Hamann–Herder an, in dem auf den 88. Psalm verwiesen wird. „Zur Unterweisung Hemans“ heißt es im Vers 1; das galt den Briefschreibern als Fingerzeig.
Bobrowski entnimmt den Psalmversen 1 und 13 fast das gesamte Wortmaterial des Gedichts, spitzt jedoch die Formulierung des Psalmisten „Land des Vergessens“ zu seiner bedrohlichen Schlußsentenz zu: „Dort, wo man nichts nichts nichts gedenkt.“
Wo dieses Land liegt, welches es ist, bleibt dem betroffenen Leser, der den Text individuell assoziierend reproduziert, anheimgestellt.

3

Der Jude und Marxist Walter Benjamin hat der Geschichtswissenschaft als angeblich nicht interpretierender, objektiver Darstellung der Ereignisse der Vergangenheit mißtraut und ihr seinen Begriff des Eingedenkens entgegengesetzt.
Max Horkheimer, der ihm am 16. März 1937 in einem Brief geschrieben hatte: „Die Feststellung der Unabgeschlossenheit ist idealistisch, wenn die Abgeschlossenheit nicht in ihr aufgenommen ist. Das vergangene Unrecht ist geschehen und abgeschlossen. Die Erschlagenen sind wirklich erschlagen ...“, antwortete Benjamin:

> Was die Wissenschaft „festgestellt“ hat, kann das Eingedenken modifizieren. Das Eingedenken kann das Unabgeschlossene (das Glück) zu einem Abgeschlossenen und das Abgeschlossene (das Leid) zu einem Unabgeschlossenen machen.

Benjamin fährt dann fort:

> Das ist Theologie; aber im Eingedenken machen wir eine Erfahrung, die uns verbietet, die Geschichte grundsätzlich atheologisch zu begreifen, so wenig wir sie in unmittelbar theologischen Begriffen zu schreiben versuchen dürfen. (V/1, S. 588f.)

4

Benjamin, häufig in Bildern denkend, bezeichnete auch sein Verhältnis zur Theologie einmal mit einem Bild:

Mein Denken verhält sich zur Theologie wie das Löschblatt zur Tinte. Es ist ganz von ihr vollgesogen. Ginge es aber nach dem Löschblatt, so würde nichts was geschrieben ist, übrig bleiben. (V/1, S. 588)

„Theologie also wird aufgenommen und soll – wenn es nach ihm ginge – im Aufsaugen gelöscht werden", schreibt der Alttestamentler Jürgen Ebach. „Das Bild verweist auf ein anderes, das ihm impliziert sein mag: Denn das Löschblatt saugt nicht allein sich mit Tinte voll, sondern nimmt auch die Schrift auf, die auf ihm sich als Spiegelschrift abbildet."[2]

Nimmt man Benjamins Satz über die Theologie ernst, so heißt das: wir müssen von der Theologie etwas wissen, um Benjamins Denken uns nähern zu können.

Aber auch der Umkehrschluß ist erlaubt: Theologie begreift an Benjamin neu, was sie angesichts von Erfahrung und Geschichtsverlauf mit den nach Gerechtigkeit schreienden Toten für das Denken und Schreiben angesichts der Katastrophen wird leisten müssen.

Der Grundverdacht neuzeitlicher Religionskritik richtet sich dagegen, daß die Wirklichkeitsbehauptungen religiösen Bewußtseins illusionäre Projektionen sind, die lediglich den faktischen Vollzug eigener Existenz sichern und stabilisieren sollen, letztlich also nur auf den eigenen Existenzvollzug zielen.[3]

Folgt man Karl Rahner und anderen Theologen, daß Erfahrung heutiges Theologietreiben formen muß, so gilt das auch für jene Erfahrung, daß ein Mensch dem anderen (oder vielen anderen) Lebenszeit, Lebensmöglichkeiten geben und nehmen und damit einem anderen etwas schuldet und an ihm schuldig werden kann; es ist die Erfahrung von Schmerz, Krankheit und Tod. Es gibt keine Möglichkeit, die dem anderen zugefügten Leiden wiedergutzumachen. Insofern sind es negative Erfahrungen, die wir im Alltag verdrängen. Die vom Tod zerschnittenen Lebensbande zerstören auch die selbstverständliche Solidarität der Lebenden. Es sei denn, der Mensch greift erinnernd, bewußt über den Tod sich hinwegsetzend, zurück.[4]

Nur so, scheint mir, ist eigener Lebenssinn in Erwartung des unvermeidlichen eigenen Todes möglich.

> Kommunikatives Handeln in erinnernder Solidarität mit unschuldig Vernichteten erschiene dann als die Behauptung einer Wirklichkeit, die den anderen als den, der geschichtlich gehandelt hat, vor der Vernichtung (durch Vergessen) bewahrt; erst in dieser Art von Interaktion und von der in ihr erschlossenen Wirklichkeit her erhalte ich die Möglichkeit meiner eigenen Identität in einer auf den Tod zugehenden Existenz,

schreibt der katholische Theologe Helmut Peukert.[5] In diesem Zusammenhang wird dann das Wort von der „Auferstehung der Toten" zu

> einem Wort der Gerechtigkeit, einem Wort des Widerstandes gegen jeden Versuch, den immer wieder ersehnten und gesuchten Sinn menschlichen Lebens einfach zu halbieren und ihn allenfalls für die jeweils Kommenden, die Durchgekommenen, gewissermaßen für die glücklichen Endsieger und Nutznießer unserer Geschichte zu reservieren.[6]

Auf Jesus von Nazareth bezogen, heißt das: Er hat durch die Art seiner Existenz, durch seine radikale Lebenspraxis, die Wirklichkeit Gottes in einer Weise behauptet, die auch den anderen die Möglichkeit eröffnet, Gott als den zu erfahren, der im Tod Jesu rettend handelte.[7]

Solch ein theologischer Ansatz wäre freilich einseitig, triumphierte das rettende Handeln über all die Erfahrung des realen Leidens und der Vernichtung menschlicher Existenz. Elie Wiesel hielt für uns „Nachgeborene" in seinem Buch *Die Nacht* folgende Erfahrung fest[8]:

> Die SS erhängte zwei jüdische Männer und einen Jungen vor der versammelten Lagermannschaft. Die Männer starben rasch, der Todeskampf des Jungen dauerte eine halbe Stunde.
>
> Wo ist Gott? Wo ist er? fragte einer hinter mir. Als nach langer Zeit der Junge sich immer noch am Strick quälte, hörte ich den Mann wieder rufen: Wo ist Gott jetzt? Und ich hörte eine Stimme in mir antworten: Wo ist er? Hier ist er. Er hängt dort am Galgen.
>
> […] Wir müssen bereit sein, in dem Satz: Hier ist er, er hängt dort am Galgen, das Bekenntnis des römischen Hauptmanns zu hören: Wahrlich, dieser ist Gottes Sohn gewesen!
>
> Alle, jeder einzelne von den sechs Millionen Juden, die wir Deutschen umbrachten, ist Gottes geliebter Sohn gewesen.[9]

Auferstehung hat sich auch damals nicht anders vollzogen. Aus jüdischer Tradition heraus hängt Gott in seiner Gestalt der Schekinah in Auschwitz am Galgen und wartet darauf, daß von der Welt aus die anfangende Bewegung auf die Erlösung zu geschehe. Innerhalb der christlichen Tradition gedeutet, ist es Christus, der hier leidet und stirbt.[10]

„Theologie bliebe abstrakt, wenn sie nicht auf die gesellschaftliche Unterdrückung von Freiheit und die Zerstörung möglicher Identität von Subjekten aufmerksam wäre."[11] Theologie, getränkt von Welterfahrung, als Instrument zum Weltverständnis ins Spiel gebracht, wie es die Theologie der Befreiung für die Völker der sogenannten Dritten Welt ja tatsächlich ist, wäre so „nicht primär Lektion, sondern Option und Passion, keine intellektuelle Festschreibung von Lehrsätzen, sondern eine Parteinahme für die Armen, keine theologische Information, sondern eine pastoral-revolutionäre Umsetzung des Evangeliums in die Praxis aus Betroffenheit"[12].

Walter Benjamin hat in seiner ersten These *Über den Begriff der Geschichte* diesen Sachverhalt ins Bild gebracht:

> Bekanntlich soll es einen Automaten gegeben haben, der so konstruiert gewesen sei, daß er jeden Zug eines Schachspielers mit einem Gegenzuge erwidert habe, der ihm den Gewinn der Partie sicherte. Eine Puppe in türkischer Tracht, eine Wasserpfeife im Mund, saß vor dem Brett, das auf einem geräumigen Tisch aufruhte. Durch ein System von Spiegeln wurde die Illusion erweckt, dieser Tisch sei von allen Seiten durchsichtig. In Wahrheit saß ein buckliger Zwerg darin, der ein Meister im Schachspiel war und die Hand der Puppe an Schnüren lenkte. Zu dieser Apparatur kann man sich ein Gegenstück in der Philosophie vorstellen. Gewinnen soll immer die Puppe, die man „historischen Materialismus" nennt. Sie kann es ohne weiteres mit jedem aufnehmen, wenn sie die Theologie in ihren Dienst nimmt, die heute bekanntlich klein und häßlich ist und sich ohnehin nicht darf blicken lassen. (I/2, S. 693)

5

Peter Weiss, der wie Paul Celan ein deutsch sprechender Jude, aber kein Deutscher war, suchte nach dem Ort, nach dem Ausgangspunkt in der Geschichte für seine eigene Biographie. Paul Celan ist an dieser Suche 1970 durch Selbsttötung gescheitert. „Die nachzustotternde Welt / bei der ich zu Gast / gewesen sein werde, ein Name, / herabgeschwitzt von der Mauer, / an der eine Wunde hochleckt", resümierte er im letzten selbst zusammengestellten Gedichtband vor seinem Tod.[13]
Bedeutsam für jene Suche ist ein knapper autobiographischer Text von Peter Weiss aus dem Jahre 1965, in dem die empirischen Aufenthaltsorte rückblickend zu bloßen Durchgangsstationen werden, nicht geeignet, „einen festen Punkt in der Topographie meines Lebens zu bilden". Sie alle „werden zu blinden Flecken, und nur eine Ortschaft, in der ich nur einen Tag war, bleibt bestehen". Es ist dies „eine Ortschaft, für die ich bestimmt war und der ich entkam"[14]. Der Gegen-Ort schlechthin, die Negation von Heimat, Auschwitz, wird als verborgener Bezugspunkt der eigenen Existenz begriffen. Dies nicht so sehr, weil in der großindustriellen Barbarei die traditionellen Bindungen, Herkunft und Nationalität zunichte gemacht werden, sondern vor allem, weil die organisierte Vernichtung noch denjenigen stigmatisiert, der ihr – zufällig – entgangen ist.[15]

> Ich habe selbst nichts in dieser Ortschaft erfahren. Ich habe keine andere Beziehung zu ihr, als daß mein Name auf den Listen derer stand, die dorthin für immer umgesiedelt werden sollten.[16]

Hätte es die generalstabsmäßig geplante und industriell durchgeführte Vernichtung des europäischen Judentums durch den deutschen Herrenmenschen nicht gegeben, möglicherweise stände ich in Weißensee zwischen Buchen und Eichen vor Benjamins Grab, legte einen Zweig Türkenbund nieder und einen Kiesel.
Peter Weiss' großer Roman *Die Ästhetik des Widerstands* beginnt mit einer virtuosen Beschreibungsprosa der Laokoon-Gruppe im Pergamon-Altar, die zugleich eine Auseinandersetzung mit der bürgerlich-klassizistischen An-

tikerezeption ist. „Die jungen Antifaschisten, Berlin 1937, befragen die griechische Kunst auf ihren Erkenntnis- und Gefühlswert für die Gegenwart, sie versuchen – nach einem Wort Walter Benjamins – sich einer Erinnerung zu bemächtigen, wie sie im Augenblick einer Gefahr aufblitzt."[17]

Die Trümmer des Pergamon-Altars, die den Kampf der Götter mit den Giganten darstellen, entziffern junge Menschen für ihre persönliche und politische Existenz. Das theoretische Fundament dieses Erzählblocks bilden für Peter Weiss die Thesen *Über den Begriff der Geschichte* von Walter Benjamin.

Was der Text Benjamins metaphorisch benennt, das „Aufblitzen einer Gefahr", wird vom Erzähler Weiss gleichsam filmisch als Kontrastmontage veranschaulicht. „Mehr als zweitausend Jahre waren vergangen, seitdem die ausgehobenen Söhne der Bauern verbluteten in Schlachten, die zum Untergang des einen, zum Aufstieg des anderen Usurpatoren führten. Vor zwanzig Jahren erst waren unsere Väter aus ihren Massakern gekommen."[18]

Historische Erkenntnis, so Benjamins These, realisiert sich als Schock angesichts einer „von Spannungen gesättigten Konstellation". Diesen Erkenntnisprozeß, dessen Fluchtpunkt immer die „Jetzt-Zeit" ist, versucht Weiss in seiner Erzählprosa strukturell zu gestalten: Das Verfahren der Montage, vorgebildet durch Surrealismus und Filmtechnik, gibt ihm dazu ein Instrumentarium. Das Bild der Vergangenheit, das die Betrachter sich vor Augen führen, tritt nach Benjamin im „Augenblick seiner Erkennbarkeit" in eine Konstellation mit Gegenwart und Zukunft:

> Wir hörten die Hiebe der Knüppel, die schrillenden Pfeifen, das Stöhnen, das Plätschern des Bluts. Wir blickten in eine Vorzeit zurück und einen Augenblick lang füllte sich auch die Perspektive des Kommenden mit einem Massaker, das sich vom Gedanken an Befreiung nicht durchdringen ließ.[19]

Am Schluß des dritten Bandes wirft der Erzähler einen Blick zurück auf die verlorenen Klassenkämpfe, das Exil, die Spaltungen der Linken und den erneuten, wenn auch kalten, Krieg. Aber erstaunlicherweise findet das Erzähler-Ich gerade jetzt im trostlosen Rück- und Ausblick seine künstlerische Identität, und so auch seine politische Funktion in einer stilistisch wie erzähltechnisch erstaunlichen Wendung: Weiss erinnert sich an den 8. Mai 1945; er versucht, von seinen heutigen Einsichten her das Frühere zu klären. „Vielleicht wäre es", schreibt er,

> nicht einmal so wichtig, das damalige Ich zu verstehen, sondern dem, der sich besinnt, näher zu sein, denn dies ist ja das Wesen der Zeit, daß wir uns fortwährend entwerfen, aus den Augen verlieren, und auf neue Art wiederfinden, ein Prozeß, in dem uns die Untersuchung aller Einzelheiten auferlegt ist, und das Schreiben wäre die Tätigkeit, mit der ich dieser Aufgabe nachkommen könnte, und mit der ich mich von den Praktikern unterschiede.[20]

Er begreift im Prozeß des Schreibens, daß aus historischem Scheitern dem Ich sinnstiftende Erfahrungen zuwachsen – so wie in der Theologie das Scheitern Jesu am Kreuz zu einer „gefährlichen" Erinnerung wird, die jedes „Ende der Geschichte" überholt.

Wie Prousts *Suche nach der verlorenen Zeit* ist auch die *Ästhetik des Widerstands* wesentlich als ein Buch der Erinnerung zu lesen:

> Einer Erinnerung freilich, die fast ausnahmslos Niederlagen und Enttäuschungen bewahrt, die allen politischen Optimismus, alle Zuversicht dementiert und die dem Erzähler eine wahrhaft erdrückende Arbeit auflädt – von der Art, die Hölderlins Gedicht „Mnemosyne" meint: „Vieles / wie auf den Schultern eine / Last von Scheitern ist / zu behalten." Unter der Obhut der einen Göttin, die wir noch gelten lassen können, Mnemosyne, sah Heilmann, der Freund des Erzählers im Roman in den frühen Pergamon-Gesprächen die Leistungen der Kunst. „Sie, die Mutter der Künste, heißt Erinnerung. Sie schützt das, was in den Gesamtleistungen unser eigenes Erkennen enthält. Sie flüstert uns zu, wonach unsere Regungen verlangen." Unter die Obhut der Göttin Mnemosyne rückt nun auch die Erinnerungsarbeit des Erzählers selbst, zu der ihn Heilmann noch aus der Todeszelle in Plötzensee ermuntert: „Du, an deinem Ort, besitzt größeren Überblick, kannst vielleicht einmal, wenn dich meine Zeilen erreichen sollten, die Zusammenhänge deuten."[21]

Indem der Autor erzählend die Vergangenheit aufhebt,

und aufhellt, flüchtet er nicht aus der desolaten Politik ins Reich des schönen Scheins, sondern hält jener Utopie die Treue, die in den Niederlagen und Niederungen linker Politik verlorenzugehen droht.

Seine Geschichts-Erzählung wird, unter dem Schutz der Mnemosyne, zum Ausdruck dessen, „wonach unsere Regungen verlangen", zur Artikulation des historisch Uneingelösten und seiner subjektiven Form jener „behenden, zähen, kühnen Hoffnung", die der Erzähler an der Widerstandskämpferin Bischoff rühmt, – der Hoffnung, die es „auch weiterhin in allen Kerkern gibt".[22]

6

Ernst Bloch hat in der Einleitung zu seinem Thomas-Müntzer-Buch der Kategorie „Eingedenken" mehr zugemutet, als er dem bloßen Erinnern abverlangt: Die Geschichte

ist mit Erinnerung allein nicht heraufzubringen, gesellt sich den Kategorien der Wirksamkeit nicht auch noch das Weiterleben, das schließliche Selbst- und Allbetroffensein, der eigentlichste „Neudruck", das produktive Schema des Eingedenkens hinzu. Die Toten kehren, wie im neuen Tun, so im neuanzeigenden Sinnzusammenhang wieder, und begriffene Geschichte, zur Legende getrieben und durcherleuchtet, wird unverlorene Funktion in ihrer auf Revolution und Apokalypse bezogenen Zeugenfülle. Sie ist harte, gefährdete Fahrt, ein Leiden, Wandern, Irren, Suchen nach der verborgenen Heimat; voll tragischer Durchstörung, kochend, geborsten von Sprüngen, Ausbrüchen, einsamen Versprechungen, [...][23]

Dies reflektierend vermag Dichtung das Eingedenken zum Leuchten zu bringen, so daß bloßes Erinnern distanziert und kalt erscheint. In den Literaturen der Dritten Welt wird das Heraufholen von Geschichte aus dem kolonialen Kerker der Vergessenheit Impuls für Widerstand und Befreiung. Bekanntestes Beispiel ist der Bananenarbeiterstreik in Gabriel García Márquez' Roman *Hundert Jahre Einsamkeit*. Der US-amerikanische Konzern United Fruit Company, der die ganze karibische Küste kontrolliert und auch Eigentümer des Eisenbahnnetzes ist, erzielt Riesengewinne und lehnt selbst bescheidene

Verbesserungen für die Arbeiter ab. Die Unruhen ziehen sich über mehrere Monate hin und enden 1928 in einem großen Streik. Der Ausnahmezustand wird verhängt, und ein Dekret erklärt alle Aufständischen zu Kriminellen. Dann beginnt das Massaker an den rebellierenden Arbeitern auf dem Marktplatz von Ciénaga. Die Zahl der Toten, die in der Nacht auf Eisenbahnwagen an die Küste gefahren und ins Meer versenkt werden, wird nie eindeutig geklärt. García Márquez erzählt von mehr als 3000 Opfern im Roman, in einem Geheimdokument an das Weiße Haus spricht der amerikanische Botschafter von „mehr als tausend Toten". Die Widersprüchlichkeit der Versionen gipfelt in dem offiziellen Bericht, der gar keine Toten zu vermelden hat. „In Macondo ist nichts passiert und wird auch nichts passieren, es ist ein glückliches Dorf."[24]
Nicht allein, daß die Literatur Geschichte „archiviert", nein, indem die namenlosen Toten aus der Geschichtsschreibung und der Statistik der Klassenkämpfe voller Erfahrung zurückkehren, vom Schriftsteller Gabriel García Márquez Stimme und eigene Identität erhalten, um den Streik der Bananenarbeiter vor dem inneren Auge des Lesers in Szene zu setzen, überwindet Literatur nicht nur das Vergessen, sondern die „Toten" bringen ihre Geschichte in Gegenwart und Zukunft des Lesers mit ein.
Der allerdings muß sich selbst voll Leidenschaft in die Landschaft des Romans stellen und so lesend und reflektierend der Geschichte auf die Spur kommen.
Totalitäre Regime haben gerade auch aus diesem Grund Kunst und Literatur verfolgt. Erst der Mensch, der alles vergißt, vor allem, wer er selbst ist, funktioniert als Rädchen im Getriebe der Macht. Funktionäre wechseln ihre „Gesinnung" am unkompliziertesten. Sie vergessen und reden eilfertig, ganz selbstverständlich in der neuen Sprache der neuen Herrn. Sie funktionieren. Tschingis Aitmatow hat in seinem Roman *Der Tag zieht den Jahrhundertweg* mit der Legende von den Mankurt, den gedächtnislos gemachten Sklaven, hierfür ein eindringliches Bild gefunden.[25]

Die kapitalistische Gesellschaft nach der zweiten industriellen Revolution „mankurtisiert" auf ihre Weise, einschmeichelnd, werbend, verführerisch sanft. Durch ihre Kommunikations- und Medienstrukturen übt sie Herrschaft totaler aus als jedes Gesellschaftssystem vor ihr. Pier Paolo Pasolini hat diese Gewaltherrschaft der Massenkultur und der Medienkonzerne den „hedonistischen Faschismus" oder den „consumismo" genannt.[26] Der Mensch, der in dieser rein urban geprägten Welt von der Natur abgeschnitten ist – vom Geborenwerden und Sterben –, kann unmöglich sich in einer Generationslinie begreifen, die befrachtet ist mit Leid und Hoffnung seiner Vorfahren, mit Niederlagen und dem Wieder-Aufstehen und Gehen. Solch ein geschichtliches Gepäck muß er abwerfen, um die Hände für die vielen Einkaufsbeutel freizubekommen, die Werbung und Medienidole ihm aufschwatzen. Nur wer hat, ist wer, und nicht derjenige, der seine Vergangenheit, sein Jetzt-Sein und seine Zukunft bedenkt. Der Kreislauf von Produzieren und Konsumieren vollzieht sich am reibungslosesten, wenn Menschen von Natur- und Geschichtserfahrung abgeschnitten sind, also in einer technizistischen, unkreativen, gedankenlosen und religionslosen Welt leben.

> Es ist, als sei alle Erfahrung von Geschichte, schon gar der, die mit den Augen der Hoffnungslosen gelesen wurde, verschwunden. Ihr Bezugspunkt, das Reich Gottes und seine neue Gerechtigkeit ist undenkbar geworden, das zyklische Geschichtsverständnis hat das eschatologisch-zielgerichtete übermächtigt. Kontinuitätsschwund und eingeplante Gedächtnislosigkeit sind dem hedonistischen Konsumismus notwendig, weil Gedächtnishaben konsumfeindliches Verhalten nach sich zieht. Der Geschichtsverlauf ist zugleich Abwesenheit von Zukunft und in diesem Sinn undramatische Hoffnungslosigkeit. „Glückliche Tage" à la Beckett stehen ins Haus; jeder ist begraben im Sand, sitzt bewegungsunfähig in seinem Loch, brabbelt vor sich hin und wartet in perfekter Abwesenheit von Emphase Sonnenauf- und Sonnenuntergang ab.[27]

7

Unter dem tiefen Schatten der Bäume auf dem Friedhof in Weißensee mit der uns antrainierten traurigen Gelassenheit setze ich gegen die Mechanismen der Ablenkung und des Vergessens, die uns einstöpseln in die Taubheit der Zeit, ein hilfloses De profundis.
Sich schreibend auf die Suche nach Zukunft begeben heißt, sich einlassen auf Angst und Trauer, auf Verzweiflung und Verheißung, auf Hoffnung als Zitat alter Geschichten und Geschichte, der Zukunft inhärent, jetzt – so oder so.

> Daß bei solchem Versuch Zuspruch Zeichen der Verstörung an sich trägt, daß Antworten sich unversehens zu Fragen kehren, daß gegenwärtige Erfahrungen, zur Sprache gekommen, sich abkoppeln von jenem Ansinnen, ihnen noch Hoffnung abgewinnen zu können, daß schließlich Hoffnung mit verzweifelter und eher praktisch angesiedelter Anstrengung sich nach Verheißungen streckt, die das kollektive Gedächtnis der Menschheit durch alle Leidensgeschichten hindurch (und mit ihnen) nach heute gerettet hat, restilisiert auf den verbreiteten Eindruck, daß die Sinnressourcen westlicher Gesellschaften erschöpft sind, daß anderswo Tod längst als Krieg, Hunger, Folter und Mord über Leben triumphiert, daß schließlich Frieden womöglich einmal sein wird, doch als Totenstille.[28]

Walter Benjamins Begriff von der „Jetzt-Zeit" hofft darauf, daß das Kontinuum der Zeit präsent sein kann, sofern es aufblitzt als das, was es war, und zugleich als das, was es als Einbruchstelle messianischer Erlösung zu sein vermag. Die Struktur der „Jetzt-Zeit" ist für Benjamin die Bedingung dafür, daß der sich erinnernde, sich kommunikativ orientierende und handelnde Mensch auf die Vergangenheit so zurückgreifen kann, daß diese Vergangenheit als das nicht endgültig Einbetonierte und Erledigte in die Gegenwart durchschlägt. Zugleich gilt umgekehrt: Nur im Aufdecken dieses eschatologischen Jetzt in der Vergangenheit, also im Aufdecken seiner verschütteten Möglichkeiten, seiner Verwandlung und Rettung liegt für ihn die Möglichkeit einer Geschichtsschreibung, die nicht einfach „Einfühlung in den Sieger" darstellt (I/2, 696).

Der Engel der Geschichte möchte „die Toten wecken und das Zerschlagene zusammenfügen" (I/2, S. 697). Nur der erinnernde Mensch besitzt die Gabe, im Vergangenen den Funken Hoffnung anzufachen, der davon durchdrungen ist, nicht zuzulassen, daß der Sieger auch noch das Andenken an die Toten, ihr Weiterleben im Eingedenken vernichtet.

Geschichte kann für Benjamin nicht nur die methodologische Anweisung enthalten, festzustellen, wie es war. Die Solidarität des Eingedenkens,

> die den anderen in der Vernichtung bejaht, greift vor auf die Rettung, die im Anblick der Trümmer der Geschichte als Ahnung aufblitzt [...] Nur eine unbedingte Solidarität, die auch die Vernichteten einschließt, wird aus der Vergangenheit das Potential für den Widerstand gegen den Totalitätsanspruch gesellschaftlicher Systeme gewinnen, die das Subjekt überspielen.[29]

Als das Alleinsein zwischen den Gräbern, inmitten übermächtigen anonymen Todes unerträglich wird, zaubert Erinnerung zwei Spaziergänger auf den Seitenweg, der auf mich zukommt. Vorgebeugt spricht Dora Diamant zum hustenden Franz Kafka von Erlösung. Er widerspricht, bestreitet den Wahrheitsgehalt der talmudischen Formeln des Vaters. Denken, sagt ein Dritter, der im korrekt sitzenden Maßanzug hinzutritt und sich als Freund Walter Benjamins zu erkennen gibt, Denken, wie es

> im Angesicht der Verzweiflung einzig noch zu verantworten ist, wäre der Versuch, alle Dinge so zu betrachten wie es vom Standpunkt der Erlösung aus sich darstellt. Erkenntnis hat kein Licht, als das von der Erlösung her auf die Welt scheint. Alles andere erschöpft sich in der Nachkonstruktion und bleibt ein Stück Technik. Perspektiven müßten hergestellt werden, in denen die Welt ähnlich sich versetzt, verfremdet, ihre Risse und Schründe offenbart, wie sie einmal als bedürftig und entstellt im messianischen Lichte daliegen wird. Ohne Willkür und Gewalt, ganz aus der Fühlung mit den Gegenständen heraus, solche Perspektiven zu gewinnen, darauf allein kommt es dem Denken an. Es ist das allereinfachste, weil der Zustand unabweisbar nach solcher Erkenntnis ruft, ja weil die vollendete Negativität einmal ganz ins Auge gefaßt zur Spiegelschrift ihres Gegenteils zusammenschießt.[30]

Kafka schaut mit fiebrigen Augen in die schattigen Baumwipfel und wendet sich dann, nach Atem ringend, den beiden Gesprächspartnern zu:

> [...] eine unschuldige Selbsttäuschung, daß die Menschen in Häusern schlafen, in festen Betten, unter festem Dach, ausgestreckt oder geduckt auf Matratzen, in Tüchern, unter Dekken. In Wirklichkeit haben sie sich zusammengefunden wie damals einmal und wie später in weiter Gegend, ein Lager im Freien, eine unübersehbare Zahl Menschen, ein Heer, ein Volk, unter kaltem Himmel auf kalter Erde, hingeworfen, wo man früher stand, die Stirn auf den Arm gedrückt; das Gesicht gegen den Boden hin, ruhig atmend. Und du wachst, bist einer der Wächter, findest den nächsten durch Schwenken des brennenden Holzes aus dem Reisighaufen neben dir. Warum wachst du? Einer muß wachen, heißt es, einer muß dasein.[31]

Ja, denke ich, während der Erinnerungsknoten aufdrieselt und in Faden und Fädchen zerfällt, während ich ins Getriebe der Straßen und Plätze zurückkehre, Menschen begegne, einer muß wachen, einer muß dasein.

1 Johannes Bobrowski, *Gesammelte Werke.* Hrsg. v. Eberhard Haufe. 6 Bde. Berlin 1987, Band 1, S. 232. Interpretatorische Hinweise verdanke ich Prof. Dr. Jürgen Henkys.

2 Jürgen Ebach, *Der Blick des Engels.* In: *Walter Benjamin.* Profane Erleuchtung und rettende Kritik. Hrsg. v. Norbert W. Bolz und Richard Faber. Würzburg 1982, S. 58.

3 Helmut Peukert, *Wissenschaftstheorie – Handlungstheorie – Fundamentale Theologie.* Düsseldorf 1976, S. 341.

4 Vgl. ebenda, S. 339.

5 Ebenda, S. 342.

6 Johann Baptist Metz – zitiert ebenda, S. 346.

7 Vgl. ebenda, S. 345.

8 Elie Wiesel, *Die Nacht.* Leipzig 1988, S. 70.

9 Klaus Körner, *Augenworte.* Lyrische Texte. Berlin 1986, S. 61 f.

10 Vgl. Dorothee Sölle, *Leiden.* Stuttgart/Berlin 1973, S. 178 ff.

11 Peukert, *Wissenschaftstheorie*, S. 353.

12 Klaus Körner, *Teologia de la liberacion – Hoffnung der getauften Heiden Europas.* In: *Initial.* Berlin (1990), Heft 6, S. 591 f.

13 Paul Celan, *Die nachzustotternde Welt.* In: *Schneepart.* Frankfurt am Main 1971.
14 Peter Weiss, *Meine Ortschaft.* In: *Atlas, zusammengestellt von deutschen Autoren.* Berlin 1965, S. 31f.
15 Jochen Vogt, „*Wie könnte das alles geschildert werden?*" In: *Peter Weiss.* Text + Kritik 37. München 1982, S. 70.
16 Weiss, *Meine Ortschaft,* S. 31f.
17 Vogt, „*Wie könnte das alles geschildert werden?*", S. 80.
18 Peter Weiss, *Ästhetik des Widerstands.* 3 Bde. Frankfurt am Main 1975ff., Band 1, S. 43.
19 Ebenda, S. 14.
20 Weiss, *Ästhetik des Widerstands.* Band 3, S. 260.
21 Ebenda, S. 199f.
22 Vogt, „*Wie könnte das alles geschildert werden?*", S. 92.
23 Ernst Bloch, *Thomas Münzer als Theologe der Revolution.* Frankfurt am Main 1985, S. 14.
24 Vgl. *Materialien zur lateinamerikanischen Literatur.* Hrsg. v. Mechthild Strausfeld. Frankfurt am Main 1976, S. 240.
25 Vgl. Tschingis Aitmatow, *Der Tag zieht den Jahrhundertweg.* Roman. Berlin 1982, S. 141f.
26 Pier Paolo Pasolini, *Freibeuterschriften.* Berlin 1978, S. 30.
27 Dorothee Sölle, *Du sollst keine anderen Jeans haben neben mir.* In: *Stichworte zur geistigen Situation der Zeit.* Hrsg. v. Jürgen Habermas. Frankfurt am Main 1979.
28 Vgl. Michael Krämer, *Fragmente ungestillter Zukunft.* In: *Kommunikation und Solidarität.* Hrsg. v. Hans-Ulrich v. Brachel und Norbert Mette. Freiburg/Schweiz, Münster 1985, S. 34.
29 Peukert, *Wissenschaftstheorie,* S. 354f.
30 Theodor W. Adorno, *Minima Moralia.* Frankfurt am Main 1961, S. 333.
31 Franz Kafka, *Sämtliche Erzählungen.* Frankfurt am Main 1970, S. 309.

V

MICHAEL OPITZ

Lesen und Flanieren.

Über das Lesen von Städten, vom Flanieren in Büchern

Man weiß inzwischen um die ambivalente Erscheinung und um die zwiespältigen Eigenschaften des Flaneurs. Vermutet einerseits zu Recht in ihm den Detektiv, kennt ihn aber auch als Müßiggänger, der gern jede entdeckte Spur verfolgt, der auf der Suche nach einem Geheimnis ist. Die Welt der Abenteuer findet der Flaneur in der Großstadt. Es gibt nichts, was ihn in die Ferne der Wildnis treiben könnte. Die Stadt wird ihm zum Dschungel, wo Wagnisse und Gefahren auf ihn warten. Sie ist ihm der Ort, in dem sich ständig Neuigkeiten ereignen. Jederzeit rechnet er mit Überraschungen. Er erlebt und erfährt die Stadt so, wie man eine neue Liebe durchlebt; alles versetzt ihn in einen Zustand angespannter Erregung. So ist er bedacht auf Aufmerksamkeiten, empfänglich für Offenbarungen, süchtig nach Erlebnissen. Der Flaneur ist eingeweiht in die Kunst, Spuren zu lesen, nicht umsonst spricht man von ihm als letztem Mohikaner, der in der Stadtwildnis auf unbekannten Pfaden einer Fährte folgt. Die besondere Begabung des Flaneurs, aus den kaum beachteten und überwiegend vergessenen Zeugnissen des Vergangenen eine Geschichte herauszulesen, läßt ihn als einen grandiosen Konstrukteur erscheinen. Ihm nämlich ist jede Spur verläßlicher Hinweis darauf, daß alles, Dinge wie Personen, seinen Abdruck in der Geschichte hinterlassen hat. Diese Geschichte will der Flaneur auffinden. Was ihm als Eingeweihtem eine Spur ist, ein eindeutiger Hinweis auf Verborgenes, ein Ort, an dem Geheimnisse zu vermuten sind, bleibt dem Unkundigen verschlossen und harrt weiterhin darauf, entdeckt zu werden.

Diese spezifische Form des Lesens, die Kunst, aus der entdeckten Fährte mehr zu entnehmen, als sich dem nur oberflächlich Hinschauenden eröffnet, galt Walter Benjamin als ein Lesen, das er von profaner Lektüre geschieden wissen wollte. Er nannte es das „magische" Lesen. In diesem Sinne „magisch" sollten literarische Texte gelesen werden. Doch darin erschöpfte Benjamins *Theorie des Lesens* sich nicht, auch Wirklichkeit sollte so gelesen werden, es galt, abseitige Plätze, im Dunkel liegende Straßen, Großstädte überhaupt wahrzunehmen.
Neben zahlreichen verstreuten Notizen, in denen Benjamin diesen Gedankenkomplex aufgreift und entwickelt, finden sich in einem nur wenige Druckseiten umfassenden Aufsatz wesentliche Hinweise zu einer Theorie des Lesens. Zum ersten Mal erwähnt Benjamin diese Schrift in einem Brief vom 28. Februar 1933 an den Freund Gershom Scholem. Dort spricht er unter anderem davon, daß er bei Studien zum ersten Stück der *Berliner Kindheit* eine kleine, „nur vier Handschriftenseiten umfassende Sprachtheorie" verfaßt hat, jedoch nicht daran denkt, diese Fortsetzung früherer Überlegungen zum Thema Sprache drucken zu lassen. Ja, er ist sich nicht einmal sicher, ob die handschriftlich vorliegenden Seiten zu einem Maschinentyposkript sich werden umformen lassen. Ohne Zweifel kann man davon ausgehen, daß es sich bei den erwähnten Aufzeichnungen um die *Lehre vom Ähnlichen* handelt, um einen Aufsatz, den Benjamin noch im gleichen Jahr überarbeitet, wobei auch der Titel in *Über das mimetische Vermögen* verändert wird.
In beiden Aufsätzen kommt Benjamin zu dem Schluß, daß die einzige Form, noch „unsinnliche Ähnlichkeiten" zu erkennen, mit der Sprache gegeben ist. Dabei haben sich frühere Fähigkeiten verloren, auf Ähnlichkeiten aufmerksam zu werden, die sich „zwischen einer Sternkonstellation und einem Menschen" (II/1, S. 207) herstellen. So ist nunmehr nur noch mit der Sprache und in der Schrift ein ganzes „Archiv unsinnlicher Ähnlichkeiten" (II/1, S. 208) gegeben, ein Inventar von Verweisungen, welches „in alles Lesen hineinwirkt". Dies macht die „magische Seite" der Sprache und der Schrift aus. Und

um zu veranschaulichen, was unter der magischen Seite zu verstehen ist, greift Benjamin auf die Astrologie zurück und formuliert:

> Da aber diese unsinnliche Ähnlichkeit in alles Lesen hineinwirkt, so eröffnet sich in dieser tiefen Schicht der Zugang zu dem merkwürdigen Doppelsinn des Wortes Lesen als seiner profanen und auch magischen Bedeutung. Der Schüler liest das ABCbuch und der Astrolog liest die Zukunft in den Sternen. Im ersten Satz tritt das Lesen nicht in seine Komponenten auseinander. Dagegen wohl im zweiten, der Vorgang nach seinen beiden Schichten deutlich macht: der Astrolog liest den Gestirnstand von den Sternen am Himmel ab; er liest zugleich aus ihm die Zukunft oder das Geschick heraus. (II/1, S. 209)

Benjamins *Lehre vom Ähnlichen* entstand bei der Erarbeitung des *Mummerehlen*-Stückes der *Berliner Kindheit.* Die Parallelen zwischen den beiden, in unmittelbarer Nähe entstandenen Texten sind offensichtlich. „Die Gabe, Ähnlichkeiten zu erkennen“, lesen wir im Stück *Mummerehlen,* „ist ja nichts als ein schwaches Überbleibsel des alten Zwangs, ähnlich zu werden und sich zu verhalten.“ (IV/1, S. 261) Dem eigenen Bilde zu gleichen, auf einer Fotografie ähnlich mit sich selbst zu sein, war beim Fotografen eine Forderung dem Kind gegenüber. Das Kind aber, geübt, sich durch Worte „Wohnungen, Möbeln, Kleidern ähnlich“ zu machen, ist angesichts des Zierats und der Requisiten im Fotoatelier sich selbst entstellt, weil es sich in die umstehenden Gegenstände zurückgezogen hat. Das Kind versucht so, sich in einer Welt der Erwachsenen zu verhalten, einer Welt, die dem Kind gegenüber Erwartungshaltungen aufbaut. In erster Linie übten Worte diesen Zwang aus. Früh schon hatte das Kind versucht, sich den Worten gegenüber ähnlich zu verhalten, in ihr Inneres einzudringen, sich des Wortes wie einer Hülle zu bemächtigen. Die Worte, von denen eine solche Kraft ausging, glichen Wolken, in die es beizeiten gelernt hatte, sich einzumummen. So von Worten umgeben, hat es gehaust „wie ein Weichtier in der Muschel“, die nun nur noch leer vor dem Erwachsenen liegt. Allerdings geht von ihr noch ein Zauber aus, denn wenn der Erwachsene sie ans Ohr hält, entführt ihn das

Rauschen in die vergangene Zeit der gelebten Kindheit. So kann auch durch Worte Vergangenes erneut vergegenwärtigt werden, bereits ihr Klang kann solch eine magische Wirkung haben.

Im Schlußteil des Auftaktstückes erzählt Benjamin ein Gleichnis über die Kunst, sich ähnlich zu verhalten. Es ist die Geschichte vom Maler, der Freunden sein neuestes Bild zeigt, in dem er plötzlich verschwindet. Nach Benjamins Erzählung hat man sich das Bild so vorzustellen:

> Ein Park war darauf dargestellt, ein schmaler Weg am Wasser und durch einen Baumschlag hin, der lief vor einer kleinen Türe aus, die hinten in ein Häuschen Einlaß bot. Wie sich die Freunde aber nach dem Maler umsahen, war der fort und in dem Bild. Da wandelte er auf dem schmalen Weg zur Tür, stand vor ihr still, kehrte sich um, lächelte und verschwand in ihrem Spalt. (IV/1, S. 262f.)

Ein so scheinbar gänzlich außerhalb realer Vorstellungen sich ereignendes Geschehen läßt viele Deutungsvarianten zu. Man kann sich ihm als einem Denk-Bild nähern, es als eine zum Bild gewordene Variante auffassen, ähnlich zu werden. Möglich wäre auch, es als die letzte Antwort des Malers auf sein Bild anzusehen, dem er nichts mehr hinzuzufügen hatte. So viel ist von ihm in dieses Bild eingegangen und so wenig ist davon vordergründig offensichtlich. Von nun an ist es dem Betrachter ausgeliefert, hängt die Lesbarkeit und das Verständnis auch davon ab, ob die darin eingeschriebenen verborgenen Spuren entdeckt und gedeutet werden können. In den Entwürfen zum *Kafka*-Essay kommt Benjamin erneut auf dieses Gleichnis zurück und fügt jetzt mit Bezug auf Kafka hinzu:

> Er war, um mit Kafka zu reden, selbst Gleichnis geworden. Eben damit aber hatte sein Bild magischen Charakter erlangt und war keins mehr. (II/3, S. 1261)

Ohne Zweifel handelt es sich bei diesem Stück aus der *Berliner Kindheit* um einen Schlüsseltext, der in enger Korrespondenz zum Schlußbild vom *Bucklichten Männlein* steht. Eingeschrieben sind in diese Texte Bilder aus einer wohlbehüteten Kindheit, die sich Benjamin in einer Zeit zu vergegenwärtigen versucht, als er um die

Endlichkeit persönlichen Glücks weiß, ihm die Unwiederbringlichkeit sorgenfrei verlebter Kindertage nachdrücklich bewußt wird.
Im Aufsatz *Über das mimetische Vermögen* verwendet Benjamin ein Zitat von Hofmannsthal, da es offenbar in der Verkürzung sehr präzise verdeutlicht, was sich hinter der Formulierung vom „magischen“ Lesen verbirgt: „Was nie geschrieben wurde, lesen.“[1] Sowohl im ersten Entwurf des Aufsatzes – in dem das Zitat noch fehlte – als auch in der überarbeiteten Fassung betrachtet Benjamin das „magische“ Lesen als die älteste Form, hält er es für das Lesen vor aller Sprache, meint damit das Lesen schlechthin. Er begreift es als eine in sehr früher Zeit den Menschen eigene Fähigkeit, Ähnlichkeiten nicht nur zu erkennen, sondern sie herzustellen, was den Tätigkeitsaspekt unterstreicht, und er macht zugleich darauf aufmerksam, daß dieses Vermögen sich in späterer Zeit verloren hat.
Außer daß von Erlebtem nicht mehr erzählt werden kann, schwindet auch die Fähigkeit des „magischen“ Lesens. In gleichem Maße aber, wie sich die Kunst des „magischen“ Lesens als Begabung verliert, reduziert sich auch das Vermögen, „unsinnliche Ähnlichkeiten“ zu erkennen.
Mit dem Verweis auf die Astrologie hatte Benjamin in der *Lehre vom Ähnlichen* einen ersten Deutungshinweis gegeben, den das Hofmannsthal-Zitat aus *Über das mimetische Vermögen* nun zu erhellen vermag. Für Benjamin assoziiert der Leser beim Lesen etwas Drittes. Er konstruiert sich eine Sphäre, in die er zwar durch den Text der Schrift geleitet wird, die aber dann jenseits des durch die Schrift Vermittelten liegt. Es ist der Bereich, in dem das Vexierbild entsteht. Auf einer mit Bedacht gelegten Spur kann der Autor seinen Leser nicht nur durch den Text führen, sondern dabei kann es ihm gelingen, ihn *fort*zuführen. Benjamin spricht von der: „Kunst des Grundierens im Lesen und Schreiben. Wer am oberflächlichsten entwerfen kann, ist der beste Autor.“ (V/2, S. 1023) Es ist zu vermuten, daß Benjamin den Begriff „Grundieren“ aus dem Bereich der Mischtechnik beim

Färben entlehnt hat, um dadurch auf ein Verfahren aufmerksam zu machen, das er beim Schreiben, aber auch beim Lesen in ähnlicher Form wiederfindet. Der Leser gestaltet aus dem vom Autor Intendierten und dem, was sich davon in Sprache realisiert hat, etwas Neues. Dieser Vorgang hat mit der Technik zu tun, die bei der Grundierung eines Stoffes mit einer Farbe angewendet wird. Das Resultat, das man nach dem Auftragen einer weiteren Farbe erhält, ergibt sich aus der Mischung beider Farben. In den so neu erhaltenen Farbton sind beide Farben eingegangen, aber nur noch Eingeweihten ist bekannt, woraus er sich zusammensetzt. Nur sie wissen, daß das vordergründig Sichtbare einem Geheimnis geschuldet ist.

Lesen nun ist der Versuch, hinter den verborgenen Sinn des Geschriebenen zu gelangen. Die sich auf diesem Wege eröffnenden Bereiche sind vielfältig. Spuren führen in enge Nischen und weite Landschaften. Leser werden Besiegten und Erniedrigten ähnlich, Bilder aus der Kindheit sind plötzlich gegenwärtig. Die hoffnungslos Geliebte wird in einer literarischen Figur entdeckt, ihrem Schicksal nun folgt der Leser auf Wegen, die das Leben ihm bisher versagt hat. Mit Bangen fürchtet er, daß das Ende einem Katarakt zutreibt, und aus dem Fürchten erwächst Hoffnung auf Rettung. Doch diese Hoffnung ist so vage, sein Schicksal mit dem der literarischen Figur so verbunden, daß es ihm vor dem Umblättern der nächsten Seite schaudert. All diese Entdeckungen sind Begegnungen. Ähnlichkeiten lassen sich so nicht nur wahrnehmen, sondern auch wiedererkennen und produzieren. Wie die Muschel das Weichtier, vermag der Text seinen Leser zu umhüllen. Er hört gleichsam in ihn hinein. Diesen Gedankenkomplex greift Adorno in der *Ästhetischen Theorie* auf:

> Alle Kunstwerke, und Kunst insgesamt, sind Rätsel; das hat von altersher die Theorie der Kunst irritiert. Daß Kunstwerke etwas sagen und mit dem gleichen Atemzug es verbergen, nennt den Rätselcharakter unterm Aspekt der Sprache.[2]

Um die verschlüsselten Texte enträtseln zu können, müssen sie auf besondere Weise gelesen werden. Für

Benjamin ist diese Lesetechnik die einzig gemäße Form der Annäherung an einen Text. In eben dieser Haltung erkennt er noch vorhandene Überreste einer ursprünglichen Wahrnehmungsfähigkeit, die am ehesten mit der Astrologie vergleichbar scheint. Der Astrologe liest die Position und Konstellation der Gestirne und Sterne, deutet daraus aber zugleich die Zukunft, trifft anhand der Gestirnkonstellation also Aussagen über bevorstehendes Glück oder Unglück derjenigen, die im Zeichen bestimmter Planeten geboren wurden.

Der bisher entwickelte Gedankengang führt uns zunächst tiefer in Benjamins Sprachphilosophie, denn als Sprachtheorie bezeichnete er seine Überlegungen zum Prinzip der Ähnlichkeit. Bereits bei der für Scholem vorgesehenen Abschrift der *Lehre vom Ähnlichen* wurde ihm deutlich, daß er nicht einfach eine Kopie seines handschriftlichen Entwurfs erstellen konnte. Im Mai 1933 schrieb er deshalb an Scholem:

> Bei näherem Bedenken des Unternehmens, Dir meine neuen Notizen über die Sprache zu schicken, erkannte ich, daß dieses, ohnehin höchst gewagte Vorhaben, für mich ausführbar allein werden würde, wenn ich vorher einen Vergleich mit jenen frühen „über Sprache überhaupt und über die Sprache des Menschen" vornehmen könnte. (Br, S. 575)

Im frühen Sprachaufsatz aus dem Jahre 1916 formulierte Benjamin, daß nämlich Sprache in jedem Falle nicht Mitteilung des Mitteilbaren, sondern zugleich Symbol des „Nicht-Mitteilbaren" ist. In ihrem paradiesischen Zustande war die Sprache adamitische Sprache, war erkennende im Namengeben. Diese wiederherzustellen, in sie zu übersetzen, kann nun nicht mehr von dem durch und mit Sprache Mitgeteilten ausgehen, sondern muß sich an der anderen Seite der Sprache, dem „Nicht-Mitteilbaren", orientieren.

Überträgt man diese Ausführungen auf den Bereich der Dichtung, dann erweist sich als wesentlich nicht das, was Dichtung durch Sprache mitteilt, sondern wichtig ist das, was durch das geschriebene Wort assoziiert wird, ohne daß der Autor es verbal benennt. Der Text enthält eine vom Autor dort hinterlegte geheime Botschaft. Sie ist der wahre Grund jedes sprachlichen Kunstwerkes, und um ihn zu entdecken, bedarf es oft nur einzelner Worte, die den Leser in diesen Bereich geleiten. Solche Worte können Zwischenräume eröffnen, durch sie kann der Erzählfluß auf- und unterbrochen werden. Bis hin zu den Vorarbeiten der *Thesen über den Begriff der Geschichte*, Benjamins letzter Arbeit, beschäftigten ihn diese frühen sprachtheoretischen Überlegungen. Dabei erscheint ihm die messianische Welt als ein Fest, bei dem die Sprache nicht als Werkzeug für Festreden mißbraucht wird, sondern „integrale Prosa" ist, befreit von den „Fesseln der Schrift" (I/3, S. 1238) von „allen Menschen" verstanden wird.

Benjamin hatte die Überarbeitung der *Lehre vom Ähnlichen* nicht abschließen können, ohne einen Blick in seine frühen Spracharbeiten zu werfen. Schon Jahre zuvor war ihm aufgefallen, daß es Korrespondenzen zwischen diesen frühen Überlegungen zum Thema Sprache und der *Erkenntniskritischen Vorrede* des *Trauerspiel*-Buches gab, und er hielt diese Vorrede für „eine Art zweites", nicht genau wissend, „ob besseres Stadium der Spracharbeit" (Br, S. 372). Für den hier interessierenden Zusammenhang bedeutsamer sind die offensichtlichen Korrespondenzen zwischen der frühen Sprachtheorie und der Bestimmung dessen, was Benjamin unter Allegorie verstand. Zu Beginn des mit *Allegorie und Trauerspiel* überschriebenen Abschnittes aus dem *Ursprung des deutschen Trauerspiels* setzt er gleichsam als These:

> Allegorie [...] ist nicht spielerische Bildertechnik, sondern Ausdruck, so wie Sprache Ausdruck ist, ja so wie Schrift. (I/1, S. 339)

In Benjamins Verständnis bedeutete Allegorie etwas anderes, als sie darstellt. Und ihr kommt unterm Aspekt der Sprache Verweisungscharakter zu, da Allegorien nicht von sich selbst sprechen, sondern über sich hinaus auf das weisen, was sie nicht sind.

> Jede Person, jedwedes Ding, jedes Verhältnis kann ein beliebiges anderes bedeuten. (I/1, S. 350)

Wenn nichts mehr für das steht, was es dem Wortsinne nach bezeichnet, sondern etwas ganz anderes bedeutet, was sich erst durch Grübeln und Nachsinnen erschließt, so wird damit ein vernichtendes Urteil über den in dieser Weltordnung herrschenden *Sinn* gesprochen. Über die zur Mitteilung gewordene Sprache läßt er sich nicht mehr herstellen. Die Welt ist aus falschen Teilen zusammengestellt. Deshalb muß sie zerstört werden, um aus den so erhaltenen Bruchstücken neuen Sinn zu konstruieren. Erst wenn die Sprache von all dem befreit ist, was sie beschränkt, ist der durch den Turmbau zu Babel eingetretene Sprachzerfall aufgehoben. Dann ist Sprache jedem verständlich, hat sie nichts Trennendes mehr. Das macht das utopische Moment von Kunst aus. Der derzeitige Zustand aber konfrontiert den Leser stets aufs neue mit der Sinnfrage von Prosa. Was dem Autor an Sprache zur Verfügung steht, ist eine durch Mitteilung verderbte Sprache. Worte sind besetzt, entbehren ihres ursprünglichen Sinnes. Mit dieser mißbrauchten Sprache arbeitet der Autor gegen den besetzten Sinn der Worte an, hoffend darauf, daß Sprache so etwas von ihrem verborgenen Sinn preisgibt.

> Weil nämlich im Wort, welches als solches schon „Rätselwort" ist, ein symbolischer[,] jenseits des in ihm mitgeteilten gründender Kern, das Symbol einer Nicht-Mitteilbarkeit ruht. (VI, S. 18)

So gesehen ist auch Wörtern eine Aura eigen, die sich jedoch dem Leser erst durch Versenkung offenbart. Darin gleichen sich Autor und Leser; Wissen ist die Grundlage einer jeden Allegorie. Um zu einer verborgenen, anderen Geschichte hinzuführen, muß zunächst eine Geschichte erzählt werden. Sie ist wichtig insofern, als es von der Güte dieser Geschichte abhängt, ob sich durch sie eine weitere Ebene des Erzählten eröffnet: „verstehe mich und verstehe durch mich auch noch etwas anderes"[3].

Die in den Sprachaufsätzen von Benjamin vorgenommene Unterscheidung des „Mitteilbaren" vom „Nicht-Mitteilbaren" trifft sich mit der im *Trauerspiel*-Buch ausgeführten Bestimmung des Allegorie-Begriffs. Wesentliches Merkmal der Allegorie war es, daß sie mit dem, was sie darstellt, auf etwas anderes hindeuten will. So hat denn der Text geschriebener Schrift Bedeutung auch als sakrale Schrift, ist heiliger Text, der zur Exegese auffordert. Schrift ist Offenbarung, die ihre Bedeutung erst durch Auslegung bekommt. Am weitesten entfernt, solch sakrales Schrifttum zu sein, ist aber die Buchstabenschrift, ihr am ehesten gerecht wird Hieroglyphik, eine Schrift, deren Bedeutung sich aus dem Bild ergibt. Soll nun Sprache nicht mehr nur bloßer Mitteilung dienen, so muß sie zertrümmert werden. Erst die so erhaltenen Sprachbruchstücke erhalten eine andere Bedeutung.

> Die zertrümmerte Sprache hat in ihren Stücken aufgehört, bloßer Mitteilung zu dienen und stellt als neugeborner Gegenstand seine Würde neben die der Götter, Flüsse, Tugenden und ähnlicher, ins Allegorische hinüberschillernder Naturgestalten. (I/1, S. 382)

Wie durch ein feines Netz scheinen Benjamins Schriften untereinander verknüpft zu sein. Es gibt zwischen den Werken aus verschiedenen Perioden vom Autor hergestellte Verbindungen. Folgt man vorsichtig dem Verlauf dieser mit Bedacht gezogenen Linien, ergeben sich oft genug kaum vermutete Zusammenhänge. Die Bemerkung seines Lehrers Gustav Wyneken, notiert an den Rand einer Zeitungsnotiz, könnte in diesem Sinne gemeint gewesen sein. Sie lautete: *Spinne im eigenen Netz*[4]. Solch eine Verbindung besteht auch zwischen Benjamins frühen Sprachaufsätzen und dem *Sürrealismus*-Aufsatz.

Als unerschöpflichen Fundus zum Experimentieren betrachteten die Surrealisten die Sprache. Ihre besondere Aufmerksamkeit galt dem Wort, auch den Beziehungen der Wörter untereinander, allerdings unterlagen diese sich einstellenden Bezüge keiner logischen Kontrolle. Ihre Sprache war vorbehaltlos. Wörtern kam die Funktion von „Wegweisern“ zu.

Das Lesen, schreibt Benjamin in diesem Aufsatz, ist ein „zutiefst telepathischer Vorgang“. Bestätigt findet er seine Auffassung bei Freud, der einen Zusammenhang zwischen Telepathie und Sprache herstellt, wobei er die Telepathie phylogenetisch zur Vorläuferin der Sprache macht. „Hier finde ich Gedanken wieder“, schreibt Benjamin, „die entscheidend in einem kleinen Entwurf aus

Ibiza – *Über das mimetische Vermögen* behandelt sind" (II/3, S. 953).

Der Leser kann durch die Lektüre sich in zeitlich und räumlich entfernte Geschichten und Schauplätze denken. Wie durch ein Rauschmittel versetzt das Lesen in Zustände, die Benjamin von seinen Haschisch-Experimenten gegenwärtig waren. In solch einem Zustand – das Motto für die *Berliner Kindheit* wurde so gefunden – wirkt die Lektüre wie eine Droge, vermag der Leser die zeitlichen und räumlichen Koordinaten seines subjektiven Seins nicht einfach zu verlassen, sondern es gelingt ihm in der Phantasie, beide Zeitebenen so miteinander zu verschränken, daß sie sich gegenseitig belichten. Vergangenes wird so gegenwärtig.

Dies hat für Benjamin weniger mit Erinnern zu tun, sondern vergegenwärtigen meint – wie er dies im *Proust*-Aufsatz deutlich macht – eine Form des spontanen, ungewollten Eingedenkens. Für ihn beschreibt Proust das Leben nicht, wie es denn eigentlich gewesen ist, ihm ist im Gegenteil, was er tatsächlich erlebte, kaum von Bedeutung, sondern die einzig dringliche Aufgabe sieht er im „Weben" der „Erinnerung" (II/1, S. 311), sie ist ihm „Penelopearbeit des Eingedenkens" (II/1, S. 311). Benjamin benutzt hier das Bild von der Prosa als einem gewebten Teppich, der erst durch einen Blick auf die Rückseite zu erkennen gibt, durch welch beeindrukkende Technik das Muster auf der Vorderseite entstanden ist. Prousts Gegenstand, schreibt Benjamin im *Passagen-Werk*, sei „die Kehrseite" (V/2, S. 679).

Auch jede Zauberkunst verdankt das Magische der besonderen Technik des Zauberers. Für einen Zauberer hielt Benjamin Franz Hessel, einen Schriftsteller, der seine Leser zu verwandeln verstand. Solch ein Vorgang des Entrückens durch Lektüre kann auf unterschiedliche Weise ausgelöst werden, aber immer ist der Ort, in dem das Experiment sich ereignet, die Phantasie. „Das sagt wenig", heißt es im Aufsatz zu Julien Green. Seine wirkliche Kunst sieht Benjamin darin, daß es ihm gelingt, Menschen und Verhältnisse so zu vergegenwärtigen, „wie sie sich nie einem Zeitgenossen hätten darstellen können" (II/1, S. 331). Wo aber läßt er seine Figuren dann in Erscheinung treten? „In unserm Zeitraum tut er's, der ihm fremd ist und sie [die Menschen; M. O.] wie ein Gewölbe hohler Jahre einschließt, in dem das Echo ihre Flüsterworte und ihre Schreie ihnen widergibt. Erst diese zweite Gegenwart verewigt, was war; und darum ist Vergegenwärtigung ein Akt der Magie." (II/1, S. 331)

Um verewigt zu werden, muß das vergangene Geschehen zum zweiten Male gegenwärtig werden. Dies kann im Akt des Lesens geschehen. Die Aktualisierung der Vergangenheit verleiht den vergangenen Zeiten erneute Lebendigkeit. Durch das Lesen werden die literarischen Figuren wieder ihrer Stimme mächtig, erlangen eine neue Stimme. Wir verstehen sie anders als alle vorherigen Leser, anders auch als die Zeitgenossen. Nur muß dazu Vergangenheit so jenseits vom „es war einmal" erfahren werden, daß das eigentlich Vergangene in seiner aktuellen Gegenwärtigkeit erkannt wird. Wovon Benjamin da ausgeht, ist Magie, ist Geheimkunst, die mit einem wissenden Leser rechnet, es ist Esoterik.

In den Manuskripten zu den Thesen *Über den Begriff der Geschichte* findet sich ein Text mit der Überschrift *Das dialektische Bild,* in dem Benjamin ein weiteres Mal den Satz von Hofmannsthal zitiert, gerade das zu lesen, was nie geschrieben wurde. Hier nun wäre ein solcher Leser für Benjamin der wahre Historiker. Das Zitat verdeutlicht, in welcher Beziehung für ihn Geschichte und literarischer Text stehen:

> Will man die Geschichte als einen Text betrachten, dann gilt von ihr, was ein neuerer Autor von literarischen sagt: die Vergangenheit habe in ihnen Bilder niedergelegt, die man denen vergleichen könne, die von einer lichtempfindlichen Platte festgehalten werden. „Nur die Zukunft hat Entwickler zur Verfügung, die stark genug sind, um das Bild mit allen Details zum Vorschein kommen zu lassen." (I/3, S. 1238)

Der wirkliche Historiker arbeitet philologisch, auf der Grundlage vom „Buch des Lebens". So wie der Leser ist auch der Historiker aufgefordert, aus der Vergangenheit gerade das ans Licht zu befördern, was bisher durch Geschichtsschreibung und Überlieferung verdeckt geblieben ist. Eine Utopie, denn erst der befreiten Menschheit stünde die Geschichte als „Universalgeschichte“ zur Verfügung, erst ihr würde Geschichte in all ihren Details einsehbar werden. Bisher existiert vom Bild der Vergangenheit nur ein Negativ, ein Umkehrbild. Was wirklich sich ereignet hat, wird erst auf dem Bild zu sehen sein, das vom „wahren Historiker“ mit dem richtigen Entwickler behandelt wurde. So ist auch sein Interesse auf die Kehrseite dessen gerichtet, was sich vor ihm ausbreitet.

Im *Passagen-Werk* beschreibt Benjamin seinen methodischen Ansatz als „Dialektik im Stillstand“. Jede geschichtliche Erkenntnis läßt sich begreifen als eine Waage, die einsteht, die so still steht wie der Traum im Moment des Erwachens. Dieser Moment ist eine Winzigkeit, aber in diesem kurzen Augenblick macht die Dialektik im Stillstand ein Bild, welches nur im Augenblick erkennbar, gebunden an eben dieses Jetzt bleibt (vgl. V/2, S.1217). Denn für Benjamin ist es nicht so,

> daß das Vergangene sein Licht auf das Gegenwärtige oder das Gegenwärtige sein Licht auf das Vergangene wirft, sondern Bild ist dasjenige, worin das Gewesene mit dem Jetzt blitzhaft zu einer Konstellation zusammentritt. Mit anderen Worten: Bild ist die Dialektik im Stillstand. Denn während die Beziehung der Gegenwart zur Vergangenheit eine rein zeitliche ist, ist die des Gewesenen zum Jetzt eine dialektische: nicht zeitlicher sondern bildlicher Natur. Nur dialektische Bilder sind echt geschichtliche, d.h. nicht archaische Bilder. Das gelesene Bild, will sagen das Bild im Jetzt der Erkennbarkeit trägt im höchsten Grade den Stempel des kritischen, gefährlichen Moments, *welcher allem Lesen zugrunde liegt* [Hervorhebung von M.O.]. (V/1, S.578)

In diesem Moment werden Bilder erkennbar und lesbar, in die Zeit eingesenkt ist.

> Das dialektische Bild ist ein aufblitzendes. So, als ein im Jetzt der Erkennbarkeit aufblitzendes Bild, ist das des gewesenen [...] festzuhalten. (I/2, S.682)

Die dialektischen Bilder sind „Wunschsymbole“. Sie sind Traumbilder, denen mit der „Sache selbst“ sowohl ihr „Ursprung“ wie auch ihr „Untergang“ gegeben ist.

Den Bildern der Vergangenheit gleich, tauchen auch die im Prozeß des Lesens vergegenwärtigten Ähnlichkeiten nur blitzhaft auf. Die Erkennbarkeit von unsinnlichen Ähnlichkeiten ist an ein Zeitmoment gebunden. In der fünften geschichtsphilosophischen These ist die Erkennbarkeit eines Bildes der Vergangenheit an den Augenblick gebunden, in dem es für einen kurzen Moment erscheint, bevor es dann auf Nimmerwiedersehen verschwindet. In dieser Hinsicht korreliert Benjamins Betrachtung der Vergangenheit mit der Wahrnehmung unsinnlicher Ähnlichkeiten.

> Die Wahrnehmung von Ähnlichkeiten nämlich ist an ein Aufblitzen gebunden. Sie huscht vorbei, ist vielleicht wiederzugewinnen, aber kann nicht eigentlich wie andere Wahrnehmungen festgehalten werden. (II/1, S. 206)

Den wahrgenommenen Ähnlichkeiten und den Bildern der Vergangenheit haftet das Moment der Vergänglichkeit an. Es sind aber Bilder, die gänzlich neu gesehen werden, wenn sie sich einstellen. Erinnern greift auf bereits Bekanntes zurück, Vergegenwärtigung aktualisiert Vergessenes. Solche Bilder lassen sich nicht zitieren. Sie kommen unverhofft, bemächtigen sich aber dann des Schauenden mit solcher Vehemenz, daß der Betrachter zum gedankenversunkenen Grübler wird, von dem Benjamin sagt, daß er jederzeit bereit ist, „das Bild in den Dienst des Gedankens zu stellen“ (I/2, S. 669).

Im *Sürrealismus*-Aufsatz zählt Benjamin das Lesen im Unterschied zur religiösen Erleuchtung zu den Momenten der profanen Erleuchtung. Zu den Erleuchteten rechnet Benjamin neben dem Leser auch den Flaneur. Unzweifelhaft war es ein Verdienst der Surrealisten, bedeutsame Räume der Welt des Rausches neu erschlossen zu haben. Gerade die surrealistischen Autoren waren es, die der magischen Seite des Lesens ungeahnte Möglichkeiten eröffnet haben. In ihren Texten wurden scheinbar ganz entlegene Vorgänge und Dinge in solch unmittelbare Nähe gerückt, daß sich dadurch unvermutete Deutungen und Bedeutungen ergaben.

Der Leser ist angehalten, in den surrealistischen Texten wie der Flaneur zu wandeln, sich dem Buch hinzugeben, in es einzutauchen. So wie der Flaneur ein Bad in der Menge nahm, sollte er eintauchen in die ungeahnten

Tiefen, die ein geschriebener Text zu eröffnen vermag. Das eigentliche Thema der Surrealisten – und darin ähneln sie dem Flaneur – ist die Entdeckung der Geheimnisse am Alltäglichen. Sie widmeten sich der Kehrseite der bürgerlichen Fassade, dem Unbewußten, dem Traum, der Halluzination. Und es war u.a. ihre Absicht, eine Synthese des logisch Erfaßbaren mit dem Bereich herzustellen, der in der logischen Deutung gerade nicht aufging. Dabei bauten sie auf die Eingebung und die Intuition ebenso wie auf die Lesbarkeit visueller Bilder. Gleichberechtigt neben die Wirklichkeit trat der Traum.

Die im Aufsatz *Über das mimetische Vermögen* entwickelte *Theorie des Lesens* konnte durch die Verwendung des Hofmannsthal-Zitats auf einen Satz verkürzt werden. In den Vorarbeiten zu den Thesen *Über den Begriff der Geschichte* wird es von Benjamin verwendet, um zu verdeutlichen, wie der „wahre Historiker" Geschichte lesen muß. Und im *Passagen-Werk* dient es ihm als Motto für die im *Flaneur*-Kapitel gesammelten Materialien. Auch hier steht es nicht zufällig, sondern verweist darauf, daß Benjamin auch Großstädte lesbar schienen, daß er im Flaneur einen sozialen Typ sah, den er für geeignet hielt, eine Stadt magisch zu lesen.

Wie der Leser gehört auch der Flaneur zu den durch Inspiration Erleuchteten. Für Benjamin ist das Flanieren nicht mehr allein an die Passagen gebunden. Ihm hat sich der Raum geweitet, der Flaneur liest beim Flanieren Stadt-Wirklichkeit. Auf Paris bezugnehmend macht Benjamin deutlich, daß diese Stadt sehr viel mit einem Buch gemeinsam hat. „Unter allen Städten", schreibt er in einer Liebeserklärung an die Stadt Paris *(Paris, die Stadt im Spiegel)*, „ist keine, die sich inniger mit dem Buche verband als Paris." (IV/1, S. 356) Städte bewahren ganze Arsenale von Geschichten auf. Sie sind angefüllt mit Geschichte; vergangene Episoden sind lesbar und auffindbar, auch wenn davon kein geschriebenes Wort existiert. Um auf diese Geheimnisse zu stoßen, braucht es neben der Einsamkeit Zeit. Dem einsam Spazierenden kann die Stadt zu einem „mnemotechnischen Behelf" (III,

S. 194) werden, wie Benjamin dies in der Rezension zu Hessels *Spazieren in Berlin* entwickelte. Der einsam Spazierende konnte sich der Stadt als einer Gedächtnis- und Merkhilfe bedienen.
Eine solche Stadt war eine Gedankenkonstruktion. In ihr gab es Straßen und Häuser, und in den Wohnungen hauste abgelegtes Wissen. Zu solchen „Wissensräumen" erhielt man aber erst Zugang, wenn man das Zauberwort wußte. Worte bekamen eine *Schlüssel*funktion. Es bedurfte nur eines Wortes, und man konnte in Bereiche gelangen, die lange Zeit unberührt und deshalb voller Überraschungen waren. Für Benjamin hatte das Wort *Mummerehlen* eben diese Bedeutung, da es ihm vergessene Bereiche seiner Kindheit eröffnete. Und was er durch dieses Wort wie aus einer Muschel hörte, hatte nichts mit dem zu tun, was scheinbar symptomatisch für diese Zeit war. Solchen Worten ist ein „Hof" eigen. Sie sind im Gedächtnis zusammen mit Erinnerungen aufbewahrt. Längst Vergangenes, eigentlich schon Vergessenes, kann durch ein Schlüsselwort vergegenwärtigt werden. So „kommen Dinge zu Wort, ohne um Erlaubnis zu fragen" (VI, S. 566). In diese verborgenen Bereiche gelangt der Erzähler der *Berliner Kindheit*.
Auch der Leser hofft, daß ihn das Buch in solche ganz im Dunkeln liegende Bezirke zu entführen vermag. Er ist Suchender. Darin gleicht er dem Flaneur, der in der Stadt unterwegs ist, die er liest wie ein Buch. Die Stadt wird ihm zum Zeugnis, zu einem Dokument, in das sich nicht nur Architekten eingeschrieben haben. Um zu den Wohnungen des Wissens zu gelangen, muß man die Stadt begehen, sie durchqueren, in ihr Spuren finden, die dereinst unbewußt dort hinterlegt wurden. Für Benjamin wird dieses Verfahren deshalb bedeutsam, weil der in solch einer gedanklich erdachten Stadt Wandelnde sich als reale Person in einer Gedankenkonstruktion, in einer Traumstadt bewegt. Für die Sicht auf die Stadt Paris im Zusammenhang mit dem *Passagen-Werk* schien der Flaneur berufen, eine solche Rolle zu übernehmen. Das 19. Jahrhundert war zur Besichtigung freigegeben, seine Geschichte wollte Benjamin den Interes-

sierten eröffnen, und in dieser Zusammenschau hatte Paris, hatten die Passagen den zentralen Stellenwert.
Seit Jahrhunderten hatten sich Geschichten in die Stadt Paris eingeschrieben. Von jedem Haus, jeder Straße war Wissen abgelagert worden, manchmal hatte sich so angesammelte Geschichte in ein winziges Bruchstück zurückgezogen. Aus verborgenen Winkeln blinzelte die Stadt den Flaneur an, fragte ihn sarkastisch, ob er wisse, was sich in ihr zugetragen habe. Als Außenseiter der Gesellschaft, als Lumpensammler und Müßiggänger war der Flaneur wie kaum ein anderer auserwählt, eine solche Funktion zu übernehmen: durch ihn, gleichsam wie durch ein Medium, die Stadt Paris so zu betrachten, daß ihre eigene Geschichte transparent wird.
Sollte die so geschaute Stadt ihre Geschichte preisgeben, dann mußte es dem Flaneur gelingen, neben der tatsächlichen Stadt die andere, verborgene, die nicht mehr oder vielleicht noch nie existente, als Gedankengebilde entstehen zu lassen. Für dieses Kunststück, sich neben der tatsächlichen Stadt eine Traumstadt zu errichten, brauchte es einen Kundigen im Entdecken von Details, im Lesen von Spuren. „Der Text", schreibt Benjamin im *Passagen-Werk*, „ist ein Wald, in dem der Leser ein Jäger ist. Nicht jeder Leser stößt auf den Gedanken." Der Leser als Jäger und der Flaneur als Spurenleser; sie sind beide auf der Suche. Für „ausgezeichnet" (V/2, S. 1112) hielt Benjamin einen Gedanken von Adorno, der die Stadt als einen „Jagdgrund" ansah. Dem Leser und dem Flaneur werden Buch und Stadt zum Jagdrevier. Unbeirrt verfolgen sie die Zeichen, auf die sie aufmerksam wurden, und von dieser Suche gehen mehr Reize aus, ist mehr Erfüllung zu erwarten als von den Versprechungen der Welt der Waren.
Wie die Worte, haben auch Spuren in Benjamins Verständnis eine Aura. Es ist das Verdienst einer Untersuchung von Marleen Stoessel,[5] daß sie gerade diesen zentralen Begriff in Benjamins Denken in der Vielfalt seiner Bezugnahmen dargestellt hat. Um zu verstehen, was für Benjamin alles in den Aura-Begriff eingeht, reicht es nicht aus, sich ausschließlich den späten Schriften zuzu-

wenden, in denen auf den Verfall der Aura eingegangen wird. Was Benjamin unter Aura versteht, gründet sich auf Erfahrung, „Im strikten Sinn ist die Aura darum nicht ein äußerlich Erscheinendes, sondern nur als Vorstellungsinhalt möglich. Dieser ist gleichsam inneres Bild, das heißt *Erinnerung* oder *Vision*, die mit der äußeren Erscheinung verschmilzt.“[6] Mit verweisendem Anklang auf Benjamins oft zitierte Definition dessen, was unter Aura zu verstehen sei („einmalige Erscheinung einer Ferne, so nah sie sein mag“), findet sich im *Passagen-Werk* folgende Eintragung:

> Die Spur ist Erscheinung einer Nähe, so fern das sein mag, was sie hinterließ. (V/1, S. 560)

Geheime Spuren sind auch in die Stadt eingezeichnet. Wichtig ist nur, daß man sie auch erkennt: „Wer Spuren verfolgt, muß nicht nur aufmerken, er muß sich vor allem schon viel gemerkt haben.“ (V/2, S. 963) Wie die Texte den Lesern, sind die oft streng von unsichtbaren Mauern getrennten Bezirke einer Stadt beinahe jedem zugänglich. Wer jedoch in das Innere dieser verschlossenen und unbekannten Bereiche eindringen will, muß mit Bedacht vorgehen. Verschlossen, wie sie sich zunächst dem oberflächlichen Betrachter zeigen, müssen sie doch entschlüsselt werden. Die wahrgenommenen Spuren sind nicht einfach schlechthin zu bemerken. Nur für den Wissenden können sie verweisenden Charakter erhalten, nur wer sich schon viel gemerkt hat, merkt noch auf. Und was wahrgenommen wird, verweist auf etwas anderes, deutet auf Dinge und Zusammenhänge hin, die der aktuellen Bedeutung gänzlich entbehren. Sie werden zum Ausgangspunkt für die Konstruktion eines Traumbildes. Dies aber ist etwas Grundlegendes, eine Voraussetzung für den Flaneur: die Beherrschung des „illustrativen Sehens“. Wie der Astrologe deutet der Flaneur aus den Zeichen andere Zusammenhänge. Der Flaneur liest die Stadt. Dabei wird er von den Straßen und Häusern geleitet wie der Leser des Textes von der Schrift. Mit seiner einzigartigen Geschichte war Paris die Stadt, in der man wie in einem Buch lesen konnte. Sie hatte so unauslöschlich ins Schrifttum sich eingezeichnet, „weil in ihr selbst ein Geist wirkt, der den Büchern verwandt ist“ (IV/1, S. 356).

Nicht anders als der Sammler, ja als Verwandter des Allegorikers beobachtet der Flaneur mit besonderer Hingabe. Er registriert mit Genauigkeit die Details, denen er sich in Gedanken versunken hingibt. Immer ist er bereit, eine Spur zu verfolgen, liegt er in der Menge wie der Detektiv auf der Lauer. Die wahrgenommenen Gegenstände erhalten Bedeutungs- und Verweisungscharakter. In dem Moment, wo das Detail aus seiner aktuellen Bedeutung herausgelöst wird und dadurch eine historisch vergangene Zeit hervorruft, entsteht eine Zeitkonstellation, in der sich blitzhaft, wieder nur für einen Moment, ein Bild zeigt. Die Entdeckungen, auf die der Flaneur stoßen kann, werden durch Spuren ausgelöst, durch Nebensächlichkeiten, durch Abfälle der Geschichte. Begegnet ihm aber ein Phänomen, welches Verweisungscharakter hat, dann verlieren sich seine Gedanken an andere Zeiten, fühlt er sich in andere Räume versetzt. So sieht er Bilder, die er vorher so noch nie gesehen hat. So sollte es denn möglich sein:

> Die Traumstadt Paris als ein Gebilde aus all den Plänen von Bauten, den Entwürfen von Straßenzügen, den Anlageprojekten an Systemen von Straßennamen, die nie durchgedrungen sind, in die wirkliche Stadt zu montieren. (V/1, S. 517)

Nur wer Zeit hat, kann sich dem Gedanken hingeben, in der Phantasie eine Stadt zu errichten, kann das Schicksal einzelner Häuser, Straßen und Plätze verfolgen, die längst schon nicht mehr existieren. Der Flaneur sucht in den abwegigsten Winkeln der Stadt nach vergessenen Überbleibseln der Vergangenheit, verfolgt kaum noch wahrgenommene historische Spuren. Diese bedeutungsvollen Abfälle geleiten ihn durch die Stadt. Durch sie eröffnen sich ihm Möglichkeiten, Vergangenes in die Gegenwart zu konstruieren. Dabei folgt er wie der Lesende zunächst den sichtbaren Signaturen. In diesem Sinne weiterweisend galten Benjamin die Zeichen des Alphabets. Es „hatte der unsinnlichen Ähnlichkeit den dauerhaften Fond zu liefern, auf dem sie erscheinen konnte“ (VII/2, S. 796). Um die Dinge in ihrer kaum noch erinnerten Bedeutung sehen zu können, hatte der Flaneur die Details aus ihrem ursprünglichen Zusammenhang herauszulösen. Sie zu lesen, hieß neue Konstruktionen herstellen, hieß mehr herausdeuten, als ihnen gegenwärtig an Bedeutung zukam.

> Geschriebenes ist wie eine Stadt, zu der die Worte tausend Tore sind. (VII/2, S. 877)

1 Hugo von Hofmannsthal, *Der Tor und der Tod.* In: Hugo von Hofmannsthal, *Ausgewählte Werke.* Hrsg. v. Eike Midell. Leipzig 1975, S. 92. (Für den Literaturhinweis bei Hofmannsthal danke ich Lorenz Jäger.)

2 Theodor W. Adorno, *Ästhetische Theorie.* Hrsg. v. Gretel Adorno und Rolf Tiedemann. Frankfurt am Main 1970, S. 182.

3 Gerhard Kurz, *Zu einer Hermeneutik der literarischen Allegorie.* In: *Formen und Funktionen der Allegorie.* Symposion Wolfenbüttel 1978. Hrsg. v. Walter Haug. Stuttgart 1979, S. 20.

4 Vgl. Momme Brodersen, *Spinne im eigenen Netz.* Walter Benjamin – Leben und Werk. Bühl-Moos 1990, S. 322.

5 Marleen Stoessel, *Aura. Das vergessene Menschliche.* Zu Sprache und Erfahrung bei Walter Benjamin. München/Wien 1983.

6 Ebenda, S. 46.

UWE KOLBE

Vineteser Jojo.
Eine Skizze

Für Walter Benjamin
und Manfred Paul

Jojo hatte wirklich am Rand einer der wenigen Wiesen hier geschlafen. Wenn er nicht ab und zu nach einer Tour im Freien erwachte, sähe er die Sonne in Jahren nicht aufgehen. Hier, über den Rieselfeldern, schaute er ihr dabei zu, heute. Die Büsche und die Apfelbäume vom Wegrand bildeten das Gitterwerk, wo hindurch sie ihm zublinzelte. Das Gitter war farblos oder schwarz, später löste es sich fast auf vor ihrem Flammen. Auch das Neubaugebiet, das Jojos entgegengesetzter Horizont war, sah erhaben aus in diesem Licht. Es erstrahlte in irgendwie unirdischer Helle, die nur noch übertroffen wurde von dem Weiß des Streifens, den er von hier aus erst sah, nachdem er sich aufgerappelt hatte. Er stand also und blickte auf das Weiß der Mauer, das die Konkurrenz mit der Helligkeit des Märkischen Viertels für sich entschied. Jojo dachte sonst nicht über Farben nach und auch nicht oft ernsthaft über die Mauer. In dieser Frühe heute bestürzte ihn das Weiß. Er wandte sich von ihm ab.

Wie, warum er hier gelandet war, es ließ ihn kaum ins Grübeln geraten. Daß ihn die letzte Nacht auf die Piste geführt hatte, das leuchtete sowieso ein. Ein flüchtiger Bekannter war vorbeigekommen, einer von denen, die nicht selbst redeten, einer, an den er sein bißchen Bildungsschutt weiterzugeben bemüht war, um ihn nicht aus der Wohnung schmeißen zu müssen, wie er es immer wieder gern getan hätte, nur aus anerzogener Zurückhaltung nie tat. Er hatte ihn gerade deshalb aber ein wenig traktiert mit Sätzen, die er selbst jetzt für wichtig hielt, mit solchen, deren bedeutsamste er üblicherweise mit Reißnägeln an dem Bücherregal aus hölzernen Bierkästen befestigte, und die sich über Wochenfrist selten hielten wie etwa: „Die Bürgerklasse hätte […] zunächst auf die Vorstellung von der Rente verzichten müssen!" oder: „Das Warenhaus ist der letzte Strich des Flaneurs." Später hatte er selbst vorgeschlagen, einen Platz am Bier zu suchen, um darüber, für seinen Teil, ein wenig schweigen zu können.

Wo sich bei solcher Lage der Dinge das Ende jeweils ergab, darüber hatte er in seinem billigen Leben noch nie nachdenken müssen. Einziger Glücksumstand war, daß er sich, wo er heute aufgewacht war, auskannte, daß er in Berlin war, besser gesagt im Norden, in seinem Revier. In Leipzig dagegen, nur so, zum Beispiel, wo der Gestank allein lüstern machte …

Um nicht mit dem Flimmern im Schädel auch noch umsteigen zu müssen, nahm er den Weg nach Rosenthal, zur Endhaltestelle der Straßenbahn. Am Friedhof ging ihm auf, daß man ihn am Vorabend offenbar übersehen hatte. Als wahrscheinlich einzelne Figur gegen zwei oder drei Uhr nachts, wahrscheinlich nur halb erwacht, wahrscheinlich panikartig aus dem Nachtbus hechtend, wahrscheinlich zu begriffsstutzig, in derselben Sekunde wieder einzusteigen, um die paar Stationen bis zur Kehre in Schildow doch mitzufahren, dann wahrscheinlich zu müde, hier im Stehen warten zu sollen, zu müde erst recht, den Bus, von Station zu Station zurücklaufend, weiter in der Stadt doch noch zu benutzen, ganz offensichtlich stimuliert von dem Mainachtlüftchen – sonst würde er jetzt, früh, ja frieren – hatte er unbeobachtet zwischen den Rieselfeldern, ein paar hundert Meter von der Mauer entfernt, einen Schlafplatz suchen können, der, wie er sich noch einmal selbst bestätigte, perfekt gewählt gewesen war.

Dieses behördliche Versehen jedenfalls wurde auch heute früh durch keine Ausweiskontrolle an dem kleinen Rosenthaler Friedhof wettgemacht. Das Gespräch hätte den üblichen Verlauf genommen, mit dem Unterschied nur, daß Jojo in normaler Verfassung zu unpolitischer, allerdings cholerischer Reaktion auf Uniformträger neigte, und heute nicht dazu aufgelegt war. Heute früh war ihm nach nichts außer nach seiner wunderba-

ren Hinterhauswohnung zumute. Der Genosse mit seinen vielleicht zwei silbernen Sternen auf den silberumrandeten Schulterklappen, nach militärischen Vergleichsrängen auf einer Unteroffizierslaufbahn, hätte ihn sicher nicht schnell genug ziehen lassen. Besonders wachsam wäre er gewesen, der Wächter der Toten des schönen kleinen Friedhofs. Deren Ruhe bedurfte zur Westseite hin nur eines Zaunes anstelle der nördlichen Ziegelmauer, weil gleich hinter dem Maschendraht der eigentliche und einzig zu Recht so genannte Schutzwall sich auftürmte, sie vor jeglicher Unbill zu bewahren.
Jojo hätte bei anderer Verfassung einen Kundigen fragen wollen, wann jene Westmauer abgerissen worden sei und warum. Obwohl er es im Grunde wußte. Mit derartiger Deutung tatsächlicher Kleinigkeiten stand er hierzustaate nicht gerade allein da. Die Kundigen zu treffen, es gelang ihm außerdem zu der Zeit noch nicht. Hätten sie ihm damals schon begegnen können, so wäre ihm vielleicht das Fragen verschlagen worden.
Die Straßenbahn stand zum Glück an der Endhaltestelle bereit. Ihr schmutziges Hellgelb, ihre annähernd durchsichtigen Scheiben, ihr Geruch entspannten ihn, entlockten ihm das Lächeln des Angekommenen.
Das erste Mal erwachte er am Kurt-Fischer-Platz. Den Urgründen seiner Bedürfnisse war er später selten so nahe gewesen wie in dieser Gegend. Leider war er ihnen, zu jung, nicht nachgegangen. Überhaupt: Pankow. Sein Unterbewußtsein hatte hier Gleichklang gefunden. Obwohl seine Auffassung davon jetzt eine ganz andere war. Obwohl er nur lächelte, wiederum, so geborgen im laut rumpelnden Straßenbahnwagen. Obwohl die übernächtigt bleichen Wangen ihm warm wurden, vermutlich sich röteten. So wirkte die bloße Erinnerung, während er jetzt noch nicht wußte, warum. Warum hockte er da, aufs angenehmste geschaukelt, und schämte sich einer Beinaheliebe, die nicht einmal vollzogen worden war? Was hatte das Bild einer Umarmung mit dem dicken Mädchen im Dämmer ihres Zimmers an sich? Doch nur, daß er jetzt daran dachte, daß er in aller Öffentlichkeit sich der eigenen Gier und der Lust auf

weiches Fleisch bewußt wurde, nein, nicht bewußt; er erinnerte sich nur, er wußte noch kaum etwas.
Berlin kannte bei seiner Tradition den Begriff Sünde, leider, nicht. Berlin war durchaus schamlos. Nur Jojo, verdammt noch mal, saß mitten in dieser Stadt, durch den Kater im Grunde gelockert, und schluckte an der Scham. Nicht einmal zu den Momenten, wo sie ihm anerzogen, eingeimpft, eingekrampft worden war, drang sein Bewußtsein vor. Das ging vorüber, wie immer. Am Bürgerpark, nach der Kurve, wo sie als Schüler auf dem Weg zum Unterrichtstag in der Produktion immer vor den Schaukästen der chinesischen Botschaft hängengeblieben waren, da nickte er wieder ein. China, das rätselhafte Land, den Schülern dargebracht als sogenannter Bestandteil des sozialistischen Weltsystems, zugleich geschmäht auf seinem anderen Weg. Verheißungsvoll hatten die Farbfotografien aus den Schaukästen hervorgeleuchtet.

Die beiden Zweige der Nordbahn führten vormals ins Schöne: erster Halt nach Bornholmer Brücke konnte Schönholz oder Schönhausen sein. In der Verzweigung, auf der östlichen, der Schönhauser Seite, krümmte sich die Bahnstraße. Wie er sich damals nicht getraut hatte, in den Hof am Scheitel der Krümmung einzutreten! Nach der ursprünglich offenen Westseite war der Hof durch eine grauweiße Mauer abgeschlossen gewesen. An die wiederum hatten sie die Grenzgebietsschilder angebracht. Die Scham, ganz sicher muß es die Scham gewesen sein, die ihn jetzt darauf brachte. Mit der Schamröte verhielt es sich oft so, daß sich Überlagerungen ergaben, wenn er einmal rot geworden war. Es legte sich eine Ursache über die andere, so scheinbar sie allesamt blieben.
Das Kind Joachim John war siebenmal im Laufe seines Schülerlebens in Betriebskinderferienlager verschickt worden. Deswegen mußte sicher keiner rote Flecken bekommen. Auch, wenn er wie Jojo immer gerne hingefahren war, und vermutlich auch dann nicht, wenn er die zwei oder drei Fahnenappelle, die jedes Mal dazugehörten, bloß so, ohne Aufstand eigentlich, nur gelangweilt

wie alle, über sich hatte ergehen lassen. Es war zu solchen Anlässen der Parteisekretär des Betriebes oder jemand aus dessen Leitung angereist, um den Pionieren, die militärisch im Karree angetreten waren, in der Regel, außer guten Wünschen zu vielem Spaß, nichts mitzuteilen. Vielleicht lag dieser Mangel an politischer Einflußnahme auf die Kinder daran, daß der große, alte Betrieb, der seine Kinder hier drei Wochen lang in die billigen Ferien schickte, nicht nur ein Volkseigener, sondern vor allem ein Berliner war.
Sechs von den sieben Malen führte die Reise also dorthin, zwar nicht sehr weit weg, dafür aber an einen der großen Havelseen. Beim letzten Mal fuhr Jojo als knapp Fünfzehnjähriger. Er war nicht nur Ältester unter den Kindern, sondern hatte auch nach seiner Ansicht und Laune mehr mit den Erziehern zu schaffen und wollte mehr mit ihnen umgehen als mit den, in seinen Augen, kleinen Kindern. Der junge Hippie Jojo, der nie genau mitbekommen hatte, wann dieser Spitzname sich seiner bemächtigte, und ebensowenig sicher war, ob damit nicht hauptsächlich seine ewige Nervosität gemeint war, verliebte sich in eine Erzieherin. Sie hieß Margit. Als er nach der Beinahe-Affäre im Ferienlager, auf deren Aufdeckung hin sie sofort abreisen mußte, dann doch, mit allem zusammengenommenen Mut, sie besuchte, in Pankow in der Bahnstraße, da ließ sie ihn gar nicht erst in die Wohnung. Milder Herbst. Sie saßen im Hof, mit Blick auf die weißen Mauervierecke in ihren militärgrauen Rahmen. Margit wirkte jenseits der Aufgeregtheit des Lagerlebens gewöhnlich. Trotzdem überkam ihn der Schweiß.
Offenbar hatte er etwas erwartet, das herrührte von der Erinnerung an die dunkle Szene im Halbschlaf, an ihre langen Haare um seinen Kopf herum, ihre Brust über ihm, daran, wie sie seine Hand führte, an ihr Suchen nach seiner Zunge, unten im Doppelstockbett, im Bungalow. Jetzt marterte ihn die sehr genaue Erinnerung daran. Enttäuscht stand er in diesem Niemandsland, im Hof unter der Mauer, enttäuscht von dem Nichts, dem Garnichts, von dem Mangel an Berührung, ach.

Die Hitze seiner Wangen verflog langsam. Eben hatte die Straßenbahn beim S-Bahnhof Pankow angehalten. Sie leerte sich und wurde wieder aufgefüllt. Also war Werktag. Schrecklich sahen die Leute aus, schrecklich in ihrem Grau. Lebte er nicht nur vielleicht ein bißchen anders, unterschied sich im Grunde kein bißchen? Die brennenden Augen heischten beliebige Antwort. Kein Gesicht, leider. Heute war kein sprechendes Gesicht unter den grauen, wie er es in der S-Bahn oder auf dem Bahnhof Ostkreuz früh zwischen vier und fünf Uhr, auf dem Weg etwa hinaus nach Strausberg, nach der *Standortüberschreitung*, gefunden hatte, selbst übermüdet, doch satt vom Duft seiner Liebsten noch und warm noch, unerhört glücklich in seinem lächerlichen Soldatenmantel, in seiner *Pferdedecke*, welcher Zustand sich dann verloren hatte von Station zu Station.

Wo die Straßenbahn nach Unterquerung der Bahnbrükken die Neigung der Berliner Straße erklomm, am unscheinbaren Punkt auf unscheinbarer Linie, ahnte er erstmals etwas von Vineta. Für Jojo liefen die ersten klaren Bilder des Filmes ab, der schon einige Zeit die sichtbare Oberfläche seines Augenscheins überlagert hatte. Etwas in seinem Kopf, zur gewohnten Dumpfheit noch unterlegt mit dem alkoholischen Flimmern, erhob einen Einwand. Der kurze Durchblick zu der Pankower Schule, die er ein Leben lang besucht hatte, zur *Gerichtsklause* gleich neben dem Untersuchungsgefängnis, in der es ihnen als gerade Sechzehnjährigen schon gelungen war, den Stundenanfang nach der großen Pause zu versäumen, es ließe den banalen Horizont aus Gedächtnis und Sentiment doch überhaupt nicht hinter sich. Noch lange nicht, setzte das Etwas, die Stimme, hinzu, wie um ihm für heute den Rest zu geben. Jojo war zu schwach, sich auf den Disput mit sich selbst einzulassen. Die eine Schwäche in ihm war der anderen Schwäche am selben Platz nicht gewachsen. Er nickte sichtbar. Beinahe wäre ihm die Kapitulation hörbar über die Lippen gekommen, etwa: Du hast recht und ich meine Ruhe. Von der Preislage waren stets die Sprüche seines Vaters gewesen. Daß ihm schon in der Frühe so einer aufstieß, erleichterte den Tag ein wenig.

Vineta breitete seine längste Zeit gegenüber dem Kino *Tivoli* anstelle der heutigen Neubauten Kleingärten aus. Vinetas Huren, die keine waren, weil es offiziell sowieso keine gab in Vineta, sie hatten gegen ein Uhr die Treppe zur Tanzbar *Esplanade* hinauf gestanden. Jojo kam sein Erschrecken von damals noch einmal an. Das Licht war so unwirklich gewesen, wie das des Morgens jetzt. Was immer der Augendruck damit zu tun hatte oder der Abgrund hinter den Augen. Jedenfalls hatten Mädchen an Mädchen die leicht gewundene Treppe hinauf gestanden, nicht genau zu erkennen, doch um so verlockender, als er begriffen hatte, daß sie einladend dort standen. Aber er war zu jung gewesen. Er hatte kein Geld gehabt. Ohnehin hätte er seine Feigheit, seine damals schmerzhafte, unüberwindliche Zurückhaltung, nicht bezwingen können.

Bei Birgit, war es ihm bei ihr nicht ebenso gegangen? Mit unglaublichen Erwartungen, hektisch hatte er sich ihr genähert. Dann hatte alles lächerlich begonnen, und es war auch so dahingegangen, verläppert. Oh, er sah sie verflucht genau vor sich. Sie war so sportlich, so gestählt gewesen. Seine Gier machte sich sofort wieder in der Kehle bemerkbar, wenn er sich nur eine der Begegnungen ins Gedächtnis rief, nicht davon zu reden, wenn er sie, auch dieser Tage noch, ab und an zufällig traf. Hinten vor der Kurve hatte sie gewohnt. Er war aus Langeweile oft dort radgefahren. Die Straße hatten sie sehr gut asphaltiert, weiß der Teufel warum. Der Bogen vor dem Blechtor in der Mauer war denn auch immer eine Attraktion für junge Radfahrer gewesen. Sie hatten sich gewaltig in die Kurve gelegt, und waren dementsprechend oft auch gestürzt. Ein Moped, ein Motorrad hatte er ja nie besessen.

Birgit jedenfalls hatte alle Formen der sogenannten Leichtathletik mit Spaß und mit unbedingtem Talent betrieben. Er hatte sie nur von der Schule her gekannt, als er sie plötzlich einmal draußen traf, auf einer seiner Trainingsfahrten, wie er großspurig zu sich selber sagte. Sie war in Pantalons und Nicki angelaufen gekommen, aus dem kleinen Weg hervor, der parallel zur Mauer durch *Bornholm* führte. Sie war ihm vor das Rad gelaufen. Offensichtlich hatte die Begegnung sie beide nicht unangenehm überrascht. Wie es seine Art war, hatte er bereitwillig und etwas umständlich auf ihre Frage geantwortet. Sie laufe fast täglich diese Strecke, hatte sie erwidert. Sie waren daraufhin miteinander bis zu ihrem Haus gegangen.

Sie waren miteinander bis zu ihrem Haus gegangen. Er hatte das Fahrrad geschoben. Er hatte das Fahrrad eine Stunde später weiter geschoben. Er war, neben sich das Fahrrad, einen ziemlich seltsamen Weg nach Hause gegangen. Er hatte einen Umweg gemacht, mit einem seltsamen Hüpfer zwischendurch, neben seinem metallicblauen Rennrad. Er hatte versucht, wem, irgendwem ins Gesicht zu schauen. Er hatte ein Lächeln in die Menge gewagt, vor der Post an der Bornholmer Straße, vor der Eisdiele ... Hatte er nicht sogar über eine Zukunft auf der Radrennbahn nachgedacht? Sein Bedürfnis, einem anderen Menschen gerecht werden zu wollen oder – so weit kannte er sich jetzt doch schon – sich sofort zu unterwerfen und anzupassen, es trieb seine Blüte beim geringsten Anlaß. Hatte er den Anlaß eben selbst gering genannt? Hatte er damals nur einmal an irgendeiner frischen Erregung gezweifelt?

Heute stand ihm dazu gleich ein bestimmtes Mapplethorpe-Foto vor Augen. Dabei, nein, so konkrete Idole konnte er damals noch gar nicht gehabt haben. Und natürlich hatte er nicht mit Birgit geschlafen, später sowieso nicht. Allerdings führte auch diese Korrektur in die Irre, typisch für seine Gedankenspiele. Das ging zunehmand auf Exaktheit aus in dem dürren, irgendwie märkischen Forst seines bißchen Erinnerung, und verhaspelte sich dennoch.

Die Straßenbahn rüttelte sich und ihn und die Morgenvisagen über die Hochebene des Prenzlauer Berges. Längst waren sie an der Bornholmer vorbei. Am S-Bahnhof Schönhauser Allee wechselte das Publikum. Wo waren sie überhaupt? Wo fuhr er überhaupt hin? So fragte die reine Metaphysik. Diese Strecke hatte er zu sehr in sich aufgesogen, um über Topographie oder Lokalge-

schichte oder auch nur die Logik seiner eigenen Bewegung in ihnen noch nachdenken zu können.
Nuß vom vorjährigen Weihnachtsteller, schlenkerte sein Schädel. Eine Alte atmete so heftig über ihm aus, daß er beinahe aufgestanden wäre. Nur konnte ihn in dem Zustand überhaupt nichts bewegen. Einzig das Schicksal selbst, die Vibration seines Bodens, sein heulender Elektromotor, die rumpelnden, scheppernden Bleche des Schicksals konnten ihn jetzt und hier in irgendeiner Form bewegen.
Die Dänenstraße hinauf, immer am rostigen Zaun oberhalb des Einschnittes der S-Bahnlinie entlang, hatte ein anderer, ein niedlicher Begriff von Schicksal jahrelang seinen Schauplatz gehabt. Schauplatz? Spielstätte? War das überhaupt von Bedeutung gewesen? Hatte er den Ort wahrgenommen, damals, mit Rita auf der Brücke, auf dieser häßlichen kleinen Brücke, die offenbar nach dem Krieg die fehlende größere ersetzt hatte? Jetzt diente sie nur noch den Fußgängern, die graue, schmale Brücke, die höchstens vom Kind geschätzt worden war, weil der Dampf der Lokomotiven, später der Dunst der Dieselloks, das beizende Abgas inhaliert werden konnte, in der Schrecksekunde immer, wenn die Lok direkt unter der Brücke ankam, in diesem grandiosen Augenblick, der durch Mark und Bein fahren konnte, wenn nicht irgendeine Elternhand an seiner zerrte. Aber hatte sie das je gekonnt, hier, auf dieser wunderbaren Brücke, an diesem Traumort, diesem gespenstischen Ort, an dem sie damals noch viel zu selten vorübergekommen waren, weil er abseits der ausgetretenen Pfade lag? Damals hatte er ihn sich noch nicht selbst erobert, aber schon Monate später, mit den Rollschuhen, mit Stahlrädern donnernd besetzt.
Diese lächerliche Brücke da hinten, von deren Idealbild aus Jojos mäßige Gedanken eben sich aufbäumten – während die Schönhauser Allee, die quirlige Tristesse auf der mehr als schwach ausgeprägten Endmoräne des früheren Mühlenberges, vorüberzog –, sie hatte in seinem höhepunktlosen, friedlichen Dasein einen Kriegsschauplatz abgegeben.

Er staunte in sich hinein. Das Katerflirren, die so oder so besten Momente des Alkoholabbaus hatten ihn in ihren Strudel gerissen. Obwohl fast nichts davon faßbar Bild oder Gedanke wurde. Beides begriff sich selber nicht, jagte umeinander und durchdrang sich auch bei Beruhigung gegenseitig wie Fasern im Filz.
Auf die Straßenlaterne sah er sich klettern, vor ein paar Jahren. Dabei lag das alles schon zehn Jahre zurück. Die Szene, an welcher er so ohnmächtig teilnahm, deren hechelnder Zeuge er wurde, an den Bügel der Gaslaterne geklammert, die Füße um den Pfahl herum verkrampft, auf einen der Absätze gestützt, nicht einmal in Höhe des Balkons also, in dessen offene Türe er verbissen hineinlauschte, diese Szene war so erbärmlich alltäglich.
Die Tochter des Hauses hatte sich um fünf Minuten verspätet. Der Stiefvater schnauzte in seiner Art, sie werde nun, wie zuvor angedroht, für jede Minute einen Tag Stubenarrest bekommen. Die Siebzehnjährige schluchzte auf. Die Stimme der Mutter geiferte, sie habe sich das schließlich selbst zuzuschreiben. Irgendeine zufällig anwesende Tante pflichtete bei. Was mußte der Mensch draußen, an die wackelige Laterne geklammert wie eine Affe, was mußte er für einen Hang zur Exaltation haben? Das Familienspiel mußte er mit hörbarem Fauchen kommentieren, für die da drinnen sowieso unhörbar. Als er sich seiner Ohnmacht hier draußen bewußt wurde und das Flämmchen Zivilisiertheit in seinem Bewußtsein langsam wieder zu blaken begann, legte er sich zumindest einen Auftritt gleich für den kommenden Tag zurecht.
Die Straßenkater wußten Bescheid. Er wähnte sich ihnen zugehörig in jener Nacht wie in Dutzenden gleicher Nächte. Ihr Leben unter den Autos am Straßenrand war sein Leben in dieser Nacht, ihr Kampf auf dem Kohlenplatz gleich an der Brücke, auf seinem Heimweg, war sein Kampf, ihr Schweigen und ihr Gespanntsein entsprachen seinem stummen Dahergehn.
Immer hatte der Mond über den Konturen dieser Häuserreihe an der Brücke gestanden. Wirklich unerklärlich, wie er immer wieder dort hatte stehen können, im Sü-

den, geradezu, so daß er ihm ins Gesicht schien. Auch jetzt schien er ihm ins Gesicht, weil er auf der Brücke stehengeblieben war, weil er nicht anders konnte, als sich dem Mond zuzuwenden. Der sagte ihm etwas. Der sprach laut und vernehmlich auf ihn ein, ohne daß Jojo sich hätte entziehen und abwenden können. Nächtliche Schatten? Warf Vollmond Schatten, die zur Deckung, zum Versteckspiel getaugt hätten? Schuf er nicht eine gnadenlos deutliche Kontur, setzte er nicht alles jedem und alle allen aus?

Immer war Vollmond gewesen oder beinahe oder nur gerade nicht mehr Vollmond in solchen Nächten. Immer diese Nächte hatten ihn hier angetroffen. Und wer hatte den Zufall so eingerichtet, daß Jojos Wege ihn dem Mond entgegen führten in solchen Nächten? Gern hätte er die astronomische Konstellation verstanden, die zwischen ihm, dem Mond und der Kontur dieser Häuserreihe einen plausiblen Zusammenhang herstellte.

Jojo blieb sitzen. Er blieb in dieser langweiligen Straßenbahn sitzen. Sie fuhr bergab, in das Stadtzentrum, und sie fuhr wieder bergauf, diesmal von Süden nach Norden. Bedurfte er dieser Linie etwa doch und ihrer schlichten Logik in dem uferlosen wie kläglich begrenzten Raum der paar Bilder in seinem Gedächtnis?

Die Kehre, das Warten am Kupfergraben hatte er verschlafen. Kupfergraben hieß dieser Schleim, der an die wilhelminischen Bastionen schlug, die ihn hoch umschlossen, die ihn vatermörderisch bedrängten. Kupfergraben hieß dieses Flüßchen Spree hier, dieses Lausitzgemurmel, dieses nasse Kraftwerksopferlamm aus Stromlinien, dieses Spreewalddurchstakste.

Er hatte es verschlafen, obwohl die Endpunkte, die Umkehrpunkte doch seine ganze Aufmerksamkeit fordern sollten. Sie vollzogen sich ja nicht automatisch. Er mußte, und wenn es überhaupt nur hier war, etwas entscheiden. Aussteigen oder nicht, war dabei die geringste Frage. Was würde aus dem Tag, aus der kommenden Nacht? Wo sollte er schlafen, wenn dies gerade die Lücke zwischen Nachtbetrieb und Tagbetrieb war und er hängenblieb, einfach hängenblieb in diesem gottver-

dammten Königs Wusterhausen oder in diesem Oranienburg – dabei nicht Friedrich Wilhelm, nicht die holländische Farbe schmähend –, in diesem Schönefeld (du wenigstens, du falsche Schöne seist geschmäht, Relaisstation eines Umweges von historischen, ach biblischen Ausmaßen, du Kunstdarmblase!).
Das Problem stellte sich theoretisch, stellte sich im Dämmer des Zustandes, in den er wieder zurückzufallen schien, als eine klitzekleine Bewußtseinsspaltung. Wie angenehm sie doch war.
Bei Heine, bei dem breitbeinig dasitzenden Heine wachte er wieder auf. Heine am Veteranenberg, wie fatal das klang. Der Park allerdings lag an einem früheren Weinberg, an welcher Bezeichnung Jojo nur den heutigen, weinlosen Zustand auszusetzen hätte. Hatte er hier nicht ..., war es nicht hier gewesen? Nein? Doch Leipzig? Doch das Oderbruch, dieser Besuch bei einer eher unbesorgten Großmutter eines überhaupt um nichts besorgten Mädchens? Eine Projektion nur, eine müde, eine abnorm bewußtseinstrübe Projektion, nicht wahr, mein Freund?
Jene Laterne jedenfalls hatte kurz nach ihrer Besteigung plötzlich ausgedient. Was für ein Zufall. Als hutloser Stumpf hatte sie Wochen später, von da ab noch Monate, schief und wackelig, in ihrer Nebenstraße herumgestanden. Als hätte wer versucht, sie auszureißen.
Nein, die ganze Geschichte war überhaupt nicht wichtig. Zumindest war ihre Wichtigkeit in einem Bericht der äußeren Details anzweifelbar. Jojo setzte sich mit einem Ruck auf. Diese Lampengeschichte war ja widerlich. Er hätte sie wohl ausgerissen, gern. Und er hätte dem Herren über Wohl und Wehe seiner Liebsten damit nur allzu gerne die Türe eingerammt und auch gleich den Schädel eingeschlagen. Hatte er damals, in der Dunkelheit auf der Lampe, nicht erwogen, einen Stein ins Fenster zu werfen, hatte es aber, wieder einmal, an Konsequenz fehlen lassen? Wirklich widerlich.
Die Nacht im Korn, hinter dem Friedhof, sie heraufzubeschwören, es täte seiner geistigen Gesundheit sicher besser, linderte eher seinen Zustand. Die zwei Nächte

im Korn, genaugenommen ... Warum ihm das hinterher, und schon wieder am Rande schlechten Gewissens, aufstieß? Daß er mit einem anderen Mädchen am gleichen Ort gewesen war, und zwar in der Zeit, als er mit Rita noch zusammen gewesen war ... Er konnte in einem der Erinnerung trauen: Mit Marina hatte er nicht geschlafen. Die Nacht hatte sich aber hinterher um so mehr verklärt. Marina und er hatten sich schon Tage vorher verabredet, um den Sonnenaufgang hier zu erleben.
Was sollte das jetzt, mitten in der Stadt? Es fiel ihm an der falschen Stelle ein. Es wollte nicht zur Schönhauser Allee passen, wo die Bahn eben am *Wiener Café* vorüber humpelte. Hierher paßte kein Kornfeld und keine Nacht. Überhaupt keine Erinnerung paßte hierher, in diese Gegenwart, die ihn anödete. Ja, das tat sie, obwohl er ihr – großes Wort! – verfallen war. Die Welt, in der er sich gewöhnlich bewegte, sie paßte zu nichts und abernichts, was die Seele anging. Wenn er jedoch auf Tour war wie heute, das half ihm auf und ihr, um so mehr, je länger er einfach sitzen blieb, je mehr sich dies zu einer wirklichen Tour auswuchs.
Mit dem Verfallensein meinte er nur die zwei Cafés der Stadt. Er kam für gewöhnlich nicht umhin, sie zu umkreisen, wie alle anderen sie auch umkreisten. Weimar hatte sein *Resi*, Leipzig sein *Corso*, Dresden hatte sein gar nichts – Berlin schoß mit zwei Cafés wirklich den Vogel ab, Ostberlin, was Jojo niemals über die Lippen gekommen wäre, weil ihm die andere Hälfte nicht nur unbekannt, sondern als Bestandteil der Stadt unvorstellbar blieb, von keinerlei Realität, von keinem Interesse.
Die Mädchen der Cafés hatte er stets nur bewundert. Nie hatte er eines erobert. Keines hätte überhaupt je erfahren, daß er es hündisch wollte, wenn es so gewesen sein sollte. Einige seiner Lieben von den anderen Spielplätzen hatten sich ab und zu hierher verirrt. Es hatte nur nichts geholfen.
Die Brücke lag irgendwo dort hinten. Die S-Bahn nahm unten ihren Weg, der ein künstlicher, kein gewachsener Weg war. Die Straßenbahn kreuzte den Stumpf der Ringbahn über den Geleisen des S-Bahnhofes Schönhau-

ser Allee. Die Brücke, seine Brücke, konnte er nicht sehen. Der Hochbahnhof, der U-Bahnhof der Linie A, versperrte ihm die Sicht. Und als sich seine Straßenbahn in Bewegung setzte, reichte die Zeit nicht. Überhaupt saß er auf der falschen Seite. Vorhin hatte er seine Chance genutzt. Jetzt hätte er sich umsetzen müssen, um wenigstens auf der Seite zu sitzen, die einen Gruß von ferne ermöglicht hätte. Die Brücke selbst war wie gesagt lächerlich, eine schmucklose, irgendwie plattbrüstige Schöne, was bei gutem Willen ihrer Jugend anzurechnen wäre. Und es war lächerlich, einen Gedanken daran zu verschwenden, sich ihretwegen in einer Straßenbahn umzusetzen, besonders in einer vollen Straßenbahn. Schüler und nicht ganz so graue Arbeiterinnen, Angestellte der Büros, der Verkaufsstellen füllten sie jetzt.
Auf der Brücke hatte er Rita stets nur geküßt. Auch an den wenigen Abenden, wo sie dank eines Kinobesuches oder anderer begrenzter Freibriefe eine Stunde später, nicht wie an den gewöhnlichen Abenden fünf Minuten vor neun, hier vorbeigekommen waren, hatte er nie mehr als eine immerhin lange Umarmung gewagt. Und endlose, anstrengende Küsse. In der S-Bahn allerdings ... Oder verwechselte er sie jetzt schon? War es schon so lange her? Mit welcher Liebe hatte er damals in der S-Bahn geschlafen, sich unter ihrem Rock in sie hinein gestreckt, war unter ihrem Gewicht auf seinem Schoß sofort gekommen? W.? Es konnte eigentlich nur mit W., oder mit E., gewesen sein, nicht mit Rita, auf gar keinen Fall. Oder doch? Damals waren sie beide sich noch sehr ähnlich gewesen, so aufgeregt wie unbekümmert, kleine Tiere einer paradiesischen Fauna, deren Enge ihre Lust nur steigern konnte.
Die S-Bahnen aus beiden Richtungen hatten unter der Brücke stets heulend beschleunigt. Allerdings hatte er den Blick ihrer Fahrer, den nach oben, zu Jojos einsamer Gestalt genau über dem jeweiligen Gleis, durchaus wahrgenommen. Und ein paar Mal hatten sie durchaus recht gehabt mit ihrem von Berufs wegen verständlichen Blick. Diese paar Male hatte er dort gegrübelt. Lässig an das simple und niedrige Geländer gelehnt, hatte er sich

der banalsten, der vordergründigsten Grübelei hingegeben. Die Häuserherde war über dem Bahndamm ihres Wegs gezogen. Je nach Tageszeit waren die Flächen und Flecken ihrer Mauern von stumpfem Grau oder wirklichem Schwarz. Die Stellen, wo der Putz bereits fehlte, leuchteten zuweilen irgendwie rosig. Ja, die Schweine hatten seinem Elend gelangweilt zugesehen aus den winzigen Klosettfensteraugen. Schnuppe war es ihnen, diesen gefleckten, diesen mistigen Schweinen, ganz und gar gleichgültig war ihnen sein Schicksal gewesen, das hier auf der Schneide gestanden hatte, eben jetzt.
Auf der fröhlichen Seite der Endzeit Vinetas würde Jojo sich später einmal im *Schultheiß-Garten* zum Spaß verloben. Ihm noch fremde Freunde würden die Zeugen spielen. Die Braut würde noch leichtfüßig sein, doch nicht mehr vergleichbar den Mädchen, die er eben noch, nachts, auf Treppenabsätzen, in Hofdurchgängen geliebt haben würde, oder stehengelassen oder für immer verlassen oder mißverstanden und beleidigt haben würde. Drüben, in seinem linken Augenwinkel, zog die Tanzbar *Esplanade* vorüber, dieser seltsame Stelzenbau, in dessen Hof es eine Zeitlang ein Puppentheater gegeben hatte. Das Kind wäre gern einmal hingegangen, doch als es sich hätte entscheiden können, hatte es das Interesse verloren. Das Theater war dann, irgendwann, sowieso verschwunden gewesen.
[...]

Fragment, 1991

HEINZ CZECHOWSKI

In Rom

In memoriam Walter Benjamin

Bis ich nach hierher verscholl, habe ich keine gültigen Muster gemacht. Öde Gegenständlichkeit brach mir das Kreuz. Hohl höhnten die gängigen Wege unter den Brücken. Der versprochene Lohn wurde nicht ausgezahlt. Es roch nach kalt gewordenem Essen. Ich fiel in den Zufall. Die Tage gaben Laut. Und das in den Brunnen gefallene Kind schrie nicht nach Hilfe. Ich wand mir den Kranz, denn an Lorbeer war hier kein Mangel. Aus meinen Notizbüchern lieh ich mir einen Satz. Ich hoffte, es würde ein Anfang daraus. Merkwürdig waren die um den Flugplatz aufgestellten, vom Flugbenzin getöteten Pinien. Häuser wie Bienenkörbe: ein anderes Rom. Ich stieg aus dem Bus in die Backofenglut der Porta Maggiore. Im Foyer des Hotels die alternde Hure, im Zimmer das tausendäugige Licht dieser Stadt. Ich schloß die Läden und fühlte mich wie unter Bleidächern. Die Stadt schien von Polen besetzt. Ihre kleinen Fiats parkten auf allen Straßen und Plätzen. Auch die Bewohner anderer, nicht minder glücklicher Länder schienen sich ein Stelldichein zu geben. Sie alle einte das Oberhaupt Gottes, das sich hinter Jalousien verbarg. Die Contessa, eine alte Dame, irrte auf den Bahnsteigen der Stazione Termini umher. Sie hatte den Anschlußzug verpaßt. Dann sah ich durch ein Gitter ins Innere eines Tempels, welcher der Minerva geweiht war. Bevor ich das dunklere Viertel betrat, in das eine der *Einbahnstraßen* führte, zählte ich mein Geld, unzählige Lira, papierene Bündel. Auf dem Balkon einer in einem Hinterhof versteckten Villa saß in Decken gehüllt der Archivar dieser Stadt. Es ließ sich nicht vermeiden, durch einen Tunnel zu gehen, unter den donnernden Zügen hindurch und begleitet von einer zähnebleckenden Gestalt, einer Allegorie der Pest und des Aussatzes, die um ein Almosen bat. Der ungewöhnliche Gestank, der von ihr ausging, wurde erträglicher, als ich am Ende des Tunnels wieder das Tageslicht erblickte, eine Öffnung, die einer ungeheuren Vagina glich, obszön, und doch anziehend. Ich stieg in die Metro, begleitet von Kutten und rosenkranztragenden Nonnen. Dem rasenden Gefährt wieder entkommen, stand ich am Fuß einer Mauer, zu deren Zinnen ich hinaufblickte. Oben stand ein pfeiferauchender Geistlicher Herr, der mißbilligend auf mich hinabblickte. Ich sah weg, ging, zahlte den üblichen Preis und befand mich vor dem Jüngsten Gericht. Die ungeheure Malerei, geschwärzt vom Ruß der Jahrhunderte, wurde gerade gereinigt. Computergesteuerte Gondeln, von Japanern erdacht, erreichten jeden Winkel der Kapelle. Winzige Männchen, von Lifts emporgehoben, verschwanden hoch oben hinter farbigen Folien. Eine gemalte Gestalt schleuderte ihren Zorn auf die nicht mehr beherrschbare Stadt. Drei Millionen, die sich Tag und Nacht in sechs Millionen Autos um das Kolosseum bewegen. Flüchtige Eidechsen auf allen Mauern ringsum. Restaurants, die Tische und Stühle auf die Straße gestellt. Blicke in Keller, in denen die ungeheuren Mengen der Pasti zubereitet wurden, welche die Römer während der Pausen auf ihren Autofahrten verspeisen. Ein Scherbenhügel krönte das unaufhörliche Zeugen, Gebären und Sterben, das diese Stadt seit Jahrtausenden beherrscht. Zu seinen Füßen die Gräber der Emigranten des Nordens. Noch hatte ich das Los nicht geworfen, das es mir möglich gemacht hätte, hier zu bleiben. Es ist eben ein Kreuz mit den Sternen der Heimat, die hier nicht leuchten. Wie gern hätte ich ihnen gesagt, daß es sie einen Dreck angeht, wie und wo ich mich befinde. Im Schatten meiner wohlgeordneten Existenz bereitete ich mich vor auf das kommende Chaos. Auch waren, wie Benjamin sagt, die *Erscheinungen des Zerfalls das schlechthin Stabile.* Zwischen den mißlungenen und den gelungenen Tagen des Lebens vermochte ich nicht mehr zu unterscheiden. Was nun noch bleiben wird, diktieren mir meine inneren und äußeren Zensoren. Hier, wo ich jetzt bin, forme ich Bilder nach meinem Bild. Das letzte Wort ist noch nicht geschrieben.

1988

WOLFGANG HEGEWALD

Zur zweiten Natur.
Ein Bremerhavener Kolportagestück

Für W. B.

Ich war neu in der Stadt, und nicht ohne Zuversicht, ein vom Landesinneren her allmählich Gestrandeter.
Während eines einjährigen Aufenthaltes im Kloster Loccum hatte ich mir einen kleinen Vorrat an Aufmerksamkeit anlegen können. Daß die notwendige Enttäuschung auf sich warten ließ, es verstimmte mich fast.
Auf meinen ersten Streifzügen durch Bremerhaven sammelte ich neugierig die Einzelheiten eines jeden Augenblicks auf und erfrischte damit mein Gedächtnis; aber meine antiquierten Erinnerungen waren nicht so leicht zu beeindrucken.
Seit Tagen kauten die Münder der Einheimischen und auch der Zugereisten an *einem* Gesprächsstoff: die unmittelbar bevorstehende Windjammerparade galt den Leuten als ein Ereignis der reinen Schaulust. Ungeduld und Überschwang bestimmten die Erwartung, von der sich keiner frei wußte. Fachmännisches Gemurmel zirkulierte in der Stadt.
Dichtgedrängt musterte das Publikum den Deich, vor sich den Strom, das vorüberrauschende Leben.
Ein makelloser Augusttag. Der Himmel war mit frischem Blau ausgeschlagen. Beflissen – aber nie heftig – sprang und tänzelte ein verläßlich abgerichteter Wind übers Wasser und trieb einige exemplarische Wolken vorüber, feiste Ungetüme, die draußen auf dem Meer geweidet hatten. Vom Land her rollte eine breite Dünung gleißenden Blechs auf den Deich zu, und eifrig verspritzten städtische Möwen ihren Kot über der Lackwoge, ein schäbiger Gischt.
Ich wählte meiner Aussichten wegen einen Platz unweit des scheußlichen Auswandererdenkmals: das Herzzerreißende als forsche Pose. Eine Familie auf der Flucht. Der Vater, eroberungsbereit, zeigt mit dem Finger unge-

stüm da hinüber, wo er New York vermutet. Die Mutter aber, in deren Rockschößen die jammernden Kinder Schutz suchen, schaut verzweifelt-schaudernd zurück.
Wer weiß, wo diese Zeilen Sie erreichen werden? Ich hoffe in meinem Interesse: in New York. Vom Zustandekommen der Reise würde, glaube ich, viel abhängen. So gut wie alle Menschen, die einen Begriff von meiner Arbeit haben, sind derzeit drüben.
Eine Zeitlang las ich in den Gesichtern der Menge. Jeder hatte ein Motiv, das zugleich sein Alibi war. Einer lächelte, als träume er soeben, er wandere, ein blinder Passagier an Bord eines romantischen Schoners, aus den schlechten Gewohnheiten seines Alltags aus. Ich mußte grinsen.
Dann erscholl ein Signal, und ein Lautsprecher kündigte den Beginn der Parade an. Auf dem Deich brach der Jubel mit babylonischer Einstimmigkeit los.
Lautlos und anmutig näherten sich die ersten Boote, so daß der Zuschauer einen Moment lang an eine Luftspiegelung glauben mochte. Ohne eine Spur zu hinterlassen, glitten die Spitzen der Masten durch die blaue Einöde. Nach und nach bildete ich mir einen Begriff vom Segelsetzen. Heimlich bewunderte ich das Geschick der Matrosen.
Auf einmal stutzte ich. Unversehens tauchte hinter einer prächtigen Brigg aus Venezuela ein schmuckloses Schiff auf, das unter britischer Flagge fuhr und sich rasch seewärts entfernte. Zwar war ich nicht imstande, irgend etwas zu beweisen, aber bald gewann der Eindruck die Oberhand, das unscheinbare Schiff laufe im Schutz der Parade zu einer niederträchtigen Passage aus.
Aber damals war unsere Reise ein sklavisches dumpfes Hinstarren auf die Gegenden, wo ehemals Männer für ein besseres nicht so üppiges Vaterland kämpften, flüsterte mir jemand ins Ohr.
Erschrocken drehte ich mich um: keiner meiner Hintermänner sah aus, als habe er ein Wort verloren.
Einer grüßte herablassend und spreizte zwei wulstige Finger zum Viktoria-Zeichen. Irritiert zog ich mein Fernglas aus dem Futteral, um meinen Blick zu verlängern.

Von Bremen bis Bremerlee fuhren wir in andern Fahrzeugen, die schon See halten können, aber sich nicht weit von den Küsten entfernen, hörte ich abermals die Stimme, und da entdeckte ich ihn an Bord, einen Gefangenen, verraten und verkauft, diesen prosaischen Geist, einen Schemen aus der Vorhölle vager Bildung: SEUME, mein sächsischer Kollege, zwangsrekrutiert und nach Amerika verfrachtet, billiges menschliches Stückgut.
Mit Hilfe des Feldstechers gelang es mir, den eitlen Namen des Schiffes zu buchstabieren: KOKO. Ganz gegen meine Gewohnheit zögerte ich diesmal nicht, meinen Augen zu trauen.
Obwohl ich wie ein Besessener gestikulierte, wandte sich SEUME scheinbar gleichgültig ab, ohne mir durch eine verständliche Gebärde geantwortet zu haben. Nur die Umstehenden begannen zu murren, denn ich fuchtelte in ihren Aussichten herum. Ich tobte, doch niemand traf Anstalten, etwas bemerken zu wollen. Eine Bordkapelle – von welchem Schiff? alle Wahrnehmungen kamen mir plötzlich zweideutig vor – bestrich den Deich mit leichten militärischen Melodien. Auf einmal erschien mir das andere Ufer, zartrot illuminiert; Blutnebel stand mir vor Augen.
SEUME, der Landsmann zu Wasser, er balancierte einen Moment lang auf dem Horizont; dann verlor er das Gleichgewicht und verschwand.
Auswandern: zur zweiten Natur. *Das A und das O sind die Reisekosten.*
Später fand ich mich im Freihafen vor, allein, zwischen unzähligen rostigen Fässern. Am Rande des Areals hielten sich etliche Kräne auf, linkische Riesen, die im Stehen schlummerten.
Zufällig fiel mein Blick auf ein Etikett, das auf einem der Fässer klebte: *Wüstenfarbe. Der ideale Tarnanstrich.*
Behutsam öffnete ich den Bottich, griff hinein und fuhr mir mit beiden Händen ins Gesicht. Schon brannten meine Augen, und ich spürte meine Haut: zum Zerreißen gespannt.
Gierig kostete ich von der Wüste; der Geschmack ernüchterte mich. Hinter meinem Geheul glomm ein glän-

zender Gedanke auf: von der Unabhängigkeit im selbstgewählten Exil.
Ich schrieb meine Erklärung in den glühenden Sand, der mir bald aus allen Poren brach.

März/April 1991

KLAUS MICHAEL

Vor dem Café.
Walter Benjamin und Siegfried Kracauer in Marseille

1

Marseille 1940. Die Cafés auf dem Cours Belsunce, am Hafen und in der Nähe der ausländischen Konsulate sind überfüllt, bevölkert von einem schlecht zahlenden Publikum, das sich stundenlang an einer Tasse Kaffee, einem Glas Wein und an den immer gleichen Gesprächen wärmt und nur selten etwas Neues bestellt. Flüchtlinge aus Österreich und Deutschland, Republikaner aus Spanien, Franzosen aus dem besetzten Paris. Obwohl niemand von ihnen bleiben will, kommen sie jeden Tag wieder, süchtig nach einer neuen Information, jedem noch so paradoxen Gerücht, alles wird geglaubt, wenn es nur das nervenzehrende Warten verkürzt. Sie alle sind auf der Suche nach fehlenden Papieren, mal nach einem französischen Ausreisevisum, dann nach einem neuen Einreisevisum für Mexiko oder die USA oder auch nur, um die inzwischen wieder einmal abgelaufene portugiesische oder spanische Transiterlaubnis zu ersetzen. Denn der Weg führt die meisten zunächst nach Portugal. Von Lissabon aus verlassen noch Schiffe die eingeschlossene Insel Europa.

Viele haben später über diese quälenden Monate geschrieben, über das nutzlose Warten in den Gängen und Vorzimmern, über die Hoffnung, doch noch ein Schiff zu bekommen. Unter der zusammengewürfelten Schar der Cafés finden sich viele vertraute Gesichter: Anna Seghers, Ernst Weiß, aber auch Siegfried Kracauer und gelegentlich Walter Benjamin, wenn es dessen angeschlagene Gesundheit erlaubte. Soma Morgenstern, Romancier und einst Wiener Korrespondent der *Frankfurter Zeitung*, erinnert sich, wie er mit Walter Benjamin auf einem der vergeblichen Wege wegen eines französischen Ausreisevisums Kracauer vor einem Café traf.

Auch Kracauer, der versuchte, in dieser Situation noch zu arbeiten, war gerade das Ausreisevisum abgelaufen. „Ehe wir weitergingen, fragte ich Kracauer: ‚Was wird aus uns werden, Krac?‘ Darauf er, ohne lange nachzudenken, erstaunlich schnell und apodiktisch: ‚Soma, wir werden uns alle hier umbringen müssen.‘ Und um zu zeigen, daß er noch Wichtigeres zu tun hatte, wandte er sich wieder zu seinen Papieren und schrieb schnell weiter.
Vor dem Eingang zur Préfecture blieb W. B. [Walter Benjamin; K. M.] stehen und sagte: ‚Was mit uns geschehen wird, ist nicht so leicht vorauszusehen. Aber eins weiß ich sicher: wer sich sicherlich nicht umbringen wird, ist unser Freund Kracauer. Er muß ja noch seine Encyclopaedie des Films zu Ende schreiben.‘“[1]
Es ist kein Zufall, daß Kracauer und Benjamin heute häufig in einem Atemzug genannt werden. Biographie und Werk beider faszinierender Denker sind paradigmatisch für intellektuelle Schicksale dieses Jahrhunderts. Sie lassen immer wieder überraschende Schnittstellen aufblitzen und zeigen eine Fülle von Parallelen, obwohl man rückblickend keineswegs von einer tiefen und intensiven Freundschaft sprechen kann. So blieb man immer bei der Distanz der dritten Person. Es war eher die Gemeinsamkeit der Herkunft und äußeren Umstände, die einen ähnlichen Lebensweg vorzeichneten und einen verwandten Blick auf ihre Zeit herbeiführten, so daß sich beide schließlich einander annäherten, immer darauf bedacht, den feinen Grat der Distanz nicht zu schmal werden zu lassen. Fast gleichaltrig – Kracauer wurde drei Jahre früher geboren –, stammen beide aus jüdischem Elternhaus; Kracauer wuchs bei seinem Onkel, Isidor Kracauer, dem Historiographen der jüdischen Gemeinde, in Frankfurt/Main auf, Benjamin genoß die eher säkularisierte Atmosphäre eines großbürgerlichen Berliner Elternhauses. Einst stark beeinflußt von den Reformideen der Jugendbewegung, gingen sowohl Benjamin als auch Kracauer nach und nach zu deren national gestimmter Weltkriegsbegeisterung auf Distanz. Während sich Benjamin in der Schweiz der Einberufung entzog und dort seine Studien beendete, beeilte sich

Kracauer, wie sein Roman *Ginster* zeigt, wegen offensichtlicher Unfähigkeit aus allen militärischen Verpflichtungen entlassen zu werden. Obwohl beide eigentlich eine wissenschaftliche Laufbahn anstrebten, promovierten und auch verschiedentlich Versuche unternahmen, im Wissenschaftsbetrieb Fuß zu fassen, mißlang ihnen jedoch der Sprung über die akademischen Hürden. Die Gründe des Scheiterns von Benjamins Habilitationsschrift über den *Ursprung des deutschen Trauerspiels* (1925) sind allgemein bekannt. Der Frankfurter Professor Hans Cornelius beklagte in seinem Gutachten, „teils überhaupt nicht im Stande" zu sein, „den Sinn der Arbeit wiederzugeben"[2]. Dagegen ist Kracauers Versuch, sich 1922 mit einer geschichtsphilosophisch intendierten, Husserl nahestehenden wissenssoziologischen Arbeit ins akademische Gespräch zu bringen, bisher kaum beachtet worden. Auch hier mögen ganz ähnliche Gründe die allgemeine Ablehnung hervorgerufen haben.[3]
Ähnlich verwandt sind auch die Gegenstände ihrer Arbeiten. Einmal von der Last der vorherrschenden akademischen Themen ihrer Zeit entbunden, galt ihr besonderes Interesse mehr und mehr den kulturellen Randzonen der Gesellschaft; der urbanen Alltagskultur der Großstädte mit ihren gläsernen Sekundärwelten der Passagen, Werbung und Warenhäusern, den Reise-, Kriminal- und Unterhaltungsromanen, den Kinderbüchern, den Vergnügungsorten der Angestellten, Verkäuferinnen und kleinen Ladenmädchen – und schließlich dem Film. Ihre Vorliebe galt jenen neuen Zonen, die inzwischen selbstverständlich zu den kulturellen Kernbereichen des Alltages gezählt werden, damals aber vom akademischen Blick ausgeschlossen oder eher mit herablassender Distanz betrachtet wurden. Gerade jene Gegenstände aber waren es, die für Benjamin und Kracauer zu Chiffren der Moderne wurden. Für Benjamin waren es der Sammler, der Fetischist, der Flaneur oder der Dichter, mit denen er die Moderne durchforstete, allesamt scheinen sie der Typologie des untergegangenen 19. Jahrhunderts entnommen. Für Kracauer war es die Fülle signifikanter Dinge, an deren Deplaziertheit reflexartig das 20. Jahr-

hundert aufleuchtete; an den Regenschirmen, einem alten Stadtplan, alten Hüten, an einem Klavier oder der Fotografie der Großmutter. Unterschiedlich dann aber der Versuch, der zerstreuten Einzelheiten Herr zu werden und ihnen eine neue Ordnung zu geben. Benjamin versuchte mit seiner Arbeit am *Passagen*-Werk die Urgeschichte der Moderne zu schreiben, bei Kracauer war es der Film, der für ihn zur „Syntax der sichtbaren Weltbestandteile" wurde.[4]

2

Es ist nicht mit Sicherheit auszumachen, wann sich Kracauer und Benjamin zum ersten Mal begegneten. Benjamin weilte im Sommer 1923 in Frankfurt, um die Geschäfte seiner Habilitationsarbeit voranzutreiben. In dieser Zeit lernte er Theodor W. Adorno und Fritz Sternberg kennen, die Bekanntschaft mit Kracauer fällt wahrscheinlich erst in den Dezember 1923. Benjamin hatte Franz Rosenzweig, den Gründer des 1920 ins Leben gerufenen und bis 1928 bestehenden *Freien Jüdischen Lehrhauses*, einen Genesungsbesuch abgestattet. Das *Freie Jüdische Lehrhaus*, seiner großen Wirkung wegen (in der Blütezeit zählte es 1 100 Einschreibungen) auch als eine „andere Frankfurter Schule" bezeichnet, war für jene Generation jüdischer Intellektueller von außerordentlicher Bedeutung, die wie Buber, Rosenzweig, Bloch, Fromm, Löwenthal, Kracauer oder auch Benjamin, vorwiegend aus säkularisiertem Elternhaus kommend, im schwierigen Klima der Nachkriegszeit das Judentum als geistige Wurzel ihrer Existenz wiederentdeckte.[5] Auch Kracauer, der seit 1921 zum festen Stamm der Feuilletonredaktion der *Frankfurter Zeitung* gehörte, verfügte über enge Kontakte zum *Lehrhaus* und hatte dort bereits als Referent von Oktober bis Dezember 1921 über religiöse und politische Bewegungen der Gegenwart gesprochen.[6] So ist anzunehmen, daß Benjamins erste Begegnung mit Kracauer über Rosenzweig zustande kam.
Benjamin begriff sehr schnell, daß er über Kracauer Zugang zum Feuilleton der *Frankfurter Zeitung* erhalten

konnte. Eine festere Zeitungsverbindung war auch dringend geboten, denn um regelmäßige Einkünfte war es bei Benjamin schlecht bestellt. Zwar war eine große Arbeit über Goethes *Wahlverwandtschaften* von Hugo von Hofmannsthal 1923 mit großer Hochachtung in die von ihm herausgegebene Zeitschrift *Neue Deutsche Beiträge* aufgenommen worden, ohne väterliche Zuwendungen und das Geld seiner damaligen Frau Dora ging dennoch nichts.

Wer sich die wenigen erhaltenen Briefe zwischen Kracauer und Benjamin dieser Zeit vor Augen führt, wird sich dem Charme wohlwollender Zweckgebundenheit der Korrespondenz nicht ganz entziehen können. In den Rezensionen war der Wunsch, sich wechselseitig in der Öffentlichkeit bekannt zu machen, unschwer zu verkennen. Doch zunächst wurde die kaum begonnene Freundschaft auf eine erste Belastungsprobe gestellt. Benjamin, in der selbstverständlichen Erwartung, seine Baudelaire-Übertragungen an hervorgehobener Stelle rezensiert zu wissen, zeigt sich durch die überraschend unfreundliche Besprechung in der *Frankfurter Zeitung* tief gekränkt. „Verantwortlich ist zuletzt der wohlgesinnte, unbetamte, großschnäuzige Siegfried namens Kracauer", beklagt er sich in einem Brief vom 7. Juli 1924 bei seinem Jugendfreund Gershom Scholem (Br, S. 352). Die düsteren Töne sollten jedoch schon bald verfliegen. Die von Kracauer mit viel Polemik besprochene Bibelübertragung von Buber und Rosenzweig trug dem Verfasser nicht nur einigen Ärger, sondern auch Lob ein, unter anderem die Glückwünsche Benjamins, hatte doch Kracauer fast zur gleichen Zeit eine Auswahl Benjaminscher Aphorismen für das Feuilleton angenommen. Die hier unter dem von Kracauer gefundenen Titel *Kleine Illuminationen* (FZ 14. 4. 1926) abgedruckten Texte bilden den Kern für den späteren Benjaminschen Aphorismenband *Einbahnstraße*, der 1928 bei Rowohlt erschien. Den Höhepunkt der gegenseitigen Wertschätzung bildete die Sammelbesprechung von Benjamins *Trauerspiel*-Buch und der Aphorismensammlung *Einbahnstraße*. Mit Walter Benjamin, so Kracauer, „erhält die Philosophie inhaltliche Bestimmtheit zurück, wird der Philosoph in die ‚erhobene Mitte zwischen dem Forscher und dem Künstler' gerückt"[7]. Benjamin antwortete 1930 mit zwei Rezensionen zu Kracauers Studie *Die Angestellten*, einem brillanten Querschnitt durch die Angestelltenkultur der zwanziger Jahre, deren Besprechung Benjamin unter das Thema des „Außenseitertums" stellte. Der Verfasser, so Benjamin, sei bei seinem konsequenten Außenseitertum „auf nichts von alledem festgelegt, womit Autoritäten, um ihn zur Ruhe zu verweisen, auftrumpfen könnten" (III, S. 221). Und an anderer Stelle: „Die Erfahrung aber, die hier zugrunde liegt ist einfach die des Intellektuellen." (III, S. 227)

Schon 1926 schrieb Benjamin an Kracauer: „Daß wir als Leser so enge Fühlung mit einander halten und auch als Autoren noch andere Konvergenzpunkte als den, schätzenswerten, der *Frankfurter Zeitung* haben wird mir immer lieber [...]"[8] Ein wichtiger Konvergenzpunkt war ohne Zweifel die vorsichtige Beschäftigung mit dem Marxismus, von der Kracauer Ernst Bloch im Laufe des Jahres 1926 in Kenntnis setzte. Kracauer war bereits während seines Studiums mehrfach durch seinen Lehrer Simmel auf Marx hingewiesen worden, den Ausschlag gab aber wohl die damals vieldiskutierte theoretische Schrift *Geschichte und Klassenbewußtsein* von Georg Lukács. Walter Benjamin, der, sehr zum Schrecken seiner alten Jugendfreunde, durch seine Beziehung zur russischen Revolutionärin Asja Lacis zur intensiveren Auseinandersetzung mit der revolutionären Theorie angeregt worden war, erhoffte sich hier eine vertraute geistige Basis. Für Kracauer, seit 1930 Korrespondent der *Frankfurter Zeitung* in Berlin, war aber eher die geschichtsphilosophische Dimension der Marxschen Schriften von Interesse und nichts so verhaßt als jede institutionalisierte Dogmatik. So vermochte er der Begeisterung Benjamins für die an der Seite Brechts unternommenen literarischen Streifzüge in die revolutionären Randzonen der KPD wenig abzugewinnen. Schelte erhielt er für die Vernachlässigung revolutionärer Tugenden aber von anderer Seite: „Der Mann, der noch in den

Angestellten die ‚Flucht vor der Revolution' sah, ist nicht mehr ganz derselbe, der heute am liebsten ganz ohne Revolution auskommen möchte", las ihm Ernst Bloch 1931 die Leviten.[9]

Weder Benjamin noch Kracauer waren in den ersten Wochen nach der nationalsozialistischen Machtübernahme unmittelbar gefährdet. Benjamin mußte von Gretel Adorno sogar mehrfach bedrängt werden, Deutschland zu verlassen. Kracauer hegte indessen größere Befürchtungen. Wie aus dem Nachlaß hervorgeht, hatte er dem völlig verunsicherten Redaktionschef der *Frankfurter Zeitung*, Benno Reifenberg, in fast täglich verfaßten Situationsanalysen die politische und redaktionelle Linie vorgegeben: „Wenn es Hitler gelänge, die Gewerkschaften zu bekommen, wäre seine Diktatur für absehbare Zeit gesichert", schrieb ihm Kracauer Mitte Februar 1933. „Glauben Sie, man würde im Diktaturfalle uns verschonen?"[10]

Ähnlich auch Walter Benjamin, der Ende Februar 1933 aus Berlin an Scholem schreibt: „Das bißchen Fassung, das man in meinen Kreisen dem neuen Regime entgegengebracht hat, ist rasch verbraucht und man gibt sich Rechenschaft, daß die Luft kaum mehr zum atmen ist; ein Umstand, der freilich dadurch an Tragweite verliert, daß einem die Kehle zugeschnürt wird." (Br, S. 562) Vorsorglich verließ Kracauer Berlin, am 2. März 1933 kam er in Paris an. Benjamin folgte ihm am 17. März 1933.

3

Wären Benjamin und Kracauer während ihres Pariser Exils oder in Marseille einmal gemeinsam ins Kino gegangen, sie wären verblüfft gewesen, was der jeweils andere an Erfahrungen und Eindrücken mit nach Hause genommen hätte. Kracauer hätte das Kino mit einem kleinen, prall gefüllten Notizblock verlassen, Exzerpte der Filmhandlung und Bildstruktur, vollgekritzelt mit der schnellen, unsicheren Schrift der Dunkelheit; Benjamin wäre früher oder später über die sicherlich miserable Umsetzung der literarischen Vorlage ins Schimpfen geraten. Doch dazu konnte es wahrscheinlich gar nicht erst kommen. Kracauer wäre es peinlich gewesen, mit dem langjährigen Vertrauten seiner Gedanken die Unentrinnbarkeit der Situation und die stickige Finsternis des Raumes zu teilen, Benjamin hätte sich von vornherein wegen Unpäßlichkeit entschuldigen lassen.

Aber dennoch, beide Literaten landeten schließlich auf theoretischen Pfaden doch im Kino. Interessant ist, daß sich beide Denker in ihren mehrfachen Versuchen, sich über die intellektuelle und kulturelle Situation der Exilzeit Klarheit zu verschaffen, immer wieder auf die Medienentwicklung beriefen. Die Resultate sind allerdings sehr verschieden. Während Benjamin Stück um Stück und lange nach allen Debatten über Film und Fotografie die Welt der visuellen Medien entdeckt und sich in seinem berühmten *Kunstwerk*-Aufsatz von den Neuerungen bei den Reproduktionstechniken fasziniert zeigt, wirkt der Umgang des bis 1933 führenden deutschen Filmkritikers mit dem Medium Kino eher verstört. Kracauer ist von der einstigen Gewißheit, daß der Film die verborgenen Strukturen der Gesellschaft transparenter mache, nicht mehr so überzeugt wie noch 1927, als er meinte, den „Ort, den eine Epoche im Geschichtsprozeß einnimmt", aus den „unscheinbaren Oberflächenerscheinungen" bestimmen zu können.[11] Noch 1932 hatte er die Aufgaben des Filmkritikers darin gesehen, „die in den Durchschnittsfilmen versteckten sozialen Vorstellungen und Ideologien zu enthüllen und durch diese Enthüllungen den Einfluß der Filme selber überall dort, wo es nottut, zu brechen"[12]. Kracauer wußte nach einer 1937 für das Sozialinstitut verfaßten Studie über Masse und totalitäre Propaganda nur zu gut, daß auch die beste von außen kommende Aufklärung nichts gegen die Dominanz der nationalsozialistischen Propagandamaschine auszurichten vermag, wenn man sich im Innern darin einrichtet. Diese ernüchternde Erfahrung führte sogar dazu, daß Kracauer bereits einmal rezensierte Filme deutscher Produktionen einer radikalen Neubewertung unterzog und deutschen Produzenten und Zuschauern eine spezifisch deutsche Kollektivmentalität unterstellte, die sie für totalitäre Strukturen besonders anfällig mache.

Die in dem Marseiller Café begonnene *Theorie des Films*, von der uns Soma Morgenstern erzählt, ist solch Versuch einer ersten umfassenden theoretischen Bilanz. Ursprünglich als Filmgeschichte vom Amsterdamer Verlag Allert de Lange in Auftrag gegeben – hier erschien auch Kracauers *Offenbach*-Monographie –, sollte die Fragment gebliebene Studie jedoch nie veröffentlicht werden. Seinen Ruf als Filmtheoretiker begründete Kracauer erst sieben Jahre später mit einer vieldiskutierten psychologischen Geschichte des deutschen Films *Von Caligari bis Hitler*.

Der Film zog zu allen Zeiten Scharen von Interpreten und Kritikern in seinen Bann. Relativ einfach ist es, den Grund des allgemeinen Interesses zu benennen. Der Film war für die literarische Intelligenz faszinierendes Medium der Moderne, Symbol für ein neues Zeitalter. An ihm ließen sich, wie sonst nirgendwo, die Hoffnungen, die Gewinne und Verluste festmachen, die die Umbrüche des Jahrhunderts begleiteten. Schwieriger ist es, eine Antwort darauf zu geben, warum Benjamin sich erst relativ spät den technischen Reproduktionsmedien zuwendet. Wollte er sich selbst einen Ausweg aus dem fatalen Gang der Geschichte weisen? Wollte er mit seinen Thesen ein Zeichen der Hoffnung setzen, indem er der Technikentwicklung zuschrieb, die Kräfte sozialen Fortschritts zu wecken?

Über die Irrtümer des Benjaminschen *Kunstwerk*-Aufsatzes ist bereits an anderer Stelle genug gesagt. Von Interesse ist aber der Blick Kracauers, der aus heutiger Sicht geradezu modern anmutet.

Rufen wir uns kurz die Kernthesen des 1936 für das Sozialinstitut geschriebenen *Kunstwerk*-Aufsatzes in Erinnerung. Mit der Fotografie wird, so Benjamin, die technische Reproduktion selbst zu einer neuen Kunst und verändert nicht nur die künstlerischen Techniken und Verfahren, sondern auch die Rezeptionsweise. An die Stelle des einzelnen tritt jetzt der kollektive Betrachter, geprägt von der Erfahrung des Schocks. Für Benjamin ist der Schock die Erfahrung der Moderne schlechthin, wie in den Baudelaire-Studien gezeigt, dazu angetan, mit den überkommenen Verhaltensmustern der Kunstbetrachtung zu brechen. Zum anderen erhofft sich Benjamin von der kollektiven Rezeption auch kollektive Einsichten: „Die technische Reproduzierbarkeit des Kunstwerkes verändert das Verhältnis der Masse zur Kunst. Aus dem rückständigsten [...] schlägt es in das fortschrittlichste [...] um." (I/2, S. 496f.)

Auch für Kracauer, der in seiner Filmtheorie mehrfach auf Benjamin Bezug nimmt, ist der Schock eine der wesentlichen Erfahrungen des 20. Jahrhunderts. Der moderne Mensch erleide „durch die Entwicklung der Technik und die Heraufkunft der Massen viel mehr Schocks" als früher, „weil er eben durch die Technik und durch die Einbeziehung in die Massen aus Traditionen herausgerissen worden ist, die schockdämpfend wirkten"[13]. Im Gegensatz zu Benjamin wird die Erfahrung des Schocks allerdings nicht nur positiv gewertet, sondern auch als eine Gefahr und Verführung gesehen; als Ausdruck des „primitiven Verlangen des Menschen, in die Schichten des Körperlichen einzukehren und Schocks zu erleiden"[14].

Gänzlich verschieden ist dagegen das Urteil über die von Benjamin beschworenen Phänome der Kollektivrezeption und Massenbewegung. „Ihr machtvollster Agent ist der Film", heißt es bei Benjamin (I/2, S. 478). Für Kracauer hingegen ist gerade diese Art kollektiver Rezeption nach den Erfahrungen der nationalsozialistischen Massenaufmärsche in Nürnberg und Berlin und zuletzt quer durch Europa äußerst verdächtig, basiere doch eine der Kernsäulen faschistischer Herrschaft darauf, das Individuum durch Masse ersetzt und damit gleichgeschaltet zu haben.

In einer anderen These geht Benjamin von der Parallelität von technischer und sozialer Entwicklung aus, die sich unter anderem auch aus dem historischen Umstand ableite, daß die Fotografie und das *Kommunistische Manifest* annähernd zur gleichen Zeit entstanden seien. Einen ähnlichen Zusammenhang stellt auch Kracauer heraus, wenn er in seiner Filmtheorie unterstellt, „Film und materialistisches Denken“ seien nur verschiedene Ausdrücke ein und derselben neuen Etappe des großen welthistorischen Entmythologisierungsprozesses. Aber er legt den Film, im Gegensatz zu Benjamin, nicht auf eine teleologische Funktion fest. Es sei das materialistische Denken, das sozialistische Veränderungen anstrebe, und „es hieße dem Film Gewalt antun, wollte man ihn auf solche Zwecke beschränken“[15].

Schließlich hält Benjamin der durch die Nazis betriebenen „Ästhetisierung der Politik“ die „Politisierung der Kunst“ entgegen und vertraut darauf, daß sich das faschistische Problem durch den Kommunismus von alleine lösen werde. Kann der Film überhaupt legitim politisch-sozialen Zwecken dienen, so fragt sich Kracauer mit Blick auf den viel beschworenen Propagandaeffekt des Films. Die Antwort Kracauers bleibt unbestimmt. Der Film sei „ein wundervolles Propagandainstrument – aber für Zwecke der verschiedensten Art. Seine Mission ist allgemeiner und unterschiedlicher als die des materialistischen Denkens.“[16] Aber der Ansatzpunkt war für Benjamin ohnehin ein anderer: 1938 fragte er sich in einer kurzen Arbeit über das Institut für Sozialforschung: „Lassen sich aus dem Zerfallsprozeß der demokratischen Gesellschaft noch die Elemente aussondern, [...] die Solidarität mit einer kommenden, mit der Menschheit selbst, nicht verleugnen? Die deutschen Forscher, welche ihr Land verlassen haben, hätten nicht viel gerettet und wenig zu verlieren gehabt, würde ihnen nicht auf diese Frage ein Ja zur Antwort. Der Versuch, den Lippen der Geschichte es abzulesen, ist kein akademischer.“ (III, S. 526)

4

Als sich Benjamin und Kracauer an jenem, von Soma Morgenstern beschriebenen Tag des Jahres 1940 zufällig vor dem Café in Marseille begegneten, wußten beide, daß es so nicht mehr weitergehen würde. Vielleicht verlor sich deshalb das Gespräch zwischen beiden. Wo keine Zukunft mehr ist, wird es schwer, selbst über Vergangenes zu sprechen. Man war am Ende Europas angelangt, weiter südlich war nur noch das Mittelmeer. Der alte Kontinent mit seiner zweitausendjährigen Kulturgeschichte drohte sich unter ihren Augen aufzulösen; die Existenz wurde zum Tanz auf dem Vulkan, wie es Klaus Mann einmal nannte.

Beide wußten, daß sich ihre einstigen Hoffnungen nicht erfüllt hatten. Benjamin mußte sehen, daß die Geschichte andere Wege nahm und eher dem Untergang zuzutreiben schien, als die in sie gesetzten messianischen Erwartungen zu erfüllen. So dachte er auch in Marseille zum wiederholten Male über das Ende der Geschichte nach; zum wievielten Male auch über sein eigenes, vermag keiner zu sagen. Letztes Dokument dieser Tage sind die Thesen zur Geschichte.

Aber auch über Kracauers Befinden wurde in den Pariser Jahren oft Düsteres mitgeteilt. „Die Emigranten sind niedergeschlagen; Kracauer war es besonders", so Benjamin in einem Brief an Bertolt Brecht 1935 (Br, S. 642). Die Hoffnungen Kracauers, sich mit dem Roman *Ginster*, der sogar ins Französische übersetzt wurde, und mit dem in Paris abgeschlossenen Roman *Georg* einen Namen als Romancier zu machen, hatten sich ebensowenig erfüllt wie der insgeheim immer erwartete Ruf an eine Lehreinrichtung nach Übersee, der vielen seiner Freunde nach 1933 geglückt war. Wenn die Überfahrt zum neuen Kontinent gelingen sollte, würde das einen völligen Neuanfang bedeuten.

Walter Benjamin sollte recht behalten. Kracauer überlebte, vollendete jene in Marseille begonnene *Theorie des Films* jedoch nie. Seine Frau Lili und er überwanden mit anderen Flüchtlingen die Pyrenäen, den einzigen Weg, der noch geblieben war, Frankreich auch ohne Ausreisevisum zu verlassen. Das Manuskript der Film-„Encyclopaedie" bricht ab, als das Schiff in den New Yorker Hafen einläuft. Walter Benjamin blieb zurück. Kracauer betrat am 25. April 1941 den neuen Kontinent und wurde einer der namhaften Filmtheoretiker und Kulturkritiker, immer wieder in Zusammenhang mit der Frankfurter Schule gebracht, ohne indessen, wie Adorno, nach Deutschland zurückzukehren.

Doch zurück zu Benjamin. „Da war Walter Benjamin. In Marseille, am Ende unserer Emigration, waren wir noch viel mit ihm zusammen. Er glaubte seine Welt vernichtet und panische Aengste erstickten die Hoffnung in ihm; nur noch Lili, an der er sehr hing, vermochte ihm damals Halt zu geben. Kurz nach ihm versuchten auch wir wieder ueber die Spanische Grenze zu gehen, wurden zurueckgeschickt und landeten in Perpignan wo wir erfuhren, dass er, der ebenfalls abgewiesen worden war, sich daraufhin das Leben genommen hatte. Wir selber waren in Perpignan nahe daran, dasselbe zu tun; jedenfalls ich.“[17]

1 Soma Morgenstern, Brief an Gershom Scholem vom 21.12.1972. Nachlaß Scholem. In: *Benjaminiana.* Eine biographische Recherche. Hrsg. v. Hans Puttnies und Garry Smith. Giessen 1991, S. 202–203.

2 Hans Cornelius, Erstes Referat über die Habilitationsschrift von Dr. Benjamin, 7.7.1925. In: *Walter Benjamin 1892–1940.* Hrsg. v. Rolf Tiedemann, Christoph Gödde und Henri Lonitz. Marbach am Neckar (3. Aufl.) 1991, S. 72 (Marbacher Magazin 55/1990).

3 Siegfried Kracauer, *Soziologie als Wissenschaft.* Eine erkenntniskritische Untersuchung. Dresden 1922.

4 Siegfried Kracauer, *Der Mörder Dmitrij Karamasoff.* Einige grundsätzliche Betrachtungen zum Tonfilm (EZ 13.2.1931). Wieder in S. K., *Von Caligari zu Hitler.* Frankfurt am Main 1984, S. 483.

5 *Das Freie Jüdische Lehrhaus – eine andere Frankfurter Schule.* Hrsg. v. Raimund Sesterhenn. Freiburg 1987.

6 Martina Lesch/Walter Lesch, *Verbindung zu einer anderen Frankfurter Schule.* Zu Kracauers Auseinandersetzung mit Bubers und Rosenzweigs Bibelübersetzung. In: *Siegfried Kracauer.* Neue Interpretationen. Hrsg. v. Michael Kessler und Thomas Y. Levin. Tübingen 1990, S. 177.

7 Siegfried Kracauer, *Zu den Schriften Walter Benjamins.* In: S. K., *Das Ornament der Masse.* Essays. Frankfurt am Main 1963, S. 255.

8 Walter Benjamin, Brief an Siegfried Kracauer vom

17. 6. 1926. In: Walter Benjamin, *Briefe an Siegfried Kracauer.* Hrsg. v. Theodor W. Adorno Archiv. Marbach am Neckar 1987, S. 24 (Marbacher Schriften 27).

9 Ernst Bloch, Brief an Siegfried Kracauer vom 29. 4. 1931. In: Ernst Bloch, *Briefe 1903–1975.* Hrsg v. Karola Bloch u. a. 2 Bde. Frankfurt am Main 1985, Band 1, S. 353.

10 Siegfried Kracauer, Brief an Benno Reifenberg vom 18. 2. 1933. Deutsches Literaturarchiv (DLA) Marbach 72.1721/3.

11 Siegfried Kracauer, *Das Ornament der Masse* (1927). In: S. K., *Das Ornament der Masse,* S. 50.

12 Siegfried Kracauer, *Über die Aufgabe des Filmkritikers.* In: S. K., *Kino. Essays, Studien, Glossen zum Film.* Hrsg. v. Karsten Witte. Frankfurt am Main 1974, S. 11.

13 Siegfried Kracauer, *Theorie des Films.* Marseille 1940. Heft I, S. 37. DLA Marbach 72.3557/6.

14 Ebenda, Heft I, S. 35.

15 Ebenda, Heft I, S. 29.

16 Ebenda.

17 Siegfried Kracauer, Brief an Friedrich T. Gubler vom 27. 7. 1947. Nachlaß Kracauer. DLA Marbach 72.1386/16.

VI

LORENZ JÄGER

Kosmos und sozialer Raum

Varianten eines Benjaminschen Motivs

Ist dieser Raum dem Herzen denn zu klein
Wo atmet er aus seiner rechten Größe?
(VII, S. 570)

Reiseandenken ist ein Konvolut von zwölf kurzen Prosastücken der *Einbahnstraße* überschrieben. In knappen Charakteristiken, deren Stillage vom Änigmatischen zum Witzigen reicht, erinnert sich Benjamin an Orte: Europa erscheint in Bauten, Kunstwerken und Landschaften von Rußland bis Frankreich, von Deutschland bis Italien und Spanien. Dieser Folge gibt das letzte Stück mit dem Titel *Himmel* einen überraschenden Schluß. Es berichtet von einem Traum, der am Nachthimmel „die Bilder, nach denen man Sterne zusammenfügt, in sinnlicher Gegenwart" (IV/1, S. 125) zeigt: „Ein Löwe, eine Jungfrau, eine Waage und viele andere starrten, als dichte Sternhaufen, auf die Erde herunter. Kein Mond war zu sehen." (IV/1, S. 125) Der Traum bleibt ungedeutet, aber seine Stelle als emphatisches Schlußstück der kleinen Folge scheint doch etwas anzudeuten. Der Himmel trägt Namen und Bilder wie die irdische Topographie in Landschaften und Architekturen; er erscheint, ihnen gleichgestellt, als lesbarer Ort, als Ort möglicher Erfahrung. Noch wird diese Erfahrung nicht expliziert, nur die Anweisung auf sie wird gegeben.

Himmel und Erde in ihrer Verbindung bilden das gattungsgeschichtlich vielleicht älteste Modell der Raumwahrnehmung und -strukturierung. Mit ihrer Entstehung oder Erschaffung setzen die Mythen ein, mit ihren Abbildern beginnt die eigentliche Architektur:

> Als der sich selbst bewußtwerdende Mensch aus der Höhle heraustrat, fand er sich nicht im Offenen schlechthin, sondern sah sich unter der Weite des Himmelsdachs im Erdenraum. Für ihn ruhte ja der Himmel, an dem Sonne, Mond und Sterne wanderten, im Rund auf der Erdscheibe auf, und er erfuhr sich aufrecht stehend unter der atmosphärischen Kalotte inmitten eines großen Kreises. Nun setzte er am heiligen Ort einen neuen Mittelpunkt, den Omphalos, den Nabel der Welt, wie er aus der Hochzeit zwischen Himmel und Erde entstanden war.[1]

Das Nachleben dieses archaischen Orientierungs- und Deutungsmusters in Benjamins Theorie des sozialen Raums soll im folgenden belegt werden. Vorweg ist festzuhalten, daß die untergeordnete Rolle der Architektur in der Hierarchie der Künste, die für die idealistischen Ästhetiken des 19. Jahrhunderts so kennzeichnend ist – sie findet sich, mit jeweils verschiedenen Begründungen, bei Schelling, Hegel und Schopenhauer und bestimmt noch den latenten Systembau von Blochs *Geist der Utopie* –, bei Benjamin einer Aufwertung weicht. Er vollzieht eine Revision, die in ihrer Verbindung mit parallelen Versuchen der zeitgenössischen Philosophie bei so verschiedenen Denkern wie Kracauer, Rosenzweig, Wittgenstein und Heidegger bislang erst ungenügend erforscht ist. Aber er kehrt die Hierarchie der Künste nicht einfach um. Seine Theorie richtet sich nicht als gleichsam fertige auf architektonische Objekte, sondern bewahrt in ihren Kategorien selbst die Erfahrung von Räumen. Von *Architexturen*[2] des Denkens hat Eva Meyer gesprochen; auch für Benjamin wäre dieser Terminus zu verwenden. Es ist diese Immanenz der Architektur in der Theorie, die sowohl rein philosophisch angelegten[3] wie rein architekturhistorischen Studien[4] entgeht; erst neuere Untersuchungen wie die von Menninghaus zu Benjamins *Schwellenkunde*[5] haben hier auch methodisches Neuland erschlossen. Zugespitzt könnte man sagen, daß sich bei Benjamin kein Theorem findet, dem nicht eine räumlich-leibliche Figur zuzuordnen wäre; im *Passagen-Werk* hat er als Charakteristikum seiner Methode gerade die „gesteigerte Anschaulichkeit" (V/1, S. 575) behauptet. Eine dieser anschaulichen Figuren in seinem Denken bildet das Verhältnis von Himmel und Erde, wie es in der abstraktesten Form in der frühen *Metaphysik der Jugend*, zart und wahrhaft jugendlich, als Raum der Liebe erscheint: die Geliebte begegnet „in der Landschaft [...], unter sehr hellem Himmel" (II/1, S. 100). Will man den Transformationen dieses Motivs in Benjamins Werk nachgehen, so bietet sich zunächst noch einmal die *Einbahnstraße* an: was in der Binnenstruktur der *Reiseandenken* in den kleinen Formen von Beobachtung und Traum ausgesprochen wird, entfaltet sich in der Gesamtkomposition des Buchs. Die „Muttererde" (IV/1, S. 101, 147) wird mit einem Pathos angesprochen, das dem Bachofens vergleichbar ist; die Verbindung mit dem Himmel erfährt zum Schluß ihre Steigerung zur verbindlichen Form der „Lehre" (IV/1, S. 146): „‚Denen allein wird die Erde gehören, die aus den Kräften des Kosmos leben.'" (IV/1, S. 146) Endet die *Einbahnstraße* mit dem Ausblick auf ein *Planetarium* (IV/1, S. 146–148), so entwirft die *Berliner Kindheit* dazu das Gegenbild: ihr Schlußstück eröffnet den Blick in chthonische Tiefen, die der kindlichen Phantasie zum Sitz vom Mißgeschick und Unglück werden:

> Solange ich klein war, sah ich beim Spazierengehen gern durch waagerechte Gatter, die es erlaubten, vor einem Schaufenster auch dann sich aufzustellen, wenn gerade unter ihm ein Schacht sich auftat. Er diente dazu, die Kellerluken in der Tiefe mit etwas Licht und Lüftung zu versorgen. Die Luken gingen kaum ins Freie, sondern eher ins Unterirdische. (VII/1, S. 429)

Benjamins Schritte – seine „Passagen" – vollziehen sich nicht in einem leeren, neutralisierten Raum, sondern in einem Spannungsfeld, das von chthonischen Mächten – „Magnetische Kräfte schienen im Tempelgrunde zu wohnen. Es wurde uns schwer zu schreiten" (VII/2, S. 639) – ebenso wie vom „Schauer echter kosmischer Erfahrung" (IV/1, S. 147f.) erfüllt ist. Einen Ort zu erfahren bedeutete für ihn, das je spezifische Verhältnis von chthonischen und kosmischen Energien, deren Treffpunkt er bildet, in einer gesteigerten und qualitativ differenzierten Weise zu formulieren.

Himmel und Erde, die sich als die Extreme des gelebten

Raumes zeigen, sollen nun in einem skizzenhaften Überblick nach ihrer Bedeutung für Benjamins Werk befragt werden. Auffällig ist bereits in den Sonetten (VII/1, S. 27–52), die dem Gedenken an C. F. Heinle und Rika Seligson gewidmet sind, sowohl die variantenreiche Topographie, in der neben typisierten Landschaften Berlin und Freiburg erkennbar werden, als auch die hohe Frequenz einer Lexik des Kosmos. Nicht nur wird die Figur des Himmels als „All" (VII/1, S. 49), „Weltall" (VII/1, S. 38) oder „Himmelszelt" (VII/1, S. 48) immer wieder vergegenwärtigt, sondern präzise wird der Stand von Sonne, Mond und Gestirnen festgehalten. Den „Stand der Sterne" (VII/1, S. 28) beobachtet Benjamin ebenso wie ihren Aufgang (VII/1, S. 37), ihre Stellung im „Zenith" (VII/1, S. 50) oder im „Wendekreis" (VII/1, S. 52); an anderer Stelle hält er besondere Konstellationen wie „das Kreuz der Sterne über Süden" (VII/1, S. 37) fest. Die Sonette schreiben das Gedächtnis von C. F. Heinle und Rika Seligson der Natur und dem Kosmos ein, der Himmel wird zum Zeugen des Furchtbaren: „Aus Sternen bildet namenlose Trauer / Das Denkmal deines Blicks am Himmelsbogen" (VII/1, S. 28). Man kann diese Gedichte lesen als radikale Ausformung der Vorstellung vom „Weltbuch"[6] und der „Himmelsschrift"[7]. Die Natur wird in die Geschichte einbezogen, sie bleibt vom menschlichen Handeln nicht unberührt. „Nach dem Sündenfall [...] änderte sich mit Gottes Wort, das den Acker verflucht, das Ansehn der Natur im tiefsten." (II/1, S. 155) Dieser Satz aus Benjamins frühem Sprachaufsatz (vgl. II/1, S. 140–157) gibt wahrscheinlich eine seiner am meisten charakteristischen Intuitionen wieder, er ist dahin zu verallgemeinern, daß die Natur insgesamt an den Katastrophen und Hoffnungen der Geschichte partizipiert.

Auch die Abhandlung *Zwei Gedichte von Friedrich Hölderlin* (II/1, S. 105–126) schreibt Benjamin, im ersten Kriegswinter 1914/15, unter dem Eindruck von Heinles Tod. Er vergleicht darin zwei Fassungen eines Hölderlinschen Gedichts – *Dichtermut* und *Blödigkeit* – in ihren sozialen Entwürfen. Die frühere Fassung geht aus von einer vorausgesetzten Sittlichkeit, an die der Gesang des Dichters sich unmittelbar bindet. Es sind die kollektiven Mächte des Volkes und der Götter, aus denen sich hier der Dichtermut begründen soll; dabei wird das Volk als natürlicher Zusammenhang verstanden – „Sind denn dir nicht verwandt alle Lebendigen [...]?" – und die Götter als mythologische Vorbilder: „Der Sonnengott ist der Ahn des Dichters und sein Sterben ist das Schicksal, an dem der Tod des Dichters, erst gespiegelt, wirklich wird." (II/1, S. 109) Die heteronome Bestimmtheit läßt den Mut des Dichters hier erst „schüchtern" (II/1, S. 109) auftreten, er stammt noch aus einer „andern, fremden Ordnung" (II/1, S. 109). In der späteren Fassung erkennt Benjamin eine Umwälzung dieser Struktur: das Volk verwandelt sich in eine „Menge" (II/1, S. 114), die dem Dichter nicht mehr verwandt, sondern nur mehr „bekannt" (II/1, S. 113) ist; aus einem genealogischen Bezug wird ein kommunikativ vermittelter, der in der Wahrheit – „Geht auf Wahrem dein Fuß nicht [...]?" – fundiert ist. Der Dichter gewinnt die Autonomie seines Gesangs und zugleich eine gesteigerte Solidarität mit dem Volk: wo Benjamin in der früheren Fassung die „unbestimmte" (II/1, S. 111), da erkennt er in der späteren die „gewaltige Zugehörigkeit" (II/1, S. 111); die „Vereinzelung der Gestalt" (II/1, S. 111) wandelt sich zur „Schicksalsverbundenheit der Lebendigen mit dem Dichter" (II/1, S. 116). Weit entfernt von der elitären Geistesmetaphysik, die man ihm unterstellt hat,[8] fragt Benjamin hier nach den Bedingungen, unter denen autonome Würde und Solidarität in der „Gesetzlichkeit der guten Welt" (II/1, S. 117) zusammenfinden. Auch das Verhältnis zu den Göttern erfährt in der späteren Fassung eine „Versachlichung" (II/1, S. 120). „Gut auch sind und geschickt einem zu etwas wir / Wenn wir kommen, mit Kunst, und von den Himmlischen / Einen bringen."[9] Benjamin kommentiert: „Der Gott hört auf, den Kosmos des Gesanges zu bestimmen, dessen Wesen vielmehr – mit Kunst – erwählt sich frei das Gegenständliche: er bringt den Gott, da Götter schon zum versachlichten Sein der Welt im Gedanken geworden sind." (II/1, S. 121)

Die soziale Fragestellung verbindet Benjamin mit einer Entzifferung der Raumgestalten, die dem Gedicht eingeschrieben sind. Der unarchitektonischen ersten Fassung antwortet in der späteren eine durchgeformte Architektur: war in jener der Dichter von der Parze genährt und in Abhängigkeit gehalten, so zeigt ihn diese in der autonomen Aktivität des Gangs auf Wahrem „wie auf Teppichen"; Benjamin spricht von der Gewinnung einer „Lage im Raum", die er als „beschreitbar[e] Ordnung", als „Ebene", „Erstreckung" und „gebreitete[n] Plan" (II/1, S. 113ff.) auslegt. Die gesteigerte Plastik setzt sich in der Gestaltung des Himmels fort, wie sie die spätere Fassung gibt:

> In der Formung dieses Weltbildes wird immer strenger jede Anlehnung an konventionelle Mythologie getilgt. Für das entlegnere „Ahne" tritt der „Vater" ein, der Sonnengott ist in einen Gott des Himmels verwandelt. Die plastische, ja architektonische Bedeutung des Himmels ist unendlich viel größer als die der Sonne. Zugleich aber ist hier deutlich, wie fortschreitend den Unterschied zwischen Gestalt und Gestaltlosem der Dichter aufhebt; und der Himmel bedeutet so sehr eine Ausdehnung, als auch zugleich eine Verringerung der Gestalt, im Vergleich mit der Sonne. (II/1, S. 120)

Dergestalt vollzieht sich im Übergang von der früheren zur späteren Fassung eine Revolution der sozialen Beziehungen zugleich mit der Bildung eines neuen „Kosmos" (II/1, S. 111) und „Weltbau[s]" (II/1, S. 118); die soziale Identität findet ihren unmittelbaren Ausdruck in der Raumwahrnehmung. Hier ist das Modell vorgegeben, nach dem Benjamin in den folgenden Jahren typisierte soziale Räume untersucht: Haus und Zimmer erscheinen als Lebensräume des modernen „Bürger[s]" (II/1, S. 128), der im starren „Pochen auf Verdienst" (II/1, S. 128) die ans Kosmische reichende Weiträumigkeit des Siegers im antiken Agon einbüßt (*Das Glück des antiken Menschen*; II/1, S. 126–129); die Enge der mittelalterlichen Stadt erscheint als Ausdruck einer auf Macht und Magie reduzierten Mythologie (*Über das Mittelalter;* II/1, S. 132f.); die Grenze wird als architektonisches Urphänomen der Gewalt entziffert (*Zur Kritik der Gewalt;* II/1, S. 179–203). Verfehlte soziale Identität erscheint als

Enge, Begrenzung und Raumverlust, die gelungene und geglückte verbindet Benjamin mit der Hoffnung auf erweiterte Handlungs- und Wahrnehmungsräume; in den Worten des *Hölderlin*-Essays: auf das „orientalische, mystische, die Grenzen überwindende Prinzip" (II/1, S. 124). Im Extremfall reicht dabei die raumstrukturierende Kraft der Sozialität an den Kosmos heran. Von hier aus läßt sich nun auch das Schlußstück der *Einbahnstraße* in der Kontinuität von Benjamins Raumtheorie interpretieren. Zunächst wird darin der Kosmosverlust der Neuzeit diagnostiziert: „Nichts unterscheidet den antiken so vom neueren Menschen, als seine Hingegebenheit an eine kosmische Erfahrung, die der spätere kaum kennt." (IV/1, S. 146) In dieser Geschichte einer dramatischen Raumverkümmerung nimmt Benjamin die Gegenwart als möglichen Wendepunkt an; für einen erneuten „Kontakt mit dem Kosmos" (IV/1, S. 147) sieht er die Chance in zwei Bedingungen, einer ökonomischen und einer sozialen. Als soziale Bedingung nennt er, dem *Hölderlin*-Essay folgend, die solidarische Gemeinschaft der Menschheit als ganzer, die die engeren Solidarverbände von „Völkern und Familien" (IV/1, S. 147) ablöst. Ökonomische Bedingung sei eine nicht mehr auf „Profitgier" (IV/1, S. 147) und „Naturbeherrschung" (IV/1, S. 147) reduzierte Technik; die Herstellung beider Bedingungen wird an die „Macht des Proletariats" (IV/1, S. 148) überantwortet. Die Solidarität der Gemeinschaft, die die Antike im kultischen „Rausch" (IV/1, S. 146) herstellte, wird der Gegenwart als bewußte Aufgabe „in planetarischem Maßstab" (IV/1, S. 147) gestellt, und zwar als Solidarität der Menschen untereinander wie mit der Natur. Es ist diese Universalisierung der Solidarität, von der Benjamin sich eine Erweiterung des Wahrnehmungsraums verspricht und ein neues Verhältnis zur kosmischen Energie; man könnte von einem in seiner Theorie bereits angelegten fourieristischen Element sprechen, das in den dreißiger Jahren höhere Prägnanz gewinnt, als Motiv aber immer schon erkennbar ist.

Eine erste, fragmentarische Reflexion irdisch-kosmischer Beziehungen findet sich in Benjamins Schriften um 1917/18. Das *Programm der kommenden Philosophie* (II/1, S. 157–171) stellt die Frage nach der Möglichkeit einer an Kant orientierten Philosophie, in der das Monopol naturwissenschaftlicher Erfahrung gebrochen wäre. Diese nämlich sei „eine der niedrigst stehenden Erfahrungen oder Anschauungen von der Welt", eine „gleichsam auf den Nullpunkt, auf das Minimum von Bedeutung" (II/1, S. 159) reduzierte Erfahrung. Ihre Quintessenz bilde die Newtonsche Physik, der Benjamin eine gehaltvollere Erfahrung konfrontieren will, diese schließlich soll „durch die Beziehung auf das Kantische System zur Erkenntnis werden" (II/1, S. 157). Daran mußte die Frage sich anschließen, ob der Weltausschnitt, den die Newtonsche Physik erfaßt, einer „höhern Art der Erfahrung" (II/1, S. 160) zugänglich sein könnte. Der Antwort, die bejahend ausfällt, widmen sich Benjamins „Spekulationen über Kosmogonie"[10], die vor allem auf das Jahr 1918 zu datieren sind, den Fragen des *Programms* also auch zeitlich folgen. Benjamin kennt in dieser Zeit drei „Arten der Geschichte": Natur-, Welt- und Gottesgeschichte. Ihnen korrespondieren jeweils verschiedene kognitive und narrative Verfahrensweisen: der Naturgeschichte wird die „Kosmogonie" zugeordnet, der Weltgeschichte die historische „Stufenleiter der Phänomene"; beide sind in der Gottesgeschichte aufgehoben in den Formen von „Schöpfungsgeschichte" und „Offenbarung" (VI, S. 93). Wo es im biblischen Bericht heißt, „Im Anfang schuf Gott den Himmel und die Erde"[11], und damit ein „einsinniger Wirkungszusammenhang" (VI, S. 93) angezeigt wird, erzählen die Kosmogonien Trennungsmythen von Himmel und Erde als Geschichten von Geburten und Zeugungen. Hesiod berichtet vom Ursprung der Welt und vom Ursprung der Geschlechter: aus dem Chaos entsteht Gaia, die Erde; sie gebiert Uranos, den Himmel, und vereint sich mit ihm zu neuen Zeugungen und Geburten.

In seinen materialen kosmogonischen Überlegungen deutet Benjamin ein Gegenbild zur neuzeitlichen Kosmologie an. Er will, in einer kosmisch-politischen Aufzeichnung mit dem Titel *Die Fahne*, „die Immanenz der

Erde aus dem solaren und weitern kopernikanischen System getilgt" (VI, S. 94) wissen; seine positive Formulierung besagt: „Himmel und Erde werden wieder polar." (VI, S. 94) Er knüpft damit an eine antikopernikanische Tradition des deutschen Idealismus an, die ihm aus den Schriften Franz von Baaders vertraut sein mochte;[12] auch Baader hatte als Zentrum einer religiös geprägten Naturphilosophie den „Unterschied und Gegensatz von Himmel und Erde"[13] spekulativ erweisen wollen. Eine unmittelbar naturphilosophische Wendung seiner Ideen hätte Benjamin in die Bereiche des philosophischen Sektierertums geführt, das ihm durch Freunde wie Erich Gutkind und Erich Unger durchaus vertraut war. Der Ausweg, der sich ihm bot, war zunächst die Ästhetik. Definierte man, wie Benjamin, die Kunstwerke als „wiedergekehrte Natur" (Br, S. 323), so konnte die Kosmogonie im Innern der Kunstphilosophie ein Refugium finden. Eine kurze kosmogonische Aufzeichnung deutet Anfang der zwanziger Jahre diese Richtung an: „das Erhabne – die Erde [...] das Schöne – der Himmel" (VI, S. 91). Vor allem aber verwies ihn das kosmogonische Programm auf die Geschichte; Kosmogonie sollte die „Zerlegung der ‚Natur' in historisch differente Begriffe" (VI, S. 91) leisten, mit ihr sollte die Natur in geschichtlich bestimmten Bildern verstanden werden.

Benjamin führt diese spekulativen Entwürfe zunächst nicht weiter. Von ihrer Fragestellung her erschließt sich aber ein Teil seiner Lektüre in den folgenden Jahren: detaillierte Studien zum Himmelsbild beschäftigen ihn bis zum Abschluß des *Trauerspiel*-Buchs. Ende 1919 oder Anfang 1920 liest er Goethes meteorologische Schriften (VII/1, S. 444; Nr. 646), die ihm Aufschlüsse über die nähere kosmische Umwelt geben; vom Wetter als einer der „höchsten und lindesten Manifestationen" (V/1, S. 156) kosmischer Kräfte sprechen noch, keineswegs ironisch, die *Passagen.* Gleichzeitig läßt er sich von Gershom Scholem bei der Auswahl seiner Lektüre beraten, befragt ihn nach einem Buch über den babylonischen Astralglauben (Br, S. 250) und nimmt vor allem den Hinweis des Freundes auf Robert Eislers *Weltenmantel und Himmelszelt*[14] auf.

Es handelt sich dabei um eine groß angelegte und eminent materialreiche, in ihrer wissenschaftlichen Seriosität freilich schon damals umstrittene Studie zum antiken Weltbild, für das Eisler eine durchgängige, zum Teil verschlüsselte astrale Prägung annimmt. Der Himmel habe für die Antike „nicht mehr und nicht weniger dargestellt als das Ur- und Vorbild und zugleich das allumfassende Spiegelbild der ganzen Welt"[15] – eine Formulierung, an die Benjamins „Lehre der Antike" (IV/1, S. 146) im *Planetarium* deutlich anschließt. Im Mai 1920 meldet er an Scholem von seiner Lektüre:

> Ich bin bis zur Proserpinaabhandlung im ersten Band gekommen und finde die Analysis der Legende von der hl. Agathe freilich faszinierend. Auch sonst habe ich hie und da Bemerkungen gefunden, die mir sehr aufschlußreich waren, besonders über die astrale Bedeutung der Frucht- und Feldsymbolik. (Br, S. 240)[16]

Fortgesetzt werden diese Studien, Ende 1921 oder Anfang 1922, mit der Lektüre von Franz Bolls *Sternglaube und Sterndeutung*[17], einem Buch, das bis heute die zuverlässigste Einführung in das astrologische Weltbild geblieben ist (VII/1, S. 449; Nr. 797). Anfang 1923 folgt Ernst Cassirers Schrift *Die Begriffsform im mythischen Denken* (VII/1, S. 452; Nr. 873), in der mythische Ordnungen der irdischen Topographie – in totemistischen Systemen der Indianer, in babylonischen und griechischen Lehren von den Weltzonen – wie des Himmelsbildes – in der antiken Astrologie – und schließlich ihre Kombination in Systemen astrologischer Geographie kritisch vorgestellt und gegen wissenschaftliche, „nach geometrischen oder geographisch-physikalischen"[18] Kriterien verfahrende Modelle kontrastiert werden. Hofmannsthal gegenüber hat Benjamin später Einwände gegen Cassirer erhoben (Br, S. 407), weil er die teleologische Ausrichtung auf die mathematische Naturwissenschaft nicht mitvollziehen wollte. In der Tat wird die lebenspraktisch-alltägliche Erfahrung des Raumes von geometrisch-physikalischen Verfahrensweisen nicht erreicht, vollzieht sich vielmehr als Überlagerung sozialer, lebensgeschichtlicher und ästhetischer Kriterien[19] und steht insofern ihrem erkenntnistheoretischen Status nach tote-

mistischen oder mythischen Ordnungsmodellen vermutlich näher; auch ihre Analyse bedarf insofern anderer als naturwissenschaftlicher Verfahren. Die Lektüre spezialisierter Studien zum Saturnbild schließt sich an: unter Nr. 890 ist im *Verzeichnis der gelesenen Schriften* Aby Warburgs *Heidnisch-antike Weissagung in Wort und Bild zu Luthers Zeiten* notiert (VII/1, S. 453), unter Nr. 929 Carl Giehlows Studie *Dürers Stich Melencolia I und der maximilianische Humanistenkreis* (VII/1, S. 454), unter Nr. 955 *Dürers „Melencolia I"* von Erwin Panofsky und Fritz Saxl (VII/1, S. 456).
Wiederum dem ganzen Umkreis der Himmelsbilder widmet sich Anton Haubers Studie *Planetenkinderbilder und Sternbilder*, die im *Verzeichnis* nicht enthalten ist, im *Trauerspiel*-Buch aber zitiert wird (I/3, S. 970); einem besonderen Aspekt antiker und astrologischer Deutung der Lebensalter Franz Bolls Schrift *Die Lebensalter*, die unter der Nummer 894 notiert ist (VII/1, S. 453). Benjamins Kenntnis des Himmels, das läßt sich diesen Studien entnehmen, muß außerordentlich genau gewesen sein. Sie umfaßte Wolkenformen[20] und atmosphärisch-meteorologische Phänomene ebenso wie planetarische Einflüsse und Sternbilder. Der Himmel bot ihm Bilder von höchster Bestimmtheit im Sinne sowohl der optischen Wahrnehmung kosmischer Kräfte wie auch ihrer historischen Wandlungen und „Umdeutung[en]" (I/1, S. 328). Daß ihm der Traum Sternbilder in architektonischer Präzision zeigt, überrascht nun, auf den zweiten Blick, nicht mehr.
Das mythische Bild der Erde – die „Religion des ‚Chthonismus' (Erd- und Totenkult)" (III, S. 44) war Benjamin vor allem aus den Schriften Johann Jakob Bachofens vertraut. Die Beschäftigung mit seinen Theorien reißt seit 1922, als Benjamin die *Vorrede und Einleitung* zum *Mutterrecht* (und vermutlich weitere Teile des Werks) liest (II/3, S. 964), nicht mehr ab: 1926 rezensiert er eine Schrift Bernoullis über Bachofen (III, S. 43–45), 1930 liest er eine Studie von Alfred Bäumler über Bachofen und Nietzsche (VII/1, S. 463; Nr. 1152), 1934 schließlich schreibt er einen französischsprachigen Essay über Bach-

ofen (II/1, S. 219–233). Die *Sage von Tanaquil* besaß er in der Erstausgabe (IV/1, S. 391). Sicher war Benjamins Interesse an Bachofen vielschichtig. Den Autor der *Passagen* mußte es methodisch interessieren, wie etwa in der *Gräbersymbolik der Alten* von einem Bautyp, der Grabarchitektur, schließlich der Ausblick auf eine Epoche gewonnen wurde. Verwandt ansprechen mußte ihn aber auch, was er der *Vorrede und Einleitung* zum *Mutterrecht* entnehmen konnte: das Modell einer Bindung der geschichtsphilosophischen an die kosmologische Betrachtung. Bachofens Konstruktion der antiken Menschheitsgeschichte aus den Familien- und Rechtsverhältnissen nimmt an, daß die Dominanz der Mutter durch die des Vaters abgelöst wird. Verbunden damit sei, so Bachofen, eine Revolution des Bildes von Welt und Kosmos: der „mütterlich-tellurischen“[21] kontrastiert er die „väterlich-uranische“[22] Betrachtungsweise. Wendet die mutterrechtliche Epoche „ihren Blick vorzugsweise der Erde zu“ und „stellt die chthonischen Mächte über die des uranischen Lichts“[23], so wird dagegen „das siegreiche Vatertum [...] ebenso entschieden an das himmlische Licht angeknüpft [...], die Durchführung des Rechts der Paternität ebenso allgemein als die Tat der uranischen Sonnenhelden dargestellt“[24]. So erscheint in Bachofens Konstruktion der Geschichte „überall dieselbe Erhebung von der Erde zum Himmel“[25] und der „allmählig[e] Fortschritt der geistigen Entwicklung des Menschen mit einer Stufenfolge immer höherer Erscheinungen des Kosmos“[26] verbunden. Benjamin mußte in Bachofens Arbeiten einen theoretischen scopus erkennen, der seinem eigenen – dem einer zugleich kosmisch und historisch differenzierten Natur – jedenfalls nahekam.

Die kosmogonischen Studien und Spekulationen mögen als unverbindliche Abwege eines Autors mit entlegenen Passionen erscheinen, solange ihre textstrukturierende Funktion im mittleren und späten Werk nicht erkannt ist. Der Nachweis dieser Funktion soll nun zunächst für den Essay *Goethes Wahlverwandtschaften* (I/1, S. 123–201) versucht werden.

Der erste Teil, der „Das Mythische als Thesis“ (II/3,

S. 835) exponiert, bindet die Auslegung des Mythischen an den Umgang mit der Erde. „Das Tellurische" (II/3, S. 836; 131–133) und „Das Wasser" (II/3, S. 836; 133) bezeichnen den Umkreis ihrer Mächtigkeit. Der Umgang der Romanfiguren mit der Erde, der sich scheinbar frei von Aberglauben aus Freiheit (I/1, S. 132) und aus Bildung (I/1, S. 131) vollzieht, greift in den Boden entwürdigend ein: „ohne Bedenken, ja ohne Rücksicht" (I/1, S. 132) werden Grabsteine versetzt, wird der Boden dem Geistlichen zur Kleesaat überlassen. „Keine bündigere Lösung vom Herkommen ist denkbar, als die von den Gräbern der Ahnen vollzogene, die im Sinne nicht nur des Mythos sondern der Religion den Boden unter den Füßen der Lebenden gründen." (I/1, S. 132) Wird das Recht des Bodens, das für Benjamin kein Ansich darstellt, sondern an das Eingedenken gebunden und damit historisch bestimmt ist, verletzt und verleugnet, fällt es dem freien Schalten und Lustwandeln zum Opfer, so zeigt sich den Menschen ein anderes Resultat als das vermeinte. In ihren Handlungen wird nun „die magnetische Kraft des Erdinnern" wach, mit der sie unbewußt eine Gemeinschaft eingehen. Der „starr[e] Erdkörper" wird zur verborgenen Macht, die sich ironisch im Bildungsdasein manifestiert; im „Spiel" wird in Wahrheit das „Unergründlich[e]" (I/1, S. 132f.) mobilisiert. Benjamin liest den Roman als Geschichte einer mißglückten Emanzipation. Man könnte von der Urform der Denkfigur einer Dialektik der Aufklärung sprechen: gerade die Freiheit, die vom Ritual emanzipieren soll, ruft das Unterirdische auf. Von dieser Dialektik sieht Benjamin auch den Umgang der Romanfiguren mit dem Wasser bestimmt: wie die Bearbeitung des Friedhofsgrundes als ästhetische Handlung intendiert, „läuft jene Vereinigung der Wasser, wie sie schrittweis festem Lande Abbruch tut, auf die Wiederherstellung des einstigen Bergsees hinaus, der sich in der Gegend befand" (I/1, S. 133). Die Romanfiguren, so hält es Benjamin in einem Wortspiel fest, gehen zugrunde, „wo sie den Segen des festen Grundes verschmähen" (I/1, S. 133). Was in Freiheit, Bildung und Spiel als idealisierte bürgerliche Kultur erscheint, steht in Wahrheit unter dem Bann des Erdinneren und der ältesten chthonischen Mächte; der „verschönte Schauplatz" (I/1, S. 132) trägt Züge von Unterwelt (I/1, S. 139) und Hades (I/1, S. 169). Genauer läßt sich diese Struktur bestimmen, wenn man sie in ihrem Verhältnis zum Frieden sieht. Die Romanfiguren mißverstehen den Frieden als „Harmonie" (I/1, S. 185) des Bildungsdaseins und verfehlen ihn damit; in Wahrheit sind ihre Beziehungen von „Friedlosigkeit" (I/1, S. 185) bestimmt. Da sie den „offenen Streit" (I/1, S. 184) vermeiden, erreichen sie die „Aussöhnung" (I/1, S. 184) nicht, sie bleiben im Bereich des „Schicklichen" (I/1, S. 134) und der Konvention. Diese Lebensform erweist sich gegenüber der „verletzten Satzung" (I/1, S. 140) als ohnmächtig, ihre Emanzipation ist auf halbem Wege steckengeblieben. In ihrem Dasein lebt die mythische Lebensform wieder auf, die den Frieden nur temporär und nur um den Preis des Opfers gewährt,[27] die Rolle des Opfers übernimmt als „Versöhnerin" (I/1, S. 140) Ottilie in ihrem Freitod. Für den *Wahlverwandtschaften*-Essay insgesamt erweist sich die messianische Frage nach einem emphatisch verstandenen, Gerechtigkeit einschließenden Frieden und seinen sozialen Bedingungen[28] als einer der wesentlichen Horizonte.

Für Goethes Biographie weist Benjamin gegen Ende des ersten Teils noch einmal die Wirksamkeit dieser Dialektik der Aufklärung nach. Im Bilde des Olympiers – eine Chiffre, die später als literarisch-politische „Herrschaft" (II/2, S. 726) ausgelegt wird – erkennt er eine verschwiegene Angst, die ihrerseits in einer chthonischen Aura erscheint:

> Goethes Horoskop, wie es halb spielend und halb ernst Bolls „Sternglaube und Sterndeutung" gestellt hat, verweist von seiner Seite auf die Trübung dieses Daseins. „Auch daß der Aszendent dem Saturn dicht folgt und dabei in dem schlimmen Skorpion liegt, wirft einige Schatten auf dieses Leben; mindestens eine gewisse Verschlossenheit wird das als ‚rätselhaft' geltende Tierkreiszeichen, im Verein mit dem versteckten Wesen des Saturn, im höheren Lebensalter verursachen; aber auch [...] als ein auf der Erde kriechendes Tierkreiswesen, in dem der ‚erdige Planet' Saturn steht, jene

starke Diesseitigkeit, die sich ‚in derber Liebeslust mit klammernden Organen' an die Erde hält." (I/1, S. 150)

Diese Dialektik von Emanzipation und chthonischer Magie, von Bildung und Friedlosigkeit, ist im zweiten Teil des Essays, der sich der Interpretation der Novelle von den wunderlichen Nachbarskindern widmet, außer Kraft gesetzt. Nicht mehr eine Gesellschaft erscheint hier, sondern eine „Gemeinschaft der Friedlichen" (I/1, S. 170), die dem „chimärische[n] Freiheitsstreben" (I/1, S. 170) der Romanfiguren abgesagt hat. Auch diesem Bild gibt Benjamin seine Spiegelung in Goethes Biographie und registriert im Spätwerk eine „Läuterung, welche keine Befreiung mehr sein durfte" (I/1, S. 165). Der Privatheit der Romanfiguren steht in der Novelle eine idealisierte Öffentlichkeit gegenüber; ihre Gestalten sieht Benjamin „von allen Seiten eng umschränkt von ihrer Mitwelt, ihren Angehörigen" (I/1, S. 169); sie erfahren die „gänzliche Geborgenheit des Daseins" (I/1, S. 171). Merkwürdig erscheinen in dieser Darstellung die Bilder vertauscht: Unabhängigkeit, Freiheit, Bildung und Spiel sollen den Mythos begründen, während die gemeinschaftliche Idylle mit den Zügen der Utopie versehen wird und gerade in ihr die Entzauberung der Natur sich vollziehen soll. Denn auch sie verändert hier ihre Bedeutung: wo sie vorher tödlich und geheimnisvoll war, zeigt sie sich nun im „helle[n] Licht" (I/1, S. 169) des nüchternen Tages; das Wasser wird zum „lebendigen Strom" (I/1, S. 171). Benjamin stellt in dieser Interpretation mehr Fragen, als er beantwortet; offen bleibt vor allem, wie die „Entscheidung" (I/1, S. 170), der hier als Handlungsform die Wendung überantwortet wird, sich außerhalb des Ausnahmezustands denken läßt.[29] Festzuhalten bleibt, daß die Novelle als Bild eines substantiellen Friedens (I/1, S. 170, 185) gedeutet wird, der der Versöhnung durch das Opfer nicht mehr bedarf. Zeigte der erste Teil eine Emanzipation, die im Vergessen des Friedens dem Mythos anheimfiel, so zeigt sich hier der Friede als die soziale Gestalt und der soziale Sinn dessen, was die theologische Rede als „Erlösung" (I/1, S. 171) bezeichnet.[30] In eine neue Fragestellung führt der dritte Teil des Essays. Das Wesen der Kunst und des Schönen stehen zur Diskussion; die Darstellung folgt dabei einer Stufenfolge von Eros und Liebe, die durch die Schönheit der Ottilie entzündet werden. Eng verklammert mit der Exposition des Ästhetischen ist die der erotischen Beziehungsformen, die anfangs, in Schaulust und Leidenschaft, unter dem Bann des Scheins stehen; sich dann aber, in Rührung und Musik, sukzessive von ihm lösen und Sprachnähe gewinnen. Auch hier fragt Benjamin nach dem Frieden, der zunächst in seiner uneigentlichen Ausformung als „scheinhaft[e] Versöhnung" (I/1, S. 184), später dann als Hoffnung in der Form der „Aussöhnung" (I/1, S. 192) erscheint. Zugleich führt der dritte Teil in eine neue Natursphäre: in die uranische. Georges Verse aus dem „Siebenten Ring", dem Abschnitt als Motto vorangestellt, bezeichnen den neuen geistigen Ort: „Eh ihr den leib ergreift auf diesem sterne / Erfind ich euch den traum bei ewigen sternen." (I/1, S. 172, 201) Die Konstellation von Schönheit, Schein und Sternen nimmt das Thema einer kosmogonischen Aufzeichnung wieder auf, die auf die Jahre 1920 bis 1923 datiert wird und in engster zeitlicher Nachbarschaft zum *Wahlverwandtschaften*-Essay entstanden sein muß: „Schein und Schauplatz: das Schöne – der Himmel." (VI, S. 91) Tatsächlich bietet sich das Zusammenspiel von Schönheit, Schein und Himmel für eine Lektüre des dritten Teils an; es sei an der Gestalt der Ottilie kurz skizziert. Von ihr schreibt Benjamin, daß nicht der triumphierende Schein „blendender Schönheit" (I/1, S. 193) ihr eigne, sondern der „verlöschende Schein" (I/1, S. 194). Weiter stellt er den „milde[n] Schimmer ihres Wesens" (I/1, S. 186) fest und spricht von einem Schein, der in ihr „noch einmal am süßesten dämmert vor dem Vergehen" (I/1, S. 192). Dies ist der Schein, der sich in den Tränen der Rührung und der Aussöhnung (I/1, S. 192) zeigt, der Beziehungsform, die, gleich weit vom substantiellen Frieden wie von der chronischen Friedlosigkeit, den Übergang von dieser zu jenem stiftet.[31] Unmerklich geht die Schilderung von Ottiliens Schönheit in ein Bild des Abendhimmels über, wie es

der Schluß des Essays, als eines der Hoffnung auf Versöhnung, dann in der Tat entwirft. Denn nun gedenkt Benjamin des Moments, „da die Sonne verlischt [und] im Dämmer der Abendstern aufgeht, der die Nacht überdauert. Dessen Schimmer gibt freilich die Venus." (I/1, S. 200) Das Gedankenspiel Venus–Ottilie–Jula Cohn, das Benjamin damals beschäftigt haben muß,[32] findet sich schon früher; Ottilie erscheint der Göttin verwandt, die dem Meer entsteigt (I/1, S. 182f.). Ihr Bild folgt in bestimmten Zügen dem der Venus, in ihrer Schönheit liegt sowohl das Elementarische wie das Sternenhafte. So ist es zu verstehen, daß Benjamin, einem Mythologicum Bachofens folgend, sie der singenden Zikade vergleicht, die „ursprünglich nur der dunklen Erde eigen vom mythischen Tiefsinn der Griechen in den Verband der uranischen Sinnbilder hinaufgehoben ward. Was anders meinte Goethes Sinnen um Ottiliens Lebensausgang?" (I/1, S. 192f.)
Auch Goethes Erscheinung verwandelt sich nun in diesem Sinne: zeigte ihn der erste Teil der Erde verhaftet, in Angst und Sprachlosigkeit, so zeigt ihn der letzte, in einem Bericht von Sulpiz Boisserée, in einer durch Sternenlicht erhöhten Aura:

> „Die Sterne waren aufgegangen; er sprach von seinem Verhältnis zur Ottilie, wie er sie lieb gehabt und wie sie ihn unglücklich gemacht. Er wurde zuletzt fast rätselhaft ahndungsvoll in seinen Reden. [...] So kamen wir [...] im schönsten Sternenlicht ... nach Heidelberg." (I/1, S. 199)

Aus diesem Bericht liest Benjamin den Hinweis auf eine Sinnschicht des Werks, die auch in ihrem Naturbild aus der geschlossenen Welt des chthonischen Mythos hinausführt:

> Wenn es dem Berichtenden nicht entgangen ist, wie mit dem Aufgang der Sterne Goethes Gedanken auf sein Werk sich hinlenkten, so hat er selbst wohl kaum gewußt – wovon doch seine Sprache Zeugnis ablegt – wie über Stimmung erhaben der Augenblick war und wie deutlich die Mahnung der Sterne. In ihr bestand als Erfahrung was längst als Erlebnis verweht war. Denn unter dem Symbol des Sterns war einst Goethe die Hoffnung erschienen, die er für die Liebenden fassen mußte. Jener Satz, der, mit Hölderlin zu reden, die Cä-

> sur des Werkes enthält und in dem, da die Umschlungenen ihr Ende besiegeln, alles inne hält, lautet: „Die Hoffnung fuhr wie ein Stern, der vom Himmel fällt, über ihre Häupter weg." (I/1, S. 199f.)

Auch dieses Himmelsbild zeigt sich als eines der Solidarität. Die Liebenden selbst bemerken den Stern nicht; es ist der Erzähler, der für sie, nicht für sich, an ihm Hoffnung faßt: „Nur um der Hoffnungslosen willen ist uns die Hoffnung gegeben." (I/1, S. 200)

Wie der Mythos sich zuerst am Bild des Tellurischen manifestiert hatte, so findet hier die Hoffnung ihr Bild am Himmel; die sozialen Beziehungen, die in Mythos, Erlösung und Hoffnung ihre theologische Abbreviatur haben und, wie gezeigt wurde, durchgängig von der messianischen Friedensidee her gedacht sind, stellen sich gleichzeitig in leiblichen Anweisungen dar, in einem Blickwechsel von der Erde zum Himmel. Schon der *Wahlverwandtschaften*-Essay hat in diesem Sinne die Form eines Denkbildes: zugleich mit der kritischen Darstellung entwirft er einen Raum der weitesten Dimensionierung, eine irdisch-himmlische Architektonik. Ohne Bachofens Dogmatik zu folgen, ist er doch in seinem scopus ohne Bachofens Vorbild nicht denkbar. Er schließt an die kosmogonischen Entwürfe an und gibt ihnen eine materiale Durcharbeitung, indem er die elementaren Naturbilder an die soziale Erfahrung koppelt. Programmatisch hat Benjamin seine Absicht in einer frühen Notiz zum *Passagen-Werk* noch einmal formuliert: „Keine geschichtliche Kategorie ohne ihre naturale Substanz, keine naturale ohne ihre geschichtliche Filterung." (V/2, S. 1034)

Im *Passagen-Werk* erfährt das Motiv von Himmel und Erde schließlich eine weitere Metamorphose. Die Darstellung der Stadt Paris im Spannungsfeld chthonischer und uranischer Energien vollzieht sich in den Abschnitten C und D in ungemein reicher Dokumentation. Während im Abschnitt A der Leser die Passagen sozusagen horizontal abschreitet, zur Betrachtung der Läden und ihrer Ökonomie eingeladen wird, ist im Abschnitt C der Blick, wie Benjamin es einmal von dem Valérys gesagt hat, „chthonisch abgeleitet, schräg nach unten" (IV/2, S. 479) gerichtet, auf und unter die Erde gelenkt, während der Abschnitt D die nähere und fernere kosmische Umwelt, Wolken und Sterne, in ihren zeitgenössischen Bildern einfängt.

Eine erste Schicht des chthonischen Paris bilden die mythischen Kräfte des Bodens, die den Fuß zum Innehalten nötigen: Schwellen, Grenzsteine und Tore. Benjamins Aufmerksamkeit gilt dem chthonischen Zeichensystem von Paris, das nicht immer und nicht ausschließlich optisch erfahren, sondern eher „unter den Sohlen" (III, S. 82) gefühlt und eher unbewußt wahrgenommen wird:

> Diese Tore – die Eingänge der Passagen – sind Schwellen. Keine steinerne Stufe markiert sie. Aber das tut die wartende Haltung der wenigen Personen. Sparsam abgemessene Schritte spiegeln, ohne daß sie selbst davon wissen, es ab, daß man vor einem Entschluß steht. (V/1, S. 142; C 3,6)

Diesen, im weiteren Sinne der „Topographie" (V/1, S. 133; C 1,5 und pass.) gewidmeten Notizen treten andere zur Seite, die ins Unterirdische führen. Bereits ein gemeinsam mit Ernst Bloch unternommener Haschischversuch vom Januar 1928 beschreitet diesen Weg: Benjamin empfindet „eine Abneigung gegen den freien sozusagen uranischen Luftraum" (VI, S. 561) und Sehnsucht nach einer „Höhle" (VI, S. 561); registriert dann ein „Dünsten aus der Erde" (VI, S. 570) und notiert schließlich: „Chthonischer. Sah uns eine Treppe heruntergehen, so daß wir gewissermaßen unterirdisch saßen." (VI, S. 570) In dieser Haschischphantasie wird ein antiker topos nachgebildet, der Gang des Helden in die Unterwelt,[33] wie ihn etwa Vergil im sechsten Buch der *Aeneis* geschildert hat[34]. Aeneas, der seinen Vater noch einmal sehen will, verlangt von der Sibylle von Cumae den Weg in die Unterwelt zu erfahren, den die ihm mit den Worten „Facilis descensus Averno" – „leicht geht's hinab zum Avernus"[35] beschreibt. Dem Aeneas, der „zum Abgrund der Erde / Niederzusteigen"[36] begehrt, begegnet nun eben jenes „Dünsten aus der Erde", von dem Benjamins Protokoll spricht:

War ein Geschlüft sehr tief und weit, abgründigen Gähnens, / Steil und beschirmt von schwarzem Sumpf und nächtigem Bannwald. / Straflos hätte daselbst mit gefiederter Schwinge der Vögel / Keiner die Bahn durchquert, so greulvoll stieg aus den offnen / Mäulern der Finsternis verpesteter Qualm in die Lüfte: / „Vogellos", Aornos, heißt der Ort bei den Griechen.[37]

Benjamins Haschischphantasie vom Gang in die Unterwelt präfiguriert den Gang des *Passagen-Werks*, das nun die Treppe ins Unterirdische hinabsteigt. „Facilis descensus Averno": diese sibyllinische Anweisung richtet das Motto des Abschnitts C an den Leser (V/1, S. 133), und auch ihm schlagen nun die Dünste aus der Erde – aus den Abwässern und Kloaken von Paris – entgegen. Die Lektüre geht den Gang des Aeneas nach; Benjamin geleitet[38] den Leser anhand literarischer und historischer Zeugnisse in die „Unterwelt" von Paris (V/1, S. 135; C 1a,2), ins Unterirdische und Hadeshafte (l.c.), in den „souterrain" (V/1, S. 146; C 5a,1 und pass.), in die „mystères du dessous" (V/1, S. 153; C 8,5), ins Totenreich (V/1, S. 154; C 9,2) und zu einem metaphorischen Styx: „Rodenberg spricht von der ‚stygischen Existenz' gewisser Papiere" (V/1, S. 139; C 2a,2). Das Nachleben der Antike im unterirdischen Paris wird bis in Details hinein festgehalten; eine Stelle aus Victor Hugos *Les Misérables*, die sich Benjamin notiert, stiftet die Verbindung zur Sibylle von Cumae:

Die Kneipen des Faubourg Saint-Antoine ähnelten den Tavernen des Aventin, die über der Höhle der Sibylle errichtet sind und in Verbindung mit den heiligen Eingebungen stehen; die Tische dieser Tavernen waren beinahe Dreifüße und Ennius spricht von dem sibyllinischen Wein, der da getrunken wurde. (I/2, S. 587; französisch zitiert V/1, S. 146; C 5,2)

Benjamin dokumentiert die verschiedenen Schichten und Systeme der Pariser Unterwelt: die Kloaken und Abwässersysteme, in denen die „divinités d'en bas" (V/1, S. 142; C 3,8) herrschen, die „Kloakengötter" und „Katakombenfeen" (V/1, S. 135; C 1a,2), die Metro (V/1, S. 142; C 3,9 und pass.), die Weinkeller, die Grotten- und Höhlensysteme der Cafés und Restaurants (V/1,

S. 145; C 4a,5 und pass.), die Entdeckung älterer Baufundamente bei Ausgrabungen (V/1, S. 145; C 4a,4); dann aber vor allem die Systeme unterirdischer Gänge, in denen sich Schreckensbilder der Geschichte – die Gefangenen des Juniaufstands wurden dorthin verschleppt (V/1, S. 142; C 3a,1 und pass.) – mit denen des Aberglaubens – „Aus Quellen wissen wir, daß hin und wieder sich kluge Leute erbötig machten, gegen hohe Bezahlung und Schweigegelübde ihren Mitbürgern dort unten den Teufel in seiner höllischen Majestät zu zeigen“ (V/1, S. 137; C 2,1) – und des Schauerromans (V/1, S. 152; C 8,4), mit Gerüchten und Volksphantasien zur Zeit der Commune (V/1, S. 154; C 8a,5) und der „politique de catacombes“ (V/1, S. 153; C 8,6) der revolutionären Verschwörer überlagerten.
An die Darstellung der chthonischen Tiefen von Paris knüpft Benjamin die des Geschichtsbildes einer Pariser Antike, das in sehr verschiedenen Stilebenen durchgespielt wird: eher ironisch, als Musenanrufung, zu Anfang des Abschnitts (V/1, S. 133; C 1,2; C 1,3), eher verdüstert gegen den Schluß hin, der Phantasien vom künftigen Untergang von Paris versammelt. Als Zeugen der stadtplanerischen Zerstörungen, der „Démolitions“ (V/1, S. 150; C 6a,2 und pass.), die damals einsetzten, wurden die Zeitgenossen Baudelaires zu Visionären der Vergänglichkeit der Stadt; Bilder einer kommenden Ruinenlandschaft (V/1, S. 140; C 2a,8 und pass.) und einer in diesem Sinne „antiken“ Ansicht von Paris notiert Benjamin; einer seiner Hauptzeugen ist Victor Hugo, dessen „chthonische Veranlagung“ (I/2, S. 587) sich in dem Gedicht *A l'arc de triomphe* (V/1, S. 147–149; C 6; C 6a,1) ausspricht. Paris erscheint darin als eine Stadt, die dem Schicksal antiker Städte – in die Erde zu versinken – nicht entgehen kann. In Phantasien wie diesen zeigt sich Benjamin „ein Symptom davon, daß die Technik nicht rezipiert wurde. Aus ihnen spricht das dumpfe Bewußtsein, daß mit den großen Städten die Mittel heranwachsen, sie dem Erdboden gleichzumachen.“ (V/1, S. 152; C 7a,4)[39]
Der nun folgende Abschnitt D orientiert den Blick des

Lesers auf den Himmel und die „kosmischen Kräfte" (V/1, S. 156; D 1,3), die über Paris walten. Als Motto vorangestellt ist ihm u. a. ein Gedicht von Jakob van Hoddis, das die Schönheit des wolkigen Himmels anruft: „Will denn die Sonne alle Träume morden, / die blassen Kinder meiner Lustreviere? / Die Tage sind so still und grell geworden. / Erfüllung lockt mit wolkigen Gesichten. [...]" (V/1, S. 156) Mit einer Kindheitserinnerung setzt das Kapitel ein: „Kind mit seiner Mutter im Panorama. Das Panorama stellt die Schlacht bei Sedan dar, das Kind findet alles sehr schön: ‚Nur schade, daß der Himmel so trübe ist.' – ‚So ist das Wetter im Krieg', erwidert die Mutter." (V/1, S. 156; D 1,1) Himmel und Wetter werden zu unmittelbaren Teilnehmern des geschichtlichen Lebens, und es ist diese Perspektive, aus der Interaktion von Mutter und Kind gewonnen, die Benjamin im folgenden zu erfüllen versucht. Vielleicht war die Szene eine seiner eigenen Kindheit gewesen; allerdings spricht er in einer frühen Notiz zum *Passagen-Werk*, als er bereits einen „Wetterabschnitt" (V/2, S. 1021; L°, 33) konzipiert, von seiner „Freude, wenn der Himmel am Morgen bedeckt ist" (l.c.)[40]. Die kindliche Wahrnehmung des trüben Himmels wird in den folgenden Notizen dem regnerischen Himmel bei Baudelaire konfrontiert – als „sombre et pluvieux" (V/1, S. 156; D 1,2) schildert ihn François Porché –, dann folgt eine erste theoretische Reflexion, die die gegeneinander montierten Zitate in ein Verhältnis setzt und das Arbeitsvorhaben skizziert. Das Wetter als kosmische Kraft, die auf den Menschen die „innigste und geheimnisvollste Wirkung" (V/1, S. 156; D 1,3) ausübt, soll hier eine Rettung erfahren gegen die Anschauung des „hohlen und brüchigen Menschen" (l.c.), dem es zum Vorwand des „leersten Geschwätzes" (l.c.) wird. Goethes Studien zur Witterungslehre werden für Benjamin zum Vorbild einer Haltung, die noch das Wetter dem „wachen, schaffenden Leben" (V/1, S. 157; D 1,3) einbezieht. Im folgenden versammelt Benjamin zum Teil ausgesprochen kuriose Zeugnisse des Pariser Himmels und Wetters: Zeugnisse des Nebels (V/1, S. 157; D 1,4 und pass.), der

grauen Atmosphäre (V/1, S. 159; D 1a,7), des regnerischen Klimas (V/1, S. 157; D 1,6 und pass.) und der dadurch verursachten Schäden an der Kleidung (V/1, S. 161; D 2,6). Weiter dann Zeugnisse über Schutzvorrichtungen gegen den Regen: Wasserstiefel (V/1, S. 158; D 1,7) und Regenschirme (V/1, S. 159; D 1a,6); in einem utopischen Roman findet er die Phantasie eines „Schutzdach[s] aus Kristallplatten, das bei Regen über die Stadt geschoben wird" (V/1, S. 166; D 4,2) – für Benjamin allesamt Anzeichen einer „abnehmende[n] magischen Kraft des Regens" (V/1, S. 158; D 1,7). An der grauen Atmosphäre von Paris ist neben dem Regen als feuchtes der Staub als trockenes Element beteiligt: an den Schirokko, einen staubigen Wind, fühlte sich Carl Gustav Carus in Paris erinnert (V/1, S. 159; D 1a,8). Teils hat der Staub natürliche Bedingungen – „‚Die jungen Kalkflöze, auf denen Paris liegt, lösen sich äußerst leicht in Staub auf, und dieser Staub ist, so wie aller Kalkstaub, äußerst schmerzlich für die Augen'" (V/1, S. 164; D 3,5) –, teils aber auch historische in Einrichtung und Kleidung: „Plüsch als Staubfänger. [...] Der Staub und die ‚gute Stube'. [...] Andere Anstalten, Staub aufzuwirbeln: die Schleppe." (V/1, S. 158; D 1a,3) Er hat schließlich teil an dem Bild von Geschichte, das sich die Epoche macht: „Staub legte sich unter Louis-Philippe sogar über die Revolutionen." (V/1, S. 158; D 1a,1) Wo die magische Kraft des Regens abnimmt, kann der Staub seinen Platz einnehmen: „Als Staub nimmt der Regen an den Passagen seine Revanche." (V/1, S. 158; D 1a,1)
In dieser Atmosphäre erscheint die Zeit eingeebnet, sie gibt sozusagen das kosmische Bild der Langeweile, des ennui. „La France s'ennuit" (V/1, S. 167; D 4a,3) – dieses lakonische Diktum Lamartines eröffnet die historische Lektüre des Pariser Himmels. Benjamin rückt die Langeweile in verschiedene historische Konstellationen: als „ideologische Langeweile der Oberklassen" (V/1, S. 162; D 2a,4) sieht er sie die Monotonie der Fabrikarbeit spiegeln, wie sie Engels (l.c.) und Michelet (V/1, S. 166; D 4,5) beschreiben; vom Menschen verbreitet sie sich auf die Umwelt (V/1, S. 160; D 2,3) und auf das begradi-

gende „Alignement" (V/1, S. 160; D 2,2) der Architektur. Zum andern aber versucht Benjamin, ihre Verbindung mit dem Himmel festzuhalten: „Regen [...] macht Tage nicht nur grau sondern ebenmäßig. Vom Morgen bis zum Abend kann man dann dasselbe tun, schachspielen, lesen, sich streiten, während Sonne, ganz anders, die Stunden schattiert und dem Träumer nicht wohl will." (V/1, S. 159; D 1a,9). Eine eingeebnete, „akzentlos[e]" (V/1, S. 162; D 2a,1) Zeit findet ihr Bild an diesem Himmel. Der Charakter der Langeweile als zugleich naturhaft-kosmischer und gesellschaftlicher Befindlichkeit wird bereits in den Motti angedeutet, die im Zusammenhang gelesen sein wollen: auf die Beschwörung der „wolkigen Gesichte" von Jakob van Hoddis folgt Hebels Satz „Die Langeweile wartet auf den Tod" (V/1, S. 156) und Victor Hugos „Attendre c'est la vie" (l.c.). Bleibt die Anweisung zur kombinierenden Lektüre hier noch implizit, so spricht Benjamin später von der „innigste[n] Verbindung von Wetter und Langeweile" (V/1, S. 157; D 1,3), die er auch, bei François Porché, als Signum von Baudelaires Dichtung wiederfindet: „‚Un des caractères essentiels de cette poésie, en effet, c'est l'ennui dans la brume, ennui et brouillard mêlés (brouillard des villes); en un mot, c'est le spleen.'" (V/1, S. 157; D 1,4)
Aber der Himmel endet nicht an den Wolken. Ähnlich, wie sich unter der topographischen Anlage von Paris eine tiefere, unterirdische Schicht eröffnete, so wird nun der Blick des Lesers auf die Sterne oberhalb des bewölkten Himmels gelenkt. Das Stern-Bild, das sich ihm hier zeigt, ist nicht das der Astronomie, sondern ein gesellschaftlich und geschichtlich entworfenes; es ist eines, in das die Schrecken und Hoffnungen handelnder Subjekte eingehen. Benjamin untersucht, welche Konstellationen die Menschen des 19. Jahrhunderts am Himmel sehen und wie in diesen Bildern die soziale und politische Erfahrung zu Wort kommt; in Bildern, die nicht weniger konturiert, eindringlich und gegenwärtig sind wie die alten Tierkreiszeichen, von denen Benjamins Traum berichtet hatte. Wenn das *Passagen-Werk* insgesamt einen Appell an die soziologische Phantasie richtet, sich noch

der entlegensten Dokumente zu versichern, so gilt dies nicht zuletzt für die Lektüre dieses Kapitels: der düsteren Erscheinung des Saturn, in der Benjamin im *Trauerspiel*-Buch die geschichtsphilosophische Signatur des barocken Dramas wiedererkannt hatte, tritt hier ein kosmisches Bild von abgründigem, maßlosem Schrecken zur Seite.

Die Begegnung mit dem Spätwerk von Auguste Blanqui fällt in das Jahr 1938 und vollzieht sich, wie man Benjamins Briefen entnehmen kann, mit einer tiefen Erregung. Blanqui, der wie kein anderer für die revolutionäre Arbeiterbewegung im Frankreich des 19. Jahrhunderts gestanden hatte, wurde für den verarmten Emigranten in seinen letzten Lebensjahren zum heimlichen Helden der Passagen-Studien. Seine letzte Schrift, *L'éternité par les astres*, entstand im Gefängnis und trägt das Bild auswegloser Gefangenschaft an den Himmel. Blanqui nimmt darin an, daß im Universum eine endliche Anzahl von Elementen vorhanden ist, aus der sich nur eine endliche Anzahl von Gebilden – Sternen, Planeten, Menschen – entwickeln könne; die Natur müsse „ihre ursprünglichen Kombinationen und Typen ad infinitum wiederholen“ (V/2, S. 1257). Er fährt fort:

> Es muß deshalb jeden Stern in Zeit und Raum unendliche Male geben, nicht bloß so, wie er einmal erscheint, sondern nach jedem Augenblick seiner Dauer von seinem Entstehen bis zu seinem Untergang. Solch ein Stern ist die Erde. Darum ist auch jedes Menschenwesen ewig in jedem Augenblick seiner Existenz. Das, was ich in diesem Augenblick in einer Zelle des Forts Du Taureau schreibe, das habe ich geschrieben und das werde ich in alle Ewigkeit schreiben: an einem Tisch mit einer Feder, in Umständen, die aufs Haar den gegenwärtigen gleichen. So ist es mit jedem ... die Zahl unserer Doppelgänger ist unendlich in Zeit und Raum [...]. Es sind keine Phantome sondern verewigte Wirklichkeit. Eines freilich fehlt daran: Fortschritt. Was wir so nennen, ist eingemauert in jede Erde und vergeht mit jeder. [...] Die gleiche Monotonie, die gleiche Unbeweglichkeit auf den anderen Sternen. Das Universum wiederholt sich unendlich und tritt auf der Stelle. Unbeirrt spielt die Ewigkeit im Unendlichen stets und immer das gleiche Stück. (V/2, S. 1257; französisch zitiert: V/1, S. 171; D 7; D 7a)

Wie die Monotonie des individuellen Lebens ihr Bild am grauen Taghimmel, so findet hier eine abgründigere des kollektiven Lebens das ihre am Nachthimmel; Benjamin erkennt in dieser kosmologischen Spekulation die „Gesellschaft, die Blanqui an seinem Lebensabend als Sieger über sich zu erkennen gezwungen war" (V/1, S. 169; D 5a,6). Der soziale Erfahrungskern von Blanquis kosmischer Phantasie ist in dem Satz „il n'y a pas progrès" (V/1, S. 171; D 7; D 7a) ausgesprochen. Zwar scheint er ihn für einen Moment zurückzunehmen und der Annahme zuzuneigen, begünstigtere Menschen auf anderen Planeten hätten eher eine Fortschrittschance – aber auch diese besitzen ihrerseits ihre Doppelgänger, die ihnen in der „série des ses avatars" (V/1, S. 172; D 7; D 7a) vorausgegangen sind und ihnen folgen werden. So hat sich selbst der Fortschritt schon ereignet und wird sich immer wieder ereignen, er ist in das Gefängnis eingebracht: eine Phantasie, die an Gedankenspiele eines Borges erinnert, hier aber nicht als literarisches Experiment, sondern als bittere geschichtliche Erfahrung auftritt. Benjamin kommentiert: „In dieser Schrift ist der Himmel ausgespannt, an dem die Menschen des neunzehnten Jahrhunderts die Sterne stehen sehen." (V/1, S. 169; D 5a,3)

Auch in diesem Kapitel ist die übergangslose, unvermittelte Konfrontation der Stilebenen zu beobachten. War es zunächst die lächerliche und kuriose in den Bildern des mit Schirm und Wasserstiefeln bewaffneten Bürgers, der seinen Abwehrzauber gegen die magische Kraft des Regens einsetzt – Daumier mag bei diesen Notizen Pate gestanden haben –, so ist es hier eine finster-erhabene; wie im Trauerspiel liegt der „strenge Spaß dem Grauenhaften" (I/1, S. 305) eng benachbart. Hätte Benjamin zu einer abschließenden Formulierung gefunden, so wäre sie von der erschütterndsten Wirkung gewesen.

Neben Notizen, die der Vorstellung der ewigen Wiederkehr bei Nietzsche gelten, stellt Benjamin gegen den Schluß des Kapitels Bilder des Sternenhimmels von Autoren, die dem Bürgertum zuzurechnen sind; optimistische, im Sinne von Fortschrittsdoktrinen entworfene Bilder: „Die Eternité par les astres ist mit dem esprit quarante-huitard zu konfrontieren, wie er in Reynauds ‚Terre et ciel' lebendig ist." (V/1, S. 177; D 10,4) Ein geschichtliches Stern-Bild des Bürgertums hält die folgende Notiz fest:

> Nous ne rencontrons rien dans l'univers qui ne puisse servir à nous élever, et nous ne pouvons nous élever réellement qu'en nous aidant de ce que nous offre l'univers. Les astres eux-mêmes, dans leur sublime hiérarchie, ne sont que les degrés superposés, par lesquels nous montons progressivement vers l'infini. (V/1, S. 177; D 10,4)

Ist es hier der Fortschritt, der am Himmel erscheint, so ist es in *L'infini dans les cieux*, einem Gedicht Lamartines, die wissenschaftliche Beherrschung der Natur, die den Kontakt zum Himmel stiftet: „[L'homme] Mesure de ces feux les grandeurs et les poids, / Leur assigne leur place, et leur route, et leurs lois". (V/1, S. 176; D 9a,2)

In der zusammenhängenden Lektüre läßt sich der Sinn der Abschnitte C und D des *Passagen-Werks* neu erschließen. Erde und Himmel werden nach den Bildern befragt, die sie von einer hoffnungslosen Geschichte geben; die Erde steht ein für Untergang und Vergänglichkeit, der Himmel für die qualitätslose Zeit von Langeweile, Wiederkehr und kontinuierlichem Fortschritt. Das frühe kosmogonische Programm einer historisch differenzierten Natur ist, versuchsweise jedenfalls, eingelöst. Aufgabe einer besonderen Untersuchung wäre es, die Abweichungen von diesem Pariser Kosmos in der Sensibilität Baudelaires genauer zu erforschen. Eine relativ umfangreiche Notizengruppe Benjamins geht dem „sternlose[n]" (V/1, S.343; J 21a,7 und pass.) Himmel bei Baudelaire nach und der „Entweihung der Wolken" (I/2, S. 680); andererseits wird sein „Erstarrungsvermögen" (I/2, S. 587) von Hugos chthonischer Veranlagung abgesetzt. Ebenso müßten die kosmischen Motive Grandvilles und, Benjamin folgend, „der enge Anschluß der Reklame ans Kosmische" (V/1, S. 238; G 2,2) analysiert werden, um die im *Passagen-Werk* versammelten Himmelsbilder in ihrer individuellen und sozialen Bestimmtheit wirklich überschauen zu können.

Niemals ist Hoffnungslosigkeit Benjamins letztes Wort. Über die Hoffnung, die bleibt, spricht er in einem seiner letzten Texte – vielleicht dem letzten, den er verfaßte: in dem kurzen Essay *Sur Scheerbart* (II/2, S. 630–632), der Adrienne Monniers *Gazette des Amis des Livres* zugedacht war. Er kann als utopisches Testament gelesen werden; dem, was die geschichtsphilosophischen Thesen als „wohlbeschaffene gesellschaftliche Arbeit" (I/2, S. 699) begrifflich fassen wollen, gibt er das Bild. Wie der frühe *Scheerbart*-Essay (II/2, S. 618–620) nimmt auch dieser den „Asteroiden-Roman" zum Vorwurf, der, mit dem Titel *Lesabéndio*, auf dem Kleinplaneten Pallas spielt. Lesabéndio setzt dort ein großes Bauvorhaben ins Werk, dessen Realisierung zugleich Ordnung und Rhythmus der Gestirne verändert. Die Pallasianer wenden sich ihren Brudersternen zu, mit denen gemeinsam sie hoffen können, eines Tages einen Ring um die Sonne zu bilden. Begründet ist diese Hoffnung in der Möglichkeit einer Technik, die mit den Menschen zugleich die Schöpfung befreit („libérerait fraternellement par eux la création"; II/2, S. 631). Mit Lichtenberg, Jean Paul und Fourier wird Scheerbart zum Zeugen aufgerufen für ein Denken, dem auch die Erde als Stern gegenwärtig ist („ne semblent jamais oublier que la terre est un astre"; II/2, S. 632), und in der fourieristischen Utopie vom Planeten Merkur als dem künftigen Sprachlehrer der Menschheit klingt der Essay aus. Als Benjamin diese Seiten schrieb, hatte der Krieg schon begonnen, in dem er, wie im ersten, einen „Versuch zu neuer, nie erhörter Vermählung mit den kosmischen Gewalten" (IV/1, S. 147) erkennen mußte: „Menschenmassen, Gase, elektrische Kräfte wurden ins freie Feld geworfen, Hochfrequenzströme durchfuhren die Landschaft, neue Gestirne gingen am Himmel auf, Luftraum und Meerestiefen brausten von Propellern, und allenthalben grub man Opferschächte in die Muttererde." (IV/1, S. 147) Aber mit Scheerbart weigert sich Benjamin, von einem „Weltkrieg" zu sprechen: „Et que je proteste d'abord contre l'expression ‚guerre mondiale'. Je suis certain qu'aucun astre, si proche soit-il, n'ira se mêler de l'affaire où nous sommes impliqués.

Tout porte à croire qu'une paix profonde ne cesse de planer sur l'univers stellaire." (II/2, S. 630) Der Kosmos als Friedensreich – das ist das Stern-Bild, das Benjamin im Moment der äußersten Bedrohung noch einmal aufbietet, „Schalom" ist sein letzter Gruß.

1 Inge Habig/Kurt Jauslin, *Der Auftritt des Ästhetischen.* Zur Theorie der architektonischen Ordnung. Frankfurt am Main 1990, S. 70.

2 Eva Meyer, *Architexturen.* Frankfurt am Main 1984.

3 Rolf Tiedemann, *Studien zur Philosophie Walter Benjamins.* Frankfurt am Main 1965 (Frankfurter Beiträge zur Soziologie Band 16).

4 Michael Müller, *Architektur für das ‚Schlechte Neue'.* Zu Walter Benjamins Verarbeitung avantgardistischer Positionen in der Architektur. – In: *Walter Benjamin im Kontext.* 2., erw. Auflage. Hrsg. v. Burkhardt Lindner. Frankfurt am Main 1985; S. 278–323.

5 Winfried Menninghaus, *Schwellenkunde.* Walter Benjamins Passage des Mythos. Frankfurt am Main 1986.

6 Florens Christian Rang, *Vom Weltbuch der Person.* Das 54. Sonett Shakespeares übersetzt und erläutert. In: *Die Kreatur* I (1926/27), Heft 2, S. 268–289.

7 Franz Dornseiff, *Das Alphabet in Mystik und Magie.* Berlin 1925 (Stoicheia Heft VII), S. 89–91.

8 Bernd Witte, *Walter Benjamin.* Hamburg 1985, S. 20.

9 Friedrich Hölderlin, *Sämtliche Werke.* Hrsg. v. Friedrich Beissner. Stuttgart 1951, 2. Band, S. 66.

10 Gershom Scholem, *Walter Benjamin – die Geschichte einer Freundschaft.* Frankfurt am Main 1975, S. 79.

11 *Die fünf Bücher der Weisung.* Verdeutscht von Martin Buber gemeinsam mit Franz Rosenzweig. 10., verb. Auflage. Heidelberg 1981, S. 9.

12 Vermeintliche Quellenfunde für Benjamins Theoreme haben die Forschung selten gefördert; nur als Möglichkeit sei hier auf Baader hingewiesen.

13 Franz von Baader, *Sämtliche Werke.* Hrsg. v. Franz Hoffmann. Aalen 1963 (Neudruck der Ausgabe Leipzig 1857), 3. Band, S. 313.

14 Robert Eisler, *Weltenmantel und Himmelszelt.* Religionsgeschichtliche Untersuchungen zur Urgeschichte des antiken Weltbildes. München 1910. Das Buch reizte Benjamin auch

zu einer Parodie: an der Universität Muri liest Prof. Robert Eisler über „Damenmantel und Badezelt“ (IV/1, S. 441).

15 Eisler, *Weltenmantel und Himmelszelt*, S. V.

16 Reminiszenzen dieser Lektüre finden sich in dem Essay *Zum Bilde Prousts* (II/1, S. 310–324). Die Legende von der heiligen Agathe – einer Weberin, die das Gewebte wieder auftrennt – und ihre mythologischen Vorgängerinnen behandelt Eisler in dem Kapitel *Weltenwebe.* „Wer immer in den Veden die [...] Stellen liest, von dem Gewande, das die Nacht webt, aber die Sonne mit jedem Frühlicht wieder auflöst, muß unwillkürlich auf die Vermutung kommen, daß dieses schöne und anschauliche Mythenbild vom allmorgendlich verschwindenden, allabendlich wiedergewobenen [...] Sternenhimmel auch hinter der homerischen Fabel vom Trug der Penelope zu vermuten ist.“ (Eisler, *Weltenmantel und Himmelszelt*, S. 134) Vgl. dazu Benjamins Transformation des Mythos: „Ist dies Werk spontanen Eingedenkens [...] nicht vielmehr ein Gegenstück zum Werk der Penelope als sein Ebenbild? Denn hier löst der Tag auf, was die Nacht wirkte. An jedem Morgen halten wir, erwacht, meist schwach und lose, nur an ein paar Fransen den Teppich des gelebten Daseins, wie Vergessen ihn in uns gewoben hat, in Händen.“ (II/1, S. 311)

17 Franz Boll unter Mitwirkung von Carl Bezold, *Sternglaube und Sterndeutung.* Die Geschichte und das Wesen der Astrologie. Leipzig und Berlin 1918.

18 Ernst Cassirer, *Die Begriffsform im mythischen Denken.* – In: ders., *Wesen und Wirkung des Symbolbegriffs.* Darmstadt 1976, S. 1–70, hier S. 25.

19 Michel de Certeau, *Kunst des Handelns.* Berlin 1988, S. 179–238 („Praktiken im Raum“).

20 „Zur Zeit bin ich ganz in eine kurze Notiz versenkt. Ich schreibe ‚Wolkenformen des Menschengesichts‘.“ (Benjamin an Siegfried Kracauer, 15. Juli 1926. – In: Walter Benjamin, *Briefe an Siegfried Kracauer.* Hrsg. v. Theodor W. Adorno Archiv. Marbach am Neckar 1987, S. 27.) Vgl. dazu die Deutung von Lächeln und Schluchzen als den Wolkenformen des Menschengesichts bei Baudelaire (I, S. 1144f.).

21 Johann Jakob Bachofen, *Das Mutterrecht.* – In: ders., *Gesammelte Werke,* Zweiter Band. Hrsg. v. Karl Meuli. Basel 1948, S. 19.

22 Ebenda, S. 19.

23 Ebenda, S. 34.

24 Ebenda, S. 54.

25 Ebenda, S. 57.

26 Ebenda.

27 Vgl. dazu Walter Burkert, *Homo Necans.* Interpretationen altgriechischer Opferriten und Mythen. Berlin und New York 1972.

28 Hermann Cohen, *Religion der Vernunft aus den Quellen des Judentums.* Nach dem Manuskript des Verfassers neu durchgearbeitet und mit einem Nachwort versehen von Bruno Strauß. Wiesbaden 1978, S. 515–533 (Kapitel XXII „Der Friede"). Zu Benjamins praktischer Friedenspolitik und seiner Teilnahme an der „Deutschen Bauhütte"; vgl. IV, S. 791f.

29 Michael Makropoulos, *Modernität als ontologischer Ausnahmezustand?* Walter Benjamins Theorie der Moderne. München 1989.

30 „Der Friede hat die gleiche Bedeutung mit der Versöhnung und mit der Erlösung." (Cohen, *Religion der Vernunft ...*, S. 530)

31 „Es gibt zwei physiologische Kennzeichen für diesen Lebenswert des Friedens im Menschen: die Rührung und die Freude. [...] Wenn nun auch die Träne die Rührung begleitet, so ist sie, wie eine einzelne Perle, durchaus zu unterscheiden von der Reflexkette des Weinens. [...] Die Rührung bildet das physiologische Beweismittel von der Naturkraft des Friedens. [...] die Rührung, deren ich fähig werde, erschließt mir die Aussicht, daß die Friedenskraft noch nicht erloschen ist in meiner Seele." (Cohen, *Religion der Vernunft ...*, S. 525f.)

32 „Zum Lesen hielt [Jula Cohn] eine Lorgnette vor ihre kurzsichtigen Augen. Sie ähnelte Walter auch in der Kurzsichtigkeit. Als ich einmal ihre Myopie ansprach, antwortete Walter: ‚Venus war auch kurzsichtig.'" (Charlotte Wolff, *Innenwelt und Außenwelt.* Autobiographie eines Bewußtseins. München 1971, S. 208)

33 Vgl. H. Cancic, *Der Eingang in die Unterwelt.* Ein religionswissenschaftlicher Versuch zu Vergil, Aeneis 6, 236–272. – In: *Der altsprachliche Unterricht*, Heft 2, 1980, S. 55–69.

34 Vergil, *Aeneis.* Aus dem Lateinischen von Rudolf Alexander Schröder. Frankfurt am Main 1991, S. 125–151.

35 Ebenda, S. 128.

36 Ebenda, S. 129.

37 Ebenda, S. 132.

38 „In diesem Bergabgehen glaubt man noch einige Freundlichkeit, noch einige attrativa zu entwickeln, Freunde mit

einem dunkel umrandeten Lächeln mit sich mitzuführen, halb Lucifer halb Hermes traducens […].“ (VI, S. 562)

39 Meine Überlegung zum chthonischen Aspekt von Paris knüpfen an eine Arbeit von Richard Faber an, versuchen aber, die Akzente etwas anders zu setzen. Richard Faber: *Paris, Das Rom des XIX. Jahrhunderts.* Eine Metacollage. – In: *Antike und Moderne.* Zu Walter Benjamins „Passagen“. Norbert Bolz und Richard Faber (Hrsg.). Würzburg 1986, S. 53–96.

40 Diese Isobare zieht sich durch Benjamins Werk insgesamt und begegnet zum ersten Mal vermutlich in der *Stillen Geschichte* (VII, S. 295 f.).

CHRYSSOULA KAMBAS

Walter Benjamin liest Georges Sorel: „Réflexions sur la violence"

Nicht häufig, doch wiederholt hat Walter Benjamin in seinen Arbeiten auf Georges Sorel verwiesen, zuletzt 1938. Die Lektüre der *Réflexions sur la violence* datiert aus der Zeit um 1920. Sie bildete die Voraussetzung für eine der ersten größeren Abhandlungen, die Benjamin zu publizieren gelang. Ihr Titel *Zur Kritik der Gewalt* knüpft augenfällig an den Sorels an.

Im folgenden werde ich die Problemstellung der *Kritik der Gewalt* skizzieren, um dabei die zutage tretende Affinität Benjamins zu Sorel zu situieren. Anhand biographischer und historischer Anmerkungen zu Benjamins Sorel-Lektüre und der Genese der *Kritik der Gewalt* will ich das politische Interesse an Sorel im Kontext einer intellektuellen Sphäre um den „jungen Benjamin" präzisieren. Schließlich werde ich einige Nachwirkungen der frühen Sorel-Lektüre in Benjamins späteren Arbeiten und politischen Äußerungen festhalten.

Zur Kritik der Gewalt erschien 1921 im *Archiv für Sozialwissenschaft und Sozialpolitik*, einer soziologischen Zeitschrift aus dem Kreis um Max Weber, die der Heidelberger Volkswirtschaftler Emil Lederer redaktionell leitete.[1] Dennoch ist die Problemstellung von Benjamins Aufsatz in einem bestimmten Sinne antisoziologisch, insofern er nämlich die Moralität der revolutionären Gewalt metaphysisch zu begründen versucht. Dazu analysiert er verschiedene Formen des Rechts, die die Anwendung von Gewalt rechtfertigen, u. a. das Naturrecht mit dem Grundsatz „Der Zweck heiligt die Mittel", der allgemein in der Folge der Aufklärung als ethisch-revolutionäre Forderung unterstellt wird.[2] Eingehender aber analysiert Benjamin die Grundsätze der Gewaltanwendung des positiven Rechts, die im wesentlichen zwischen der sanktionierten Gewalt des Staates und der nicht sanktionierten, der der Staat gewaltsam entgegentreten muß, unterscheiden. Sie faßt er im Begriff der „Monopolisie-

rung der Gewalt" (II/1, S. 183) durch das Recht zusammen: denn die Gewalt, die außerhalb des Rechts existiert, ist nicht durch ihre Zwecke, sondern allein durch ihre Existenz eine Gefahr für das Recht.
Er weist dabei eine dem Recht inhärente Gewaltsamkeit auf und stellt sie in einen Zusammenhang mit dem Niobe-Mythos, der erläutert, auf welche Weise Schuld über die menschliche Ordnung verhängt worden ist. Hierin verläßt Benjamin das Gebiet des positiven Rechts. Der Niobe-Mythos zeigt die Funktion der Gewalt, Rechtsverhältnisse zu begründen. Dieser Funktion wegen hat der Staat Angst vor der Gewalt in den Klassenkämpfen; diese Gewalt kann schließlich eine Form annehmen, in der die „Durchbrechung dieses Umlaufs im Banne der mythischen Rechtsformen" (II/1, S. 202) gelingt, welcher bislang Geschichte heißt. Eine solche Möglichkeit leitet Benjamin aus dem Gottesgericht her, unter Verweis auf das Buch Moses des Alten Testaments. Die Gewalt Gottes definiert Benjamin, da sie entsühne und „rechtsvernichtend" (II/1, S. 199) wirke, als „reine Gewalt" (II/1, S. 200). Diese metaphysische Konstruktion erlaubt es schließlich, auf die Legitimität der revolutionären Gewalt zu schließen. Sorels politische Konzeption des revolutionären Generalstreiks, die in direkter Anlehnung an die *Réflexions* dargelegt ist, erhält in dieser „geschichtsphilosophischen Rechtsbetrachtung" (II/1, S. 182) den Stellenwert einer von Menschen ausgeübten „reinen Gewalt", die die Gewaltkette mythischer Rechtsetzungen auf dem Boden der Geschichte durchbrechen kann:

> Ist aber der Gewalt auch jenseits des Rechtes ihr Bestand als reine unmittelbare gesichert [wie in der Form der göttlichen Gewalt; C. K.], so ist damit erwiesen, daß und wie auch die revolutionäre Gewalt möglich ist, mit welchem Namen die höchste Manifestation reiner Gewalt durch den Menschen zu belegen ist. (II/1, S. 202)

Nichts wäre demnach kurzschlüssiger, als die *Kritik der Gewalt* allein als ein syndikalistisches Manifest zu lesen. Sorels *Réflexions* haben allerdings einen bestimmten Platz innerhalb der Argumentation des Aufsatzes. Benjamin führte mit einer Art Zitat-Montage aus den *Réfle-*

xions die politische Differenzierung zwischen politischem und proletarischem Generalstreik ein, so daß die Klassenkämpfe in seiner Argumentation als Rechtshandlungen nach der Verwendung ihrer Mittel beurteilt werden können.[3] Der politische Generalstreik wird dann im wesentlichen zur Sphäre mythischer Rechtsetzungen, der proletarische Generalstreik zu den „reinen" Mitteln der Gewalt gezählt (II/1, S. 193–195).
Die Berufung auf Sorel ist somit auch mehr als nur ein Glied in einer Beweiskette. Sie dokumentiert zum einen überhaupt Benjamins Ausrichtung auf die Klassenkämpfe nach dem Ersten Weltkrieg.[4] Zum anderen übernahm er mit der Theorie des Generalstreiks einige syndikalistisch-anarchistische Grundsätze, die zu „dieser tiefen, sittlichen und echt revolutionären Konzeption" (II/1, S. 194) gehören: Sorels Kritik am Reform- und Staatsglauben der sozialistischen Intellektuellen, die eine führende politische Rolle der Intellektuellen in den Klassenkämpfen zurückweist; die Abweisung der „Utopisten", jener Gruppe freiheitlich gesinnter Intellektueller, die die kapitalistische Produktionsweise mit ihren Folgen für das Proletariat mit Hilfe von Projekten mildern wollen, für die das aufgeklärte Bürgertum gewonnen wird;[5] „daß die Anleitung zur Revolution zugleich eine Anleitung zur Produktion zu sein vermag"[6]; die Notwendigkeit, für die revolutionäre Gewalt öffentlich Partei zu ergreifen, da nur sie „die Entfaltung eigentlicher Gewalt in den Revolutionen zu vermindern geeignet ist" (II/1, S. 195). Zusammengenommen charakterisiert die Übernahme dieser Grundsätze Sorels Benjamins politische Haltung.
Warum schloß sich Benjamin um 1920 in einem rechtstheoretischen Aufsatz so eng an Sorels politische Position an? Die Notwendigkeit für Sorel, eine Theorie proletarischer Gewalt zu entwickeln, hatte sich nach der Dreyfus-Affäre ergeben. Seine Kritik der parlamentarischen Sozialisten hatte sich aus der Bündnispolitik der Sozialisten mit Teilen der Bourgeoisie gerechtfertigt. Es war die „sozialistische Diplomatie", dieses Taktieren mit klassenkämpferischen wie klassenversöhnenden Parolen,

gegen die Sorel die Konzeption des proletarischen Generalstreiks errichtet hatte.

Unterstellte man Benjamin eine Identität in den politischen Motiven und wollte man in seiner Übernahme von Sorels Staats- und Intellektuellenkritik in erster Linie eine politische Kritik an der deutschen Mehrheitssozialdemokratie nach 1919 lesen, nähmen sich die syndikalistischen Grundsätze in einem die Metaphysik bemühenden Rahmen merkwürdig akademisch und im Konkretionsgehalt harmlos aus.[7] Der machtpolitische Erfolg der Mehrheitssozialdemokratie gründete sich immerhin auf Absprachen mit den Militärs zum Einsatz der Freikorps gegen die Rätebewegungen.

Zur Kritik der Gewalt ist keine politische Kritik, sondern eine philosophische. Wenn sich Benjamin einige Positionen Sorels zu eigen machte, dann kamen diese auf einem anderen Niveau zur Geltung. Besser gesagt: sie hätten auf einem anderen Niveau zur Geltung kommen sollen, nämlich auf einem Forum der literarischen linken Intelligenz, in der Zeitschrift *Die weißen Blätter*. Hier hätten sie in der Reihe allgemein-pazifistischer Bekundungen und „revolutionär"-aktivistischer Manifeste gestanden. Den Grundsätzen dieser „Politik" hätte der Aufsatz philosophisch mit den rechtstheoretischen Grundsätzen staatlicher Politik und denen der legitimen Gegengewalt geantwortet. Weil der Aufsatz als mittlerer Teil in einer Trilogie konzipiert war, kommt in ihm selbst die polemische Ausrichtung nur beiläufig zum Vorschein: mit dem Verweis auf die pazifistische Militarismuskritik deutscher Schriftsteller während des ersten Weltkriegs und auf Kurt Hillers Sammlung der „Geistigen".[8]

Der Aktivismus war eine literarische Bewegung ohne organisatorische Einheitlichkeit. Seine ideologische Programmatik fußte auf einem vagen Anarchismus christlicher Färbung. Konsensbildend waren die expressionistische Stilistik der Manifeste und die Publikationsorte: die frühe *Aktion* Franz Pfemferts, die während des Weltkriegs von René Schickele herausgegebenen *Weißen Blätter* und die von Kurt Hiller herausgegebenen Jahrbücher *Das Ziel*[9]. Ihr Manifest-Stil war Programm der „Politik", eine Absage an Kontemplation und Analyse; „Besinnung" und „Tat" sollte die Abfolge in der Erkenntnis der „heiligen Masse" (Ludwig Rubiner) bilden, „Ziel" war das „Reich Gottes auf Erden". Hiller hatte im November 1918 einen *Politischen Rat geistiger Arbeiter* unter seinem Vorsitz gegründet, d. h., man hatte ein Manifest unterzeichnet. Es wies Namen auf, denen im kulturellen Leben jener Jahre nicht der letzte Platz angewiesen werden sollte: Robert Musil, René Schickele, Paul Zech, Annette Kolb, Kurt Wolff, Bruno Taut.[10] Der einzige öffentliche Aktivistenkongreß im Juni 1919 in Berlin, dessen Vorsitz auch Kurt Hiller führte, plädierte für „Räte" im Sinne einer spezifisch kulturpolitischen Bewegung, an deren Spitze die „Geistigen" stünden, die somit gegen den „Reformismus" und „Parlamentarismus" der Berliner Arbeiter- und Soldatenräte auftreten könnten.

Dieser Kontext liegt der *Kritik der Gewalt* implizit, und zwar als polemischer Inhalt, zugrunde. Sichtbar wird er, wenn man sich die ursprünglich von Benjamin geplante Trilogie seines Projektes *Politik* vor Augen führt.[11] Ihr erster, gegen Kurt Hiller gerichteter Teil *Der wahre Politiker*[12] war vor Abschluß der *Kritik der Gewalt* fertiggeschrieben; Emil Lederer wollte ihn aber nicht publizieren, sondern allein den von ihm bestellten Aufsatz[13] *Zur Kritik der Gewalt*.

Die Reihe der kleineren Arbeiten, die Benjamin seit dem Sommer 1919 seinen Freunden als erstmals von ihm in Angriff genommene politische Reflexionen anzeigte, lassen erkennen, wie seine Gewalt-Thematik als Reaktion auf „einen geradezu kindischen Anarchismus" (II/1, S. 187) des Aktivismus erwuchs: *Prolegomena zur zweiten Lesabéndio-Kritik* wurden im Oktober 1919 geschrieben; ihnen folgt ein Aufsatzentwurf mit dem Titel *Es gibt keine geistigen Arbeiter*; schließlich eine Notiz *Leben und Gewalt*.[14]

In diese Reihe von politischen Arbeiten gehört auch die von Benjamin mit viel Sorgfalt ausgearbeitete Rezension zu Ernst Blochs Buch *Geist der Utopie*.[15] Bloch, den Benjamin über seinen Berner Nachbarn Hugo Ball, den ehemaligen Züricher Dadaisten, im Frühjahr 1919 kennengelernt hatte, darf als derjenige gelten, der Benjamin zur Lektüre der *Réflexions sur la violence* motiviert hat.[16] Einige Hinweise zu Benjamins biographischer Situation mögen einen Begriff davon geben, welcher Prozeß intellektueller Öffnung damit einherging.

In den letzten beiden Kriegsjahren hatte Benjamin in Bern Philosophie studiert, wo er im Frühjahr 1919 mit einer Arbeit über die deutsche Frühromantik, *Der Begriff der Kunstkritik in der deutschen Romantik*, promovierte. Diese Arbeit hatte offensichtlich zeitweise die Funktion eines gegen die zeitgeschichtlichen Ereignisse abschirmenden Filters. So liest man in einem Brief Benjamins vom 8./9. November 1918, der den Generalstreik in der Schweiz und die Ausrufung der Bayrischen Republik registriert, über seine Lektüre seit dem Sommer: „Seitdem lese ich wie gesagt nur für meine Dissertation, welche gerade in diesen Zeitläuften abfassen zu müssen eine heilsame und mögliche Fixierung meines Geistes darstellt."[17] Die hierin dokumentierte Abwehr gilt dem Weltkriegsgeschehen so gut wie den Revolutionen. Einen Umschwung darin signalisiert dann ein Brief, der erste Reflexionen über Politik, die Gespräche mit Bloch und dessen jüngstes Buch erwähnt:

> Ich habe viel für mich nachgedacht und dabei Gedanken gefaßt, die so klar sind, daß ich hoffe, sie bald niederlegen zu können. Sie betreffen Politik. In vieler Beziehung – nicht allein in dieser – kommt mir dabei das Buch eines Bekannten zustatten, welcher der einzige Mensch von Bedeutung ist, den ich in der Schweiz bisher kennen lernte. Mehr als sein Buch noch sein Umgang, da seine Gespräche so oft gegen meine Ablehnung jeder heutigen politischen Tendenz sich richteten, daß sie mich endlich zur Vertiefung in diese Sache nötigten, die sich, wie ich hoffe, gelohnt hat.[18]

Wenn Benjamin tatsächlich in der Folge der Gespräche mit Bloch die *Réflexions sur la violence* gelesen hat, dann gehörte diese Lektüre in den hier beschriebenen Vorgang der Vertiefung.

Ernst Bloch war der Aufenthalt während des Weltkriegs in der Schweiz durch das *Archiv für Sozialwissenschaft und Sozialpolitik* möglich gemacht worden, in dessen Auftrag er eine Übersicht über die politischen Positionen hauptsächlich der deutschen Kriegsgegner geschrieben hat. Diesem Aufsatz läßt sich auch Blochs überaus skeptische Einstellung gegen fast alle politischen Positionen der deutschen Kriegsgegner entnehmen, vom einfachen Pazifismus der Literaten, über rechte und linke Pro-Entente-Einstellungen und die katholisch-restaurativen Kritiker Preußens bis zu den Imperialismus-Thesen der Zimmerwalder Konferenz und den zwei Richtungen innerhalb der Schweizer Sozialistischen Jugend.[19] Mit Einschränkungen hatte er sich Hugo Balls philosophisch-anarchistische Polemik gegen Preußen in der Frage der Kriegsschuld als Maßstab zu eigen gemacht.[20] Darüber hinaus erblickte Bloch vor allem für eine Einschätzung der jeweiligen nationalen Kriegspolitik, insbesondere gegenüber dem gleichmacherischen Imperialismusvorwurf der Zimmerwalder gegen alle Großmächte, die „Korrektur in der syndikalistischen Revolution“[21]. Ersichtlich ist in diesem Verweis Blochs weniger seine Kenntnis der Theorien Sorels als die Aktualität, die eine syndikalistische Ausrichtung unter deutschen Kriegsgegnern in der Schweiz haben konnte, zumal wenn sie gegen den Etatismus des Sozialismus, der dem Wilhelminischen Staate die Kriegsanleihen verschafft hatte, auch philosophisch eingestellt waren.[22]

Benjamin sprach 1926 von seinem „‚frühern‘ Anarchismus“ (vgl. Br, S. 426). Den Anführungszeichen nach zu urteilen, scheint es ihm keine Schwierigkeiten bereitet zu haben, ihn mit der seit 1924 wachsenden Anteilnahme an der kommunistischen Bewegung zu vereinbaren. Der Aufsatz *Zur Kritik der Gewalt* und die in ihm dokumentierte Affinität Benjamins zu Sorel sind bei der heutigen Publikationslage der Schriften Benjamins die entscheidenden Anhaltspunkte für den Charakter dieses Anarchismus.[23] Einen weiteren Anhaltspunkt dafür bieten die Personen, die Benjamins Projekt *Politik* Interesse entgegenbrachten. So erscheint der „Anarchismus“ Benjamins, ebenfalls aus Anlaß der Lektüre von Sorels *Réflexions sur la violence*, im Umkreis einer von anarchistischen Ideen beeinflußten Koloniebewegung, nämlich der *Deutschen Gartenstadt-Gesellschaft e. V.* Zu ihr gehörten mehrere untereinander in Kontakt stehende Siedlungen, darunter eine in Berlin-Grünau, eine in Bergisch-Gladbach, also in direkter Nähe von Köln, und eine in Hellerau bei Dresden. Die Idee der Gartenstadt stand in der Kropotkinschen Tradition der Gemeinschaftsbildung und ging auf Ebenezer Howard zurück. Bernhard Kampffmeyer war einer der deutschen Gründer. Als auch in Deutschland das Bündnis von Industrie und Kunst mit dem Jugendstil geschlossen wurde, fand die Gartenstadt-Idee im Rahmen der Lebensreform-Projekte Finanziers. Einer der früheren Mitstreiter für die Gartenstadt war der damalige Reichstagsabgeordnete Adolf Otto.

Benjamin lebte wieder in Berlin, als er Ende des Jahres 1920 das dreiteilige Vorhaben über *Politik* anging; er war aus der elterlichen Wohnung im Zerwürfnis fortgezogen und hatte durch die Vermittlung seiner Freunde Erich und Lucie Gutkind im Sommer eine Unterkunft in Berlin-Grünau gefunden.[24] Für die Ausarbeitung des zweiten Teils, der späteren *Kritik der Gewalt*, benötigte er noch im Dezember ein Exemplar der *Réflexions*, an das er weder in den Berliner Bibliotheken noch im Bekanntenkreis hatte gelangen können. Auf Empfehlung von Adolf Otto (Grünau) wandte sich Benjamin an Bernhard Kampffmeyer (Bergisch-Gladbach), den zeitweiligen Sekretär Max Nettlaus, des Historikers und Sammlers der anarchistischen Bewegungen.

> Herr Adolf Otto in Grünau sagte mir, Sie würden die grosse Freundlichkeit haben, mich bibliographisch in folgender Sache zu beraten: in einer Reihe von politischen Aufsätzen, an denen ich gegenwärtig arbeite, beabsichtige ich eine Abhandlung über den „Abbau der Gewalt" zu verfassen und möchte mich vor Entwicklung meiner Gedanken in der Literatur etwas über den Stand dieser Frage orientieren. Es kommt ja wohl vor allem die anarchistische in Betracht. Unter dieser wiederum interessieren mich diejenigen, welche die Gewalt speziell behandeln, sowohl verwerfend in Hinsicht auf die staatliche wie etwa apologetisch hinsichtlich der revolutionären.
>
> Insbesondere wäre es mir sehr wertvoll „Réflexions sur la violence" von Georges Sorel lesen zu können, welches Werk ich mir bisher hier nicht verschaffen konnte.

Ich erlaube mir ergebenst die Frage hinzuzufügen, ob Sie mir hinsichtlich der Einsichtnahme in die Schriften von Charles Péguy einen Rat geben könnten. Ich habe nur die „Œuvres choisies" édition Grasset zur Hand, welche für meine Zwecke nicht ausreicht. Ich weiss wohl, dass die Nouvelle Revue Française z. Zt. eine Gesamtausgabe herausgibt. Diese jedoch würde in deutschem Gelde ca. M. 700.00 kosten. Auch würden für meine Zwecke die Cahiers de la Quinzaine genügen, welche jedoch ich in Berlin auch in der Preussischen Staatsbibliothek bisher nicht auftreiben konnte. Ich bitte Sie diese Bemühungen durch einen Ihnen Unbekannten gütigst entschuldigen zu wollen. Für jede Auskunft wäre ich Ihnen sehr dankbar.[25]

Es muß dahingestellt bleiben, ob Benjamins Nachfrage in diesem Fall schließlich doch erfolgreich war. Sie zeigt auch, daß er selbst dem engeren Kreis dieser Bewegung nicht angehörte. Wie sich seiner Korrespondenz mit Gottfried Salomon entnehmen läßt, stand Benjamin noch im Herbst 1923 mit Adolf Otto in Kontakt.[26] Dieser und Gutkinds zählten auch beide zu den Freunden Gottfried Salomons.

Gottfried Salomon, der 1928 die deutsche Übersetzung der *Réflexions sur la violence* herausgeben sollte, und Walter Benjamin lernten sich Ende des Jahres 1922 kennen. Diesem war die Adresse des im Frankfurter Seminar von Franz Oppenheimer lehrenden außerordentlichen Professors für Soziologie von dritter Seite empfohlen worden.[27] Mit dem Hinweis auf ein Interesse Salomons an Sorel? Jedenfalls wies sich Benjamin mit seinem Aufsatz *Zur Kritik der Gewalt* Salomon gegenüber aus; während er ihm die literaturtheoretischen Arbeiten für das Habilitationsvorhaben per Post schickte, kündigte er den rechtstheoretisch-politischen Aufsatz so an: „Ferner sende ich Ihnen meine ‚Kritik der Gewalt' zu. Nein – ich bringe sie mit."[28] Gab die Lektüre von *Zur Kritik der Gewalt* im weiteren einen Anstoß zur deutschen Ausgabe des Buches von Sorel? Salomon erwarb die Rechte für sie 1924, zu spät, als daß ein direkter Anstoß unterstellt werden müßte. Sein Motiv war zudem anders als das der *Kritik der Gewalt* im Hinblick auf die Theorie Sorels gelagert. Es erscheint in einer Nachfrage an Emil Lederer nach erster ergebnisloser Verlagssuche: „Ich wäre Ihnen dankbar, wenn Sie mir einen Hinweis geben könnten, da ich meine, wir sollten in Deutschland alles veröffentlichen, was die sozialistische Diskussion anregen könnte."[29]

Walter Benjamin rekurrierte in seinen weiteren Arbeiten nur noch selten auf Sorel oder *Zur Kritik der Gewalt*, und auch in den (publizierten) Briefen findet sich Sorel später nicht mehr erwähnt. Dennoch läßt sich anhand einzelner Bemerkungen Benjamins politischer Art eine Nachwirkung seiner Theorie von der Legitimität „reiner" Gewalt konstatieren, die er mit Hilfe der *Réflexions sur la violence* entwickelt hatte.

Der bemerkenswerteste Rückbezug zur frühen Sorel-Lektüre findet sich in einem Interview Benjamins mit Georges Valois aus einer Periode, als dieser eine französische faschistische Bewegung aufbauen wollte. Inwieweit Valois' Ambition weiter ging als das zeitweilige Bündnis mit den Nationalisten vor 1914, welche Koketterie er mit der Diktatur als künftiger Staatsform trieb, wie er in dieser Frage den Vergleich mit der Diktatur in der Sowjetunion provoziere – dies alles erläuterte Benjamin seiner literarisch interessierten Leserschaft mit Kenntnis und Süffisanz.[30] Einer seiner Angriffe gegen Valois richtete sich auf dessen Anspruch, Schüler von Sorel zu sein, was Benjamin in einen außergewöhnlichen, wenn auch im Gefolge der *Kritik der Gewalt* nicht unerwarteten, Widerspruch zur dominierenden Strömung der gleichzeitigen deutschen Sorel-Rezeption versetzte:

> Als Schüler von Sorel, dem großen, wahrhaft bedeutenden Theoretiker des Syndikalismus, ist er [Valois; C. K.] vom Sozialismus ausgegangen, der, nach der letzten europäischen Erfahrung zu schließen, für Fascistenführer die beste Pflanzschule ist. Im übrigen scheint Valois selbst sich weit von der exakten Theorie des Massenstreiks, mit der vor zwanzig Jahren sein Lehrer Sorel in jenen *Réflexions sur la violence* so blendend hervortrat, entfernt zu haben. Und nun spielt auch bei ihm der Trick der unblutigen Revolution seine Rolle. Alle großen Umwälzungen der Nachkriegszeit sind als unblutige Revolutionen im Augenblick ihres Ausbruchs proklamiert

worden. Aber einige Wochen oder Monate später haben die Völker, welche ihre Schulden an dem Umsturz nicht bar haben zahlen wollen, mit Zins und Zinseszins sie begleichen müssen.[31]

Benjamin behauptete in diesem Interview die Unvereinbarkeit zwischen dem Syndikalismus Sorels und dem Faschismus, und dies nicht nur in der Frage der Sorel-Schülerschaft, sondern auch in der Frage von Revolution und Klasse.[32]

Beiden Argumenten begegnet man auch in der sozialistischen Sorel-Rezeption der zwanziger Jahre in Deutschland nicht mehr in dieser Entschiedenheit.[33]

Mit Carl Schmitts Schrift *Die geistesgeschichtliche Lage des heutigen Parlamentarismus* war Sorels Konzeption des Mythos aus den *Réflexions sur la violence* isoliert aufgegriffen und in einer strukturellen Uminterpretation als „kriegerische Vorstellung einer blutigen, definitiven, vernichtenden Entscheidungsschlacht"[34] den gegenrevolutionären Machtprinzipien eines Donoso Cortes zugeschlagen. Sorel ging daraus als „Irrationalist" und „geistiger Vater des Faschismus" hervor, eine Formel, der Mussolini selbst Nahrung gab. In einer Rezension des Buches *Geistige Strömungen der Gegenwart in Frankreich* von Isaac Benrubi forderte Benjamin dazu auf, das Bild Sorels in den Kontext seiner zeitgenössischen Gesellschaft und ideologischen Auseinandersetzungen zurückzustellen.[35] Dies kann als eine weitere Antwort auf die Tendenz der deutschen Sorel-Rezeption gelesen werden. Sie setzte sich schließlich auch im Urteil Ernst Blochs durch.[36]

Eine Bemerkung Benjamins über Sorel von 1938 steht im Einklang mit dieser Tendenz und somit in direktem Widerspruch zum eigenen früheren Urteil. Sie findet sich in *Das Paris des Second Empire bei Baudelaire*: „Der culte de la blague, den man bei Georges Sorel wiederfindet und der ein unveräußerliches Bestandstück der faschistischen Propaganda geworden ist, bildet bei Baudelaire seine ersten Fruchtknoten." (I/2, S. 515f.) Die Beleuchtung, die hier auf Sorel als Erfinder faschistischer Propagandarhetorik geworfen ist, soll auf Baudelaire zurückfallen. Sie ist eine politische Aussage ex post

über Baudelaires Stil, seine „verwüstende Ironie“, deren Geist Benjamin auch in Célines *Bagatelles pour un massacre* wiederfinden wollte.
Die scheinbar plötzliche Neueinschätzung stellte sich über die Lektüre der Autobiographie Julien Bendas her. Als Rezensent jedoch verwarf Benjamin noch in der Formel vom „culte de la blague“ eher Bendas liberalen Moralismus und bezog sie nicht eindeutig auf Georges Sorel zurück (III, S. 552). In der Baudelaire-Studie dagegen verwandte er sie funktional, im Einklang und im Spiel mit dem zeitgenössischen Vorverständnis von Sorel. Methodisch überbrückt dieses als Suggestion mit Hilfe des Namens Sorel die zeitliche Kluft zwischen Benjamins Untersuchungsgegenstand Baudelaire und der faschistischen Epoche.
Schließlich benutzte Benjamin zur Erklärung der Klassenauseinandersetzungen zwischen revolutionärer proletarischer Bewegung und faschistischer einige bei der frühen Sorel-Lektüre entwickelte Grundsätze gerade in den dreißiger Jahren. Sie erscheinen als ein spontan angewandtes Interpretationsraster. So beispielsweise in einem Gespräch mit Bertolt Brecht und Herbert Ihering um 1930, in dem Benjamin zum Ausdruck gab, er halte eine baldige Revolution in Deutschland für möglich, wolle aber Brechts Vorstellungen über die „revolutionäre Intelligenz“ zurückweisen, weil der Begriff der revolutionären Intelligenz ein konterrevolutionärer sei.[37] Hier ist ganz offensichtlich Sorels Kritik an der Führungsrolle der Intelligenz aufgegriffen, um das Verhältnis des Schriftstellers zur kommunistischen Politik zu präzisieren.
Benjamins eigenem Modell „reiner“ Gewalt begegnet man in einem Brief vom Jahresende 1937, angewandt auf die Streikkette vom Dezember 1937 in Paris. Festgehalten ist jener Versuch der Doriot-Bewegung, diesmal für ihre Zwecke ein Machtvakuum oder zumindest jene Verunsicherung wie bei den Streiks von 1936 zu erzielen:

> Die Situation in Paris erscheint mir undurchsichtig; so wie die Streikbewegung in der Kette der ihr vorangegangenen

steht, präsentiert sie sich unglücklich. Es ist der Führung in zwei Jahren gelungen, der Arbeiterschaft die elementare Grundlage instinktsichern Handelns zu nehmen: den untrüglichen Sinn dafür, wann und unter welchen Umständen eine legale Aktion in eine illegale, eine illegale in eine gewaltsame übergehen muß. Ihre derzeitigen Aktionen erzeugen im Bürgertum Ängste, denen kein Wille und keine Macht wirklich einzuschüchtern korrespondiert.[38]

Zwei Formulierungen aus dieser Mitteilung Benjamins verdienen Aufmerksamkeit: erstens die Kritik der „Führung". Sie meint, der Wortwahl zufolge, das ganze Volksfrontspektrum einschließlich der Gewerkschaftspolitiker. Ihnen allen ist u. a. die Legalisierungsstrategie der Matignon-Abkommen an deren Folgen zur Last gelegt: Was im Namen des Antifaschismus und des sozialen Fortschritts durchgeführt wurde, endete damit, daß die Arbeiterklasse handlungsunfähig wurde. Eben diese Kritik der „Führung" findet sich, diesmal als historische Erfahrung und ergänzt um eine Verurteilung des kommunistischen Verrats, in *Über den Begriff der Geschichte* von 1940. Dem Fiasko solchen Antifaschismus' will Benjamins Kritik des Fortschritts erklärtermaßen entgegenwirken.[39] Man darf insofern behaupten, daß das am proletarischen Generalstreik konkretisierte Modell „reiner Gewalt" in Benjamins Beurteilung der Klassenkämpfe sich als Maßstab durchhielt.

Zweitens unterstellt Benjamin in seiner Beobachtung Bewußtseinsleistungen während einer proletarischen Aktion, nämlich „instinktsicheres Handeln" und „untrüglichen Sinn" in den Fragen der Anwendung von Gewalt. Es sind Attribute, die zu Sorels Konzeption des Mythos gehören. Wenn Benjamin auch nicht ausdrücklich auf sie zurückgreift – vielleicht der Verwirrung wegen, die hauptsächlich sie in der deutschen Rezeption der *Réflexions* gestiftet hat –, so arbeitet er doch ebenfalls in *Über den Begriff der Geschichte* mit Implikaten der Mythos-Konzeption Sorels. Damit kritisiert er den sozialdemokratischen Fortschrittsglauben. Rache, Haß und Opferwille, Kräfte, die sich gleicherweise im Unbewußten wie im Bewußtsein bilden, sollen das Handeln der „kämpfenden Klasse" bestimmen (XII).

So blieb Benjamin mit *Über den Begriff der Geschichte* zumindest in der aktuell-politischen Dimension den *Réflexions* verpflichtet. Und darüber eröffnete er die Perspektive einer Résistance gegen den drohenden Einfall der deutschen Truppen (VIII), verknüpft mit der einer sozialen Revolution (XII).

Dahingestellt bleiben muß allerdings, ob Benjamin auch für die historischen Aspekte seiner Kritik des Fortschritts erneut die *Réflexions* oder *Les illusions du progrès* zu Rate gezogen hat.[40] Nicht zuletzt strebte er mit ihr wie auch mit der Kritik der geschichtlichen Sozialdemokratie eine Entdogmatisierung der Marxschen Theorie an; was auch Sorel mit seiner Kritik des Fortschritts bezweckt hatte. Dies blieb Benjamin gegenwärtig. Ein Auszug aus Korschs *Karl Marx* notiert denn auch Sorel als einen Denker, der hierin Vorarbeit geleistet hat (V/1, S. 607).

1 *Archiv für Sozialwissenschaft und Sozialpolitik*. Hrsg. v. Edgar Jaffé in Verbindung mit Werner Sombart, Max Weber und Joseph Schumpeter. 47. Band. Tübingen 1920/21, S. 809–832. *Zur Kritik der Gewalt* steht hier neben Beiträgen des den Sozialisten nahestehenden Juristen Hans Kelsen *(Vom Wesen und Wert der Demokratie)*, Robert Michels' *(Dogmengeschichtliche Beiträge zur Verelendungstheorie)*, des Frankfurter Soziologen Franz Oppenheimer (Lehrer von Gottfried Salomon), des Kultursoziologen Alfred Weber und Max Webers. Dasselbe Heft brachte auch Robert Michels Rezension der *Materiaux d'une théorie du prolétariat* von Sorel.

2 Eine zusammenfassende Darstellung von der hier implizierten sowie früheren rechtstheoretischen Auseinandersetzung Benjamins in dieser Frage mit Kant findet sich bei Günter Figal, *Die Ethik Walter Benjamins als Philosophie der reinen Mittel*. In: Günter Figal und Horst Folkers, *Zur Theorie der Gewalt und Gewaltlosigkeit bei Walter Benjamin*. Heidelberg 1979, S. 4ff.

3 Da im übrigen die Kopplung von geschichts- und rechtstheoretischer Fragestellung gegen die naturrechtliche Verteidigung der Gewalt, aus der die Staatsgewalt schließlich gestärkt hervorgeht (Französische Revolution, Politik von

Jaurès), sich bei Sorel selbst findet, könnte auch die Art und Weise, wie Benjamin seine rechtstheoretische Exposition vornimmt, der Lektüre der *Réflexions* geschuldet sein. Vgl. Georges Sorel, *Réflexions sur la violence*. Paris 1972, S. 20–24, 125 f. und 131.

4 Die Literatur zu Walter Benjamin identifiziert im allgemeinen sein konkreteres Interesse für politische Vorgänge mit seiner marxistisch-kommunistischen Ausrichtung seit 1924 und folgt damit dem Bild des „jungen Benjamin", das Gershom Scholem vorgegeben hat. Dieser betonte wiederholt Benjamins Desinteresse an der Münchener und Ungarischen Räterepublik, den Aufständen in der Schweiz und an der Oktoberrevolution. Vgl. Gershom Scholem, *Walter Benjamin – die Geschichte einer Freundschaft*. Frankfurt am Main 1975, S. 100 und 103 f.

5 Sorel, *Réflexions sur la violence*, S. 95 und 169. Diese letzte Stelle zitiert Benjamin (II/1, S. 194) nach der 4. Ausgabe der *Réflexions* von 1919.

6 Sorel, *Réflexions sur la violence*, S. 40. Benjamin verschlüsselt seine anarchistischen Vorstellungen einer künftigen gesellschaftlichen Produktionsweise, da er auch im Utopieverbot Sorel folgt, und schreibt über die Konsequenz des proletarischen Generalstreiks: Er „geschieht nicht in der Bereitschaft, nach äußerlichen Konzessionen und irgendwelcher Modifikation der Arbeitsbedingungen wieder die Arbeit aufzunehmen, sondern im Entschluß, nur eine gänzlich veränderte Arbeit, eine nicht staatlich erzwungene, wieder aufzunehmen, ein Umsturz, den diese Art des Streikes nicht sowohl veranlaßt als vielmehr vollzieht". Genau diesen Vorgang dann bezeichnet er als „anarchistisch" (II/1, S. 194).

7 Eine Kritik an der politischen Rolle der deutschen Sozialdemokratie nach 1918 ist lediglich lapidar mit der Rubrizierung unter den „politischen Generalstreik" angedeutet, „dessen Formel übrigens die der verflossenen deutschen Revolution zu sein scheint" (II/1, S. 194).

8 Benjamin legt die „Scheinhaftigkeit" (II/1, S. 201) der Begriffe Hillers an dessen Fassung des Begriffs „Leben" dar; die Kritik läßt sich mutatis mutandis auch auf die anderen Schlüsselbegriffe des Aktivismus ausdehnen, wie etwa „Geist" und „Tat". Vgl. auch Günter Hartung, der in Benjamins Ausführungen dessen Kritik am Pazifismus dieser Schriftstellerkreise hervorhebt. Günter Hartung, *Walter Benjamins Antikriegsschriften*. In: *Weimarer Beiträge*. Berlin, 32. Jg. (1986), Nr. 3, S. 409.

9 Benjamins vehemente Abwehr gegen den Aktivismus Hil-

lers ist vor dem Hintergrund zu sehen, daß er mit ihm zuvor in publizistische und wohl auch persönliche Berührung gekommen ist: einen Aufsatz, der noch vom Engagement in der linksbürgerlichen Jugendbewegung getragen war, *Das Leben der Studenten* (II/1, S. 75–87), hatte Benjamin im Jahrbuch des *Ziels* von 1916 publiziert. Jede weitere Mitarbeit muß er dann so grundsätzlich wie brüskierend Hiller gegenüber abgelehnt haben. Dieser teilte Theodor W. Adorno das folgende aus seiner Erinnerung mit: „Kaum war [der Aufsatz] erschienen, als Benjamin von mir und uns allen abfiel. Er erklärte den (humanitären) Aktivismus auf einmal für flach und falsch; das richtige sei analytische Kontemplation; nicht die Welt ändern, sondern sie begreifen wollen [...]" (Brief Hillers an Adorno vom 6. Februar 1965; Auszug in II/3, S. 916f.)

10 Wolfgang Rothe, Einleitung zu: *Der Aktivismus 1915–1920.* Hrsg. v. Wolfgang Rothe. München 1969, S. 19f.

11 Wie aus einem Brief Benjamins vom etwa 1. Dezember 1920 hervorgeht, sah das dreiteilige Projekt *Politik* schematisch dargestellt, so aus:

1. Philosophische Kritik des *Lesabéndio* (phantastischer Roman von Paul Scheerbart); es sollte sich um eine Polemik gegen Kurt Hiller handeln = *Der wahre Politiker.*
2. Abbau der Gewalt (wahrscheinlich mit *Zur Kritik der Gewalt* identisch)
3. *Teleologie ohne Endzweck* (wahrscheinlich nicht geschrieben)

(2. und 3.) = *Die wahre Politik*

Vgl. Br., S. 247 (an Gerhard Scholem).

12 Benjamin gelang die Publikation dieses heute wohl verschollenen Aufsatzes nicht, trotz wiederholter Versuche, die auch Gottfried Salomon, der Herausgeber der deutschen Ausgabe der *Réflexions sur la violence* (*Über die Gewalt*, 1928), unterstützte. Ihm schrieb Benjamin noch am 1. Dezember 1923: „Es wäre schön, wenn dieser Denkzettel schließlich, wenn auch verspätet, an seine richtige Adresse gelangte." (Nachlaß Gottfried Salomon, 110/7, Internationaal Instituut voor Sociale Geschiedenis [IISG], Amsterdam)

13 Br, S. 252; an Gerhard Scholem (Januar 1921). Es ist möglich, daß Ernst Bloch die Verbindung zu Emil Lederer hergestellt hatte, denn wie aus diesem Brief weiter hervorgeht, hatte sich Benjamin nach Lederers Absage für den *Wahren Politiker* wieder an Bloch wenden wollen. Vgl. Br, S. 255.

14 Vgl. der Reihe nach Br, S. 223, 235 und 237. Zu *Leben und Gewalt* vgl. VI, S. 104–108 und 691f.

15 Benjamins Einstellung zu Blochs Buch und der Zweck seiner Rezension werden deutlich aus Br, S. 224, 227 und 232f. Die Publikation gelang ihm auch diesmal nicht, und das Manuskript scheint nicht mehr zu existieren.

16 Scholem berichtet darüber: „Von meinen letzten Besuchen in Bern erinnere ich mich noch an zwei Dinge. Er hatte damals, wohl im Verfolg seiner Gespräche mit Ball und Bloch, die *Réflexions sur la violence* von Georges Sorel zu lesen begonnen, die er auch mir ans Herz legte. Die Auseinandersetzung mit Sorel hat ihn dann lange beschäftigt." (Scholem, *Walter Benjamin*, S. 109f.) In Scholems Buch ist nie durchsichtig gemacht, inwieweit und wann seine biographische Einfühlung und seine autobiographische Erinnerung sich auf Tagebuchaufzeichnungen, Briefe Benjamins an ihn und Dritte oder bloße Erinnerungen stützen. Insofern können Scholems Berichte höchstens Gesichtspunkte für die Biographie Benjamins liefern, die weiter geprüft werden müssen.

17 Br, S. 204; an Ernst Schoen vom 8./9. November 1918.

18 Br, S. 218f.; an Ernst Schoen vom 19. September 1919.

19 Ernst Bloch, *Über einige Programme und Utopien in der Schweiz.* In: *Archiv für Sozialwissenschaft und Sozialpolitik.* 46. Band. Tübingen 1918/19, S. 140–162. Eine stark überarbeitete und gekürzte Fassung findet sich in Ernst Bloch, *Politische Messungen. Pestzeit. Vormärz.* Frankfurt am Main 1970, S. 46–59 (*Gesammelte Schriften*, Band 11). Der Titel lautet hier: *Über einige Friedensprogramme in der Schweiz.*

20 Hugo Ball, *Zur Kritik der deutschen Intelligenz.* Ein Pamphlet (zuerst Bern 1919). Hrsg. v. Klaus Kaltenbrunner. München 1970.

21 Ernst Bloch, *Über einige politische Programme und Utopien in der Schweiz*, S. 160.

22 Dies gilt auch für Hugo Ball. Ihm jedoch scheint Sorel erst über die Vermittlung von Carl Schmitt von besonderem Interesse geworden zu sein, nämlich negativ, als irrationalistischer Gegenspieler katholischer Machtpolitik. Nach seiner republikanisch-bakunistischen Phase (etwa bis 1919) bekannte sich Ball weitgehender als zuvor zum Katholizismus. Er ging auf Sorel 1924 in einer Besprechung mehrerer Schriften von Carl Schmitt ein (Hugo Ball, *Carl Schmitts Politische Theologie.* In: *Hochland.* Kempten und München, 21. Jg. (1924), Band 2, S. 261–286. Abgedruckt in: *Der Fürst dieser Welt.* Carl Schmitt und die Folgen. Hrsg. v. Jacob Taubes. Paderborn/München 1983, S. 101–115. Zu Sorel vgl. S. 107, 110

und 114), wobei er sich im wesentlichen an die Vorgabe Schmitts hielt (Carl Schmitt, *Römischer Katholizismus und politische Form.* Hellerau 1923. Zu Sorel vgl. S. 26–28 und 32).

23 Unter weitgefaßtem ideengeschichtlichem Aspekt wies darauf auch Michael Loewy, *L'Anarchisme Messianique de Walter Benjamin.* In: *Les Temps Modernes.* Octobre 1983, S. 776f. (Deutsche Übersetzung in: *Passagen.* Walter Benjamins Urgeschichte des XIX. Jahrhunderts. Hrsg. v. Norbert Bolz und Bernd Witte. München 1984.)

24 Vgl. Br, S. 239f.; an Gerhard Scholem vom 26. Mai 1920. – Gutkind gehörte zum „geistesaristokratisch-anarchistischen" *Forte-Kreis*, vgl. Gershom Scholem, *Von Berlin nach Jerusalem.* Frankfurt am Main 1977, S. 106f. – Die Situation Benjamins schildert Momme Brodersen, *Spinne im eigenen Netz.* Walter Benjamin, Leben und Werk. Bühl-Moos 1990, S. 120.

25 Bernhard Kampffmeyer an Max Nettlau, Bergisch-Gladbach, den 4. Oktober 1920. Benjamins Brief findet sich in Abschrift auf dem Blatt. IISG Amsterdam, Archiv Max Nettlau.

26 Benjamin an Salomon, Brief vom 18. September 1923. Nachlaß Gottfried Salomon, 110/8, IISG Amsterdam.

27 Weil sich Benjamin in Frankfurt habilitieren wollte, wandte er sich an Gottfried Salomon, der zum Literaturhistoriker Franz Schultz und zum Ästhetiker Hans Cornelius die Verbindung herstellen sollte. Vgl. dazu Chryssoula Kambas, *Walter Benjamin an Gottfried Salomon.* Bericht über eine unveröffentlichte Korrespondenz. In: *Deutsche Vierteljahrsschrift für Literaturwissenschaft und Geistesgeschichte.* Stuttgart, 56. Jg. (1982), Heft 4, S. 601f.

28 Benjamin an Salomon, Brief vom 8. Dezember 1922. Nachlaß Gottfried Salomon, 110/1, IISG Amsterdam.

29 Salomon an Lederer, Brief vom 17. Juni 1926 (Durchschlag). Nachlaß Gottfried Salomon, 671/1, IISG Amsterdam.

30 Benjamins Interview mit Georges Valois *(Für die Diktatur)* erschien unter dem übergreifenden redaktionellen Titel *Die großen Gegensätze unserer Zeit* in der Zeitschrift *Die Literarische Welt* vom 16. September 1927. Dem war ein Artikel von Angelica Balabanoff *Gegen die Diktatur* antithetisch gegenübergestellt, eine Anklage gegen Mussolini.

31 Walter Benjamin, *Für die Diktatur.* Interview mit Georges Valois. (IV/1, S. 489 und 490f.).

32 Benjamin wies die „revolutionären" Anleihen der faschistischen Diktatur-Konzeption zurück: „... es ist bekanntlich der Klassenbegriff, auf dem der politische Bau des Marxis-

mus fundiert ist. Für den Fascismus besteht die Klassenfrage letzten Endes genau so wenig wie für irgendeine der vielen anderen bourgeoisen Reform- oder Reaktionsströmungen." (IV/1, S. 491)

33 So fühlte sich selbst Gottfried Salomon in seinem Vorwort zur deutschen Ausgabe der *Réflexions*, das in erster Linie die deutschen Leser mit Sorel in der Situation des französischen Sozialismus und Syndikalismus bekannt machen wollte, bemüßigt, die Entwicklungen von Valois und Mussolini zu einem Teil auf Sorel selbst zurückfallen zu lassen (Gottfried Salomon, *Vorwort* zu Georges Sorel, *Über die Gewalt.* Innsbruck 1928, S. XIIf.). An diesem Aspekt hielt er auch weiterhin fest (Gottfried Salomon-Delatour, *Moderne Staatslehren.* Neuwied und Berlin 1965, S. 608). Zur rechts- und linksintellektuellen Rezeption Sorels während der Weimarer Republik vgl. Michel Prat, *Georges Sorel en Allemagne.* In: Georges Sorel en son temps. Ed. per Jacques Julliard et Shlomo Sand, Paris 1985, S. 410 ff. Veränderte dt. Fassung in: IWK, 23. Jg., 1987, Heft 2, S. 157 ff.

34 Carl Schmitt, *Die geistesgeschichtliche Lage des heutigen Parlamentarismus.* München und Leipzig 1926, S. 81.

35 „Heute beschwören uns Namen wie Georges Sorel, Albert Thibaudet, Julien Benda, Jules de Gaultier nicht immer das Tableau der ideologischen Kämpfe, an denen sie in ihrer Jugend teilhatten. Dadurch wird eine Darstellung, die auch sie aus dem Gesichtspunkt der allgemeinen Geistesbewegung behandelt, um so interessanter." (III, S. 144; zuerst in: *Die Literarische Welt* vom 9. 11. 1928)

36 In *Erbschaft dieser Zeit* (1935), einem Buch, das Benjamin genauestens gelesen und skeptischst beurteilt hatte, wird Sorel als Gefolgsmann Bergsons hingestellt, dessen „élan vital" Bloch als den leeren Schwung des reüssierenden Unternehmers verstehen will: „[...] als solcher ging er zuletzt – mit abgezogener Konjunktur und folglich als Gewalt – in die ‚Willenskraft' des Fascismus ein, in die Theorien der Bergsonschüler Sorel und Gentile [...]". Ernst Bloch, *Erbschaft dieser Zeit.* Frankfurt am Main 1973, S. 352.

37 Selbst die Konsequenz, daß die Intellektuellen bei der bevorstehenden „Machtergreifung des Proletariats" eine „dienende Funktion" hätten, entspricht vollkommen der ethischen Haltung Sorels. – Typoskript eines Gesprächs zwischen Brecht, Benjamin und Ihering. Bertolt-Brecht-Archiv, Nr. 217/04 (= Ramthun Nr. 18815). Die Protokollierung dieses Gesprächs diente wahrscheinlich dazu, die

Grundsätze für die geplante gemeinsame Zeitschrift *Krise und Kritik* festzuhalten. Vgl. dazu Benjamins Brief an Brecht, Br, S. 520–522.

38 Benjamin an Lieb, Brief vom 31. Dezember 1937. Chryssoula Kambas, *„Und aus welchem Fenster wir immer blicken, es geht ins Trübe."* Briefwechsel aus der Emigration. Walter Benjamin – Fritz Lieb – Dora Benjamin (1936–1944). In: *Cahiers d'Etudes Germaniques.* Aix-Marseille, Lyon, Nice 1987, No. 13, S. 262.

39 Über die praktische Absicht des Gedankengangs heißt es in Abschnitt X: „Er beabsichtigt in einem Augenblick, da die Politiker, auf die die Gegner des Faschismus gehofft hatten, am Boden liegen und ihre Niederlage mit dem Verrat an der eigenen Sache bekräftigen, das politische Weltkind aus den Netzen zu lösen, mit denen sie es umgarnt hatten." (I/2, S. 698) – Eine ausführliche Textinterpretation dieser politischen Sinnschicht des Textes findet sich in: Verfn., *Actualité politique.* Le concept d'histoire chez Benjamin et l'échec du Front populaire. In: *Walter Benjamin et Paris.* Ed. par Heinz Wismann. Paris 1986, S. 273–284.

40 Beispielsweise halten Benjamins Aufzeichnungen zur Theorie des Fortschritts und die *Illusions du progrès* von Sorel beide einen engen Bezug zu denselben Kapiteln der *Œuvres* von Turgot (vgl. Georges Sorel, *Les Illusions du progrès.* Genève/Paris 1981, S. 51, 220 ff., und V/1, S. 596 f.). Sorels Buch scheint Benjamin jedoch nicht als Quelle für die *Aufzeichnungen und Materialien* der *Passagen*-Arbeit verwendet zu haben (vgl. V/2, S. 1277–1323). Um 1920 las er es vor den *Réflexions sur la violence* (VII/1, S. 447; Nr. 726).

Der Beitrag erschien zuerst französisch in den *Cahiers Georges Sorel* 2, 1984. Die deutsche Fassung wurde erweitert und um bibliographische Hinweise aktualisiert.

ERDMUT WIZISLA

„Krise und Kritik" (1930/31).

Walter Benjamin und das Zeitschriftenprojekt

Wenn in einem Land Regierende abgesetzt, Betriebe bankrott, Geldquellen versiegt und alle Hoffnungen, das Zurückliegende sei noch zu retten, zerschlagen sind, werden Fragen nach der Verantwortung für die Lage nicht ausbleiben. Selbst bei halbherzigem Interesse an der Vergangenheit wird ausgemessen werden, inwiefern einzelne Glieder und Gruppierungen des Gemeinwesens zu der eingetretenen Situation beigetragen haben und welche Rolle ihnen überhaupt zukommt. Jede Neueinrichtung der Verhältnisse, jede Veränderung der Gesinnungen und Vorstellungsarten ist auf Klärungsprozesse angewiesen, wie sie Siegfried Kracauer in einer solchen Umbruchsphase, im Sommer 1930 für notwendig hielt:

> Wenn nicht alles täuscht, ist die Zeit reif für eine gründliche Bestandsaufnahme unseres gesellschaftlichen Daseins, die in sämtliche Ecken und Winkel hineinleuchtet.[1]

Intellektuelle sind immer wieder geschmäht und mit Forderungen konfrontiert worden, die sie zwangen, ihr Selbstverständnis zu beschreiben. Ihre Rolle zu erfassen, war Anlaß und Schwerpunkt eines Planes, mit dem sich im Herbst und Winter 1930/31 eine Gruppe von Künstlern und Wissenschaftlern trug. Walter Benjamin, Bertolt Brecht, Bernard von Brentano, Herbert Ihering, aber auch Ernst Bloch, Siegfried Kracauer, Alfred Kurella und Georg Lukács beabsichtigten, unter dem Titel *Krise und Kritik* im Berliner Rowohlt Verlag eine Zeitschrift herauszugeben. Gedacht war an ein Organ,

> in dem die bürgerliche Intelligenz sich Rechenschaft von den Forderungen und den Einsichten gibt, die einzig und allein ihr unter den heutigen Umständen eine eingreifende, von Folgen begleitete Produktion im Gegensatz zu der üblichen willkürlichen und folgenlosen gestatten.[2]

Es ist nie ein Heft dieser Zeitschrift an die Öffentlichkeit gelangt. Dennoch verdient das Vorhaben Beachtung. Der Fall des Periodikums ist geeignet, unsere

Kenntnis der noch unbefriedigend nachgezeichneten kunstpolitischen Auffassungen und Aktivitäten der Jahre vor der faschistischen Diktatur um einen exemplarischen Vorgang zu bereichern. Es trifft zu, auch wenn es paradox klingt, daß die unveröffentlichten Zeugnisse des nicht realisierten Plans mehr über die ästhetischen und politischen Überzeugungen linksstehender Künstler und Gelehrter mitteilen als manches seinerzeit gedruckte Schriftstück.

In der umfangreichen Literatur zu Walter Benjamin, der neben Brecht zu den Initiatoren des Zeitschriftenvorhabens gehörte, spielt *Krise und Kritik* eine untergeordnete Rolle.[3] Zwar ist die Angelegenheit aus Briefen und aus den Gesamtausgaben Brechts und Benjamins durchaus geläufig. Die Unterlagen sind jedoch ungenau ediert und kommentiert. Eine Reihe wesentlicher Dokumente über den Plan liegt der Öffentlichkeit noch nicht vor. So fußen die Urteile auf unvollständigen und zum Teil falschen Daten und Zusammenhängen.

Das Zeitschriftenvorhaben *Krise und Kritik* ist aufschlußreich für die Beziehung zwischen Walter Benjamin und Bertolt Brecht, weil in ihm die Interessen beider nicht nur weitgehend übereinstimmten, sondern auch nach einer praktischen Umsetzung verlangten. *Krise und Kritik* ist deshalb auch im Zusammenhang mit anderen Gesprächsgruppen und Zeitschriftenplänen zu sehen, an denen Benjamin und Brecht beteiligt waren. Gemeint sind neben der zurückliegenden *Gruppe 1925* etwa der Heidegger-Lesekreis vom Frühjahr 1930, die *Gesellschaft materialistischer Freunde der Hegelschen Dialektik* bzw. *Gesellschaft der Dialektiker* oder der *Marxistische Klub*. Welch erhebliche Lücken es in der Forschung gibt, zeigte ein Aufsatz, in dem der Einfluß des Logischen Positivismus auf Brechts spätere theoretische Texte sinnfällig nachgewiesen worden ist;[4] ähnliche Konsequenzen wird die Aufarbeitung noch mancher Details der intellektuellen Biographie Brechts oder Benjamins zeitigen.

Die Konturen des Vorhabens *Krise und Kritik* schärfer zu ziehen, kann außerdem dazu beitragen, die immer noch verbreiteten Einseitigkeiten in der Benjamin-Deutung zu überwinden. Benjamins Haltung in den Diskussionen um das Journal zeigt, daß der politische, zum Eingreifen in den Tageskampf entschlossene Benjamin keineswegs frühe ‚metaphysische' Intentionen vergessen hat. Vielmehr beruhen auch die auf Aktualität abzielenden Erwägungen auf der für das Frühwerk konstitutiven strengen philosophischen Grundhaltung, die von der Versenkung in Phänomene und Texte ausgeht.

Der Hintergrund

Als die Vorüberlegungen zu einer Zeitschrift ein Stadium erreichten, das an eine Verwirklichung glauben ließ, lagen die Wahlen zum deutschen Reichstag vom 14. September 1930 erst wenige Wochen zurück. Der eklatante Stimmengewinn der Nazis hatte vielen mehr als eine Vorahnung nationalsozialistischer Herrschaft angezeigt. Leo Löwenthal soll bereits am Tag nach der Wahl anderen Angehörigen des *Institutes für Sozialforschung* gegenüber geäußert haben: „Es ist hier kein Bleiben mehr, die Emigration muß vorbereitet werden."[5] Aber die Gefahr der Errichtung einer faschistischen Diktatur war lediglich der extreme Ausdruck eines Zustands, den mit dem Begriff ‚Krise' zu belegen man sich allgemein geeinigt zu haben schien. Wenigen Wörtern mag in jenen Monaten ein vergleichbar inflationärer Gebrauch in den Medien zugekommen sein. Die politisch, ökonomisch und kulturell angespannte Lage bot dazu allen Anlaß. Im Frühjahr war die SPD-Regierung Müller gefallen, der Reichstag wurde aufgelöst, es gab Streiks, Demonstrationen und Schlägereien. Notverordnungen lösten einander ab. Ein Radikalenerlaß sorgte seit Januar dafür, daß unsichere Kandidaten nicht Beamte werden konnten. Öffentlich wurde von der Faschisierungswelle gesprochen. Die Weltwirtschaftskrise hatte im Sommer 1930 in Europa ihren Höhepunkt erreicht; in Deutschland stieg die Zahl der Arbeitslosen innerhalb dieses Jahres von knapp zwei auf über vier Millionen. Selbstverständlich erfaßte die krisenhafte Situation auch und zuerst die Arbeitsmöglichkeiten der Intellektuellen und ‚Kulturarbeiter'. Aufführungsverbote häuften sich, die Pressezensur wurde verschärft.

Die Geschichte des Zeitschriftenplanes

Die Zuspitzung der gesellschaftlichen Situation trug dazu bei, daß sich eine Reihe von Autoren mit der Absicht trug, durch eine eigene Zeitschrift verbindlicher öffentlich wirksam zu werden. Im Falle von *Krise und Kritik* liefen verschiedene Stränge zusammen; eine einzelne Person, die als Urheber der Idee genannt werden kann, gibt es nicht.

Der fruchtbarste Impuls zu *Krise und Kritik* ist jedoch von Gesprächen zwischen Walter Benjamin und Bertolt Brecht nach der Intensivierung ihrer Kontakte im Mai 1929 ausgegangen. In einem genau in diesem Monat begonnenen Notizbuch notierte Brecht den Titel *kritische blätter*, mit dem er auch den *entwurf zu einer zeitschrift* überschrieb, der sich mit dem späteren Benjamins zu *Krise und Kritik* eng berührt.[6] Brecht hatte diese Überlegungen wohl im Sinn, als er im Juli 1929 dem Berliner Korrespondenten der *Frankfurter Zeitung*, Bernard von Brentano, schrieb: „Wir müssen *doch* über eine Zeitschrift sprechen. Ich sehe auch immer mehr Mitarbeiter jetzt!"[7]

Im Nachlaß Bernard von Brentanos haben sich Briefe Ernst Rowohlts an Brentano aus den Jahren 1930 und 1931 erhalten, in denen der Verleger Bezug auf das Projekt der Zeitschrift nahm. Aus ihnen läßt sich die Herausbildung des Vorhabens gut rekonstruieren.[8] Im Sommer 1930 nahm die Idee innerhalb weniger Wochen Gestalt an. Ernst Rowohlt war gewonnen worden und sah offenbar in dem Berliner Theaterkritiker Herbert Ihering, Autor seines Verlages ebenso wie Benjamin und Brentano, die tragende Person. Im Brief an Brentano vom 25. Juli 1930 riet Rowohlt noch zur Zurückhaltung:

> Jherings Zeitschriften-Projekt wird man wohl vertagen müs-

sen, denn die Zeiten sind zu miess[!], um augenblicklich etwas derartiges zu unternehmen.

Auch sechs Wochen später, am 8. September 1930, schien dem Verleger die „Sache mit der ‚Zeitschrift' [...] noch sozusagen ganz im Keim", „noch sehr labil" zu sein. Man müsse „darüber noch mündlich und ausgiebig sprechen". Aber das hinderte Rowohlt nicht, Brentano gegenüber schon recht genaue Vorstellungen über den Charakter, Inhalt und Mitarbeiterkreis zu fixieren:

> Die ganze Zeitschrift soll nur von etwa 5–6 ständigen Mitarbeitern geschrieben werden. Ein sogenannter Herausgeber wird kaum notwendig sein. [...] In erster Linie sollen mitarbeiten: Benjamin – Brecht – Ihering und Sie [...] Prinzipiell bereit sind jedenfalls Benjamin, Ihering und Brecht. Die Hauptsache ist, dass nur solche Mitarbeiter aufgenommen werden, von denen wir wissen, dass ihre Gesamteinstellung scharf nach links geht, sodass also alle Aufsätze dieser Zeitschrift unter diesem Gesichtswinkel stehen.

Anfang Oktober weihte Walter Benjamin Gerhard Scholem in das Vorhaben ein, nicht ohne seine und Brechts Anteile hervorzuheben:

> Ich habe diesem Plan zum Verleger Rowohlt den Weg gebahnt, indem ich mich zum Vertreter der organisatorischen und sachlichen Losungen machte, die ich gemeinsam mit Brecht in langen Gesprächen für diese Zeitschrift ausgearbeitet habe. Ihre Haltung soll, formal, eher wissenschaftlich, ja akademisch als journalistisch sein und sie soll *Krisis und Kritik* heißen.[9]

Bereits einen Monat später waren die „Dinge", wie Benjamin Scholem wissen ließ, „auf dem Wege zur öffentlichen Bekundung etwas weiter geschritten":

> Mit meiner nächsten Sendung wirst Du Programm und Statut einer neuen Zeitschrift namens *Krise und Kritik* erhalten, die von Ihering im Verlag Rowohlt als Zweimonatsschrift erstmalig am 15. Januar nächsten Jahres herausgegeben werden soll und mich neben Brecht und zwei, drei andern als Mitherausgeber auf dem Titel nennt.[10]

Besagte Dokumente, Programm und Statut, haben sich im Frankfurter Benjamin-Archiv neben einer Reihe weiterer Materialien zu dem Zeitschriftenvorhaben erhalten. Besonders wertvoll sind dabei Protokolle von Redaktionssitzungen zu *Krise und Kritik*, die Ende

November 1930 stattfanden und in Frankfurt und zu Teilen im Bertolt-Brecht-Archiv in Berlin überliefert sind. An den Gesprächen nahmen neben Benjamin, Brecht und Ihering auch Ernst Bloch, Siegfried Kracauer und Gustav Glück, ein Berliner Bankbeamter, Sohn des Wiener Kunsthistorikers gleichen Namens, und wahrscheinlich ebenso Bernard von Brentano und Alfred Kurella teil. Die umfangreichen Mitschriften der Diskussionen sind deshalb so wichtig, weil in ihnen Erwägungen über Motive zur Zeitschriftengründung, Schwerpunkte und Prinzipien der Arbeit sowie Themenvorschläge mit potentiellen Bearbeitern festgehalten sind. Das sind Informationen, die über das bislang Bekannte beträchtlich hinausgehen. Im einzelnen wird auf die verhältnismäßig weit gediehenen Vorstellungen noch zurückzukommen sein.[11]

Bereits in den Redaktionssitzungen kamen Differenzen zum Ausdruck, die sich im folgenden Vierteljahr verstärkten und den Abbruch des Projektes schließlich wesentlich mit beeinflußten. Zu den internen Mißtönen traten Behinderungen von außen: Die Redaktion der *Frankfurter Zeitung* war nicht damit einverstanden, daß ihre Mitarbeiter – es betraf vor allem Bernard von Brentano und Siegfried Kracauer – sich an *Krise und Kritik* beteiligten.[12] Trotzdem ließ Benjamin, der schon im Dezember 1930 erwogen hatte, seinen Namen als Mitherausgeber zurückzuziehen,[13] Scholem mit Datum vom 5. Februar 1931 wissen, daß „die Dinge in den letzten Tagen konkretere Gestalt angenommen“[14] hätten. Man wolle im April herauskommen. Benjamin machte jedoch die Frage, ob im Titel sein Name als Mitherausgeber stehen würde, von der Gestaltung des ersten Heftes abhängig.

Am 10. Februar 1931 richtete Ernst Rowohlt einen Vertragsbrief an Bernard von Brentano, der die Vereinbarungen aus „verschiedenen Besprechungen“ mit Rowohlt über Titel, Honorar, Umfang und Erscheinungsweise festhielt. Dem Brief zufolge hätte die schließlich monatlich zu publizierende Zeitschrift einen Umfang von 64 Seiten und das Format der *Weltbühne* bekommen sollen. Als Honorar schlug Rowohlt zunächst 20 Mark pro Seite mit einer perspektivischen Steigerung vor. Ein Postskriptum lautete:

> Der Titel der Zeitschrift soll also nun endgültig lauten: *Krise und Kritik*, herausgegeben von Herbert Jhering, unter Mitwirkung von Walter Benjamin, Bert Brecht und Bernard von Brentano.[15]

Drei Aufsätze, die Ende Februar 1931 für das erste Heft vorlagen – es waren *Der Generalangriff* von Brentano, *Der Kongreß von Charkow* von Kurella und *Idealismus und Materialismus* von Plechanow (s. Br, S. 520) –, schienen das Unternehmen seiner Verwirklichung entgegenzuführen, tatsächlich brachten sie es zu seinem Ende. Benjamin zog seine Bereitschaft, als Mitherausgeber zu zeichnen, zurück, weil seinem Urteil nach keiner der Aufsätze den vereinbarten Grundsätzen entspräche, keiner „fachmännische Autorität beanspruchen" durfte. Seine Mitherausgeberschaft, fürchtete Benjamin, käme so „auf die Unterzeichnung eines Aufrufs heraus"[16].

Benjamins Ausstieg bei *Krise und Kritik* war allerdings nicht das letzte Wort zur Sache, wie man bisher angenommen hat. Die Mitstreiter Benjamins hielten bis zum Sommer 1931 an den Plänen fest. Im März 1931 kündigte Brecht beispielsweise auf einer Pressekonferenz an, daß er mit Herbert Ihering unter dem Titel *Krisis und Kritik* eine Zeitschrift herausgeben wolle, in der er sich in der Hauptsache mit der Kritik auseinandersetzen werde.[17] Folgt man Benjamins Aufzeichnungen (s. VI, S. 430–441), scheint das Zeitschriftenvorhaben im Sommer 1931, als die drei ursprünglichen Mitherausgeber Benjamin, Brecht und Brentano sich in Le Lavandou aufhielten, kein Thema mehr gewesen zu sein. Tatsächlich aber hat Ernst Rowohlt noch danach die Zeitschrift für möglich gehalten, wenn Ihering, Brecht und Brentano „zusammenstehen" würden. So jedenfalls ließ es Brentano Brecht in einem Brief vom 18. Juli 1931 wissen. Nach Ansicht des Verlegers bestünde der Vertrag theoretisch weiter, praktisch aber würde die Sache nicht zur Ausführung kommen, weil Ihering seine Bereitschaft zurückgezogen hätte.[18] Iherings Rückzug, der finanzielle

Zusammenbruch des Rowohlt Verlages, der zu einem gerichtlichen Vergleich führte, sowie die Pressenotverordnung vom 17. Juli 1931 taten ihr übriges, um der Idee den Todesstoß zu versetzen.[19]

Der Versuch Brechts und Brentanos, Georg Lukács für *Krise und Kritik* zu gewinnen, fällt wohl erst auf die Zeit ab Sommer 1931, wenn auch vorherige Sondierungsgespräche nicht auszuschließen sind. Lukács, der in dieser Zeit sein Moskauer gegen das Berliner Exil getauscht hatte, sah die deutsche Intelligenz von einer „Polarisationstendenz" zerrissen. Das Bestreben, zur „Konsolidierung der Linksströmung der Intelligenz" beizutragen,[20] ließ Lukács offenbar linear und dogmatisch agieren. In einem Briefentwurf bedauerte Brecht, „daß die Arbeiten an der Zeitschrift anscheinend ins Stocken geraten" seien. Brecht monierte die „Propaganda*methoden*" und die Geste der „Überlegenheit", mit der Lukács von einer problemlosen Bereitschaft der Intellektuellen auszugehen schien, sich dem Kommunismus zuzuwenden:

> Es ist zweifellos ein Irrtum, zu glauben, die Intellektuellen fielen, von der Krise erschüttert, gleichsam wie reife Birnen beim leisesten Anstoß in den Schoß des Kommunismus.[21]

Die ergebnislosen Gespräche mit dem im Auftrag der Internationalen Vereinigung Revolutionärer Schriftsteller in Berlin agierenden Literaturfunktionär bildeten den Nachklang eines großangelegten Projektes.

Autoren der Zeitschrift *Krise und Kritik* wären Schriftsteller und Künstler, Kritiker und Wissenschaftler gewesen. Überlieferte Listen lassen erkennen, daß die Mitarbeitervorschläge noch erörtert und ergänzt wurden. Wer von den provisorisch aufgeführten Beiträgern tatsächlich angesprochen worden ist, weiß man nicht. Über den Kreis der genannten unmittelbar Beteiligten hinaus sind hier erwähnenswert die Schriftsteller Hans Borchardt, Alfred Döblin, Albert Ehrenstein, Robert Musil, Hans Sahl und Peter Suhrkamp, die Theaterleute Slatan Dudow, Erwin Piscator und Bernhard Reich, die Komponisten und Musiktheoretiker Theodor W. Adorno, Hanns Eisler, Paul Hindemith, Heinrich Strobel und Kurt Weill, die Kunst- und Architekturtheoretiker Adolf

Behne, Sigfried Giedion und Hannes Meyer sowie George Grosz, der sich unzweifelhaft hinter der Schreibung ‚Gross' verbarg (vgl. VI, S. 620), die Kritiker und Essayisten Erich Franzen, Armin Kesser, Ludwig Marcuse, Erik Reger und Karl August Wittfogel, die Historiker Herman Kantorowicz und Arthur Rosenberg, die Philosophen Karl Korsch und Hans Reichenbach, der Psychologe Wilhelm Reich und der Soziologe Fritz Sternberg.[22]

Die Themen

Der Titel der Zeitschrift, wenn er denn *Krise und Kritik* gelautet hätte, wäre Programm gewesen. In den redaktionellen Gesprächen gehörte zu den Diskussionsschwerpunkten die *Krise* in Theorie, Kunst und Gesellschaft, die *Kritik*, sowohl als Mittel, mit dem auf die Krise geantwortet werden konnte, als auch – was vor allem Kunstkritik anlangte – als Gegenstand der Auseinandersetzung sowie *methodische Grundfragen geistiger und künstlerischer Tätigkeit* und die *Rolle der Intellektuellen*.
Walter Benjamin beschrieb in einem Brief an Brecht Ende Februar 1931, mit dem er sich aus dem Herausgeberkreis zurückzog, die ursprünglichen Absichten des Vorhabens in einer Weise, die besser als alles die ins Auge gefaßten Themenkomplexe bündelt:

> Die Zeitschrift war geplant als ein Organ, in dem Fachmänner aus dem bürgerlichen Lager die Darstellung der Krise in Wissenschaft und Kunst unternehmen sollten. Das hatte zu geschehen in der Absicht, der bürgerlichen Intelligenz zu zeigen, daß die Methoden des dialektischen Materialismus ihnen durch ihre eigensten Notwendigkeiten – Notwendigkeiten der geistigen Produktion und der Forschung, im weiteren auch Notwendigkeiten der Existenz – diktiert seien. Die Zeitschrift sollte der Propaganda des dialektischen Materialismus durch dessen Anwendung auf Fragen dienen, die die bürgerliche Intelligenz als ihre eigensten anzuerkennen genötigt ist. (Br, S. 521)

Benjamins Satz und das Spektrum der maßgebenden Themen und Probleme erwecken den Eindruck, daß es sich um eine Zeitschrift gehandelt hätte, die in erster Linie theoretische, politische und philosophische Fragen behandeln sollte. Das ist nicht falsch, am Werke waren aber *Künstler* und *Kunsttheoretiker*, die ästhetische und schaffenstheoretische Erörterungen nicht in den Hintergrund zu rücken gedachten. Dabei ist vor allem das Verhältnis von gesellschaftlichem und kunsttechnischem Fortschritt debattiert worden, das später für Benjamins große Exilaufsätze wesentlich war. Soweit wir aus Brechts Notizen wissen, hätte *Krise und Kritik* auch literarische Texte gebracht, die gleichsam *works in progress* vorführen sollten. Die Zeitschrift stelle die Literaturprodukte „nicht als Fertigprodukt aus"; sie müsse „das Bild einer Fabrik in Tätigkeit gewähren".[23]

Die *Krise* des gesellschaftlichen Lebens mit all seinen Erscheinungsformen war eines der Motive zur Gründung der Zeitschrift, aber auch, wie einer unveröffentlichten Programmnotiz zu entnehmen ist, deren Gegenstand:

> Das Arbeitsfeld der Zeitschrift ist die heutige Krise auf allen Gebieten der Ideologie und die Aufgabe der Zeitschrift ist es, diese Krise festzustellen oder herbeizuführen, und zwar mit den Mitteln der Kritik.[24]

Daß die Zeitschrift daran hätte arbeiten sollen, die Krise *herbeizuführen*, deutet darauf hin, daß ‚Krise' nicht als Ausdruck des Endes, sondern, wie im Krankheitsverlauf die Krisis, als Umschlagpunkt, in dem Latentes durchbricht, verstanden worden ist, also sehr wohl in ihrem Herannahen beschleunigt werden kann. Der Begriff ‚Ideologie' wird auch im pejorativen Sinne, der ‚falsches Bewußtsein' meint, verwendet. Die „Krise auf allen Gebieten der *Ideologie*" herbeiführen hieße also, Ideologie ‚auflösen', sie ‚zertrümmern', wie man es im Lesekreis mit Heidegger vorhatte (s. Br, S. 514). Die Beförderung dieses Auflösungsprozesses mochte den Initiatoren der Zeitschrift Voraussetzung für eine echte, wahrheits- und praxiszugewandte Theorie sein. Es war erklärte Absicht, eine philosophische Grundhaltung zu erarbeiten, die anstelle des ‚falschen Bewußtseins' zu treten hatte.[25] In diesem Sinne ist Brechts Wortmeldung in der Redaktionssitzung vom 21. November 1930 zu verstehen: Er schlug einen „mehr ‚reisserischen' Artikel" unter dem Titel „Die Begrüssung der Krise" für das erste Heft vor.[26]

Es ist erwogen worden, ein Heft von *Krise und Kritik* ganz der *Kritik* als Gegenstand zu widmen.[27] Dabei dachten die Gesprächspartner, wie ihren Beiträgen zu entnehmen ist, sowohl an die ihnen täglich gegenübertretenden Formen der Kunstkritik, deren Tiefstand zu beklagen um 1930 gang und gäbe war, als auch – vor allem Benjamin brachte es in die Gespräche ein – an Kritik als eine Form der Gesellschaftserkenntnis. Herbert Ihering wurde als Verfasser eines Beitrages über „zeitgenössische Theaterkritik" vorgeschlagen,[28] und Benjamin hielt eine „Auseinandersetzung" für nötig mit dem, „was bisher von materialistischer Seite zur Literaturkritik beigebracht ist (Franz Mehring, Merten etc.)".[29] Kritik sollte „ein kritisches Objekt der Zeitschrift" sein, meinten die Beteiligten, sie sei vom „Geschmacksmässigen und Individuellen" zu befreien.[30] Die Forderung, für jede kritische Tätigkeit Maßstäbe, wissenschaftliche Grundlagen oder systematische Bewertungsmöglichkeiten zu entwickeln, wurde vor allem von Brecht aufgestellt, in dessen Schriften dieser Zeit sie wiederholt erhoben wird.[31] Daß die Situation der Kunstkritik nur *ein* Gesichtspunkt des Komplexes war, kann jedoch eine Äußerung Benjamins am 26. November 1930 verdeutlichen:

> Wenn wir den Ausdruck: Kritik in seinem weitesten Sinne nehmen, also wie er eigentlich bei Kant steht, dann stehen wir vor einer Aufgabe, die sich überhaupt nicht lösen lässt, ohne die Kantsche Philosophie anzuwenden. Ich könnte hier über Theaterkritik schreiben, über Literarkritik, die sind uns geläufig, wenn man sich ausdrücken sollte über das kritische Verhalten von Ereignissen oder zur Welt überhaupt, das wäre schwer.[32]

Der Anspruch ist weiter gesteckt kaum vorzustellen. Die Begriffe ‚Krise' und ‚Kritik' zielten im Selbstverständnis der Autoren auf die Analyse und Veränderung der gesamten Gesellschaft.

Die Krise des Gemeinwesens, die Notwendigkeit, lasche kritische Praxis durch philosophisch begründete Kritik, die auf die Krise reagieren kann, abzulösen – das erzwang förmlich die Überprüfung der *methodischen Grundlagen* eigenen Denkens und Arbeitens. Es liegt auf der Hand, daß es Brecht war, den das besonders beschäftigte, hatte er doch auch für die Kritik wissenschaftliche Kriterien gefordert. Aber er ging noch weiter:

> Ich stelle mir vor, dass ein russischer Gelehrter von irgend einer Universität einen Auftrag bekommt, einen kurzen kultur-historischen Ueberblick über die Rolle des Denkens in der Geschichte zu schreiben, und zwar mit der Massgabe, dass, wenn möglich gewisse Gesetze oder Hilfsmittel oder Methoden oder Tricks am Schlusse zusammengestellt werden, mit denen das Denken gewisse Aufgaben und welche gelöst hat.[33]

Brechts seriös gemeinter Vorschlag ist Ausdruck der Suche nach Methoden, deren man sich bedienen, und Mitteln, denen man vertrauen könne. Was Brecht allgemein bei der Untersuchung gesellschaftlicher Phänomene vermißte, nämlich die „wissenschaftliche Haltung", dafür entdeckte er eine Aufgeschlossenheit im Logischen Positivismus.[34] Brecht suchte wirklich eine Antwort auf die Frage: „Wie wird denn überhaupt wissenschaftlich gedacht?"[35]

Brechts Ansatz ist zunächst pragmatisch: „zu zertrümmern sei jedes andere denken als das in einer gesellschaft realisierbare", hatte er in einem Gespräch mit Benjamin formuliert.[36] Der sich anschließende Gesprächsbeitrag Benjamins ist bedeutungsvoll; es ist einer jener Splitter, die mehr in sich bergen als manch abgeschlossenes System. Benjamin äußerte:

> es hat immer bewegungen gegeben, früher vorwiegend religiöse, die so wie marx auf radikale zertrümmerung der bilderwelt ausgingen.
>
> 2 forschungsmethoden: 1. Theologie 2. materialistische dialektik[37]

Benjamin stellte theologische und materialistische Methoden gleichberechtigt nebeneinander, weil ihm Kriterium für die Beurteilung eines Ansatzes nicht dessen Tradition oder weltanschaulicher Ort, sondern seine ‚Brauchbarkeit' war. So mochte Benjamin z. B. in der theologischen historisch-kritischen Forschung philologische Potenzen entdecken, die er in den ‚Geisteswissenschaften' schmerzlich vermißte. Arbeitsschritte wie Text-, Literar- und Formkritik, ohne die jede Interpretation sich der Überprüfbarkeit begab, schienen ihm nützlich auch für seine Disziplinen zu sein. Vor allem mußte Benjamin jedoch das Bestreben fesseln, den gesellschaftlichen Bezug einer Überlieferung, ihren *Sitz im Leben*, zu bestimmen. Benjamins Absicht, Kunstwerke in der Epoche, in der sie entstanden, zu erkennen, damit die Epoche, in der sie betrachtet werden, erkennbar wird, verdankt der historisch-kritischen Forschung Anregungen. Ebenso zog Benjamin die „hanebüchenen und rauhbeinigen Analysen eines Franz Mehring" den verstiegenen „tiefsinnigsten Umschreibungen des Ideenreiches" von Heidegger und dessen Schule vor (s. Br, S. 524), weil sie ihm methodisch eher geeignet schienen, Aufgaben der Kunstwissenschaft, ja des philosophisch kritischen Denkens schlechthin, zu lösen. Den Hinweis auf die materialistische Dialektik hielt Benjamin für unumgänglich, als es um das Verhältnis von Kunstwerken zur Wirklichkeit ging:

> Sehen Sie eine andere Möglichkeit, Kunstwerke in ihrer Wirklichkeit zu untersuchen als den dialektischen Materialismus?[38]

Die Aufgeschlossenheit für scheinbar konträr zueinander stehende Ausgangspositionen ergab sich aus dem Versuch, eingefahrene Problemstellungen aufzubrechen und der gesellschaftlichen Wirklichkeit radikal zu begegnen. Dem dialektischen Materialismus ist in den programmatischen Dokumenten ein Vorrang eingeräumt worden, der jedoch mißverstanden wird, wenn die Grundausrichtung des beabsichtigten Journals auf „Propagandazeitschrift für den dialektischen Materialismus" verkürzt wird.[39] Eine dogmatische Fixierung auf bestimmte methodische Prinzipien wurde ausdrücklich ausgeschlossen.

Die Begegnung von jüdischer Theologie und materialistischer Dialektik, von Messianismus und Marxismus in Benjamins Denken ist freilich nicht auf methodische Fragen zu reduzieren. Die Theologie hatte für ihn, wie

Adorno es über Benjamins Marxismus gesagt hat, *Experimentalcharakter*[40]. Benjamins Impuls, die Richtung seines Denkens „auf diejenigen Gegenstände zu lenken, in denen jeweils die Wahrheit am dichtesten vorkommt" (Br, S. 523), führte zu einer originären Verschmelzung von im allgemeinen getrennt gehaltenen Systemen. In den geschichtsphilosophischen Thesen hat Benjamins unvoreingenommener Umgang mit Denkgebäuden scheinbar divergierender Tradition seinen authentischen Niederschlag gefunden.[41]

Die Gesprächsteilnehmer berieten darüber, ob philosophisches oder wissenschaftliches Denken und künstlerisches Arbeiten, mit Brechts Worten, „in einer gesellschaft realisierbar" sein muß. Die historische Situation schien artistischer und intellektueller Tätigkeit ohne Konsequenzen, ohne Folgen keinen Raum zu lassen. Denken habe in Handeln überzugehen. Auch die programmatischen Dokumente stellten das fest: Die Zeitschrift lehre „eingreifendes Denken"[42], sie gebe sich Rechenschaft von den Einsichten, die der Intelligenz „eine eingreifende, von Folgen begleitete Produktion im Gegensatz zu der üblichen willkürlichen und folgenlosen gestatten" (VI, S. 619).

Der seither häufig wiederkehrende Begriff *eingreifendes Denken* stammt aus Gesprächen zwischen Benjamin und Brecht. Es ist nicht zu eruieren, wer von beiden ihn geprägt hat. Zum ersten Mal schriftlich fixiert findet er sich in einem Notizbuch Brechts, das im Mai 1929 begonnen worden ist. Noch vor der ersten, *kritische blätter* überschriebenen Notiz zur Zeitschrift heißt es da: Das Denken des einzelnen sei „interesselos" und „fast immer wertlos", „wertvoll d.h. eingreifend ist es wenn mehrere interessierte argumente herbeischaffen". Das Wort „eingreifend" ist an dieser Stelle korrigierend erweitert worden zum Begriff „eingreifendes denken".[43]

Überlegungen, die der Gesellschaft und der Arbeit gelten, lassen sich nicht von den Subjekten der Künstler und Forscher lösen. Die Reflexion der eigenen Stellung, der Möglichkeiten und Grenzen künstlerischer und wissenschaftlicher Existenz in der Gesellschaft, das Nachdenken über die *Rolle der Intellektuellen* stand in historischen Bezügen. Daß Angehörige der Intelligenz ihre Abhängigkeit von Geldgebern und Institutionen sowie ihr Verhältnis zu politischen Kräften erörterten, daß sie verändernd auf gesellschaftliche Vorgänge einzuwirken suchten, wurde nicht erst in den zwanziger Jahren ausgiebig öffentlich thematisiert. Seit Emile Zola und die „Dreyfusards" mit ihrem später so genannten *manifeste des intellectuelles* 1898 die Rehabilitation des zu Unrecht verdächtigten Hauptmanns Dreyfus erreicht hatten, war der Begriff ‚Intellektuelle' ebenso geläufig wie umstritten. Von den widerstreitenden Bedeutungskomponenten, die ihm während seiner öffentlichen Verbreitung im Dreyfus-Skandal beigelegt wurden, hat sich das Wort ‚Intellektuelle' nie befreien können. Während Zola und seine Gesinnungsfreunde für die unumgängliche Politisierung Gewissensgründe ins Feld führten und ihrem Selbstverständnis nach demokratisch und wissenschaftlich abgesichert handelten, bezichtigten ihre Gegner die Intellektuellen als instinktlos, antinational, jüdisch, dekadent und inkompetent.[44] In Deutschland überwog – wie Dietz Bering untersucht hat[45] – die negative Besetzung des Begriffs, was Verunglimpfungen seiner Träger zur Folge hatte. Auf der Seite der Intellektuellen führte das nicht selten zu Selbststilisierungen, wie sie Viktor Huebers Programmschrift *Die Organisierung der Intelligenz* (1910) kennzeichnen. Mit der sozialen Lage der Intellektuellen verschärfte sich in den zwanziger Jahren die öffentliche Auseinandersetzung um ihren Auftrag und ihre gesellschaftliche Funktion.[46]

Walter Benjamin kannte Schriften jener Jahre zum Thema: Huebers Broschüre, von Max Weber *Wissenschaft als Beruf* (1919), von Hugo Ball *Zur Kritik der deutschen In-*

telligenz (1919) oder von Alfred Weber *Die Not der geistigen Arbeiter* (1923). Benjamins Arbeiten sind, wie Günter Hartung zuerst belegt hat, inspiriert von der Einsicht, „daß die Zeit, in der eine neutrale, ‚voraussetzungslose' Forschung einschneidende Ergebnisse bringen konnte, unwiederbringlich vergangen war"[47]. Benjamins Veröffentlichungen dieser Jahre setzen das Schrifttum zur Lage der Intelligenz voraus, und sie sind selbst dessen Bestandteil. Sinnfällig ist das bei Benjamins Besprechung von Siegfried Kracauers Buch *Die Angestellten, Ein Außenseiter macht sich bemerkbar* (III, S. 219–228): Benjamins Text, von der Redaktion mit *Politisierung der Intelligenz* überschrieben, beendete eine Debatte über Karl Mannheims Buch *Ideologie und Utopie* (1929) in der Zeitschrift *Die Gesellschaft*, der *Internationalen Revue für Sozialismus und Politik*, an der sich u. a. Hans Speier, Herbert Marcuse, Hannah Arendt und Paul Tillich beteiligt hatten.[48]

Mannheims Buch ist in der Debatte um die Intelligenz ungewöhnlich folgenreich gewesen. Die Gespräche zu der geplanten Zeitschriftengründung reagierten direkt auf Mannheim und bilden einen bisher nicht beachteten eigenständigen Beitrag zum *Streit um die Wissenssoziologie*.[49] Brecht hatte in einem Gespräch vor dem 21. November 1930 den Themenvorschlag „Die historische Rolle des Führertums der Intellektuellen" so eingeführt:

> Die Intelligenz schwebt frei darüber, entscheidet sich an sich nicht, nimmt die dritte Position ein, wird von niemand beeinflusst, wünscht aber dennoch Einfluss auszuüben und versucht, die Gegensätze zusammenzubringen. Das gibt ihr den Herrschaftsanspruch, sie ist unparteiisch.[50]

Der Fortgang der Diskussion zeigte, daß Brecht mit diesen Sätzen kritisch Karl Mannheim referiert, auch wenn er den Freiraum der Intellektuellen gern für sich beanspruchen mochte. In den Gesprächen gab Mannheim vor allem da das Stichwort, wo um die Rolle der Intelligenz gestritten wurde. Mannheim hatte Alfred Webers Begriff von der „sozial freischwebenden Intelligenz" entlehnt, um die Träger der geistigen Tätigkeit als „eine relativ klassenlose, nicht allzu fest gelagerte Schicht" zu bestimmen, der mögliche Führungsaufgaben aufgrund ihrer Kraft zur notwendigen Synthese politischer Einsichten zukommen.[51] Das wurde von Benjamin und Brecht unterschiedlich gesehen. Brecht forderte: „Man braucht eine Führerstellung, wenn man Funktion ausüben will."[52] Benjamin lehnte das hingegen ab: „Kein Intellektueller darf heute aufs Katheder steigen und Anspruch erheben, sondern muß arbeiten unter der Kontrolle der Oeffentlichkeit, nicht führen."[53] Einig waren sich Benjamin und Brecht darin, daß der Schwebezustand, den Mannheim definiert hatte, kleinbürgerlich und damit keine Position war, die zur Überwindung der Krise beitragen würde. „Wie bringt man die Intellektuellen in den Klassenkampf?" fragte Benjamin.[54] Er setzte dabei voraus, daß man sich in der „Situation vor der Machtergreifung des Proletariats" befinde.[55] Folglich stehe dem Proletariat die Führungsrolle zu. Die Intelligenz verzichte auf die Führerstellung; sie habe, lautet Benjamins überraschender Vorschlag, bei der Machtergreifung in die Fabriken zu gehen und da „dienende", „ihr zugewiesene Funktionen" zu erfüllen.[56] Die verhängnisvolle Fehleinschätzung von einer unmittelbar bevorstehenden proletarischen Revolution teilte Benjamin mit manchem Mitstreiter, aber nicht mit Brecht.[57] Die Erörterung des Intelligenz-Problems, die in den Gesprächen zu einer Reihe konkreter Vorschläge führte,[58] war den Autoren kein abstrakter, sondern ein existentieller Gegenstand.

Rückblickend setzte sich Brecht ironisch mit der Haltung der Intellektuellen auseinander. Brechts *Me-ti*, vor allem aber der *Tui*-Roman setzen eine Erfahrung voraus, von der die Gespräche um *Krise und Kritik* noch unbelastet waren. Walter Benjamin hat diese Erfahrung – in einem Brief an Klaus Mann vom 9. Mai 1934 – als „Niederlage der deutschen Intelligenz" bezeichnet.[59]

Die Inhalte der geplanten Hefte wären, soweit absehbar, auf der Höhe der Zeit und so aktuell gewesen, wie es einer Ein- bzw. Zweimonatsschrift zukommt, deren Möglichkeiten eher in Kontinuität und Gründlichkeit der Darlegung liegen. Aus den Protokollen ist abzulesen, daß man öffentlich umstrittenen Äußerungen zum Thema *Intellektuelle und Politik* kritisch begegnen wollte: Genannt werden Thomas Manns *Deutsche Ansprache* vom 17. Oktober 1930 und Alfred Döblins Briefwechsel mit dem Studenten Hocke aus dem *Tagebuch*, der im Februar 1931 unter dem Titel *Wissen und Verändern* als Buch erschien.

Wenn denn Inhalt und Aktualität der geplanten Zeitschrift kein Argument gegen sie waren – was hat dazu geführt, daß *Krise und Kritik* über das Entwurfsstadium nicht hinausgekommen ist?

Eine Reihe von Gründen für das Scheitern sind genannt worden: finanzielle Schwierigkeiten[60] und die unsichere rechtliche Situation des Rowohlt Verlages, Widerstand der *Frankfurter Zeitung*, Herbert Iherings Rückzug. Weiterhin mag zum Ende beigetragen haben, daß Anfang 1931 die Bereitschaft zu einer Mitarbeit erheblich unter den anfänglichen Erwartungen der Gründer lag.

Den Ausschlag für das Scheitern gaben jedoch Differenzen zwischen den beteiligten Autoren. Es waren persönliche Spannungen, hinter denen prinzipiell divergierende politische und ästhetische Positionen standen. Übereinstimmend sahen die Mitarbeiter, daß die Lage der Gesellschaft und damit die Lage der Künste vom Klassenkampf gezeichnet und daß die materialistische Dialektik eine, vielleicht *die* Methode zur Durchdringung der Konflikte sei. Autoren, die diese Auffassung nicht teilten, fielen aus der engeren Wahl gleich heraus.

Der Gedanke vom *eingreifenden Denken* wurde von allen potentiellen Beiträgern als Leitbegriff angenommen, aber die Meinungen, auf welche Weise das Denken eingreifen bzw. wie auch die Wirklichkeit auf das Denken einwirken soll, wichen beträchtlich voneinander ab. Der überblickbare weltanschauliche Rahmen darf nicht darüber hinwegtäuschen, daß sich zwischen den für *Krise und Kritik* ins Auge gefaßten Autoren genau die Abgründe auftaten, die linke Intellektuelle am Ausgang der Weimarer Republik trennten. Die Fähigkeit zum Kompromiß war sehr begrenzt. Sie versagte vollends, als sich Eigeninteressen und taktische Erwägungen einzelner vor die Bündnisabsichten drängten.

Ein Blick auf die für das geplante erste Heft vorgelegten Beiträge macht die Divergenzen offenkundig, selbst wenn keiner der drei Beiträge erhalten oder unter dem überlieferten Titel anderswo erschienen ist. *Idealismus und Materialismus* von Plechanow mag geeignet erschienen sein, die ‚kämpferische', starre Konfrontation dieser philosophischen Haltungen zu flankieren. Kurellas Beitrag *Der Kongreß von Charkow* vertrat ohne Zweifel die Sicht der deutschen proletarisch-revolutionären Delegation.[61] Benjamins oben zitierte Zurückweisung der Aufsätze traf auch Brentanos *Generalangriff*, wobei wir allerdings nicht wissen, ob sie demselben Überdruß geschuldet war, mit dem Benjamin einige Monate später in Le Lavandou auf einen Gesprächsbeitrag reagierte:

> Brentano suchte gerade wieder eine seiner Rodomontaden über die Revolutionierung der geistigen Arbeiter, die Situation der Intelligenz u. s. w. an den Mann zu bringen, als Brecht ziemlich heftig einfiel. (VI, S. 434)

Zwischen Alfred Kurella und Walter Benjamin müssen die Dissonanzen erheblich gewesen sein, und es ist wohl kein Zufall, daß Kurella sich später im Gespräch über das Vorhaben an Brecht, Brentano, Ihering, aber nicht an Benjamin erinnerte.[62] Benjamins Entsetzen, daß Kurella in das erste Heft einen affirmativen Bericht über den II. Weltkongreß der revolutionären Literatur im Oktober 1930 in Charkow lancieren wollte, ist groß gewesen. Die Linie von Charkow, die Kurella im Auftrag der Komintern propagierte, stand nicht nur in politischer Hinsicht im Gegensatz zu dem, was Benjamin in *Krise und Kritik* repräsentiert wissen wollte. Nicht anders als ablehnend konnte Benjamin der Fixierung auf die Politik der KPD begegnen, einer Politik mit dem auch in Charkow vertretenen Theorem vom Sozialfaschismus, mit der Abgrenzung von ‚Sympathisierenden', mit dem Kampf um und gegen linksbürgerliche Schriftsteller, mit der Forderung des *Bundes proletarisch-revolutionärer Schriftsteller*, die Intellektuellen mögen sich in die proletarische Kampfarmee einreihen.[63] Auch in den ästhetischen Grundsätzen divergierten die Propagandisten von Charkow und die Benjamin wie Brecht nahestehenden Personen. Der Vorschlag, im ersten Heft von *Krise und Kritik* eine Plechanow-Übersetzung zu drucken, nahm einen Antrag der deutschen Gruppe in Charkow auf, die Werke Plechanows in deutscher Sprache herauszugeben.[64] Damit wurde Wittfogels Favorisierung der Traditionslinie Hegel – Marx/Engels – Plechanow gegenüber Kant/Schiller – Lassalle – Mehring unterstützt.[65] Benjamins Abweichung war offenkundig: Er hatte in den Redaktionsgesprächen ausdrücklich auf Kant und Mehring, der mit Thalheimer und dessen Ausgabe in Verruf geraten war, hingewiesen, und Benjamin machte aus seiner Ablehnung Plechanows keinen Hehl.[66] Die an Benjamin entfalteten Differenzpunkte galten mutatis mutandis auch für Brecht. Bei ihm fanden sie ihren Ausdruck in der Kontroverse mit Lukács über dessen „Propagandamethoden" und über die Bereitschaft der Intellektuellen, sich dem Kommunismus zu öffnen, aber auch in der sich in jenen Monaten anbahnenden Distanz von Kurella, die dieser mit Brechts engeren Kontakten zu den in der Partei kritisch gesehenen Korsch und Sternberg begründete.[67]

Die Absicht war unverkennbar. Wäre die Redaktionsgruppe den Vorschlägen des Flügels um Kurella gefolgt (zu dessen Parteigängern zeitweise auch Brentano zählte)[68], hätte *Krise und Kritik* nach außen wie ein einseitiges Parteiorgan gewirkt. Ein heterogener linker Kreis von Beteiligten – Autoren des Rowohlt Verlages, der *Literarischen Welt*, der *Frankfurter Zeitung* gehörten ebenso dazu wie Intellektuelle aus dem Umfeld Brechts, aus der Zeitschrift *Musik und Gesellschaft* sowie aus dem *BPRS* – hätte sich homogen präsentiert. Der Versuch der kommunistischen Literaturfunktionäre, das Projekt an sich zu reißen, um es propagandistisch auszunutzen, mißlang.

Hinter den Differenzen in Fragen der Politik und der ästhetischen Tradition lagen erheblich voneinander abweichende Vorstellungen über die Rolle des kunsttechnischen Fortschritts. Benjamin und Brecht lehnten es ab, die Qualität eines Kunstwerkes von seinem Inhalt abhängig zu machen. Sie schenkten bekanntlich der Entfaltung neuer künstlerischer Techniken und Formen große Aufmerksamkeit, schienen sie ihnen doch sowohl von der Entwicklung der ganzen Gesellschaft abhängig als auch dieser bereits antizipatorisch voraus zu sein. In den Gesprächen um die beabsichtigte Zeitschriftengründung schlug sich solche Aufmerksamkeit nieder, als es um das Thema „Gibt es eine technische Verpflichtung, einen Standard in der Literatur?" bzw. „Technischer Standard in der Literatur" ging.[69] Das Protokoll vermerkte:

> *Brecht* spricht noch einmal zum allgemeinen Thema „Krise u. Kritik". In der rein bürgerlichen Literatur, z. B. der schönen Literatur, haben wir doch schon ungeheure fortschrittliche Konsequenzen, eventl. Verbesserungen der literarischen Produktionsmittel, darauf müssten wir unbedingt eingehen, ich meine den Standpunktwechsel mehr als die methodischen Verbesserungen. (James Joyce – Döblin im Gegensatz zu Mann und Wassermann) Für mich von Interesse wäre z. B. ein Nachweis, dass James Joyce und Döblin anzugliedern sind gewissen anderen Verbesserungen der konstruktiven Mittel. Denken als produktive Kraft. Dann wäre mir daran gelegen, den Nachweis zu erbringen, dass diese Verbesserung der produktiven Kräfte, vorgenommen durch diese Literaten, durch diese führenden Leute der schönen Literatur Entsprechungen haben auf anderen Gebieten, wo also auch produktive Kräfte verbessern würden.[70]

Brecht wertete die Verbesserung der literarischen Technik durch Joyce und Döblin als „Erzeugnisse der Krise", der, wie es auch heißt, „Krisis der schönen Literatur"; sie wären jedoch „in gewissem Sinne Versuche, aus der Krise herauszukommen".[71]

Maßgabe der Ausprägung neuer technischer oder konstruktiver Mittel in Literatur und Kunst war das Verhältnis zur Wirklichkeit. Brecht bemängelte die Geschlossenheit des Weltbildes bei Autoren wie Thomas Mann und Jakob Wassermann. Die „scheinbare Totalität", die sie als Ausdruck ihrer Persönlichkeit voraussetzten, beschneide ihnen den Rahmen ihres Schreibens. Der Typus Joyce und Döblin stelle dagegen auswechselbare „Apparate" auf. Seine Denkmethoden sonderten sich von der Privatpersönlichkeit ab, sie seien etwas „Transportables".[72]

In den Augen von Benjamin und Brecht konnte es nicht der Beliebigkeit anheimgestellt werden, ob Künstler neue stilistische und kompositorische Mittel einsetzen oder nicht. Es bestehe eine „technische Verpflichtung". Die Zeitschrift errichte

> den Standpunkt, daß es in der Literatur Erfindungen und Entdeckungen gibt, die die Methoden sämtlicher Schriftsteller verändern müssen, so wie alle wissenschaftlichen und handwerklichen Sparten in jedem Augenblick einen technischen Standard haben, den der einzelne in ihnen Beschäftigte *erreicht* haben muß.[73]

Diese Überlegungen mußten auf offene Ohren stoßen bei avantgardistischen Theoretikern wie Adolf Behne, dem Kunstschriftsteller aus dem Umkreis des *Werkbundes*, Sigfried Giedion, dem um die Einbindung moderner Kunst und Architektur in das „Kulturganze" bemühten Theoretiker und Propagandisten für das *Neue Bauen*,[74] oder Hannes Meyer, dem eben gefeuerten marxistischen Direktor des *Bauhauses*. Die aus den Unterlagen bekannten Tatsachen, daß Behne und Meyer zu dem ins Auge gefaßten Autorenkreis zählten, Giedion zeitweise sogar als Mitherausgeber geführt wurde,[75] erhalten das ihnen zukommende Gewicht eigentlich erst im Kontext eines Gesprächs mit Ernst Bloch, der, falsch datierend, zweifellos eine Redaktionssitzung von *Krise und Kritik* erinnerte:

> An einem Abend, so um '27 wahrscheinlich, kamen folgende Herren in einer Wohnung zusammen: der Theaterkritiker Ihering, der auf der Seite von Brecht war im Gegensatz zu Kerr („der nächste Kerr bitte", wurde damals verlangt), der Feuilletonkorrespondent der *Frankfurter Zeitung* Siegfried Kracauer, der Essayist und Philosoph Walter Benjamin, der Stückeschreiber Bertolt Brecht und der Essayist und Philosoph Ernst Bloch. Die kamen zusammen zu dem Plan, ge-

meinsam ein Gremium zu bilden, das eine neue Zeitschrift herausgibt. Sie sollte den Titel tragen: *Zeitschrift für Kulturbolschewismus.* Unter „Kulturbolschewismus“ verstand man damals das Bauhaus; Gropius und alles, was eben da gut und teuer und fremdartig und sonderbar war und epatierend, das alles war „Kulturbolschewismus“.[76]

Eigentlich gab Bloch diese Zusammenhänge wieder, um auf den Bedeutungswandel des Wortes „Kulturbolschewismus“ aufmerksam zu machen. Es ist schon denkbar, daß *Krise und Kritik* unmittelbar auf den 1931 stärker agitierenden *Kampfbund für deutsche Kultur* reagieren wollte. Zu den Aufgaben des *Kampfbundes*, gegründet von Alfred Rosenberg, Heinrich Himmler und Gregor Strasser, gehörte nämlich der Kampf gegen linken Kulturbolschewismus.[77]

Die in Blochs Worten greifbare Entschiedenheit, mit der die wesentlichen Vertreter von *Krise und Kritik* die technisch-konstruktive Dimension der Kunst zum Bestandteil ihres ästhetischen Denkens gemacht hatten, macht die Spannungen zu dem politisch parteigebundenen und kunsttheoretisch eher traditionell argumentierenden Flügel um Kurella und Lukács nachvollziehbar.

Das Interesse Brechts, Benjamins und der anderen an material- und produktionsästhetischen Problemen mag den eher auf politische Wirkung fixierten Anhängern der proletarisch-revolutionären Richtung wie gefährliche bürgerliche Kunstspielerei erschienen sein. Diese verlangten der Kunst ab, daß sie unmittelbar dem proletarischen Befreiungskampf diene, jene hielten in der Kunst Experimente für unabdingbar, die die Destruktion der geschlossenen Realität und die Erprobung neuer, offener Formen zu kunst- und damit gesellschaftswirksamen Prinzipien mache. Der proletarisch-revolutionäre oder der realistische Roman des 19. Jahrhunderts wurde gegen technisch neuartige Kunstwerke von Joyce, Döblin oder gegen Montage- und Dokumentarkunst überhaupt ausgespielt.

Benjamin, Bloch, Brecht und ihre Mitstreiter wollten jedoch keineswegs politische Wirkung ausschalten, sondern sie strebten eine Synthese aus technisch-konstruktiver und gesellschaftlicher Dimension der Kunst an, die hohe artistische mit politisch fortgeschrittenen Maßstäben unauflöslich zu verbinden trachtete.[78] Der Versuch, Kunst und Politik in einer Weise zu verknüpfen, die beiden Seiten Gerechtigkeit widerfahren läßt, rückt, selbst wenn er künstlerisch nur eingeschränkt und in der Zeitschrift überhaupt nicht erreicht wurde, das Vorhaben geistespolitisch in eine höchst bedeutsame Leerstelle des intellektuellen Lebens der Weimarer Republik.

Jürgen Habermas hat 1986 in seinem Aufsatz *Heinrich Heine und die Rolle des Intellektuellen in Deutschland* konstatiert, daß der „Protointellektuelle" Heine in Deutschland nicht traditionsbildend gewesen sei. Unter den von Habermas beschriebenen fünf wichtigsten Fraktionen im Geistesleben der Weimarer Republik – die Unpolitischen, die Realpolitiker, die Aktivisten, die Berufsrevolutionäre und die Rechtsintellektuellen – lassen sich wohl Kurella, Lukács und Wittfogel, nicht aber die Gründungsmitglieder von *Krise und Kritik* situieren. Benjamin, Brecht, Kracauer blieben – wie auf andere Weise Tucholsky[79] – von dem Mißverständnis der fünf Fraktionen über die Rolle der Intellektuellen verschont. Weder glaubten sie, daß öffentliches Engagement die Autonomie von Kunst und Wissenschaft in Frage stelle und damit schöpferische und intellektuelle Fähigkeiten beeinträchtige, noch verwechselten sie Einflußnahme auf die politische Öffentlichkeit mit Eingliederung in einen Machtapparat, dem Herkunft, Denken und schöpferisches Tun geopfert werden müsse. Sie lehnten eine Hierarchisierung ab, derzufolge sich die Kunst einer gesellschaftlichen Absicht mit vorgegebenem Ziel und festgelegter Wirklichkeitsdeutung unterzuordnen habe. Eingreifendes Denken bedeutete ihnen nicht Instrumentalisierung von Theorie und Kunst. Im Gegenteil: Politisches und gesellschaftliches Wirken setzte höchstes kunsttechnisches und theoretisches Niveau voraus.[80]

Krise und Kritik unterschied sich als Zeitschriftenprojekt beträchtlich von Benjamins früherem Plan der Zeitschrift *Angelus Novus*. Benjamin bewegte sich nach Jahren kritischer Arbeit in der Öffentlichkeit in einem anderen

Umfeld. Politisch hatte er Positionen bezogen, die ihm früher eher fremd waren. Sein Verhältnis zum Publikum war ein anderes. Was jedoch das Gebot der Sachhaltigkeit, die Bestimmung durch Historie, die Forderung nach Aktualität, den Anspruch auf Wahrheit – und den Versuch, diese Maßgaben zu integrieren! – angeht, ist Benjamin nicht von seinem früheren Entwurf abgewichen.[81]

Die Initiatoren von *Krise und Kritik* waren überzeugt davon, daß ihr Modell realisierbar sein müsse. Ihre Absicht konnte sich nicht durchsetzen. Im Falle der Umsetzung hätte das Intendierte durchaus *Modellcharakter* gehabt, was Gesicht, Arbeitsweise und Programm der Zeitschrift angeht. Intellektuelle bürgerlicher Herkunft hielten im Angesicht von Klassenauseinandersetzungen gesellschaftliches Eingreifen für geboten, aber sie ließen sich nicht von einer Partei disziplinieren. Einzeln arbeitende Künstler und Wissenschaftler sahen die Notwendigkeit zum Zusammenwirken unter strengen Regeln. Ein heterogener Kreis war bereit, sich auf einheitliche Arbeitsprinzipien einzulassen. Spezialisten wollten Fachbeiträge aus ihren Gebieten in einem übergreifenden Rahmen zusammenführen, um allgemein geltende Regeln erkennen zu können. Differenziert schaffende Künstler operierten mit einem ungeteilten Kunstbegriff. Sie dachten dabei gattungsübergreifend und nicht kunstimmanent. Theoretisch und künstlerisch Tätige fragten nach Folgen ihrer Arbeit. Sie verweigerten sich nicht brennenden Forderungen, ohne dabei der eingreifenden Aktualität Gründlichkeit und Sachverstand zu opfern.

Das Scheitern des Projektes ist eine Tatsache. Die Tatsache wurzelt in der Uneinheitlichkeit linker Intellektueller, und sie greift vor auf die schärfer geführten kunstpolitischen Debatten des Exils. Auch kein anderes der um 1930 so zahlreichen Journale[82] löste ein Programm ein, das dem Anspruch von *Krise und Kritik* vergleichbar wäre. Und dennoch gab es für einen Moment Bedingungen, unter denen das Zeitschriftenprojekt hätte verwirklicht werden können. Die Absicht der Künstler und Wissenschaftler, sich mit der eigenen Arbeit in die Belange ihrer Umgebung einzumischen, ohne dabei Maß und Urteilsfähigkeit zu verlieren, wäre einer „gründlichen Bestandsaufnahme des gesellschaftlichen Daseins" durchaus zuträglich gewesen. Sein Scheitern beweist nicht, daß der Anspruch von *Krise und Kritik* illusionär war.[83]

1 *Literaturblatt der Frankfurter Zeitung.* Frankfurt am Main, 63. Jg. (1930), Nr. 31 (3. Aug.), S. 7.

2 [Walter Benjamin,] *[Memorandum zu der Zeitschrift „Krisis und Kritik"].* VI, S. 619.

3 Ausnahmen bilden der Aufsatz von Bernd Witte, *Krise und Kritik.* Zur Zusammenarbeit Benjamins mit Brecht in den Jahren 1929 bis 1933. In: *Walter Benjamin – Zeitgenosse der Moderne.* Hrsg. von Peter Gebhardt u. a. Kronberg/Ts. 1976, S. 9–36 (auch in: Bernd Witte, *Walter Benjamin – Der Intellektuelle als Kritiker.* Untersuchungen zu seinem Frühwerk. Stuttgart 1976, S. 168–177), sowie der hinsichtlich der Zeitschrift auf Witte zurückgehende Aufsatz von Rolf-Peter Janz, *Das Ende Weimars – aus der Perspektive Walter Benjamins.* In: *Weimars Ende.* Prognosen und Diagnosen in der deutschen Literatur und politischen Publizistik 1930–1933. Hrsg. von Thomas Koebner. Frankfurt am Main 1982, S. 260–270.

4 Vgl. Lutz Danneberg und Hans-Harald Müller, *Wissenschaftliche Philosophie und literarischer Realismus.* Der Einfluß des Logischen Empirismus auf Brechts Realismuskonzeption in der Kontroverse mit Georg Lukács. In: *Exil.* Sonderband 1: Realismuskonzeptionen der Exilliteratur zwischen 1935 und 1940/41. Maintal 1987, S. 50–63.

5 Rolf Wiggershaus, *Die Frankfurter Schule.* Geschichte, Theoretische Entwicklung, Politische Bedeutung. München 1988, S. 82.

6 Vgl. Bertolt-Brecht-Archiv, Berlin (im folgenden: BBA), 363/38. Der Entwurf der Zeitschrift – s. BBA 332/101 f. und 209/70 – ist fehlerhaft abgedruckt in: Bertolt Brecht, *Gesammelte Werke.* Hrsg. v. Suhrkamp Verlag in Zusammenarbeit mit Elisabeth Hauptmann. Bde. 1–20. Frankfurt am Main 1967 (im folgenden: GW Band, Seitenzahl). Band 18, S. 85–87.

7 Bertolt Brecht, *Briefe 1913–1956.* Hrsg. u. kommentiert v. Günter Glaeser. 2 Bde. Berlin und Weimar 1983 (im folgen-

den: BB Briefe Briefnummer). Brief 147. Vgl. auch den späteren Brief Brechts an Brentano, BB Briefe 155.

8 Kopien der Dokumente stellte mir freundlicherweise Frau Margot von Brentano, Wiesbaden, zur Verfügung. Bei Zitaten aus den Briefen Ernst Rowohlts an Bernard von Brentano, die sämtlich auf den Nachlaß Brentanos in Wiesbaden bzw. im Deutschen Literaturarchiv, Marbach am Neckar, zurückgehen, gebe ich im Text nur die Briefdaten an, da mir noch keine Signaturen zugänglich waren.

9 Walter Benjamin an Gerhard Scholem, [3.Oktober 1930]. Br, S.517f.

10 Walter Benjamin an Gerhard Scholem, 3. November 1930. Gershom Scholem, *Walter Benjamin – die Geschichte einer Freundschaft.* Frankfurt am Main 1976, S.205.

11 Aus dem Bertolt-Brecht-Archiv und aus dem Benjamin-Archiv sind mir Mitschriften von fünf Gesprächen bzw. Gesprächsteilen in einem Gesamtumfang von insgesamt 25 Seiten bekannt. Lediglich zwei davon sind datiert, auf den 21. und auf den 26. Nov. 1930. Eine kommentierte Veröffentlichung aller Gespräche, programmatischen Entwürfe, Briefe und Notizen zu *Krise und Kritik* ist in Vorbereitung.

12 Einen Einblick in diese „Mißhelligkeiten" zwischen Friedrich T. Gubler, dem Feuilletonredakteur der *Frankfurter Zeitung,* und Brentano vermittelt Benjamins Brief an Brentano vom 18. Nov. 1930, Nachlaß Brentano, Wiesbaden/Deutsches Literaturarchiv Marbach am Neckar.

13 Vgl. Walter Benjamin an Bertolt Brecht, [Ende Februar 1931]. Br, S.521.

14 Scholem, *Walter Benjamin,* S.207.

15 Ich vereinheitliche den Titel der geplanten Zeitschrift zu *Krise und Kritik* mit Berufung auf diesen Vertragsbrief, auf eine unveröffentlichte Notiz, bei der es sich mit großer Wahrscheinlichkeit um das erwähnte Statut handelt (Walter-Benjamin-Archiv Theodor W. Adorno, Frankfurt am Main, im folgenden: WBA, Ts 2468), und auf den oben zitierten Brief Benjamins an Scholem vom 3. Nov. 1930. Andere Titel wurden parallel dazu erwogen, aber dieser könnte das Ergebnis einer möglichen Einigung gewesen sein.

16 Walter Benjamin an Bertolt Brecht, [Ende Februar 1931]. Br, S.521f.

17 Vgl. *Neue Augsburger Zeitung.* Augsburg (1931), Nr. 59 (12.März), S.1, und *Neue Badische Landes-Zeitung.* Mannheim (1931), Nr.130 (12.März), S.2. Diesen Hinweis entnahm ich der Arbeit von Ursula Krechel, *Information und Wertung.* Un-

tersuchungen zum theater- und filmkritischen Werk von Herbert Ihering. Diss. Köln 1972.

18 Vgl. Bernard von Brentano an Bertolt Brecht, 18. Juli 1931, Briefabschrift, Nachlaß Brentano, Wiesbaden/Deutsches Literaturarchiv Marbach am Neckar.

19 Vgl. Bernard von Brentano an Bertolt Brecht, 18. Juli 1931, Briefabschrift, Nachlaß Brentano, Wiesbaden/Deutsches Literaturarchiv Marbach am Neckar. Der „Bankrott" Rowohlts war zum Zeitpunkt des Briefes schon überwunden. Die Finanzkrise des Rowohlt Verlages, die mit einer Umwandlung der Kommanditgesellschaft in eine GmbH endete, kann mit Hilfe von Brentanos Brief genauer eingegrenzt werden, als es Walter Kiaulehn möglich war, vgl. ders., *Mein Freund der Verleger*. Reinbek bei Hamburg 1967, S. 150f.
Mit „Pressenotverordnung" ist die „Zweite Verordnung des Reichspräsidenten zur Bekämpfung politischer Ausschreitungen" gemeint, die erhebliche Einschränkungen publizistischer Arbeit mit sich brachte. Brentano ließ Brecht im erwähnten Brief dazu wissen: „Die bürgerlichen Organe sind durch die heutige Zensurverordnung derartig eingeschüchtert, dass wir alle von heute ab Freiwild sind. Auf der andern Seite müssten wir jetzt aus 200 Gründen eine Zeitschrift haben."

20 Georg Lukács, *Die deutsche Intelligenz*. In: *Zwei Welten* 3/1932. Zit. nach Alfred Klein, *Georg Lukács in Berlin*. Literaturtheorie und Literaturpolitik der Jahre 1930/32. Berlin und Weimar 1990, S. 41.

21 BB Briefe 156. Die Datierung des Briefes auf Ende 1930/Anfang 1931 müßte dann korrigiert werden; naheliegend ist, daß der Entwurf nicht vor dem Sommer 1931 geschrieben ist.

22 Vgl. Benjamins Entwurf zur Zeitschrift mit der provisorischen Mitarbeiterliste, VI, S. 619–621 und 827f.; Rowohlts Brief an Brentano vom 8. Sept. 1930 sowie verschiedene Mitarbeiter- und Themenlisten aus dem Nachlaß Brechts, deren gedankliche Zugehörigkeit zum Projekt eindeutiger als die organisatorische ist. Ich werde an anderer Stelle ausführlicher auf sie eingehen.

23 GW 18, S. 86.

24 WBA Ts 2470.

25 Diese Überlegungen gehen auf Hinweise von Günter Hartung zurück, vgl. auch dessen Aufsatz: *Debatten über faschistische Ideologie*. In: *Wissenschaftliche Zeitschrift der Martin-Luther-Universität Halle*. Reihe G. 38. Jg. (1989), Heft 2, S. 117–131.

26 WBA Ts 2475.
27 WBA Ts 2474 und 2476.
28 WBA Ts 2475.
29 WBA Ts 2487. Chryssoula Kambas hat den Hinweis auf Lu Märten, die eindeutig mit dem nach Diktat geschriebenen Namen „Merten" gemeint ist, im Zusammenhang der Märten-Rezeption der zwanziger Jahre gewertet und auf seine Bedeutung in der Gesprächssituation hingewiesen. Vgl. Chryssoula Kambas, *Die Werkstatt als Utopie.* Lu Märtens literarische Arbeit und Formästhetik seit 1900. Tübingen 1988, S. 189.
30 WBA Ts 2470 und 2474.
31 Vgl. vor allem Brechts Polemik gegen „kulinarische Kritik", wie sie Alfred Kerr für ihn verkörperte, s. GW 15, S. 215, und GW 18, S. 97–102, oder etwa die Texte *[Wandlung des kritischen Gesichtspunktes]*, GW 18, S. 106, und *Forderungen an eine neue Kritik*, GW 18, S. 113f.
32 WBA Ts 2474. Das Blatt ist von der Stenotypistin falsch auf den 21. November datiert; es handelt sich jedoch eindeutig um das erste Blatt der Sitzung vom 26. November, das von Ts 2483 gefolgt wird. Indizien dafür sind die Personenzusammensetzung und der Zeilenabstand der Protokollmitschrift.
33 WBA Ts 2477.
34 Vgl. Danneberg/Müller, *Wissenschaftliche Philosophie und literarischer Realismus*, S. 52.
35 WBA Ts 2487. Auf die Antwort Ernst Blochs, „daß in den verschiedenen Wissenschaften verschieden gedacht wird", habe ich an anderer Stelle verwiesen; vgl. Verf., *Ernst Bloch und Bertolt Brecht.* Neue Dokumente ihrer Beziehung. In: *Bloch-Almanach.* 10. Folge, Baden-Baden 1990, S. 87–105.
36 BBA 217/06. Auch dieser Satz kann mit Moritz Schlick in Verbindung gebracht werden, vgl. Danneberg/Müller; *Wissenschaftliche Philosophie und literarischer Realismus*, S. 53.
37 BBA 217/06. Erstmals hat meines Wissens Bernd Witte auf die Bedeutung dieses Gespräches hingewiesen, vgl. Witte, *Krise und Kritik*, S. 23.
38 Vgl. WBA Ts 2486.
39 Vgl. Michael Rumpf, *Radikale Theologie.* Benjamins Beziehung zu Carl Schmitt. In: *Walter Benjamin – Zeitgenosse der Moderne*, S. 39. – Auch die Auslassung im Briefzitat Benjamins in I/3, S. 887, finde ich problematisch; sie täuscht eine Widerspruchsfreiheit vor, die es nicht gab.

40 Theodor W. Adorno, *Über Walter Benjamin.* Aufsätze, Artikel, Briefe. Hrsg. v. Rolf Tiedemann. Revidierte und erweiterte Ausgabe. Frankfurt am Main 1990, S. 98.

41 Der zurückliegende Abschnitt verdankt Wolfgang Ullmann und Günter Hartung Anregungen, vgl. auch beider Aufsätze in diesem Band.

42 GW 18, S. 87.

43 BBA 363/30. Brecht hat unter die Notiz *über eingreifendes denken* geschrieben.

44 Vgl. Dietz Bering, *Die Intellektuellen.* Geschichte eines Schimpfwortes. Stuttgart 1978, S. 32–63.

45 Vgl. Bering, *Die Intellektuellen.*

46 Vgl. die „Enquete über die soziale Lage der intellektuellen Arbeiter von heute", die Bernard von Brentano für die *Literarische Welt* durchführte (*Die Literarische Welt.* Berlin, 8. Jg. [1932], 11/22/23). Die Zahl der arbeitslosen Jungakademiker schätzte man auf über 50 000, vgl. *Deutsche Intellektuelle 1910–1933.* Aufrufe, Pamphlete, Betrachtungen. Hrsg. v. Michael Stark. Heidelberg 1984, S. 433.

47 Günter Hartung, *Zur Benjamin-Edition.* In: *Weimarer Beiträge.* Berlin, 20. Jg. (1974), Heft 12, S. 158.

48 Vgl. Witte, *Krise und Kritik,* S. 15–18 und 33. Die Texte dokumentiert: *Der Streit um die Wissenssoziologie.* Hrsg. v. Volker Meja und Nico Stehr. Frankfurt am Main 1982.

49 Vgl. ebenda.

50 WBA Ts 2471.

51 Vgl. Karl Mannheim, *Ideologie und Utopie.* Frankfurt am Main 1965, besonders S. 135–140.

52 BBA 217/04.

53 BBA 217/04. Vgl. IV/1, 480: Benjamin hob hier im gleichen Sinne das Fehlen jeder „Führergeste" bei Valéry hervor. Lorenz Jäger machte mich auf diese Stelle aufmerksam.

54 BBA 217/05. Vgl. III, S. 175, wo Benjamin eine Klassenlosigkeit der Intellektuellen als Luxus ablehnte.

55 WBA Ts 2490.

56 BBA 217/04.

57 Auf die zwischen Benjamin und Brecht unterschiedliche Bewertung der politischen Situation kann nicht näher eingegangen werden.

58 Am 21. November 1930 wurde als Thema „für Brentano unter Hinzuziehung von Korsch und Kurella" genannt: „‚Die verschiedenen Formen des Führertums in der Intelligenz heute.' Der Professor (Mannheim)/der Politiker (Hellpach)/der Journalist (Kerr)/der freie Literat (Tucholsky)" (WBA Ts 2478). Hier war offenbar daran gedacht, je einen

Typus von Intellektuellen, wie er sich in der Öffentlichkeit präsentierte, kritisch zu charakterisieren.

59 Akademie der Künste zu Berlin, Literaturarchive, Nachlaß Walter Benjamin, 19/1.

60 Margot von Brentano erinnert sich, daß „von Anfang an das Geld fehlte für die Zeitschrift". Vgl. briefliche Auskunft an mich vom 16. März 1989.

61 *Zur Tradition der deutschen sozialistischen Literatur.* Eine Auswahl von Dokumenten. 4 Bde. Berlin und Weimar 1979. Band 1, S. 357–377.

62 Vgl. *Gespräch mit Alfred Kurella.* In: *Sinn und Form.* Berlin, 27. Jg. (1975), Heft 2, S. 221–243, zu *Krise und Kritik*, S. 233.

63 Zu den hier nur knapp benannten Thesen der Charkower Konferenz vgl.: *Zur Tradition der deutschen sozialistischen Literatur.* Band 1, besonders S. 235–443. – Benjamins kritische Position zum *BPRS*, dessen Veranstaltungen er besucht hat, findet sich u. a. in der Kracauer-Rezension mitgeteilt, vgl. III, S. 224. Darauf hat Bernd Witte hingewiesen, u. a. in Witte, *Krise und Kritik*, S. 19f. Zum Zusammenschluß aufschlußreich ist ferner: Günter Hartung, *Furcht und Elend des Dritten Reiches als Satire.* In: *Erworbene Tradition.* Studien zu Werken der sozialistischen deutschen Literatur. Hrsg. v. Günter Hartung u. a. Berlin und Weimar 1977, S. 57–118, besonders S. 59–63.

64 Vgl. *Zur Tradition der deutschen sozialistischen Literatur.* Band 1, S. 332f.

65 Vgl. Karl August Wittfogels Serie zur marxistischen Ästhetik in: *Die Linkskurve.* Berlin, 2. Jg. (1930), Nr. 5 (Mai) bis 11 (Nov.). Siehe auch Helga Gallas, *Marxistische Literaturtheorie.* Kontroversen im Bund proletarisch-revolutionärer Schriftsteller. Neuwied und Berlin 1971.

66 Vgl. auch den Verweis auf Mehring in Benjamins berühmtem Brief an Max Rychner vom 7. März 1931, Br, S. 524, und die ablehnenden Äußerungen zu Plechanow, die Asja Lacis überlieferte; Asja Lacis, *Revolutionär im Beruf.* Berichte über proletarisches Theater, über Meyerhold, Brecht, Benjamin und Piscator. München 1971, S. 60f.

67 Vgl. BB Briefe 156. Lukács, der „in der deutschen Partei ernsthaft arbeiten" wollte und der ebenfalls die strategische Grundausrichtung von Charkow durchzusetzen hatte, hielt Brecht damals für sektiererisch. Vgl. Georg Lukács, *Gelebtes Denken.* Eine Autobiographie im Dialog. Frankfurt am Main 1980, S. 144 und 148. – Kurella erinnerte den Beginn der

Spannungen in: *Gespräch mit Alfred Kurella,* S. 233. Vgl. auch Brechts kritischen Brief zum *BPRS* an Brentano, BB Briefe 140.

68 Brentano zählte nach Angaben Alfred Kantorowicz' zu den „eifrigsten Propagandisten" des *Bundes proletarisch-revolutionärer Schriftsteller.* Vgl. Ulrike Hessler, *Bernard von Brentano – Ein deutscher Schriftsteller ohne Deutschland.* Tendenzen des Romans zwischen Weimarer Republik und Exil. Frankfurt am Main u. a. 1984, S. 20. Ob Brentano Mitglied der KPD war, ist nicht bekannt; sein Brief an Brecht vom 23. Juli 1933 (BBA 481/50–52) scheint das vorauszusetzen: Brentano wollte etwas „innervereinlich", d. h. innerhalb der KP, klären (vgl. Hessler, *Bernard von Brentano,* S. 21 f.).

69 Vgl. WBA Ts 2483 und 2485.

70 WBA Ts 2474.

71 WBA Ts 2483 und 2480.

72 Vgl. WBA Ts 2483 f.

73 Bertolt Brecht, *Entwurf zu einer Zeitschrift „Kritische Blätter".* GW 18, S. 86.

74 Vgl. Sigfried Giedion, *Die Herrschaft der Mechanisierung.* Ein Beitrag zur anonymen Geschichte. Frankfurt am Main 1982.

75 Vgl. VI, S. 619 f., und WBA Ts 2468.

76 Ernst Bloch/Hans Götz Oxenius, *Gespräch über die Zwanziger Jahre* (1962). In: *Bloch-Almanach.* 2. Folge, Baden-Baden 1982, S. 16.

77 Vgl. *Weimarer Republik.* Manifeste und Dokumente zur deutschen Literatur 1918–1933. Hrsg. v. Anton Kaes. Stuttgart 1983, S. XLIII und 548–551. Günter Hartung hat mich auf diesen Umstand aufmerksam gemacht.

78 Jahre vorher hat sich die *Berliner Avantgarde* ähnlich ablehnend gegenüber einseitiger proletarischer Kunstabsicht und Tendenzkunst verhalten. Aber auch hier war die politische Wirkung beabsichtigt, sie setzte jedoch fortgeschrittenes kunsttechnisches Können voraus. Zu Recht rückte deshalb Eckhardt Köhn, der von einem „politischen Konstruktivismus" sprach, seine Überlegungen in die Nähe von *Krise und Kritik.* Vgl. Eckhardt Köhn, *Konstruktion des Lebens.* Zum Urbanismus der Berliner Avantgarde. In: *Avant Garde.* Bd. 1: Metropolis. Amsterdam, S. 33–72.

79 Vgl. Jochen Meyer, *Bürgerdämmerung.* Kurt Tucholsky und die Intellektuellen. In: *Hanseatenweg 10.* Zeitschrift der Akademie der Künste, 1/91, S. 47–58. Die Anregung, die Gründungsmitglieder von *Krise und Kritik* in dem von Habermas

beschriebenen Spektrum der Intellektuellen zu situieren, verdanke ich dieser Eröffnungsrede zur Tucholsky-Ausstellung in Berlin.

80 Vgl. Jürgen Habermas, *Heinrich Heine und die Rolle des Intellektuellen in Deutschland.* In: ders., *Eine Art Schadensabwicklung.* Kleine Politische Schriften VI. Frankfurt am Main 1987, S. 27–54.

81 Vgl. *Ankündigung der Zeitschrift: Angelus Novus,* II/1, S. 241–246.

82 Die Gesamtzahl deutscher literarischer Zeitschriften erreichte 1931 ihren höchsten Stand seit 1910, vgl. Fritz Schlawe, *Literarische Zeitschriften 1910–1933.* Stuttgart 1962, S. 1.

83 Die Genehmigung, aus unveröffentlichten Texten Benjamins und Brechts zu zitieren, gaben mir Barbara Brecht-Schall, Siegfried Unseld und Rolf Tiedemann, denen an dieser Stelle zu danken ist.
Für Kritik und Unterstützung danke ich Roland Berbig, Margot von Brentano, Momme Brodersen, Günter Hartung, Lorenz Jäger, Chryssoula Kambas, Jochen Meyer, Michael Opitz und Gerhard Seidel.

RENATE RESCHKE

Barbaren, Kult und Katastrophen.

Nietzsche bei Benjamin. Unzusammenhängendes im Zusammenhang gelesen

Mitte 1932 teilt Walter Benjamin aus San Antonio auf Ibiza seinem Freund Gershom Scholem – in Anspielung auf dessen Jerusalemer Nietzsche-Erfahrungen – mit, er „habe noch keine Zeit gehabt, [s]ich mit der Frage zu befassen, welche Bedeutung seinen Schriften im Ernstfall abzugewinnen" seien; müßte er sich darum kümmern, würde er bei Ludwig Klages nachlesen,[1] vorläufig habe er sich, „was [s]eine Meinung über Nietzsche selbst betrifft, nicht festgelegt" (Br, S. 554). Daß ihm der Philosoph lange schon – seit der Studentenzeit – kein Unbekannter und nicht gleichgültig war und er sich in seinem Denken kritisch zu bewegen wußte, steht indes außer Zweifel. Wie hoch man immer den konkreten Denkanteil Nietzsches bei Benjamin ansetzt, seine Texte sind lesbar als Kommentare, als Dialoge mit ihm. Im Gespräch und als dessen vorläufiges Resultat entstehen Einsichten, die den Gesprächspartner im Geiste nicht unkenntlich machen, sondern von ihm aus anders weiter denken. Was Ernst Bloch – auch mit Blick auf Nietzsche – den diabolischen Gebrauch genannt hat,[2] Benjamins geistige Arbeitsmethode ist nichts anderes. Seine Fähigkeit, „immer neue Aspekte herauszustellen, weniger indem er Konventionen kritisch durchbrach, als indem er durch seine innere Organisation zum Gegenstand sich verhielt, wie wenn die Konventionen keine Macht über ihn hätten – diese Fähigkeit wird gleichwohl vom Begriff des Originellen kaum erreicht"[3], so hat es Theodor W. Adorno gesehen. Barbarentum als Kulturalternative, Kapitalismus als Religion, die Katastrophe der ewigen Wiederkehr – Gedankenkreise, die sich bei Nietzsche finden –, Benjamin synthetisiert sie nicht, er denkt sie zu verschiedenen Zeiten und in unterschiedlichen Zusammenhängen nach, und aus der Sicht des Betrachters entsteht ein Panorama an internen Gemeinsamkeiten, das unverständlich bliebe ohne den eingetretenen „Ernstfall", ohne ein apartes Interesse am Philosophen des 19. Jahrhunderts.

1

So sind jetzt wir am Werk, fast will es scheinen,
Barbaren zu werden.

Hermann Bahr, „Barbaren", 1912

Der Gedanke von der Notwendigkeit eines neuen Barbarentums hatte bereits im letzten Drittel des vergangenen Jahrhunderts zu greifen begonnen. Kein anderer als Friedrich Nietzsche hatte im Bilde des Barbaren eine Kraft be- und gezeichnet, die nach seiner Auffassung einzig in der Lage wäre, dem sich abzeichnenden Niedergang von Kultur, dem allgemeinen Lebens- und Werteverfall, der perennierenden Epoche des europäischen Nihilismus Widerstand entgegenzustellen, neue Werte zu setzen, Perspektiven für eine andere als die herrschende Kultur(losigkeit) zu geben. Seine Überlegungen ließ er in die Frage nach dem Wo und dem Woher der „Barbaren des 20. Jahrhunderts" (KSA, NF XIII 18)[4] münden. Wo sie herkommen sollten, blieb im großen und ganzen Spekulation, ihr Profil jedoch nahm unter seiner kulturkritischen Federführung relativ genaue Konturen an. Mit provokanten kulturgeschichtlichen Strichen hat er historische Fundierungen skizziert, hat er den neuen Barbaren zwischen Künstlertum und Tatmenschen angesiedelt und eine ambivalente Utopie vom starken Leben, von der Gleichzeitigkeit von Zerstörung und Aufbau, vom Recht der Vergangenheitszerschlagung im Namen zukünftiger Kultur entworfen und ein erobherndes, macht- und herrschaftsintensives Kulturverhalten als wertenormierend angesetzt. Ein Bild und eine Utopie gegen die seit der Jahrhundertmitte sich ausbreitende Kulturmüdigkeit, gegen die Agonie und Saturiertheit der Gründerzeitatmosphäre, gegen die unerträgliche Impotenz des Philistertums, das sich selbst als Kulturträger der ganzen Gesellschaft sah, ebenso wie gegen die kulturellen Ansprüche der vielen, der Unteren, der in seinen Augen Neid- und Rachevollen, des Ressentiments.[5] Eine Zentral- und Schockfigur wurde aufgerufen, um gegen die Bilder und Realitäten vom stagnierenden, gefälligen Leben die Signaturen des gefährlichen, gefahrvollen, produktiven Lebens als Alternative vorzuführen. Sie ist Ausdruck und Reflexion des intellektuellen Selbstverständnisses – der Versuch, einzugreifen in eine als erstarrt erlebte und erfahrene Gesellschaft und Kultur, mit den Mitteln geistiger Radikalität und kulturkritisch-ästhetischer Provokation –, sie ist Selbstwertspiegel modernen Intellektuellentums, insofern es reale Ohnmacht in die Geste des Gewaltsamen kleidet, ist Opposition mit den Mitteln philosophischer Reflexion und ist – aus dem Wissen um nachfolgende Katastrophen – auch Spiel mit dem Feuer, das ein anderes Barbarentum hervorgebracht und entfacht hat.[6] Nietzsches Frage und sein Bild vom neuen Barbaren haben die Nachfolge fasziniert und entsetzt zugleich, angezogen und abgestoßen in einem. Kritische Geister wie Hermann Bahr, Ernst Bloch und Walter Benjamin haben die Auseinandersetzung, die Aufnahme, den Anschluß gewagt.

Wie sah die Vorlage aus, die Nietzsche entworfen hatte? Welche Koordinaten umgaben sie, mit welchen philosophischen Daten war sie besetzt? Geht man von seiner Methode aus, Gesagtes jeweils als Antworten auf konkrete Fragen zu verstehen und eben diese Fragen aufzuspüren, um den Antworten in der Auseinandersetzung gerecht zu werden, so tut eine Besichtigung der Kulturlandschaft not, gegen die Nietzsche seine neuen Barbaren als Täter, als Zerstörer, als Neuanfänger, als Aufbauende und Schöpferische verstanden wissen wollte. Diese Kultur – besser: Scheinkultur – tituliert er bezeichnenderweise mit dem Wort von der „zahmen" oder der „schleichenden" Barbarei.[7] Philisterkultur und Pöbelkultur – im Nietzscheschen Sinne eigentlich Un-Wörter, Un-Zustände – sind zahme Barbarei schlechthin, schleichend in ihrer alles durch- und zersetzenden Mediokrität, in ihrer kulturellen Verarmung und in ihrem rigiden

Ausschließlichkeitsanspruch des Entweder-Oder, der Beweihräucherungen oder der Verdammnis.[8] Eine Kultur, die subjekt- und individualitätsfeindlich dem Nivellierungsgedanken huldigt und seiner Praxis, eine Wertverkehrung grundlegender Art, eine Scheinkultur mit den Insignien und Attributen der Unmündigkeit und Bequemlichkeit, der Aggressivität aus Schwäche und Intoleranz, des Manipulierens und der Begehrlichkeit, der Konsumtrunkenheit im Materiellen wie im Geistigen. Eine Kultur, die alles will, nur keine Veränderung, keine Unruhe, keine Produktivität: „es darf nicht mehr gesucht werden; das ist die Philisterlosung" (KSA, DS I 168). Es ist vor allem eine tiefe Unfruchtbarkeit, die Nietzsche am gesamten 19. Jahrhundert als Charakteristikum hervorhebt und die ihm ein Kennzeichen der Moderne schlechthin ist. Dem korrespondiert – oder ist eine Seite – die Unfähigkeit zu jeglicher kulturellen Formgebung, die ihn dazu veranlaßt hat, von großangelegter Stillosigkeit zu sprechen, von einem „System der Nicht-Kultur", von einer „stilisirten Barbarei" als Gegenstück jeder Kultur, als „systematische und zur Herrschaft gebrachte Philisterei", als „dauerhaft begründete Barbarei" (KSA, ebenda 166). Solcherart Unfähigkeit zur formgebenden Gestaltung greift nicht nur die Substanz der Gesellschaft im Inneren an, sie verzerrt auch das äußere Erscheinungsbild bis zur Kenntlichkeit ihrer ausgehöhlten Kulturformen. In der Folge wird ein kulturelles Parasitentum sichtbar, das alle Lebendigkeit umklammert hält und zerstört.[9] Was bleibt bzw. eskalierend Raum greift, ist als Grundkulturverhalten die kulinarische, die Haben-Geste, die Vergewaltigung vor allem der Künste, ihre Pervertierung zum Betäubungsmittel, zur Droge der Überreizung, zur Übersättigung mit dem „tutti unisono" (KSA, DS I 166) einer falschen kulturellen Anmaßung. Die diktatorische Herrschaft des Un- und Übermaßes ist es, die die Kultur krank macht und dem modernen Nihilismus und der Décadence zuarbeitet. Intellektueller Ekel und philosophischer Überdruß am allgemeinen Weltbild menschlicher Wertverringerung, am Konformismus der Wissenschaften, an der Botmäßigkeit der

Künste und der Willfährigkeit der Philosophie, mit devoten Interpretationsangeboten dem kulturellen Mittelmaß und Niedergang in der Reflexion zur Seite zu stehen, haben den homme de lettres Nietzsche einen „Gegensatz-Typ" (KSA, EH VI 350) figurieren lassen, der als höherer Mensch, als Übermensch der abschüssigen Kultur Einheit, Umkehr und Neu- (Anders-) Beginn möglich machen sollte. Was in der Übermenschen-Utopie gemildert, zumutbar, der philosophisch-klassischen Tradition verpflichtet formulierbar ist,[10] gewinnt am Barbarenbild potenziertes, aggressives – doch nicht unphilosophisches – Gewicht. Die Denkstrategie in Richtung auf den neuen Barbaren erst konnte auf den Punkt bringen – quasi als Steigerungsformel –, was dem Übermenschen-Theorem charakteristisch ist.

Der neue Barbar ist für Nietzsche keine Sanktions- und Rechtfertigungsfigur, vielmehr arbeitet sich an ihm die Geschichte ab als Prozeß von Herrschaft, Macht und Gewalt, als Kraft, an und mit der die Souveränität des Menschen über sich und seine natürliche wie soziale Umwelt Gestalt gewinnt,[11] als Sinngebung und Ziel aller Kultur, als Macht, als Wille zur Macht, als Steigerung von Macht, als Kultur, der die Widerspruchs-, Konflikt- und Realitätsbejahung Zeichen ihrer Größe und Stärke ist.[12]

Die seit der Antike zwiespältigen Konnotationen des Barbaren-Begriffes werden konstitutiv in einer Art Doppelbestimmung, die Nietzsche dazu dient, auszugrenzen, worum es ihm nicht geht, wofür er sich nicht zum Fürsprecher machen will. Die Barbaren „aus der Tiefe", die nur zerstören, deren Gewalt ausschließlich eine vernichtende ist, sind nicht sein Thema, sondern: „Es giebt auch eine andere Art Barbaren, die kommen aus der Höhe: eine Art von erobernden und herrschenden Naturen, welche nach einem Stoffe suchen, den sie gestalten können. Prometheus war ein solcher Barbar" (KSA, NF XI 458). Der Hinweis auf Prometheus läßt keinen Zweifel an der Art des anvisierten neuen Barbarentums; mit ihm als Ahnenfigur sind quasi per definitionem Kreativität, Souveränität und Leidensfähigkeit als Charakteristika aufgerufen. Man denke nur an die kulturstiftenden und gegen die Götter rebellierenden Taten des Titanensohnes. Im so verstandenen Bild des Barbaren ist eine ganze Kulturgeschichte beschlossen, die kulturkritisch alle Felder einkreist vom Menschenbild bis zum Künstlertum, vom wertkritischen Philosophieansatz bis zu den problematischsten Sinngebungsversuchen, von der Absage an bestehende Kulturverhältnisse bis zum Versuch alternativer Perspektiven.

Dem tut auch die merkwürdig zeitgemäße Versatzstückpraxis gegenüber germanischer Geschichte und Kultur keinen Abbruch. Mit Bezug auf römisches Barbarenverständnis[13] konturiert er den Barbaren am scheinhistorischen Bild der Germanen, Goten und Vandalen, greift er die seit den römischen Historikern tradierte Metapher von der lüsternen blonden Bestie auf,[14] entfernt er sich aber zugleich von jeglichem Nationalismus und Rassismus durch sein dezidiertes Herrschaftsdenken, das Machtberechtigung stets an vornehme Kasten, an ausgewählte Kulturträger bindet.[15] Der Negativwert dieses Bildes gründet sich aus der Sichtweise derer, die es wertend benutzen; ausdrücklich hält Nietzsche es mit denen, die zu den Herrschern, den Siegern gehören (wiewohl ihm der Preis für den Sieg nicht gleichgültig ist)[16], für die – Perikles ist ihm ein Beispiel – Gleichgültigkeit und Verachtung gegen Sicherheit, gegen Behagen, gegen Leib und eigenes Leben, eine abgründliche Heiterkeit (vgl. KSA, JGB V 275) Kennzeichen sind. Der tiefen Lust am Zerstörerischen gesellt sich das Attribut des Kriegerischen. Aufmerksame und kritische Lesarten haben hier nie wörtlich genommen, haben sich dem Kurzschluß zum Politischen widersetzt, um der Verringerung der Intentionsbreite ins Eindimensionale zu entgehen.[17] Der Krieg, den Nietzsche will, soll vorrangig einer des Geistes sein:

> Ich fordere nicht was jetzt lebt heraus, [ich fordere] mehrere Jahrtausende gegen mich heraus. […] Denn [wenn ein] Vulkan in Thätigkeit tritt, so haben wir Convulsionen auf Erden, wie es noch keine gab. [Der] Begriff Politik ist gänzlich in einen Geisterkrieg aufgegangen, alle Machtgebilde [sind] in die Luft gesprengt. (KSA, NF XIII 640)

In *Ecce homo* steht es präziser: Kriegserklärung und Krieg richten sich gegen die „Machtgebilde der alten Gesellschaft", gegen das Lügengewebe moralischer Wertsetzungen, gegen die Anmaßung der Décadence-Moral und des Nihilismus; im Sinne ihrer Zerstäubung, Zerstörung, Umwertung versteht sich der Philosoph als „Vernichter par excellence", weiß er seine „Lust am Vernichten" (KSA, EH VI 366) im Einklang mit seiner dionysischen Natur und als radikalsten Angriff auf den herrschenden Geist der modernen Epoche, der gesamten Neuzeit, der abendländischen Kultur. Ganz im Raster dieser Denklinie steht die konkretisierende Bestimmung der neuen Barbaren: „es kommen nun: Die Cyniker. Die Versucher. Die Eroberer. Vereinigung der geistigen Überlegenheit mit Wohlbefinden und Überschuß von Kräften" (KSA, NF XI 521). Barbaren nach diesem Verständnis sind in erster Linie große, freie Geister, sind auch Skeptiker: „Die Stärke, die Freiheit aus der Kraft und Überkraft des Geistes beweist sich durch Skepsis." (KSA, AC VI 236) Sie sind der Gegenpart zu den „Menschen der Überzeugung", zu denen, die gläubig sind und damit unfrei, abhängig, anfällig, schwach: „Ein Geist, der Grosses will, der auch die Mittel dazu will, ist mit Nothwendigkeit Skeptiker. Die Freiheit von jeder Art Überzeugungen gehört zur Stärke, das Frei-Blicken – können [...] Die grosse Leidenschaft, der Grund und die Macht seines Seins, noch aufgeklärter, noch despotischer als er selbst es ist, nimmt seinen ganzen Intellekt in Dienst; sie macht unbedenklich." (Ebenda) Barbaren sind Tyrannen des Geistes,[18] hoch sensibel, gefährdet, gefährlich. Sie legen Maßstäbe an, an sich und an die anderen, an denen alle Mittelmäßigkeit, alle Selbstgerechtigkeit, alle Selbstzufriedenheit zuschanden werden. Ihr Wertmesser ist u. a.: „Wie viel Wahrheit erträgt, wie viel Wahrheit wagt ein Geist?" (KSA, EH VI 259) und: „Jede Errungenschaft, jeder Schritt vorwärts in der Erkenntniss folgt aus dem Muth, aus der Härte gegen sich, aus der Sauberkeit gegen sich." (Ebenda) Dies trifft den Kern des Selbstverständnisses von Philosophie: Sich nicht zu prostituieren, nicht gefällig und gefallend zu denken, den Mut zu haben, zu Ende zu denken – der Mangel daran ist für Nietzsche Kennzeichen der Moderne –[19], das Verschwiegene, Verdrängte, Verbotene ans Tageslicht zu bringen, sich der Grausamkeit des Wirklichen zu stellen, es zu akzeptieren, es zu leben, aus dem Inneren heraus. Worauf es ankommt, ist die „zur That werdende Werthschätzung“ (KSA, AC VI 211), nur Nicht-Barbaren verzichten darauf; der moderne Mensch als der Nicht-Barbar par excellence ist darum für Nietzsche nichts als „eine Missgeburt von Falschheit“ (ebenda). Philosophie ist auf diese Weise barbarisch, tyrannisch: „Sie schafft immer die Welt nach ihrem Bilde, sie kann nicht anders; Philosophie ist dieser tyrannische Trieb selbst, der geistigste Wille zur Macht, zur ‚Schaffung der Welt‘, zur causa prima.“ (KSA, JGB V 22)

Der Wille zu formen, neu zu organisieren, zu schaffen, schöpferisch zu sein, verbindet Barbarentum nicht nur mit denkerischer Reflexion, sondern zugleich mit künstlerisch-gestaltender. Fast synonym verwendet Nietzsche Attribute fürs Barbarische wie fürs Klassische: „Um *Classiker* zu sein, muß man alle starken, anscheinend widerspruchsvollen Gaben und Begierden haben: aber so daß sie mit einander unter Einem Joche gehn“ (KSA, NF XII 433), im klassischen Typus ist das „höchste Gefühl der Macht“ (KSA, NF XIII 240) konzentriert, zum klassischen Geschmack gehören „ein Quantum Kälte, Lucidität, Härte“ und „Logik vor allem, Glück in der Geistigkeit, [...] Haß gegen Gefühl, Gemüth, esprit, Haß gegen das Vielfache, Unsichere. [...] Man soll nicht mit künstlerischen Formeln spielen: man soll das Leben umschaffen, daß es sich nachher formuliren muß.“ (Ebenda 131f.) Klassiker sind die großen Vereinfacher – wie Kunst überhaupt Vereinfachung ist –[20], sie spitzen zu aufs Wesentliche, sie gestalten nach ihrem Maße,[21] rücksichtslos, stilvoll, aufs einheitliche Ganze gerichtet; sie halten Maß auf ihre Art, indem sie maßlos-maßvoll sind, bis an die Grenze von Gestaltungsmöglichkeiten, den Sturz, den Absturz, die Hybris vor Augen. Klassiker sind für Nietzsche – Goethe als Inbegriff – auf besondere Weise Sinnesmenschen, Menschen mit Sinn für sinnliches Leben, für Sinnlichkeit, für die physiologische Fundierung alles Daseins. Kaum etwas hat er dem Christentum mehr angelastet als ein zweitausendjähriges Attentat auf die Sinne. Ihre Nähe zum Barbarentum speist sich aus gleichgelagerter Präferenz sinnlicher Weltaneignung, ihre Rechtfertigung liegt in ihrer Wertschätzung einer von jeglicher Moralität freigelegten Sinnlichkeit, in einer Gewalt der Sinne, die im problematischen Wechselspiel von Rationalität und Emotionalität, von Apollinischem und Dionysischem angesiedelt ist und ihre Gestalt findet.

Die ästhetische Besetzung des Barbarentums – durch den Zusammenhang zum Klassik(er)bild – ist keine endgültige Bestimmung. Aber sie öffnet Raum für Zeichensetzungen ästhetisch ambitionierter Kulturkritik, für ein Menschenbild, an dem Zukunft schlechthin zu messen sein wird, für eine Kultur jenseits moderner Grundbefindlichkeiten von Nihilismus und Décadence. Insofern nämlich, als Barbaren Übergangstypen sind, den Tyrannen vergleichbar, die am Ende und Anfang neuer Epochen auftauchen:

> Sagen wir es uns ohne Schonung, wie bisher jede höhere Cultur auf Erden *angefangen* hat! Menschen mit einer noch natürlichen Natur, Barbaren in jedem furchtbaren Verstande des Wortes, Raubmenschen, noch im Besitz ungebrochner Willenskräfte und Machtbegierden, warfen sich auf schwächere, gesittetere, friedlichere, vielleicht handeltreibende oder viehzüchtende Rassen, oder auf alte mürbe Culturen, in denen eben die letzte Lebenskraft in glänzenden Feuerwerken von Geist und Verderbniss verflackerte. Die vornehme Kaste war im Anfang immer die Barbaren-Kaste: ihr Übergewicht lag nicht vorerst in der physischen Kraft, sondern in der seelischen – es waren die *ganzeren* Menschen (was auf jeder Stufe auch so viel mit bedeutet als „die ganzeren Bestien"). (KSA, JGB 205f.)

Diese Kulturgeschichtsprojektion ist nicht ohne appellativen Charakter an die Moderne, an den modernen Menschen: Einzugedenken der Herkunft von Kultur, der Dialektik von Herrschaft und Kultur, dem Menschenmaß, aufrecht zu gehen – im kulturellen Wortsinn[22] –, sich des Synkretismus zwischen Mensch und (Raub-)

Tier ebenso zu vergewissern wie der Möglichkeit zum Übermenschen hin, zum neuen Menschen, zum neuen Adel, zum neuen Philosophen. Eine zukünftige Kultur, die Nietzsche *denkt*, wird eine sein müssen, für die die „Rangordnung und Werthverschiedenheit von Mensch zu Mensch" (ebenda) konstitutiv ist, gegen alle Tendenzen demokratisierender Gleichheit gerichtet, eine Kultur, die sich an den Wenigen, Außerordentlichen mißt, wenngleich sie weiß, daß sie dem Ressentiment auf lange Sicht stets unterlegen sein wird. In diesem kulturinternen Konfliktpotential liegt die Notwendigkeit und Chance geistigen Barbarentums, in der alternativen Formulierung der jeweils anderen Variante von Kultur. Im Geistesadel letztlich liegt die Hoffnung, daß er als „neue[r] Adel [...], allem Pöbel und allem Gewalt-Herrischen Widersacher ist und auf neue Tafeln neu das Wort schreibt ‚edel'" (KSA, Z IV 254), daß er der „Verkleinerungs-Form des Menschen", seiner „Werth-Erniedrigung" (KSA, JGB V 126) Einhalt zu gebieten vermag; eine neue Art von Philosophen und (als) Befehlshaber – eine seit der Antike tradierte Utopie der Denker und des Denkens – ist notwendig geworden, „jener schauerlichen Herrschaft des Unsinns und Zufalls, die bisher ‚Geschichte' hiess, ein Ende zu machen" (ebenda). – Hyperboreer nannte Nietzsche sich und sie, damit verweisend auf den Fiktionscharakter seiner Identifikationsfigur vom modernen Barbarentum, wissend um ihren Fremdheitsstatus in jedweder Kultur, sich bewußt auch ihrer Ambivalenz, selbst gefährdet zu sein und doch das Messer zu führen gegen die Gefährlichkeit kultureller Décadence: „Hier Arzt sein, hier unerbittlich sein, hier das Messer führen – das gehört zu uns, das ist unsre Art Menschenliebe, damit sind wir Philosophen, wir Hyperboreer!" (KSA, AC VI 174) Als Denkfigur besaß ein solches Bild Sprengkraft, Entmystifizierungspotential gegenüber einer sakrosankten Kultur; in seiner Differenz zur Wirklichkeit lag seine Faszination für die kulturelle Avantgarde, seine mögliche Realität hat bereits seinem Schöpfer Sorgen bereitet:

Die Umstände, welche man zu ihrer Entstehung theils schaf-

> fen, theils ausnützen müsste; die muthmaasslichen Wege und Proben, vermöge deren eine Seele zu einer solchen Höhe und Gewalt aufwüchse, um den Zwang zu diesen Aufgaben zu empfinden; eine Umwerthung der Werthe, unter deren neuem Druck und Hammer ein Gewissen gestählt, ein Herz in Erz verwandelt würde, dass es das Gewicht einer solchen Verantwortlichkeit ertrüge; andererseits die Nothwendigkeit solcher Führer, die erschreckliche Gefahr, dass sie ausbleiben oder missrathen und entarten könnten – das sind unsre eigentlichen Sorgen und Verdüsterungen, [...] das sind die schweren und fernen Gedanken und Gewitter, welche über den Himmel unseres Lebens hingehn. (KSA, JGB V 126f.)

Damit der Druck des Überlebten Entwicklung nicht verhindert, nicht zunichte macht, werden von Zeit zu Zeit Barbaren positiv aufgerufen, Blockaden gegen die Zukunft hin wegzuräumen. Hermann Bahrs Überlegungen zum geistigen Barbarentum oder Ernst Blochs Lesart des Dionysos bei Nietzsche gehören in diesen Kontext.[23] Walter Benjamin meldet sich mit dem Satz: „Zur Rettung gehört der feste, scheinbar brutale Zugriff" (V/1, S. 592) am vorläufigen Ende der Zeitachse des Barbaren-Diskurses nach Nietzsches Vorlage zu Wort. Aus der Gewißheit ungeheuerlicher Bedrohung heraus formuliert er alternative Vorstellungen von der Geschichte als permanenter Katastrophe und von den Möglichkeiten des Subjekts, darin nicht unterzugehen. Der Anspruch Benjamins ist hoch, geschichtsphilosophisch fundierend, subjektzentriert und am Emanzipations- und Freiheitsgedanken orientiert. Nietzsches Frage nach den Barbaren des 20. Jahrhunderts mußte ihm als nicht beantwortet gelten, jedenfalls nicht im Sinne gesellschaftsaufbrechender Kräfte und Dynamik. Wie Bloch und Bahr sucht er nach sozio-kulturellen Trägern revolutionärer Veränderung. Zumal vor dem Hintergrund aufkommender faschistischer Gewaltherrschaft, der Herrschaft eines gefährlichen, niederen Barbarentums – einer autoritären Barbarei, die regressiv die traditionelle Spannung zwischen Kultur und Gesellschaft liquidiert –[24], erweist es sich nicht nur philosophisch, sondern existentiell als überlebensnotwendig, Gegenpole in der Kultur aufzuspüren, ihnen geistige Führungsrollen zuzuweisen innerhalb der gestörten Dialektik von Kultur und Humanität. Mit Bahr verbindet ihn dabei die Besichtigung der Avantgarde, der Geisteslandschaft, die Hoffnung auf deren intellektuelle Radikalität; wie Bloch versucht er energisch, möglichst historisch und sozial konkret,[25] zugleich in Abgrenzung von vulgärmarxistischer Klassenpolitik, ein historisches Subjekt aufzurufen als zu personifizierende Umbruchinstanz gesellschaftlicher Stagnation. Es greift zu kurz, würde man Benjamins Barbaren-Ausschreibung dominant unter ästhetischem Vorzeichen sehen.[26] Insistiert wird vielmehr auf die Komplexität geschichtsphilosophisch besetzter Kulturkritik, die sich auch ästhetischer Momente und Indikatoren zu bedienen weiß. Benjamins positives Barbarentum, wie er es in *Erfahrung und Armut* thematisiert, umreißt Individuen und Gesellschaft, Geschichte, Politik und Künste, Gegenwartsbilanz und Zukunftsdenken gleichermaßen, zentriert sie um die Kern- und Kraftfelder historischer Subjektivität und kulturellen Bewußtseins sozialer Gefahrenpunkte auf der Grenzlinie des Aufsprengens geschichtlicher Kontinuitäten.

Erfahrung und Armut konstatiert für das 20. Jahrhundert einen immensen Erfahrungsverlust im individuellen und sozialen Wertehaushalt, genauer, einen irreversiblen Verlust an historischer Erfahrung und eine sich dramatisch vergrößernde Differenz zwischen Erfahrung und Realität. Krieg und Nachkriegskrisen haben in den zwanziger Jahren das ideelle und kulturelle Grundgefüge der Gesellschaft irreparabel erschüttert:

> […] nie sind Erfahrungen gründlicher Lügen gestraft worden als die strategischen durch den Stellungskrieg, die wirtschaftlichen durch die Inflation, die körperlichen durch den Hunger, die sittlichen durch die Machthaber. Eine Generation, die noch mit der Pferdebahn zur Schule gefahren war, stand unter freiem Himmel in einer Landschaft, in der nichts unverändert geblieben war als die Wolken, und in der Mitte, in einem Kraftfeld zerstörender Ströme und Explosionen, der winzige gebrechliche Menschenkörper. (II/1, S. 214)

Was Kulturkritik generell negativ vermerkt hat, daß die Moderne immer weniger in der Lage ist, den entfesselten Produktivkräften in Technik und Industrialisierung, Massenkommunikation und Verkehr, dem Wahrnehmungs- und Bewegungswandel, dem Destruktionspotential in der Kultur, adäquate Wert- und Verhaltensmuster zu bieten, der Herrschaft der Technik die Mittel ihrer Beherrschbarkeit zur Seite zu stellen,[27] zeitigt ein Irrewerden an den Erfahrungen, macht den Begriff der Erfahrung selbst suspekt. Er zerfasert an der Diskrepanz zwischen Informationsflut und -dichte und der Unmöglichkeit und Unfähigkeit zu ihrer kulturell angemessenen Annahme und Verarbeitung. Wenn nicht sich dieser Unfähigkeit Spukfiguren und Legitimationsangebote mystischen, scheinvernünftigen Ursprungs beigesellen. – Diese Fülle verhindert Reflexion. Verhinderte Reflexion ist für Benjamin gleichbedeutend mit fehlender Erfahrung, mit Armut, Geistesarmut. Der signifikante Ort solcher Armut ist die bürgerliche Moderne, ihr Zeichen ist ein schiefes (Bloch hat das Attribut philosophisch gemacht)[28] Verhältnis zur Vergangenheit und Gegenwart zugleich: „Diese Erfahrungsarmut ist Armut nicht nur an privaten, sondern an Menschheitserfahrungen überhaupt. Und damit eine Art von neuem Barbarentum." (II/1, S. 215) Das Bildungsgut abendländischer Kultur hat gegenüber dem Ansturm der Moderne versagt: „[...] was ist das ganze Bildungsgut wert, wenn uns nicht eben Erfahrung mit ihm verbindet?" (II/1, S. 215) Im 19. Jahrhundert bereits sieht Benjamin die nicht gelungene Probe aufs Exempel. Sein Argument, fast mit des frühen Nietzsches Worten formuliert,[29] ein „grauenhafte[r] Mischmasch der Stile und der Weltanschauungen" (II/1, S. 215) sei das Resultat, an dem sich alle Kulturerneuerungsversuche bisher vergeblich abgearbeitet haben. Devotionsgesten sind ihm ebenso fraglich wie kulturstürmerisches Rebellentum. Wenn jedoch zwischen beiden Extremen zu entscheiden ist, votiert er tendenziell – sozusagen als letzte Chance und gemäß vielleicht der Einsicht, daß Gleiches mit Gleichem sich am ehesten begegnen läßt – für die rabiate Rebellion, für den scharfen Schnitt, für die radikale Neuorientierung. Genau in diesem Sinne trägt zunächst das Konzept vom positiven Barbarentum: „[...] wohin bringt die Armut an Erfahrung den Barbaren? Sie bringt ihn dahin, von vorn zu beginnen; von Neuem anzufangen; mit Wenigem auszukommen; aus Wenigem herauszukonstruieren und dabei weder rechts noch links zu blicken." (II/1, S. 215) Weitergehender noch ist das Terrain abgesteckt, wenn Barbaren bestimmt werden als große Schöpfer, als Unerbittliche, als Konstrukteure, als die, „die erst einmal reinen Tisch machten" (II/1, S. 215). Namen, die paradigmatisch genannt sind: René Descartes und Isaac Newton, Albert Einstein und Alfred Loos, Paul Klee, Bertolt Brecht und Paul Scheerbart. Der harten Logik des Neuen gehorchen, „(g)änzliche Illusionslosigkeit über das Zeitalter und dennoch ein rückhaltloses Bekenntnis zu ihm" – „das macht sie barbarisch" (II/1, S. 216). Das Neue, das ganz Andere wollen – sich abstoßen vom Vergangenen und der Litanei, ihm opfern zu müssen – sich einer neuen Sprache bedienen und „dem nackten Zeitgenossen [zuwenden], der schreiend wie ein Neugeborenes in den schmutzigen Windeln dieser Epoche liegt" (II/1, S. 216), die eigene Epoche als Neuland entdecken, selbst Neuling sein und Kolonisator, das kennzeichnet modernes positives Barbarentum, Kolonisatoren, „die den Ort ihres künftigen Daseins durch die Zerstörung, durch das Urbarmachen einweihen. Dieser Ort aber ist der unserer heutigen Kultur in allem, worin sie noch humanistisch bestimmt ist." (II/1, S. 1111) Das bedeutet mit Benjamin Demontage und Destruktion bürgerlicher Kultur, die ohnehin permanent an ihren Grundlagen scheitert und zuschanden wird. Um diese Permanenz zu durchdringen, sie aufzubrechen, wird geistiges Barbarentum angerufen. Bürgerlicher Gesellschaft und Macht nicht nur den rigiden Zugriff (oder den romantisierenden) auf Überliefertes streitig zu machen, sondern selbst auf Überlieferung, Tradition und Vergangenheit mit Emphase zu verzichten, darin liegt der Geschichtswert so verstandenen Barbarentums.

Erfahrungsarmut heißt im Sinne Benjamins nicht allein Abwesenheit von Erfahrungen, meint keinen Zustand, „als ob die Menschen sich nach neuer Erfahrung sehnten" (II/1, S. 218); es ist eher ein Bestreben, vom Ballast geschichtlicher, anachronistisch gewordener Überlieferungen freizukommen, es ist keine Unwissenheit: „Oft kann man das Umgekehrte sagen: Sie haben das alles ‚gefressen', ‚die Kultur' und den ‚Menschen', und sie sind übersatt daran geworden und müde" (II/1, S. 218), ein Versuch, sich von der Vergangenheit zu befreien.[30] Darin klingt noch einmal die Beobachtung allgemeiner Kulturmüdigkeit auf, mehr jedoch geraten die kulturellen Folgen ins Blickfeld: „Auf Müdigkeit folgt Schlaf, und da ist es denn gar nichts Seltenes, daß der Traum für die Traurigkeit und Mutlosigkeit des Tages entschädigt und das ganz einfache aber ganz großartige Dasein, zu dem im Wachen die Kraft fehlt, verwirklicht zeigt" (II/1, S. 218): Micky-Maus gilt als ein solcher Traum des modernen Menschen. Der positive Barbar gegen die Micky-Maus, das ist gewollte Opposition eines – wie auch immer zu konkretisierenden – Avantgarde-Kulturdenkens gegen die dominant werdende (gewordene) Massenkultur, ist intellektuelle Kampfansage gegen die von Benjamin als negativ und gefährlich gewertete und abzuwehrende Liaison zwischen „Technik, Primitivität und Komfort" (II/1, S. 218). Ein tiefsitzendes Mißtrauen gegen die Mißbrauchbarkeit solcher Ermüdung, dagegen, daß sich der moderne Mensch willig den äußeren Zwängen nicht nur ergibt, sondern auch deren kulturellen Bestätigungsformen als willkommenen Fluchtmustern erliegt,[31] läßt Benjamin mit dem Bild vom positiven Barbarentum zu Felde ziehen. Als Denunziationsfigur und als aggressive Dechiffrierung dient das Bild dazu, der Epoche die bescheinigten schmutzigen Windeln abzuziehen, zeigt sich die Micky-Maus-Kultur als schleichende, verödende Barbarei, die bereits für Nietzsche vehement das Menetekel der Moderne war. Zu fragen aber ist, wie tief das Wort vom Barbarentum, das die Kultur nötig hat, greift, ob es tatsächlich weiter reicht, als das Dilemma moderner Gesellschaft transparent zu machen, ob es wirkliche Alternative für Veränderung sein kann. Zu sehr haftet – bei allem Bedeutungstransfer – dem Wort das Stigma des Außerordentlichen, paradoxerweise auch des Elitären, Aristokratischen an. Von Nietzsche ganz so beabsichtigt, von Bahr mit geheimer Sympathie aufgenommen, kann auch Benjamin es nicht vom Gestus des problematischen Kulturbringers befreien, taugen alle Anstrengungen zu seiner konsequenten Demokratisierung, zur Verbindung von Politik und Kultur nur bedingt, in der Realität die Katastrophe abzuwenden. Eine tiefsitzende Irritation des modernen Intellektuellen mißt sich im Bild des positiven Barbaren das Gewicht zuerst kulturerneuernder, dann kulturerhaltender Tat zu. Zunächst als Taten von einzelnen gegen die vielen, gegen die Masse, dann in Solidarität mit denen, die am kulturellen Potential der Gesellschaft nur unsouverän, im Sinne von Fremdbestimmung und Unfreiheit, partizipieren können. Dessen nicht eingedenk, daß die kritische Kraft des Wortes sich spätestens nach dem Desaster des ersten Weltkrieges erschöpft hatte, daß der Verdacht ungewollter Privilegienrettung nicht auszuräumen war und endlich Barbarentum als Selbstbestimmungswort für die modernen Intellektuellen – mehr Wunschdenken denn Realität –, deren soziale Stellung und Funktion in der Gesellschaft (mit Blick auf den Fortschritt) nicht zu definieren vermochte, muß Benjamins Versuch seiner produktiven Indienstnahme erscheinen als die unfreiwillige Festschreibung des merkwürdigen status scandaleuse, der Asozialität der modernen Intellektuellen. Diese Intellektuellen suchen die Annäherung, den Kontakt zu den Bedrängten, Unterdrückten, Aufbegehrenden, wollen und müssen am Prozeß sozio-politischer Veränderungen mitwirken, jedoch ist die Über- und Fehleinschätzung der eigenen Möglichkeiten für sie charakteristisch und steht ihrem Aktionswillen entgegen. Das Anliegen Benjamins allerdings bleibt allemal verständlich: In einer bedrohlichen Situation – „In der Tür steht die Wirtschaftskrise, hinter ihr ein Schatten, der kommende Krieg" (II/1, S. 219) – sich nicht kampflos zu ergeben und möglichst viele soziale Kräfte zu mobilisieren gegen die aufkommende faschistische Gewaltherrschaft; dem Trend der Gesellschaft zu widerstehen, den eindimensional destruktiven

Kräften in ihr nachzugeben; Kultur – wenn es sein muß – zu überleben: „Und was die Hauptsache ist, sie [die Menschheit; R. R.] tut es lachend." (Ebenda) Da ist noch einmal die Utopie, daß die Menschheit lachend – lachende Barbaren?! – sich von ihrer Vergangenheit trennen kann. Wohl als Utopie, und im Zusammenhang mit dem Barbaren-Bild, zum letzten Male formuliert. Die nachfolgende Realgeschichte hat dieser Utopie die Argumente endgültig genommen. Bis ins nächste Jahrtausend hinein.

2

Der Kapitalismus ist die Zelebrierung eines Kultes sans rêve et sans merci.

Walter Benjamin, „Kapitalismus als Religion", 1921

Daß die kapitalistische Gesellschaft per definitionem religiöse Grundstrukturen und Wertmechanismen aufweist, mit dieser Erkenntnis verbinden sich Namen wie Erich Unger und Ernst Troeltsch, Werner Sombart oder vor allem Max Weber.[32] Benjamins erhaltene Notiz *Kapitalismus als Religion* steht in ihrem Kontext und reiht sich aufs erste unauffällig in diese Denkbilder ein. Anders als Weber jedoch, dem es nach seiner Meinung um den Kapitalismus als ein „religiös bedingte[s] Gebilde" (VI, S. 100) geht, will Benjamin in ihm eine „essentiell religiöse Erscheinung" (VI, S. 100) sehen. Die erkennbare Argumentationskette dazu verläuft über ein Stichwort, das weiter und anders fundiert scheint als der Begriff der Religion, das des *Kultes*. Mit ihm dechiffriert sich der Wesenszug des modernen Kapitalismus als „eine Religion aus bloßem Kult, ohne Dogma" (VI, S. 102). Charakterisierungsmomente nach diesem Denkverlauf sind: 1. Kapitalismus ist die extremste Kultreligion, alles in ihm hat nur mit Beziehung auf den Kultus Bedeutung („Der Utilitarismus gewinnt unter diesem Gesichtspunkt seine religiöse Färbung", VI, S. 100); 2. der Kultus ist von permanenter Dauer, jeder Tag ist Festtag im

Sinne der Entfaltung sakralen Pomps, der äußerste Anspannung der Verehrenden ist; und 3. der Kultus ist ein verschuldender, d. h., er ist ein Sonderfall, der nicht entsühnt, sondern im Gegenteil die Schuld universal macht, den Zustand der völligen Verschuldung Gottes, der Verzweiflung vollendet: „Darin liegt das historisch Unerhörte des Kapitalismus, daß Religion nicht mehr Reform des Seins sondern dessen Zertrümmerung ist. Die Ausweitung der Verzweiflung zum religiösen Weltzustand aus dem die Heilung zu erwarten ist. Gottes Transzendenz ist gefallen. Aber er ist nicht tot, er ist ins Menschenschicksal einbezogen" (VI, S. 101); schließlich 4. dieser Gott muß verheimlicht werden, er darf „erst im Zenith seiner Verschuldung angesprochen werden" (VI, S. 101), jede Vorstellung von ihm würde das Geheimnis seiner Reife verletzen. So weit, so wenig selbstverständlich, so einsichtig im Denkraster Benjaminscher Geschichts- und Religionsphilosophie.[33] Im Umkreis solcher Überlegungen stehen Sätze wie: „Die höchste Kategorie der Weltgeschichte, um die Einsinnigkeit des Geschehens zu verbürgen ist die Schuld. Jedes weltgeschichtliche Moment [ist] verschuldet und verschuldend." (VI, S. 92) und „Das Soziale ist in seinem jetzigen Stande Manifestation gespenstischer und dämonischer Mächte, allerdings oft in ihrer höchsten Spannung zu Gott, ihrem aus sich selbst [H]erausstreben" (VI, S. 99). Sätze, die alle Umfassungsversuche des modernen Kapitalismus ins Denkfeld philosophischer Grundkategorien wie Sein, Gott, Geschichte, Welt, Totalität ziehen.

Eine nicht zu übersehende kulturkritische Brisanz erhalten solche Passagen durch Denker, deren Sätze als Quasi-Belege herangezogen werden: Karl Marx, Sigmund Freud, Friedrich Nietzsche.[34] Letzterer erhält an exponierten Stellen Bedeutung. Zum einen:

> Der Typus des kapitalistischen religiösen Denkens findet sich großartig in der Philosophie Nietzsches ausgesprochen. Der Gedanke des Übermenschen verlegt den apokalyptischen „Sprung" nicht in die Umkehr, Sühne, Reinigung, Buße, sondern in die scheinbar stetige, in der letzten Spanne aber sprengende, diskontinuierliche Steigerung [...] Der Übermensch ist der ohne Umkehr angelangte, der durch den Him-

> mel durchgewachsne, historische Mensch. Diese Sprengung des Himmels durch gesteigerte Menschhaftigkeit, die religiös [auch für Nietzsche] Verschuldung ist und bleibt[,] hat Nietzsche pr[ä]judiziert

und zum anderen:

> Dieser Durchgang des Planeten Mensch durch das Haus der Verzweiflung in der absoluten Einsamkeit seiner Bahn ist das Ethos, das Nietzsche bestimmt. Dieser Mensch ist der Übermensch, der erste der die kapitalistische Religion erkennend zu erfüllen beginnt. (VI, S. 101)

Als Zeitzeuge und Partner im Geiste sieht Benjamin Nietzsches Denken als Reflexion kapitalistischer Gesellschaft in welt- und wertungsphilosophischer Dimension. Dessen Grundphilosopheme *Gott ist tot* und *Übermensch* denkt er im Zusammenhang seines Konzepts der Bestimmung des Kapitalismus als Religion, mit dem Resultat ihrer radikalen sozio-historischen Konkretisierung und Neu- (Anders-) Bestimmung. Was für Nietzsche im Denkraum antichristlicher Wirklichkeitssicht angesiedelt ist (und bleibt) und sich antimoralisch artikuliert, darin – oder dahinter – vermag Benjamin die Codierung sozio-ideeller Grundmechanismen zu entziffern, die geheime, unterschwellige Linie zwischen Reflexion und Realität zu entdecken, die ihrem Verfasser nicht bewußt gewesen sein mußte. Wie anders sonst ließe sich Benjamins Lesart deuten, Nietzsches Übermensch erst sei in der Lage, die kapitalistische Religion erkennend zu erfüllen, wenn nicht als erschreckende und ernüchternde Erkenntnis in einem, im Übermenschen zentriere sich das eigentliche Wesen bürgerlicher Individualität und Subjektseins. Wie anders sonst wäre das ungewöhnliche Bild vom Übermenschen als des durch den Himmel durchgewachsenen historischen Menschen zu lesen, wenn nicht als von Nietzsche gewollte Doppelbestimmung des Menschen zwischen Gottesschöpfer- und Gottesmördertum, will heißen, seiner historisch gewordenen und gefährdeten Identität von Tapferkeit, Verzweiflung, Hybris. Die Überblendung erst mit Marxens Gedanken von der Sozialismus-Werdung des Kapitalismus mit Zins und Zinseszins (als Funktionen der Schuld) fundiert den Gedanken allgemeiner Profanierung, damit der wirklichen Sprengung der essentiell religiösen kapitalistischen Gesellschaft. Auch dieser neue Zustand wird nicht ohne Schuld sein. Der Vorwurf, den Benjamin Nietzsche macht, daß letztlich weder seine Philosophie noch sein Übermensch die Aufsprengung geschichtlicher Kontinuität vermögen, läßt ihn vermittelt den Gedanken vom positiven Barbarentum einsetzen.

Vereinfacht ließe sich sagen, aus dem Kultus befreien nur – wenn überhaupt – Barbaren. Religionsgeschichtlich bietet sich dem Diskurs die Sphäre des Heidnischen an, des Vor- und Nichthistorischen: So bestimmt sich das Heidentum als „dämonische Gemeinschaft" (VI, S. 90), in der Einsamkeit und Geniushaftigkeit als fremd und bestimmend zugleich hineinragen. Die gesamte antike Mythologie – vor allem der Übergang von der chthonischen zur olympischen Götterwelt – figuriert das Kulturphänomen des Heidentums, an dem Barbaren mitwirken und partizipieren. An der Moderne ausgerichtet, verfängt sich der Blick bei der Suche nach religionsaufbrechenden Kräften an der kulturellen Avantgarde, die sich für Benjamin paradigmatisch jedem Kult widersetzt. Dieser Kultus hat viele Gesichter. Es kann der Kult des Aktuellen sein, der Geschichtslosigkeit, des falschen Vergessens oder Vergessens des Falschen; es kann der Kult des Mystischen, der trivialen Mythen, des Geheimnisvollen sein; es kann der des Besitzes und des unveränderlich Seienden sein; es kann der Kult der Sprache und der per Sprache sein. In *Erfahrung und Armut* beklagt Benjamin, daß zugunsten der Gegenwart, schlimmer, der Aktualität auf Geschichte unter Wert verzichtet wird: „Ein Stück des Menschheitserbes nach dem anderen haben wir dahingegeben, oft um ein Hundertstel des Wertes im Leihhaus hinterlegen müssen, um die kleine Münze des ‚Aktuellen' dafür vorgestreckt zu bekommen." (II/1, S. 219) Von Nietzsche bereits wußte er um die kulturaufzehrende Wirkung des modernen Zeitverständnisses, das der Schnellebigkeit ebenso das Wort redete, wie es den kulturellen Verschleiß des Aktuellen mit immer größerem Tempo betäuben, übertäuben wollte. Nietzsches heftiger Affront gegen den Geist der Moden und des Moments,[35] dem die Individuen als Sklaven huldigend opfern, seine drastischen Invektiven gegen die Oberflächlichkeit massenmedialer Informationshast[36] gab Anlaß, das Phänomen Zeit insgesamt kritisch zu überdenken, seine Linearität und Transparenz zu hinterfragen. Wie Nietzsche kommt Benjamin hinter den verkehrenden Zusammenhang von Zeit und Gesellschaft, will er den überformenden kulthaften Zugriff zur Zeit durchbrechen und aufheben. Kulturkritisch intendiert, eröffnet sich zumindest in der Reflexion die Möglichkeit, alternativ Zeit im Zeitlos-Aktuellen (immer ist, immer schon gewesen, immer sein wird) zu arretieren. Dies ist zugleich eine Achsendrehung gegen die bloße Aktualität, ist die barbarische Rettung der Zeit vor ihrem Verschwinden im Aktuellen, ist konsequente Verzeitlichung = Historisierung von Geschichte, Gesellschaft, Kultur und dadurch Aufbruchsstrategie gegen den Kultcharakter, gegen die Religiosität kapitalistischer Moderne. Dem Kult entgegenzuarbeiten ist Konstruktionsarbeit, ist Transparentmachen des Kompositorischen, der Ordnung des Wirklichen, ist Freilegung – oder Bewußtmachung – ihres Gegenzuges zum Organischen, zum Vorgegebenen. Paul Scheerbarts Sprache und Figuren tragen für Benjamin solcherart den Stempel des Konstruktiven, der Gegenläufigkeit gegen Konventionen als Quasi-Natürlichkeiten; im Gegensatz zur positiven wie negativen Technik-Verfallenheit – als Dämonisierung oder als Euphorie – artikuliert er deren alternativlose Akzeptanz, fragt er nach ihren vermenschlichenden realen und utopischen Potenzen und will er die Entdinglichung der Gesellschaft, die Aufhebung ihrer religiösen Essenz. Scheerbart ist für Benjamin Modellfall geistigen, positiven Barbarentums; Alfred Loos und Le Corbusier sind ihm architektonische Barbaren. Im Sinne ihrer radikalen Neubesetzung der Architektur in Sachen Material und Sozialität. Glas, Transparenzmaterial par excellence, und Stahl verändern nicht nur die Wohnkultur, die Abgeschlossenheit des bürgerlichen Interieurs, sie schaffen Räume, „in denen es schwer ist, Spuren zu hinterlassen"

(II/1, S. 218), sie schaffen neue Menschen und für sie eine neue Lebensumwelt.[37] Mehr noch: „Das Glas ist überhaupt der Feind des Geheimnisses. Es ist auch der Feind des Besitzes." (II/1, S. 217)

Mit André Gide, der im Besitzwunsch bereits das Ausgangsmoment für schwindende Transparenz erfahren hat, konterkariert Benjamin das Grundelement des bürgerlichen Verhaltenskodex, die Unantastbarkeit des Besitzes. Besitz als heiliger Gral der Moderne. Seiner Mystifizierung entgegenzutreten ist wesentlich Destruktionsarbeit des positiven Barbarentums. Glas als Lichtmetapher steht gegen die Zelebrierung des Kultes im (am) Kapitalismus.

Von Nietzsche wußte Benjamin von der Sprache als Kult, als Kultmaterial, als Weihe-Medium und gefährliches Potential der Wirklichkeitsentfremdung. Nietzsche hatte es als Symptom sui generis angesehen, daß Sprache in ihren Grundmustern Wirklichkeiten eher be- als entdeckt, Kommunikation ebenso ermöglicht wie verhindert, verbiegt, unmöglich macht (jedenfalls als Verständigung über existentielle Fragen); das Wort von der tiefsitzenden *Sprachkrankheit* faßt die Bedenken zusammen. Gleichzeitig faßte er es als empörend, daß sich sogar die Philosophie, wollte sie über Gesellschaftsfragen verhandeln, sich des Vokabulars der Soziologie und Ökonomie bedienen mußte, um verständlich zu sein, und er meinte, sich für den Gebrauch solcher „Hülfszeitwörter des Egoismus" (KSA, HL I 300f.) entschuldigen zu müssen. Die Demagogie mittels Sprache war es, die er durch gegenläufigen Gebrauch denunzieren wollte. Er wußte, daß er sie nutzen mußte, seinen Kultverdacht zu bestätigen, ihre Rechtfertigungsmuster kritisch zu unterlaufen, denn sie spiegeln den Index ihrer historischen Unwahrheit. Ihr apologetischer Charakter[38] zeigt den Grad ihrer Kultverfallenheit. Die aggressive Ablehnung solcher Termini wie *Würde der Arbeit* oder *Würde des Menschen*, weil sie nichts als „Trostmittel" (KSA, CV I 765) sind, Fassadencharakter besitzen gegenüber den subjektivitätsfeindlichen Zwängen moderner Arbeitsteilung, weil sie Täuschungs- und Selbsttäuschungsformeln bestehender Herrschaftsverhältnisse sind, damit opponiert Nietzsche gegen die moralische Überformung als Mystifizierung und Form ihrer Sanktionierung. Er rekurriert auf die Diskrepanz zwischen dem, was die Sprache an Dynamik und Widersprüchen, Realitäten und Utopien zu formulieren vermag, und dem, was sie als Zelebrierung heiler Welt an kritikwürdigen Momenten kassiert. Nicht nur bei Nietzsche, auch bei Auguste Blanqui konnte Benjamin nachlesen, wie sehr die Sprache eine Gesellschaft in ihren Mythos verwandeln und dann an und in ihm Kulthandlungen absolviert. Der französische Anarchist – ansonsten Benjamins Ratgeber und Kronzeuge in Fragen Geschichtsphilosophie – hat in *Kapital und Arbeit* mit Nietzsche vergleichbarer Verve seinen Feldzug gegen die Demagogie nationalökonomischer Terminologie geführt. Allerdings mit konträrer Zielstellung, mit größerem agitatorischem Impetus, mit geringerer philosophiekritischer Anstrengung. Die Ungenauigkeit der Sprache, ihre gewollte Dunkelheit läßt sie „als Schlupfwinkel und Hinterhalt [dienen] für wilde Interessen, welche sich darin verborgen halten und nicht dulden, daß man sie vernichte“[39]. Die moderne Ökonomie hat dem Arsenal schlimmer Wörter („Die Menschheit kennt schon durch ihr Unglück die schreckliche Macht des Wortes: ‚Gott!‘“[40]) ein weiteres hinzugefügt, das Wort *Kapital.* Mit ihm und seinen Attributen, durchweg Täuschungen über die Realität, prostituiert sich Sprache auf extreme Weise: „Die Nationalökonomie, welche kein reines Gewissen hat, prellt das Publikum mit Worten.“[41] Damit nicht genug. Blanqui rückt ihre Praxis in die Nähe der Königs- und Gottesmacher, die alle gesellschaftlichen Mechanismen in ihren quasi-religiösen Strukturen unverrückbar und unantastbar machen wollen. Mit allen Tricks auch der Sprache: Seine Majestät, das Geld, muß nach allen Seiten gesichert werden: „Sie [die Nationalökonomie als ‚schlaue Dienerin und Hüterin‘; R. R.] umhüllt ihn mit einer Proteusmaske und nennt ihn *Kapital,* welches Wort nun die Verantwortlichkeit übernimmt und ihn gegen die Angriffe schützt; denn er ist veränderlicher und flüchtiger als das Kaleidoskop, dieser Vizekönig Kapital. Welche Kenntnis der Taschenspielerkunst zeigt sich in seinen Titeln! Er ist zuerst: *‚angehäufte Arbeit‘*, ein ehrwürdiger Name, der Sohn der Mühen des Volkes. Dann folgt der Beiname: *‚Mittel der Arbeit‘*, der verehrte Vater, der unermüdliche Schöpfer der Werke des Menschengeschlechtes. Er ist also der Vater und er ist der Sohn! Ist er nicht vielleicht auch der hl. Geist, welcher sich in jedem von uns ausdrückt und jedem den Gott einflößt?"[42] Blanqui rollt das Wort nach innen zurück, desavouiert seine Wurzeln, verkehrt richtigstellend seine Attribute, entzieht ihm so sein Kulturpotential; aus *angehäuft* wird *unterdrückt* und *bestohlen*, Kapital und Arbeit werden als Gegensätze begriffen und ihre behauptete Synonymität als Betrug qualifiziert, der nicht nur aufzudecken, der mittels Sprachbewußtsein und praktisch abzuwenden ist. Benjamins Argwohn gegen die Kult-Perversion der Sprache steht, zusammen mit seiner Sensibilität gegenüber den impliziten soziokulturellen Konflikten, in dieser mehrgleisigen Tradition des Denkens. Seine Sympathie für Sprachversuche aller Art – als Wege aus Kult und Konvention – reicht an die Substanz sprachlicher Emanzipationsgewalt. Surrealistische Enttabuisierung revolutionärer Sprache-Traum-Realität-Beziehung ebenso wie expressionistische Sprachkonstruktionen drängen auf jene Transparenz, in der Benjamin Gift findet für die allgemein gewordene Kultmentalität gegenüber dem Bestehenden. Scheerbartschem Sprach-Barbarentum ist er deswegen so zugetan, weil es für ihn Ausgangsmöglichkeit ist aus den Umklammerungen eines ideell er(ausge-)schöpften klassischen Humanismus, der letztlich dem Kult erlegen war, ohne größeren Widerstand.

3

Das Paradies liegt jenseits der „Erdbeben, die kommen werden".

Heiner Müller, „Ich wollte lieber Goliath sein", 1978

In seinen Aufzeichnungen und Materialien zum *Passagen-Werk* hat Benjamin notiert: „Definitionen historischer Grundbegriffe: Die Katastrophe – die Gelegenheit verpaßt haben; der kritische Augenblick – der status quo droht erhalten zu bleiben; der Fortschritt – die erste revolutionäre Maßnahme." (V/1, S. 593) Das sind Stichworte nicht nur von methodischer Brisanz. Sie thematisieren im Kern eine Geschichtsphilosophie, die sich an der Gewißheit säkularisierter Apokalypse profiliert. Indem sie sich skeptisch einläßt auf den von Nietzsche apostrophierten Niedergangsprozeß neuzeitlicher Kultur im Sinne ihrer unaufhaltsamen Wertaushöhlung, gelingt es dieser Gewißheit zugleich, sich selbst in Zweifel zu ziehen, Hoffnung zu geben mit einer aufbrechenden, eschatologisch motivierten, materialistisch-historisch intendierten Utopie von der Veränderbarkeit der Welt. Katastrophen im Benjaminschen Verständnis sind nicht ereignishaft Eintretendes der Zukunft, sie sind Zuständlichkeit des Jetzt: „Daß es ‚so weiter' geht, *ist* die Katastrophe. Sie ist nicht das jeweils Bevorstehende, sondern das jeweils Gegebene [...] die Hölle ist nichts, was uns bevorstünde – sondern dieses Leben hier." (V/1, S. 592) Das schleichend Sich-gleich-Bleibende, die Unveränderlichkeit, das interne Chaos des sich Immer-Gleichen; daß es so bleiben könnte, wie es ist, darin liegt für Benjamin das beklemmendste Moment von Geschichte. „Der Begriff des Fortschritts ist in der Idee der Katastrophe zu fundieren." (V/1, S. 592) So lautet die folgerichtige Schlußfolgerung. Damit ist eine skandalöse Dialektik entworfen, die von Katastrophe und Fortschritt. Wie aber kann Katastrophe Fortschritt fundieren, real und begrifflich? Zum einen dadurch, daß historische Subjekte als handelnde Akteure konzeptionell auf die

Bühne der Geschichte treten, daß ihre Negativ-Erfahrung nicht genutzter Gelegenheiten eine Situation figuriert, die sozialpsychologisch und kulturell-mental den Druck der Verhältnisse noch drückender macht;[43] zum anderen durch die Mittlerrolle des kritischen Augenblicks: Das Bewußtsein drohender Erhaltung des Status quo kann Auslöser historisch verändernder Aktivität werden, denn im Wartestand verkommt, verödet jede Kultur: „Das Warten ist gewissermaßen die ausgefütterte Innenseite der Langenweile" (V/1, S. 176); schließlich fungiert die Gegenwart als Ekrasit, als Sprengstoff, der die Homogenität historischer Epochen aufbricht, unterbricht, suspekt werden läßt. Sie wird zum Gradmesser dessen, woran sich die Katastrophen messen zu lassen haben, sie widerstrebt der Kontinuität der Geschichte ebenso, wie sie sie widersprüchlich garantiert. An ihr wird ein Geschichtsdenken desolat, das nichts anderes sein will als Chronologie zum Fortschritt hin. An ihr wird aber auch nach Benjamin augenscheinlich, wie sehr die ihr innewohnende Blickumwertung der Geschichte zum Indikator der Spannung zwischen Katastrophe und Fortschritt wird: Als das einzig Sichere in der Geschichte gewährleistet das Katastrophenelement nicht nur den Protest gegen die Sinnlosigkeit teleologischer Weltordnung, sondern qualifiziert alle Geschichte am entidealisierenden Entwurf sozio-kultureller Sinngebung. Vorgeschichte, Gegenwart und Nachgeschichte sind als solche nichts als Katastrophen; erst ihre Bestimmung aufeinander, ihre unendliche Differenz zueinander, gibt ihre historische Substanz frei. Exemplarisch thematisiert ist dies in den Thesen *Über den Begriff der Geschichte*: Hier wird Geschichte demontiert bis aufs Skelett. Was bleibt, ist das provokante Bewußtsein, daß jedes Werden Destruktionsarbeit am Vergangenen ist und zugleich den Code innerer Auflösbarkeit ins Gegenwärtige legt. In historischen Momenten existentieller Gefahren bricht, blitzt dieses Bewußtsein, diese Erinnerung auf als Rettung, als Erlösung, als Fortschritt-Movens. Wird dieser Augenblick verpaßt, sinkt nicht nur Geschichte ab ins Unwiederbringliche, es verliert sich auch

Gegenwart in der Festschreibung von Stagnation, Herrschaft und Gewalt: „In jeder Epoche muß versucht werden, die Überlieferung von neuem dem Konformismus abzugewinnen, der im Begriff steht, sie zu überwältigen.“ (I/2, S. 695) – Katastrophen lassen Geschichte zu immer neuen Ordnungen zusammenstürzen, mit allen Elementen des Zufälligen, Äußerlichen, Irrtümlichen. Wie sich in einem Kaleidoskop bei jeder Drehung alles ändert, sich die Bilder jeweils facettenreich anders zusammensetzen, stürzt auch die Geschichte in immer andere Bilder („Geschichte zerfällt in Bilder, nicht in Geschichten“, V/1, S. 596). Der Begriff der Katastrophe und sein Vehikel – das Kaleidoskop – sind Spiegel herrschender Ordnungsvorstellungen. Benjamins Fazit in den *Zentralpark*-Aufzeichnungen lautet lapidar: „Das Kaleidoskop muß zerschlagen werden.“ (I/2, S. 660) Diese Zerschlagung könnte (müßte) die erste revolutionäre Maßnahme sein.

Nietzsches Geschichtsdenken hat Benjamin vorrangig als „Opposition gegen Entwicklungsgedanken, Fortschrittsglauben und Historismus“[44] interessiert. Der Affront des Philosophen gegen die historische Krankheit des 19. Jahrhunderts, gegen das Übermaß toter, tötender Historie: „Nur soweit Historie dem Leben dient, wollen wir ihr dienen: aber es giebt einen Grad, Historie zu treiben und eine Schätzung derselben, bei der das Leben verkümmert und entartet“ (KSA, HL I 245), kommt Benjamin entgegen. Mit ihm konnte er alle Zwangseinheit von Moral und Geschichte kappen, gegen historische Naivität polemisieren und an exponierter Stelle theoretisch seine Ablehnung von Vervollkommnungs- oder Heilsplänen in der Geschichte verankern. Als eigentlich genuin und authentisch, als Novum im geschichtsphilosophischen Denken jedoch hat er Nietzsches von Anfang an nicht unumstrittene These von der ewigen Wiederkunft des Gleichen angesehen. Mit dieser These habe Nietzsche den Geschichtsbegriff des 19. Jahrhunderts widersprüchlich konsequent auf den Punkt gebracht: „In der Idee der ewigen Wiederkunft überschlägt der Historismus des 19ten Jahrhunderts sich selbst. Ihr zufolge wird jede Überlieferung, auch die jüngste, zu der von etwas, was sich schon in der unvordenklichen Nacht der Zeiten abgespielt hat. Die Tradition nimmt damit den Charakter einer Phantasmagorie an, in der die Urgeschichte in modernster Ausstaffierung über die Bretter geht." (V/1, S. 174) Anders als Nietzsche drängt Benjamin in seiner Lesart auf sozialhistorisch-konkrete Gehalte und Bezüge der These, stellt er sie in Zusammenhänge und Affinitäten, die Nietzsche selbst kaum unterschrieben hätte. So etwa, wenn Benjamin – den jahrtausendealten außereuropäischen Ursprung vernachlässigend – ihre philosophische Geburt ansetzt zu dem Zeitpunkt, „als die Bourgeoisie der bevorstehenden Entwicklung der von ihr ins Werk gesetzten Produktionsordnung nicht mehr ins Auge zu blicken wagte" (V/1, S. 175) und wenn er sie als Instrument interpretiert, „aus der Misere der Gründerjahre die Phantasmagorie des Glücks" (V/1, S. 175) hervorzuzaubern. Solche philosophiekritische Übersetzung entbehrt nicht der Problematik. Sie nimmt sich das ihr nicht bestrittene Recht, unterschwellige Intentionen, abgedrängte, umgebogene Kulturkonflikte freizulegen, die die Grundmechanismen der Moderne tangieren. Der Hinweis auf ihre Gleichzeitigkeit in der Bedeutung für Baudelaire, Blanqui und Nietzsche potenziert den Verdacht Benjamins, mit dieser These einen der Schlüsselgedanken der Epoche im Griff zu haben, von dem aus das Zeitalter sein Geheimnis und seine Akteure ihre Befindlichkeiten preisgeben müssen.[45] Seine parallel dazu ausgeführte Behauptung einer kosmologischen Ausschreibung der These (Referenz an naturwissenschaftliches Know-how der zweiten Jahrhunderthälfte) zwingt eine latente Eindimensionalität der Interpretation auf, die so einsichtig wie zu gering angesetzt ist: Nicht nur, daß sie auf ihrer Rückseite „die Spur der ökonomischen Umstände [trägt], denen sie ihre plötzliche Aktualität verdankt", sondern daß sie Reflexion der Verunsicherung aller „Lebensverhältnisse durch die beschleunigte Abfolge der Krisen" und sogar Eingewöhnungsthese sich verändernder Zeitwertvorstellungen ist derart, „daß mit einer Wiederkunft von Verhältnissen in kleineren Fristen als sie die Ewigkeit zur Verfügung stellte, nicht unter allen Umständen mehr zu rechnen war" (V/1, S. 429f.), darin liegt für Benjamin ihre eigenartige Brisanz. Nur zu gern hat er Karl Löwiths Hinweis aufgegriffen, Nietzsche selbst habe in einem Entwurf Cäsar statt Zarathustra zum Träger seiner These gemacht. Benjamins Kommentar: „Das ist von Wichtigkeit. Es unterstreicht, daß Nietzsche die Komplizität seiner Lehre mit dem Imperialismus ahnte." (V/1, S. 175)[46] Daß Löwiths Sicht insgesamt jedoch auf anderes zielt, bleibt für ihn marginal. Dessen Zusammendenken von menschlicher Selbstwert- und Sinngebung mit der Grundsituation des europäischen Nihilismus entgeht ihm ebenso wie der Aufweis tiefgreifender Gegensätzlichkeit von Nietzsches Doppelbegründung der These: „... der Gedanke der ewigen Wiederkehr lehrt einmal ein neues Wozu des menschlichen Daseins über sich selbst hinaus, einen Willen zur Selbstverewigung; er lehrt aber auch das genaue Gegenteil: ein ebenso selbstloses wie zielloses Kreisen der natürlichen Welt in sich selber, mitumfassend das menschliche Leben. Der kosmische Sinn widerstreitet dem anthropologischen, so daß der eine zum Widersinn des anderen wird."[47] Der Chance, diesen Konflikt theoretisch aufzunehmen, hat er sich begeben. Er hat andere Zusammenhänge hergestellt, die der Wirkungsgeschichte produktiv zu Buche geschlagen sind. Seine dezidierte Auseinandersetzung mit der französischen Moderne hat ihm fast zwangsläufig einen Namen zugetrieben, der als Un-Person philosophischen Denkens außerhalb – oder unterhalb – der Schwelle theoretischer Akzeptanz lag, Auguste Blanqui. Benjamin setzt sein Interesse genau dort an, wo jede politisch orientierte Wirkungsgeschichte bis weit in die zweite Hälfte des 20. Jahrhunderts[48] aufhörte. Die kosmologische Studie *L'eternité par les astres*, geschrieben im Gefängnis 1871/72, rückt er in die zentrale Achse seiner Beschäftigung mit dem 19. Jahrhundert. Nicht zufällig finden sich die auffälligsten Anmerkungen zu Blanqui im denkerischen Umkreis zum *Passagen-Werk*. Gegen alle anders lautenden Meinungen sieht er im Sternen-Buch des französischen Berufsrevolutionärs einen vehementen, aber schwierig zu entschlüsselnden und in sich widersprüchlichen Angriff auf die Selbstverständlichkeit des bürgerlichen Weltbildes in der Moderne: „Blanqui unterwirft sich der bürgerlichen Gesellschaft. Aber es ist ein Kniefall von solcher Gewalt, daß ihr Thron darüber ins Wanken kommt." (V/1, S. 168) Dem fehlt nach Benjamin nicht ein tragisches Moment. Zwar ist die Unterwerfung ohne jede Ironie; Blanqui entnimmt seine Daten dem offiziellen naturwissenschaftlichen Angebot (diese Seite wird von Benjamin als unbeholfene Überlegung eines Autodidakten gewertet), aber unter seinem Denken werden sie einer Weltsicht integriert, die infernalisch ist; dennoch, als Widerpart zur bestehenden Kultur angelegt, ist diese als nichts anderes zu lesen denn als „Komplement der Gesellschaft" (V/1, S. 169), die ihn besiegt hatte. Zwischen Unterwerfung und Anklage verläuft die innere Linie der Reflexion. Als solche ist die Blanquische Theorie für Benjamin ein „fundamentales Exempel der Urgeschichte des neunzehnten Jahrhunderts", eine „répétition du mythe" (V/1, S. 177), an der das Jahrhundert sein Geheimnis fest- und fortschreibt. Der Bannkreis der ewigen Wiederkehr projiziert an den Himmel, woran die Gesellschaft sich im Glauben festhalten will (muß). Diese Lesart Benjamins läßt Blanquisches Denken auf Nietzsche zudriften, beide zu partiellen Partnern im Geiste eines gleichgelagerten Gedankens werden (was der Wirkungsgeschichte eher verdächtig als selbstverständlich erscheinen mußte). Nietzsche selbst hat den Titel des Buches nebst bibliographischen Angaben festgehalten (vgl. KSA, NF X 560). – Nietzsche und Blanqui, zusammengezogen am Problem der ewigen Wiederkehr des Gleichen, sind von Benjamin aufgerufen, im Jahrhundert-Diskurs um Geschichte und Fortschritt, quasi vom Vorjahrhundert her, dem Zweifel an letzterem die Argumente zu liefern bzw. sie zu bestärken. Die Recherchen ergeben allerdings ein anderes, ambivalenteres Resultat: „Der Glaube an den Fortschritt, an eine unendliche Perfektibilität [...] und die Vorstellung von der ewigen Wiederkehr sind komplementär. Es sind die unauflöslichen Antinomien, angesichts deren der dialektische Begriff der historischen Zeit zu entwickeln ist. Ihm gegenüber erscheint die Vorstellung von der ewigen Wiederkehr als eben der ‚platte Rationalismus' als der der Fortschrittsglaube verrufen ist und dieser letztere der mythischen Denkweise ebenso angehörend wie die Vorstellung von der ewigen Wiederkehr." (V/1, S. 178) Daß beide Denkeinsätze, extrem verschieden nach außen, den gleichen mythischen Kern besitzen, daß also Skepsis geboten ist gegenüber beiden, darin liegt vielleicht Benjamins wesentlichste, geschichtsphilosophisch folgenreichste Erkenntnis im Anschluß an Blanqui und Nietzsche. Daß der Fortschritt wiederkehrt, immer und immer wieder, darin liegt die eigentliche Katastrophe; das ist die Quintessenz. Daß die Katastrophe dauert, ihr (ein) Ende nicht abzusehen ist, keine kulturellen Kräfte sichtbar sind, die dem schlimmen Geschehen ein Ende machen könnten. Die Vergeblichkeit einer Veränderung liegt in ihrem Wesen, denn: „Die Essenz des mythischen Geschehens ist Wiederkehr. Ihm ist als verborgene Figur die Vergeblichkeit einbeschrieben, die einigen Helden der Unterwelt (Tantalus, Sisyphos oder die Danaiden) an der Stirne geschrieben steht." (V/1, S. 178) Diese Helden sind Kontrafiguren zum Barbarenmodell des Prometheus. Wo sie am Schluß einer Gedankenkette stehen, ist wenig Hoffnung, viel Realismus. Und so verwundert es nicht, wenn Benjamin in der Ewigkeit der Höllenstrafen weniger Furchtbares vermutet als in der ewigen Wiederkunft: „Sie setzt die Ewigkeit der Qualen an die Stelle, an der die Ewigkeit eines Umlaufs stand." (V/1, S. 178) Qualen bedeuten Gefühl, Leiden, Leben, d. h. auch Aktivität, Protest, Widerstand. Von Andris Breže gibt es einen Siebdruck *Sisyphos* (1986): Ein Mann, der aufwärts steigt und in unendlicher Mühe und Kraftanstrengung seinen eigenen Kopf – abgetrennt vom Körper und zurückblikkend – mit ausgestreckten Armen nach oben trägt. Ein Bild, erschreckend und doch nicht ohne Hoffnung. Einer Hoffnung, die sich jedem vordergründigen Optimismus versagt und gerade deswegen Zukunft möglich machen kann. Mehr noch und anders, als der Benjaminsche Engel der Geschichte, resp. der Sturm, der ihn erbarmungslos in die Zukunft treibt, es vermag. Eher noch mit dem „glücklose[n] Engel" Heiner Müllers, der, „wartend auf Geschichte", sich der Bewegung nicht verschließt, die ihn aus tödlicher Versteinerung erlöst und „durch den Stein hindurch"[49] sich fortpflanzt, selbst Veränderung ist. Ihr Anlaß aber liegt nicht im Paradies, das – wenn überhaupt irgendwo – jenseits der notwendigen Erdbeben seinen Ort hat.

1 Benjamin meint Ludwig Klages' Studie *Die psychologischen Eigenschaften Nietzsches*, Leipzig 1926.

2 Ernst Bloch, *Erbschaft dieser Zeit*. In: ders., *Gesammelte Schriften*, Band 4. Frankfurt am Main 1962, S. 11.

3 Theodor W. Adorno, *Über Walter Benjamin*. In: ders., *Prismen*. Stuttgart 1988, S. 234.

4 Alle im Text verwendeten Nietzsche-Zitate entstammen folgender Ausgabe: Friedrich Nietzsche, *Sämtliche Werke*. Kritische Studienausgabe. Hrsg. v. Giorgio Colli und Mazzino Montinari, Berlin und München 1980 (KSA); Siglen: AC – Der Antichrist; CV – Fünf Vorreden zu fünf ungeschriebenen Büchern; DS – David Strauss der Bekenner und Schriftsteller (Unzeitgemäße Betrachtungen 1); EH – Ecce homo; FW – Die fröhliche Wissenschaft; GM – Zur Genealogie der Moral; HL – Vom Nutzen und Nachteil der Historie für das Leben (Unzeitgemäße Betrachtungen 2); JGB – Jenseits von Gut und Böse; MA – Menschliches, Allzumenschliches; NF – Nachgelassene Fragmente; SE – Schopenhauer als Erzieher (Unzeitgemäße Betrachtungen 3); WB – Richard Wagner in Bayreuth (Unzeitgemäße Betrachtungen 4); WL – Über Wahrheit und Lüge im außermoralischen Sinne; Z – Also sprach Zarathustra (Zitat-Hinweis: Nach den Siglen bezeichnet die römische Ziffer die Band- und die arabische die Seitenzahl).

5 „[...] in dem Mangel der Herrschaft über sich selbst, in dem was die Römer impotentia nennen, verräth sich die Schwäche der modernen Persönlichkeit" (KSA, HL I 285), und im Zusammenhang der doppelten moralischen Wertgebung von Herren und Sklaven spricht er vom „Giftauge des Ressentiments" (KSA, GM V 274), das neidvoll alle herr-

schende Wertgebung ins Gegenteil verkehre und Anspruch geltend macht auf eigene Wertgebung: „Der Sklavenaufstand in der Moral beginnt damit, dass das Ressentiment selbst schöpferisch wird und Werthe gebiert: das Ressentiment solcher Wesen, denen die eigentliche Reaktion, die der That versagt ist, die sich nur durch eine imaginäre Rache schadlos halten." (Ebenda 270)

6 „Propheten wie die der ‚neuen Barbaren' können sich nur durch Fehldeutungen verwirklichen. Unter diesen Umständen kann man nur wünschen, daß diese ‚Barbaren' bleiben, was sie im Grunde sind: eine mythisierende Projektion des klassischen künstlerischen Schaffens auf die Arbeit am Menschen." (Alfred Guth, *Nietzsches ‚Neue Barbaren'*. In: *Nietzsche.* Werk und Wirkungen. Hrsg. v. Hans Steffen. Göttingen 1974, S. 26)

7 „Es ist die zahme Barbarei, die heraufzieht." (KSA, NF XI 46)

8 Dazu: Renate Reschke, *‚Pöbel-Mischmasch' oder Vom notwendigen Niedergang aller Kultur.* Friedrich Nietzsches Ansätze zu einer Kulturkritik der Masse. In: *Zwischen Angst, Metapher und Terminus.* Theorien der Massenkultur seit Nietzsche. Hrsg. v. Norbert Krenzlin. Berlin 1992.

9 „Ein Leichnam ist für den Wurm ein schöner Gedanke und der Wurm ein schrecklicher für jedes Lebendige [...] Der Straussische Philister haust in den Werken unserer grossen Dichter und Musiker wie ein Gewürm, welches lebt, indem es zerstört, bewundert, indem es frisst, anbetet, indem es verdaut." (KSA, DS I 188)

10 Wolfgang Müller-Lauter hat in seiner Studie *Nietzsche.* Seine Philosophie der Gegensätze und die Gegensätze seiner Philosophie. Berlin, New York 1971, ein ausführliches Bild der Übermensch-Problematik bei Nietzsche gezeichnet.

11 Zum Stichwort der Souveränität bei Nietzsche hat Hans Freier in seinem Aufsatz *Die Macht und ihre Kultur.* Nietzsches Kritik der europäischen Décadence (in: *Der Sturz der Idole.* Nietzsches Umwertung von Kultur und Subjekt. Hrsg. v. Philipp Rippel. Tübingen 1985) ausführlich verhandelt.

12 „Jeder weiss jetzt, dass Widerspruch-Vertragen-können ein hohes Zeichen von Cultur ist. Einige wissen sogar, dass der höhere Mensch den Widerspruch gegen sich wünscht und hervorruft ..." (KSA, FW III 537)

13 Dazu: Detlef Brennecke, *Die blonde Bestie.* Vom Mißverständnis eines Schlagworts. In: *Nietzsche-Studien.* Internationales Jahrbuch für die Nietzsche-Forschung. Hrsg. v. Ernst

Behler, Mazzino Montinari, Wolfgang Müller-Lauter, Heinz Wenzel. Berlin/New York, Band 5, 1976, S. 114ff.

14 Ders., ebenda, S. 114, 145.

15 In den Passagen von der blonden Bestie in *Zur Genealogie der Moral* spricht er ausdrücklich vom römischen, arabischen, germanischen, japanesischen Adel, von homerischen Helden und skandinavischen Wikingern; vgl. KSA, GM V 275.

16 Nietzsche wußte sehr früh, daß jede herrschende Kultur einem bluttriefenden Sieger gleicht, der seine Beute im Triumphzug gefesselt mitschleppt und sie unter seinen Rädern fast zermalmt; das Bild stammt aus *Der griechische Staat* (KSA, CV I 768f.).

17 Vgl. Thomas Manns Aufsatz *Nietzsches Philosophie im Lichte unserer Erfahrung* von 1947. In: ders., *Gesammelte Werke*, Band 10. Berlin, Weimar 1965.

18 Dazu: Renate Reschke, *Korruption*. Ein kulturkritischer Begriff Friedrich Nietzsches zwischen Geschichtsphilosophie und Ästhetik. In: *Nietzsche-Studien*. Internationales Jahrbuch für die Nietzsche-Forschung. Band 20, 1991.

19 „Woran mir am meisten Verdruß entstanden ist? Zu sehen, daß Niemand mehr den Muth hat, zu Ende zu denken ..." (KSA, NF XIII 146)

20 Am Beispiel Richard Wagner spricht Nietzsche von den Künstlern als den „Vereinfacher[n] der Welt" (KSA, WB I 447).

21 Hier klingt das Prometheische an als Moment künstlerischen Schöpfertums, wie es Goethe im Prometheus-Gedicht ausgesprochen hat („Hier sitz ich, forme Menschen / Nach meinem Bilde [...]").

22 „Falsche Küsten und falsche Sicherheiten lehrten euch die Guten; in Lügen der Guten wart ihr geboren und geborgen. Alles ist in den Grund hinein verlogen und verbogen durch die Guten [...] Aufrecht geht mir bei Zeiten, oh meine Brüder, lernt aufrecht gehn!" (KSA, Z IV 267)

23 Hermann Bahr, *Barbaren*. In: ders., *Essays*. Leipzig 1912; Ernst Bloch, *Der Impuls Nietzsche*. In: ders., *Durch die Wüste*. Frühe kritische Aufsätze. Frankfurt am Main 1974.

24 Dazu: Burkhardt Lindner, *Technische Reproduzierbarkeit und Kulturindustrie*. Benjamins ‚Positives Barbarentum' im Kontext. In: *‚Links hatte noch alles sich zu enträtseln ...'*. Walter Benjamin im Kontext. Hrsg. v. Burkhardt Lindner, Frankfurt am Main 1978 (mit veränderten Akzenten vom gleichen Autor *Positives Barbarentum – aktualisierte Vergangenheit*. Über

einige Widersprüche Benjamins. In: *Faszination Benjamin, alternative* Nr. 132/33, Berlin 1980).

25 Bloch hat u. a. 1932 in *Ungleichzeitigkeit und Pflicht zu ihrer Dialektik* drei unterschiedliche soziale Gruppen – Jugend, Bauerntum, Mittelschichten – in ihren unterschiedlichen Bezügen zur Geschichte untersucht, um den Ursachen ihrer Anfälligkeiten gegenüber dem Faschismus auf die Spur zu kommen und nach Möglichkeiten ihrer alternativen Beeinflussung zu suchen.

26 Dazu: Irving Wohlfarth, *Der ‚Destruktive Charakter'*. Benjamin zwischen den Fronten; und Michael Müller, *Architektur für das ‚Schlechte Neue'*. Zu Walter Benjamins Verarbeitung avantgardistischer Positionen in der Architektur, beide Aufsätze in: *‚Links hatte noch alles sich zu enträtseln ...'*. Walter Benjamin im Kontext.

27 Nietzsche bereits hatte als Notwendigkeit formuliert, ein den modernen Produktionsmitteln, der modernen Technik entsprechendes Wertsystem zu entwickeln, um der von ihm beobachteten Entfernungsbewegung zwischen den technischen Fähigkeiten des Menschen und einem humanen Gebrauch aufzuhalten: „Je vollkommner die Maschine, desto mehr Moralität macht sie nöthig" (KSA, NF VIII 580); dazu: Renate Reschke, *Einspruch gegen ‚abgeirrte Cultur'*. Zu einigen Konturen Nietzschescher Kulturkritik. In: *Weimarer Beiträge*. Berlin, 37. Jg. (1991), Heft 2.

28 Der wohl markanteste geschichtsphilosophische und zeitkritische Bezug findet sich im ersten Satz der *Hieroglyphen des XIX. Jahrhunderts*: „Wo viel stürzt, bleibt manches krumm hängen. Es wird dann deutlicher sichtbar als vorher an der Wand oder zusammenhängend. Die Franse bebt, der Mann um das Kind tritt vor. Vergessenes dringt an und fängt sich in den Zacken vormals glatter Gefühle. Auch Gewohntes liegt schief, sieht dann befremdend drein." (*Erbschaft dieser Zeit*, S. 381)

29 Vgl. KSA, DS I 163 f.

30 Zustimmend zitiert Benjamin Scheerbart: „Ihr seid alle so müde – und zwar nur deshalb, weil ihr nicht alle eure Gedanken um einen ganz einfachen aber ganz großartigen Plan konzentriert." (II/1, S. 218)

31 Ernst Bloch hat exemplarisch vorgeführt, daß ein Großteil derer, die sich dem faschistischen Weltbild ergaben, dies aus einer tiefen sozialen, kulturellen, mentalen Erschöpfung taten, als Reaktion auf zu große politische Beanspruchung in den Vorjahren.

32 Benjamin bezieht sich u.a. auf Erich Unger, *Politik und Metaphysik*, Berlin 1921; Ernst Troeltsch, *Die Soziallehren der christlichen Kirchen und Gruppen*, Tübingen 1912; Max Weber, *Gesammelte Aufsätze zur Religionssoziologie*, Tübingen 1920f.

33 Dazu: Helmut Pfotenhauer, *Benjamin und Nietzsche*. In: *‚Links hatte noch alles sich zu enträtseln ...'*. Walter Benjamin im Kontext, S. 115f.

34 Benjamins Wort zur Psychoanalyse in diesem Zusammenhang: „Die Freudsche Theorie gehört auch zur Priesterschaft von diesem Kult. Sie ist ganz kapitalistisch gedacht. Das Verdrängte, die sündige Vorstellung, ist aus tiefster, noch zu durchleuchtender Analogie das Kapital, welches die Hölle des Unbewußten verzinst." (VI, S. 101)

35 „Als ob ein Trank in ihnen wirkte, der sie nicht mehr ruhig athmen liesse, stürmen sie fort in unanständiger Sorglichkeit, als die geplagten Sklaven der drei M, des Moments, der Meinungen und der Moden: so dass freilich der Mangel an Würde und Schicklichkeit allzu peinlich in die Augen springt und nun wieder eine lügnerische Eleganz nöthig wird, mit welcher die Krankheit der würdelosen Hast maskirt werden soll." (KSA, SE I 392)

36 Dazu: Reschke, *Einspruch gegen ‚abgeirrte Cultur'*, S. 177ff.

37 Wieder zitiert Benjamin Scheerbart zustimmend: „Das neue Glas-Milieu wird den Menschen vollkommen umwandeln. Und es ist nur zu wünschen, daß die neue Glaskultur nicht allzu viele Gegner hat." (II/1, S. 218)

38 „Die Lehre vom Staat, vom Volke, von der Wirthschaft, dem Handeln, dem Rechte – Alles hat jetzt jenen vorbereitend apologetischen Charakter; ja es scheint, was von Geist noch thätig ist, ohne bei dem Getriebe des grossen Erwerb- und Machtmechanismus selbst verbraucht zu werden, hat seine einzige Aufgabe im Vertheidigen und Entschuldigen der Gegenwart." (KSA, WB I 463)

39 Auguste Blanqui, *Kapital und Arbeit*. In: *Instruktionen für den Aufstand*. Aufsätze. Reden. Aufrufe. Hrsg. v. Frank Deppe, Frankfurt am Main, Wien 1968, S. 111.

40 Ebenda, S. 111.

41 Ebenda, S. 119.

42 Ebenda, S. 116f.

43 Ganz offensichtlich partizipiert Benjamin an Marxens Gedanken in *Zur Kritik der Hegelschen Rechtsphilosophie. Einleitung*: „Man muß den wirklichen Druck noch drückender machen, indem man ihm das Bewußtsein des Drucks hinzufügt, die Schmach noch schmachvoller, indem man sie

publiziert [...] man muß diese versteinerten Verhältnisse dadurch zum Tanzen zwingen, daß man ihnen ihre eigene Melodie vorsingt!" (Karl Marx, Friedrich Engels, *Werke*, Bd. 1. Berlin 1972, S. 381)

44 Pfotenhauer, *Benjamin und Nietzsche*, S. 108.

45 So artikuliert der Gedanke von der ewigen Wiederkehr bei Baudelaire den Akzent des Neuen, „das mit heroischer Anstrengung dem ‚Immerwiedergleichen' abgewonnen wird", Nietzsche optiert für das „‚Immerwiedergleiche', dem der Mensch mit heroischer Fassung entgegensieht", und bei Blanqui – der in der Nähe Nietzsches anzusiedeln ist – dominiert die „Resignation" (I/2, S. 673).

46 Benjamin bezieht sich auf Karl Löwith, *Nietzsches Philosophie der ewigen Wiederkunft des Gleichen*. Berlin 1935.

47 Löwith, *Nietzsches Philosophie der ewigen Wiederkehr des Gleichen*. Stuttgart 1956, S. 64.

48 Frank Deppe schreibt in seiner Einleitung zu Blanqui, *Instruktionen für den Aufstand*, der alternde Blanqui habe sich mit seinem *L'Eternité par les astres* von Politik und Revolution entfernt und vulgärmaterialistisch sich Fragen von Raum und Zeit, Mikro- und Makrokosmos, der unendlichen Monotonie des Lebens zugewendet (S. 28).

49 Heiner Müller, *Der glücklose Engel*. In: Heiner Müller *Material*. Texte und Kommentare. Leipzig 1989, S. 7.

VII

FRITZ RUDOLF FRIES

Cerberus

Ich glaube, er war kein Reisender. Fragen Sie mich nicht, was ein Reisender ist. Gewiß, ein Bruder des Voyeurs. Typ Franz Hessel, Berliner Spaziergänger. Sie korrigieren mich zu Recht: Hessel war ein Flaneur. Aber der Unterschied ist belanglos, denn sie alle nehmen sich Zeit für ihr Tun. Sie gehen zu Fuß, sie bleiben aus Neugier stehen. Sie sind auf den ersten Blick von dem Mann in der Menge nicht zu unterscheiden. Sie gehören alle zu Paris als der Hauptstadt des 19. Jahrhunderts. Eine Stadt der Passagen, die Berlin nicht besaß. Berliner Durchgänge waren allemal solche in den zweiten und dritten Hinterhof. Dann kamen die U-Bahn-Schächte, die die illuminierten Straßen zu sich hinunterziehen, den Hades erhellend mit Versprechungen. Das stimulierte auch das Kaufverhalten; was in Kiosken und Ladenstraßen längs der Bahnhöfe gekauft wurde, trug man um so lieber nach oben. Der Mann der Menge muß auf jeden Fall Beute machen. Er würde über ihn schreiben: „Der Flaneur ist der Priester des genius loci. Dieser unscheinbare Passant mit der Priesterwürde und dem Spürsinn eines Detektivs – es ist um seine leise Allwissenheit etwas wie um Chestertons Pater Brown, diesem Meister der Kriminalistik." Was der Flaneur aufspürt, der Reisende in seiner Stadt, sind die Zeichen der Vergänglichkeit. Mit dem Verfall, dem Wegfall von Häusern und Denkmälern, dem Verschwinden von Straßen und Plätzen, korrespondiert auf geheimnisvolle Weise der Verfall des Betrachters. Eine Korrespondenz, die freilich nur eintritt, wenn Häuser Plätze Denkmäler zugleich den Abdruck des eigenen vergehenden Lebens tragen. Er war ja in Berlin geboren, 1892. Die Kindheit gehörte einem anderen Jahrhundert als die Mannesjahre. Wenn er ein Flaneur war, dann einer in den Kulissen seiner Kindheit. Die alten Bilderbücher waren ihm soviel wie Historienbände. Das neue Jahrhundert verlangte den ganzen Einsatz. Weg mit der Sentimentalität. Das neue Jahrhundert brach gewaltig mit der Vergangenheit. Moskau wird die neue Hauptstadt der Welt. Als er diese 1927 besucht, im tiefen Winter, gleicht sie einer im Schnee versunkenen Märchenprovinz. Der Berliner Verkehr, die Bewegung der zwanziger Jahre – Haschen nach Wind. Hier erstickt jeder Laut unter weißen Kappen. Hatte Hessel behauptet, „wir Berliner müssen unsre Stadt noch viel mehr – bewohnen", so bewohnten hier die Moskauer ihre Stadt auf der Straße. Es ist die Revolution unter freiem Himmel, und der Hunger, der sie angetrieben, wird durch Bettelei gestillt, eine Bettelei, die nichts Aggressives hat, „wie im Süden, wo die Aufdringlichkeit des Zerlumpten noch immer einen Rest von Vitalität verrät". Hier ist es die Kunst „mit hundert Schematismen und Varianten", der kleine Markt als Ersatz für das vom Bolschewismus abgeschaffte Privatleben. Der russische Wald kommt in die Stadt, im Schnee der Bordkante entstehen die Spielzeugdörfer, die Puppen, die sich selbst gebären. Dieser Reisende ist ein Entdekker, ein Geograph, der nicht nur flaniert, denn er hat einen Auftrag. In Berlin, wenn er wieder in seinen geliebten Bibliotheken sitzen wird, werden die Bücher der Klassiker ergänzt werden müssen: Ein Experiment sollte vor Ort überprüft werden. Den Reisenden treibt es in andere Städte, nach Weimar, nach Marseille, nach San Gimignano. Im Süden vor allem kann die Sprache in expressionistischer Tollheit wie auf Stelzen gehen. Die Übertreibung ergänzte sie, war nicht denunziatorisch wie in Berlin. Für André Breton war die Straße das einzige gültige Experimentierfeld. Die Befreiung durchs Auge, der Rausch, der den Kleinbürgermief deutscher Wohnungen hinter sich ließ. „*Marseille* – gelbes, angestocktes Seehundsgebiß, dem das salzige Wasser zwischen den Zähnen herausfließt."

Er kehrt dennoch gern zurück in sein Berlin, denn mit dem Rausch des Reisens ist es so wie in seiner Anekdote von der Maulbeer-Omelette. Die verlangt ein König von seinem Koch, „so wie ich sie vor fünfzig Jahren in meiner frühesten Jugend genossen habe“. Der Koch soll des Todes sein, wenn er seinem König diese Kostbarkeit nicht so auftischen kann, wie er sie als unmündiges Kind genossen hat. Der Koch ist ein weiser Mann. Zwar wird er mühelos alles so zubereiten können wie vor fünfzig Jahren. „Aber dennoch, o König, werde ich sterben müssen. Dennoch wird meine Omelette dir nicht munden. Denn wie sollte ich sie mit alledem würzen, was du damals in ihr genossen hast: der Gefahr der Schlacht und der Wachsamkeit des Verfolgten, der Wärme des Herdes und der Süße der Last, der fremden Gegenwart und der dunkeln Zukunft.“

Nicht anders ergeht es einem mit den Verheißungen der Fremde. 1940 geht er ein letztes Mal auf eine Reise. Cerbère heißt die Grenzstation. Auf der anderen Seite der Pyrenäen Port Bou, letzte Hoffnung der Flüchtlinge. Sie sind alle über den Berg gekommen, Heinrich Mann, Lion Feuchtwanger und ihre Frauen. In Cerbère enden die Züge aus Paris und Marseille; für den Weg nach Spanien müssen die Lokomotiven auf eine andere Spurbreite gesetzt werden. So hofften die Spanier im 19. Jahrhundert, einem Vergeltungsangriff der Franzosen, die sie aus dem Lande gejagt hatten, zu entgehen. Der Bahnhof – und er nimmt sich Zeit, ihn zu betrachten – ist wie ein letztes Denkmal französischer Architektur an der Grenze Europas, eine ungeheure Stahlkonstruktion, eine von vielen Bögen überspannte gläserne Halle, darin man sich klein und verloren vorkommt. Die Verliese eines Piranesi fallen einem ein. Dagegen kann Port Bou nur ein Fischerhafen sein, eine archaische Siedlung, wo man von der Hand in den Mund lebt. Man verschwindet dort wie Jonas im Bauch des Walfisches, und irgendwann spuckt einen der Fisch in Amerika an Land.

Eine Flucht ist eine übersteigerte Reise, ein Paroxysmus der Gefühle. Aus dem Flaneur wird der Gejagte. Aus dem Geographen ein Wahnsinniger, dem sich die Steine in Gespenster verwandeln. Die Gespenster nisten auch im Wort, im Namen. Cerbère: was für ein merkwürdiger

Name für eine Grenzstadt. Der Hund, der hier nächtlich heult, vor dem ärmlichen Hotel, kann nur der Cerberus sein. Eine Stadt der Höllenhunde, die am Tage die Gestalt der freundlich grinsenden, die Fliehenden mit Nachsicht begleitenden Bewohner annehmen. Ein Gefühl, das anhält. Vierzig Jahre später wird ein anderer Schreiber, José Saramago, hier in Cerbère einen Roman beginnen, darin die nächtlich heulenden Hunde eine Katastrophe verkünden. Anderntags erscheint auf einer Straße ein Riß, der ein Strich war, den ein Mädchen spielerisch gezogen hat. Der Riß vertieft sich zum Graben, in den das Meer hineinschlägt. Die Iberische Halbinsel driftet davon, eine Barke der Hoffnung, die sich vom todeswütigen, geschäftstüchtigen Europa trennt.
Dem Tod zuvorkommen, den Häschern entgehen, vielleicht ist das der eigentliche Antrieb dieses Reisenden gewesen.
Walter Benjamin stirbt von eigener Hand am 26. September 1940.

Oktober 1991

VIII

Jetzt sind eher die infernalischen Aspekte bei Benjamin wichtig. Gespräch mit Heiner Müller

Heiner Müller, die Bezüge auf Gedanken und Motive Walter Benjamins sind in Ihrem Werk nicht zu übersehen. Naheliegend ist die Frage nach Ihrem Text Der glücklose Engel. *Wie Benjamins neunte geschichtsphilosophische These, auf die* Der glücklose Engel *reagiert, ist Ihr Prosagedicht nicht ohne literarische Nachfolge geblieben. Andreas Koziol dichtete in seinem neuen* Bestiarium literaricum *dem „Heinermüller" selbst Züge des Engels an: „Der Heinermüller ist aus dem Holz jener Schamanen geschnitzt, die auf den ‚Brettern, die die Welt bedeuten' die Asche der Visionen säen. Bitternis und Trauer haben ihm einst schmerzbetäubende Flügel verliehen, von denen ihm aber der Rechte immer wieder unter die Räder des Weltgeschehens gerät, woraufhin er immer wieder mit der Linken in ‚Richtung Deutschland' abwinkt."*
Als 1958 Der glücklose Engel *entstand, war Benjamin in der DDR ein Geheimtip. Wie kam es zu dieser frühen Auseinandersetzung mit Benjamin?*

MÜLLER: Ich habe kurz nach dem Krieg, vielleicht 1946, zum ersten Mal etwas von Benjamin gelesen. In irgendeinem Nachlaß oder Antiquariat in Mecklenburg hatte ich ein paar Jahrgänge der *Gesellschaft* gekauft, einer von Hilferding herausgegebenen sozialdemokratischen Zeitschrift. Die Rezensionen von Benjamin, die ich darin fand – über Döblins *Berlin Alexanderplatz*, über Kracauer, über Kästner: *Linke Melancholie* –, waren schon sehr merkwürdig und auffällig. Seitdem kannte ich ihn.

Und die geschichtsphilosophischen Thesen?

MÜLLER: Das weiß ich nicht mehr. Es war Mitte der fünfziger Jahre. Das erste, woran ich mich erinnere, ist die zweibändige Suhrkamp-Auswahl. Ein kleiner Teil der Auflage wurde hier auch ausgeliefert. Vorher hatte ich schon etliches gelesen, aber ich erinnere mich nicht mehr, in welchen Ausgaben. Später erzählte Rosemarie Heise gelegentlich von dem Potsdamer Benjamin-Archiv; sie hatte früh schon dort gearbeitet, und ich las auch Texte Benjamins in Kopien.

Ihre Arbeit an dem Glücksgott-*Stoff ging – Sie haben das berichtet – auf eine Anregung Paul Dessaus zurück. Dessau fragte Sie, ob Sie aus Brechts Entwurf* Die Reisen des Glücksgotts *ein Libretto machen könnten. Abgesehen von einzelnen Formulierungen – „der bote mit versengten flügeln" oder im* Arbeitsjournal: *„hinter ihm her eine furche von exzessen und totschlag" – taucht Benjamin bei Brecht nicht auf. Es ist doch bemerkenswert, daß das Scheitern des* Glücksgotts, *von dem Sie sprechen, den* Glücklosen Engel, *einen so komplexen und folgenreichen poetischen Text hervorgebracht hat. Können Sie rekonstruieren, auf welche Weise Benjamins Thesen Eingang gefunden haben?*

MÜLLER: Das weiß ich eigentlich nicht. Ich fürchte sogar, daß ich beim Schreiben gar nicht an Benjamin gedacht habe. Natürlich kannte ich den Text. Die Nähe fiel mir dann erst Wochen später auf. Sicher hängt das mit Brechts Vorwurf, mit dieser Glücksgeschichte, zusammen. ‚Glück' ist doch bei Benjamin ein wichtiger Aspekt. Und so ganz unbeeinflußt von Benjamin war der Brecht ja nicht. Sicher gibt es große Unterschiede: Brecht war im Grunde eher katholisch geprägt – im Verhältnis zu der jüdischen Prägung Benjamins. Es war also eine andere Theologie. Wahrscheinlich beißt sich das. Eine andere Differenz sehe ich darin, daß Brecht vieles für klärbar hielt, was Benjamin eher in Bewegung sah. Brecht neigte da manchmal zum Präparieren. Daraus ist auch der Streit um den *Caesar*-Roman zu verstehen.

Was Sie im Anschluß an Benjamins Svendborger Gespräche mit Brecht *über Kafka und das Beschädigtsein der Metapher der* Strafkolonie *im Vergleich zur Idealkonstruktion der Lehrstücke sagen, wäre übertragbar auf Brecht und Benjamin. Es muß Gründe dafür geben, daß Benjamin im Moment weniger Schaden genommen zu haben scheint, mehr zu sagen hat als der späte Brecht.*
Die Engelmetapher spielt in Ihren Texten immer wieder eine Rolle. In Hamletmaschine *trägt Horatio sein Gesicht im Nakken. Im* Auftrag *erscheint der Engel als der „Engel der Verzweiflung", der aber gleichzeitig auch Racheengel ist, der das Messer führt, und in dem Text* Die Einsamkeit des Films *wohnt der „Engel der Revolution [...] auf den Friedhöfen nur solange, bis er seinen Flug antritt". Jetzt erschien in* Sinn und Form *(Heft 5/1991) der* Glücklose Engel 2. *Es gibt verschiedene Phasen der Beschäftigung; das Bild verändert sich, und es kommt immer wieder hoch.*

MÜLLER: Die Engel tauchen ja immer auf, wenn man keine Chance mehr sieht, daß eine Hoffnung sich realisiert. Dann braucht man solche Figuren; das ist auch bei Benjamin so. Engel sind Figuren jenseits von Hoffnung und Verzweiflung. Aber ich kann dafür keine Chronologie formulieren. Das ist auch nicht meine Aufgabe.

In einem Gespräch 1989 haben Sie mit Blick auf Gorbatschow gesagt, Sie vernehmen das Rauschen der Flügelschläge wieder. Der glücklose Engel *von 1958 vernimmt doch das Rauschen nicht. Er ist – auch durch die eingedrückten Augen – gesichtslos, selbst die Blickrichtung ist nicht mehr genau zu bestimmen. Seine Situation ist die vor der Möglichkeit zur Sprengung, die Spannung ist drin: „Bis das erneute Rauschen mächtiger Flügelschläge sich in Wellen durch den Stein fortpflanzt und seinen Flug anzeigt."*

MÜLLER: Der Schluß von 1958 kommt mir jetzt schon manchmal ein bißchen flach optimistisch vor.

Wir haben uns das Gedicht Glückloser Engel 2, *als es erschien, am Telefon vorgelesen. Ich hörte es, ohne zu wissen, von wem es ist, und ich wäre nicht darauf gekommen, daß Sie das Gedicht geschrieben haben.*

MÜLLER: Und woran liegt das?

Ich dachte zunächst, es sei von einer Frau.

MÜLLER: Das ist ja auch korrekt, wenn man es liest als einen Aspekt der ostdeutschen Erfahrungen bei der Wiedervereinigung durch die Westdeutschen. Dann ist das der weibliche Teil hier.

Die Ansprache ist für mich das auf den ersten Blick Fremde. „Der Engel ich höre ihn noch / aber er hat kein Gesicht mehr als / Deines das ich nicht kenne“. Glückloser Engel 2 *ist in einem persönlichen Ton geschrieben, der die Geschichte nicht mehr so unmittelbar atmet, höchstens noch, wie sie sich im einzelnen abdrückt. Daß man nicht gleich weiß, der Text muß von Heiner Müller sein, liegt sicher auch daran, daß* Glückloser Engel 2 *nur noch ganz zaghaft an den Text von 1958 anklingt: Aber es gibt den Blick, der eigentlich nicht mehr genau bestimmt ist, weder in die Vergangenheit noch in die Zukunft. Das ist eine Zustandsbeschreibung der gegenwärtigen Sicht.*

MÜLLER: Was hier passiert, ist doch eine sehr Benjaminsche Erfahrung: dieses Zusammenfallen von Zukunft und Vergangenheit, diese Besetzung mit der totalen Gegenwart, die hier nie funktioniert hat. Und jetzt ist plötzlich die Zukunft die Vergangenheit, wenn man so alt ist wie ich. Der Schock, der aus einer Kollision oder Verschiebung von Zeiten oder Zeitebenen kommt, spielt ja bei Benjamin eine große Rolle. Ich war 1975 in Milwaukee. Das ist eine sehr deutsch geprägte Stadt, sechzig oder siebzig Prozent der Bevölkerung stammen von Deutschen ab. Sie haben dort eine funktionierende SA, die marschiert am Wochenende oder jedes zweite Wochenende in Uniform durch die Stadt mit Fahnen. Das regt keinen besonders auf. Ich hatte dort ein ganz merkwürdiges Gefühl, auch bevor ich das mit der SA wußte, als ob ich in meiner Kindheit vor '33 bin. Es lag an der Haltung der Leute, an den Gesichtern, an der Atmosphäre, auch an der Art der Architektur. Mir wurde klar, daß das lauter unschuldige Nazis sind, Nazis ohne Nationalsozialismus, ohne Praxis; sie sind durch historische Umstände nicht dazu gekommen, das zu praktizieren. Ganz ähnlich war die Erfahrung dann ja hier. Schklowski schreibt in seinem *Eisenstein*-Buch über den Film *Oktober*: *Oktober* beschreibt das endgültige Ende der Warenwelt. Und nun ist sie wieder da, und sie ist die Zukunft für die Mehrheit der Bevölkerung.

Die Postmoderne hat das Ende der Geschichte schon seit Jahren verkündet, als sie noch nicht wissen konnte, was kommt. Man ging aus von einem status quo, der festgeschrieben ist und das Ende der Geschichte bedeutet. Nun sind die Dinge, die in der Zwischenzeit passiert sind, so enorm, daß man eigentlich diese These nicht aufrechterhalten kann. Die Moderne hat eigentlich die Postmoderne wieder eingeholt. Was wir jetzt haben, wäre das aber ein Zustand, der auf lange Zeit etwas festschreibt?

MÜLLER: Wenn man es in eine Metapher bringen will, würde ich an Benjamins Gleichsetzung der bürgerlichen Gesellschaft mit dem Inferno denken. Man kann den Stalinismus – oder was immer das war –, diesen ganzen sozialistischen Versuch, als ein Purgatorium vor dem Inferno sehen, also eine historische Umkehrung. Nach dem Purgatorium käme an sich das Paradies, aber jetzt ist nur das Inferno da, und das Paradies wird simuliert. Dazwischen fehlt wieder ein Purgatorium, aber ob das noch herstellbar ist, ist eine offene Frage. Das fiel mir kürzlich ein in Rom bei einer Benjamin-Konferenz im Goethe-Institut, als ein Referent über Benjamins Auffassung der bürgerlichen Gesellschaft als Inferno sprach.
Vom Ende der Geschichte zu reden, ist natürlich Schwachsinn. Das gilt ohnehin nur für die, die schon in der Geschichte sind. Aber draußen stehen eine ganze Menge, die noch gar nicht in die Geschichte eingetreten sind. Die will man draußen halten, das ist ein verständliches Motiv. Ich habe in Rom ein ziemlich langes Gedicht von Pasolini vorgetragen, das 1961 geschrieben ist,

es heißt *profezia*. Das Gedicht endet ganz merkwürdig benjaminisch. Es geht um das Asylantenproblem und um die Emigration hauptsächlich von Süden nach Norden, also aus Afrika, die damals schon angefangen hatte. Am Schluß heißt es ungefähr: Dann ziehen wir nach Norden mit dem Papst an der Spitze unter der Fahne Trotzkis im Wind. Ich glaube, daß Benjamin durch den theologischen Akzent im Moment wichtiger ist als beispielsweise Adorno. Das ist ein Glutkern mit Hoffnung. Es gibt immer noch Hoffnung durch das Theologische. Auf Dauer ist die Verbindung von Theologie und Politik wahrscheinlich die einzige Hoffnung.

Im Umgang mit der Dialektik der Aufklärung *mache ich gerade die Erfahrung, daß Studenten das Buch als ein gegenwärtiges annehmen, das ihnen eine bestimmte Weltsicht bestätigen kann. Sei bauen gar nicht mehr auf irgendwas, das ein Hoffnungsmoment beinhalten könnte, sondern sie sehen in dieser schwarzen Beschreibung ein genaues Zustandsbild.*

MÜLLER: Hier ist der Benjamin-Einfluß stark; die Schwärze bei Horkheimer kommt, glaube ich, sehr von Benjamin. Mit Hoffnung meine ich auch nichts Rosiges. Der schwarze Grund ist schon eine Voraussetzung. Und wenn es einfach die Hoffnung auf eine Katastrophe ist, die dann Klarsicht ermöglicht. Es ist vielleicht fast wichtiger, daß man dann wenigstens weiß, warum es schiefgegangen ist.

Benjamin hat diesen Gedanken von Strindberg übernommen: Die „Hölle ist nichts, was uns bevorstünde – sondern dieses Leben hier". Die Katastrophe „ist nicht das jeweils Bevorstehende sondern das jeweils Gegebene". „Daß es ‚so weiter' geht, ist *die Katastrophe." In einem Gespräch mit Ulrich Dietzel in* Sinn und Form *(Heft 6/1985) haben Sie im Angesicht der Stagnationserfahrung DDR die Bedeutung von Utopie betont: „Was gebraucht wird, ist mehr Utopie, mehr Phantasie und mehr Freiräume für Phantasie." Auch hier ging Ihr Blick nach Osten, wo sich was bewegte. Die Widersprüche hätten deutlicher kaum sein können: Dasselbe Heft von* Sinn und Form *enthält diesen drei-*

sten Angriff auf Gerd Irrlitz und dessen Bloch-Deutung. Man hielt Irrlitz vor, daß „es in der marxistischen Philosophie keinen Raum für metaphysisch-religiös gefärbtes, heilsgeschichtliches Denken" gebe und daß der Marxismus „immer dann am stärksten [gewesen wäre], wenn er mit der modernen Wissenschaft und mit dem Geschichtsprozeß verbunden war". Die Störkraft Ihres Insistierens auf Hoffnung war unübersehbar und offenbar auch beabsichtigt.

MÜLLER: Ja. Dieses Gespräch war zum Teil eine taktische Sache. Es hat fast anderthalb Jahre gelegen und mußte Kurt Hager vorgelegt werden. Hager hatte Änderungswünsche. Ein Ärgernis war die Andeutung, daß die Geschichte des Sozialismus auch eine Geschichte von Verbrechen ist. Dazu das Beharren auf Utopie und der Hinweis, daß es notwendig sei, unter den damals Sechzehn- bis Dreißigjährigen Eliten herauszubilden. Dietzel versuchte dann, die Auflagen mit seinen Fragen zu bedienen.

„Mein Interesse an der Wiederkehr des Gleichen", sagten Sie in dem Gespräch, „ist ein Interesse an der Sprengung des Kontinuums, auch an Literatur als Sprengsatz und Potential von Revolution." Damit sind Sie ja unmittelbar auf Benjamins Geschichtsbegriff eingegangen. Benjamins Theorie, die auf das Heraussprengen von Epochen aus einem kontinuierlichen Verlauf von Geschichte zielt, ist Ihnen doch in der Theaterarbeit gegenwärtig.

MÜLLER: Das ist schwer präzis zu beantworten, weil es doch anders läuft. Man liest das, Benjamin, hat es aufgenommen, und dann ist es parat, aber nicht mehr kalkuliert. Es gibt von Baudelaire, der Benjamin wichtig war als Kronzeuge für die Moderne und Dokument der Moderne – die für Baudelaire nichts Positives war –, das Moment der Langeweile. Baudelaire sagt: Langeweile ist der Schmerz, verteilt auf die Zeit. Langeweile an der Kontinuität bewegt das Schreiben und Theatermachen. Theater darf nicht langweilig sein, also versucht man das aufzubrechen. Es entsteht eher so, nicht aus theoretischem Kalkül.

Benjamin liest den Marx-Satz, demzufolge Revolutionen die Lokomotive der Weltgeschichte seien, bekanntlich anders: „Vielleicht sind die Revolutionen der Griff des in diesem Zuge reisenden Menschengeschlechts nach der Notbremse." Können Sie mit Benjamins Bild gegenwärtig noch etwas anfangen?

MÜLLER: Zwischen Marx und Benjamin liegt die Beschleunigung der technologischen Entwicklung. Sie kennen das Foto der Lokomotive, die den Bahnhof in der falschen Richtung verläßt – durch die Wand. Das gehört zu den infernalischen Aspekten der Moderne.

Benjamin meinte, daß man Erfahrungen nicht macht, indem man sich etwas bewußtmacht, sondern daß sich nur durch Schocks etwas festsetzt. Ihr Theater beruht auf einem verwandten Prinzip, was ihm in der DDR die vorwurfsvolle Charakteristik „Theater des Schreckens" einbrachte. Jetzt ist aber die Konfrontation mit Schreckensbildern alltäglich geworden; die Videotheken sind voll davon. Kann man auf der Bühne heute noch über Schockwirkungen Erfahrungen vermitteln?

MÜLLER: Auf jeden Fall. Es wurde viel zu sehr an Inhalten festgemacht; darum geht es nicht. Es ist wie in einer Stummfilmszene: Der Held, ein Gangster, wird endlich gefaßt, und zwanzig Polizisten prügeln auf ihn ein und noch zwei tätige Mitbürger. Der Gangster verschwindet unter dem Haufen, der auf ihn einprügelt. Als das Knäuel den Blick freigibt, steht der Verfolgte in Sträflingskluft mit Handschellen und in Ketten da. Das ist ein Schock, einfach dadurch, daß ein Zwischenglied weggelassen ist. Weggelassene Übergänge, Verknüpfungen – oder Kontraste – produzieren Geschwindigkeit. Geschwindigkeit, Beschleunigung, ist ein Versuch, wegzukommen von der Bleidecke der Kontinuität. Beschleunigung schafft vielleicht Zerstörung und setzt Elemente frei, aus denen etwas Neues gebaut werden kann. Das ist eigentlich das Verfahren. Sicher hat es auch seine Tükken. Jetzt nimmt es die Unterhaltungsindustrie auf, das produziert natürlich eine Abstumpfung dagegen. Man muß die Anstrengung schon verdoppeln, um noch Leute zu erreichen, die schon so daran gewöhnt sind. Überhaupt: Jeder Schritt vors Haus ist eine Schockerfahrung, und jeder Gang über die Straße besteht aus Tausenden von Schocks. Deswegen ist der Schock jetzt eine ganz selbstverständliche Voraussetzung für Wahrnehmung. Die Musikvideos haben technisch einen hohen Standard, einen viel höheren als die Fernsehspiele, die eher die Funktion haben, zu beruhigen und den Leuten eine Welt vorzuspielen, die es in dieser Intaktheit, in dieser Linearität von Geschichte schon lange nicht mehr gibt.

Es gibt eine Art Genuß an Gewalt. Der Schock muß immer wieder etwas Neues bieten, sonst greift er nicht mehr. Ist das nicht eine enorme Herausforderung fürs Theater?

MÜLLER: Bei Benjamin ist ja Sprache sehr wichtig, Sprache eigentlich fast noch mit einer magischen Funktion, Sprache auch als Beschwörung von Realität, nicht so sehr nur als Beschreibung. Das ist sicher ein Hauptpunkt im Theater. Das Fernsehen hat keine Sprache, keine verbale Sprache, es geht immer mehr auf eine nichtverbale Sprache, also nur noch Mitteilung, kein Ausdruck mehr. Worte spielen sowieso keine Rolle, nur noch Sätze oder größere Zusammenhänge, also Information. Dagegen muß Literatur Widerstand aufbauen. Es ist ein Thema Adornos – und das hat auch etwas mit Benjamin zu tun: Je planer, verständlicher ein Text ist, desto weniger erzählt er über die Gegenwart. Und je schwieriger, je dichter ein Text ist, desto mehr Informationen enthält er. Die muß man jedoch herausholen, selbst finden, nur dadurch wird es Erfahrung. Die Überschwemmung mit Bildern und Informationen soll gerade Erfahrung verhindern. So viel hält man gar nicht aus, also entsteht eine Blende, die natürlich brutalisiert, das ist klar.

Ich will noch einmal auf Ihre Bemerkungen zu Kafka und Brecht – im Zusammenhang der Gespräche mit Brecht *zu sprechen kommen. Sehen Sie es nach wie vor so, daß Kafka, Kafkas Bilder, Kafkas Konstruktion, schwerer kalkulierbar sind?*

Woran liegt das? Überdauert Kafkas Parabel vielleicht dadurch eher, weil sie – anders als Brechts – unmittelbare historische Erfahrung nicht bündelt und mit einer Bedeutung nach vorn öffnet?

MÜLLER: Ich fand immer zwei Bemerkungen Benjamins zu Kafka gut. Einmal: Kafka beschreibt sehr präzis Gesten ohne Bezugssystem. Zum anderen, über den *Prozeß*: Da werden Mechanismen beschrieben, die nicht mehr für Individuen oder überhaupt nicht für Individuen, nur für Kollektive gültig sind. Und das finde ich interessant.

Bei Brecht gibt es natürlich solche Dinge auch. Das sind genau die Texte, die Sie zitieren, Fatzer, Lesebuch für Städtebewohner. *Es ist wohl kein Zufall, daß eben diese Arbeiten Brechts auch Benjamin wichtig waren. In seinen* Brecht-Kommentaren *sagt Benjamin, was ihn an Brecht und an diesen Arbeiten interessiert. Ich sehe auch da eine gewisse Nähe zu Ihnen, wenn etwa Benjamin von der offenen, experimentellen Struktur der Texte, von derem dialogischen Charakter spricht, oder von der Spielfähigkeit, von der ästhetischen Funktion des Schocks.*

MÜLLER: Benjamin hat seinen Kommentar zum dritten Gedicht des *Lesebuchs für Städtebewohner* – „So sprechen wir mit unsern Vätern" – auf die Vertreibung der Juden aus Deutschland bezogen. Das ging, obwohl Brecht diese Situation beim Schreiben gar nicht kennen konnte. Benjamin hat je nach Lage das Bezugssystem gewechselt.

Erfahrungen, die Kollektive machen können, haben Benjamin als theoretisches Programm im Aufsatz Das Kunstwerk im Zeitalter seiner technischen Reproduzierbarkeit *beschäftigt. Benjamin sieht da eine Zukunft, von der man wohl sagen muß, sie wäre gescheitert. In den sowjetischen Film, in die Sowjetpresse, setzte Benjamin die Hoffnung, daß sie Kollektiverfahrungen ermöglichen. Kann man heute noch mit solchen Erfahrungen operieren; sehen Sie das gegenwärtig noch als eine Chance?*

Müller: Der *Kunstwerk*-Aufsatz ist von heute aus gesehen sicher nicht das Stärkste von Benjamin. Er ist gewissermaßen eine Volksausgabe von Dingen, die Benjamin komplizierter schon geschrieben und gedacht hatte. Die *Kunstwerk*-Thesen entstanden zum praktischen Gebrauch in einer bestimmten Kampfsituation.
In Osteuropa ist genau das passiert, was Benjamin als faschistisch beschreibt, die Ästhetisierung der Politik. In seinem Buch *Gesamtkunstwerk Stalin* hat Boris Groys versucht nachzuweisen, daß der Stalinismus der Versuch war, die Gesellschaft zum Kunstwerk zu machen, d. h. die Träume der Avantgarde zu realisieren, z. B. Malewitsch. Die Avantgarde mußte ausgerottet werden, weil Stalin der einzige Künstler war, der Chefkünstler und der Chefavantgardist. Die Gesellschaft als Kunstwerk, nach ästhetischen Bestimmungen und Kategorien sortiert und geformt. Da ist schon was dran. Auch Hitler war ein verhinderter Künstler. Es ist ganz gefährlich, wenn ein Künstler in die Politik, überhaupt wenn Talent in die Politik kommt. Da braucht man mittelmäßige Leute – jedenfalls in der modernen Politik –, je mittelmäßiger, desto verläßlicher sind sie. Sobald einer einen Ansatz zu Begabung hat, wird es gefährlich. Das merkwürdige Verhältnis zur Schrift hat auch damit zu tun: Für Stalin war – genau wie bei uns – Realität nicht, was auf der Straße passierte oder in den Betrieben; Realität war, was auf dem Papier stand. Die Schrift war das Wichtige, nicht die Wirklichkeit. Die Schrift war die Wirklichkeit oder die Statistik.
Das ist auch eine Frage an Benjamin, eine schwierige, über die ich mir nicht im klaren bin. Bei Benjamin kommt die Rolle der Schrift aus der jüdischen Tradition, und bei Stalin sicher aus der Klosterschule. Aber es ist ja nicht an Personen gebunden.
Die Entfernung von der Wirklichkeit war unvermeidlich von dem Moment ab, wo man versucht hat, aus der Unterentwicklung dieses sozialistische Experiment zu machen. Das konnte nur in der Ästhetik enden – ‚Ästhetik' klingt brutal –, jedenfalls in dem Versuch, Wirklichkeit zu substituieren. Man hat einfach das für wirklich er-

klärt, was möglich war. Das andere war nicht wirklich, es mußte weg, verdrängt oder liquidiert werden. Foucault spricht in einer Vorlesung, die man postum nach Mitschriften herausgegeben hat, über die zwei abendländischen Diskurse, die sich wechselweise ablösen und bekämpfen. Das eine ist der römisch-staatliche Diskurs und das andere der jüdisch-christlich-revolutionäre Diskurs mit dem chiliastischen Aspekt. Die letzten zwei großen Ausprägungen des jüdisch-christlich-revolutionären Diskurses sind für ihn der Nationalsozialismus und der Bolschewismus. Sie sind zwar verschieden, kommen aber aus derselben Quelle. Beide sind dann umgeschlagen. Sie haben den römisch-staatlichen Diskurs integriert, und damit wurden sie gefährlich.

Benjamin spricht in den geschichtsphilosophischen Thesen von einer monadologischen Struktur, die man erhalten, separieren, rausschlagen muß. Können Sie damit etwas anfangen?

MÜLLER: Unmittelbar nicht viel, aber Benjamin ist manchmal nur wirklich verstehbar, wenn man ihm in ästhetischen Kategorien begegnet. Sicher hat Kunst grundsätzlich etwas zu tun mit dem Augenblick, der als Kern oder sogar als eine Keimzelle von Ewigkeit wirkt. Das ist die Verewigung des Augenblicks, die bei Goethe die Sünde und bei Lukács die Dekadenz ist. Bestimmt kann man im Augenblick eine Geschichtsperiode erfassen.

In Ihrem frühen Text Bilder *– „Bilder bedeuten alles im Anfang. Sind haltbar. Geräumig“ – ist eine Qualität von Bild gemeint, die, wenn Sie so wollen, auch monadologische Struktur hat, und die sich in jedem Fall mit Benjamins Definition berührt.*
Mich hat die Entschiedenheit verwundert, mit der Sie einmal gesagt haben, Sie schreiben keine allegorischen Bilder. Wenn ich Ihre Texte lese und im Hinterkopf habe, was Benjamin unter Allegorie versteht, würde ich schon meinen, daß das ganz stark an Allegorien im Benjaminschen Sinne erinnert.

MÜLLER: Ja, sicher. Das war die Abwehr eines anderen Allegorie-Begriffs, vor Benjamin. Im Sinne von Benjamin stimmt das schon.

Ich habe meine Schwierigkeiten mit dem Satz aus Ihrem Brecht-Text: „Der Autor ist klüger als die Allegorie, die Metapher klüger als der Autor."

MÜLLER: Das ist eher eine Polemik gegen die *Parabeln* bei Brecht, *Sezuan* etwa. Sie sind ausgerechnet – Brecht selber hat das gesehen –, und der es ausrechnet, muß natürlich mehr wissen als das, was er dann hinstellt. So entsteht die Gefahr, daß sich das nicht mehr bewegen und in neue Zusammenhänge bringen läßt, wo es neue Aufschlüsse gibt. Das ist natürlich nicht der Benjaminsche Allegorie-Begriff.

Sie verstehen den Allegorie-Begriff also mehr als Signatur, als etwas, das man zunächst einmal braucht, um aber noch auf etwas anderes zu verweisen.

MÜLLER: Was man nicht kennt.

Wenn wir an die Haschisch-Experimente denken, die Benjamin gemacht hat, und an die Idee, die „Kräfte des Rausches für die Revolution zu gewinnen", die er programmatisch in den Sürrealismus-*Aufsatz hineingeschrieben hat ... Es geht doch darum, diese Kräfte zu bündeln, verfügbar zu machen.*

MÜLLER: Sicher. Das ist die Differenz zwischen Marx und Bakunin. Für Marx war das Lumpenproletariat nicht Proletariat, und für Bakunin war's das, auch aufgrund der russischen Bedingungen, aus denen er kam. Es war sicher eine wesentliche Schwäche der deutschen Sozialdemokratie, daß das Ideal im Grunde der Stehkragenproletarier war. Wer klaut, gehört nicht dazu. Aber gerade die kriminelle Energie wurde dadurch ausgeklammert und nicht benutzt für revolutionäre Ziele. Dazu gehört natürlich auch der Rausch. Es ist ja kein Zufall, daß alle Regierungen so heftig die Rauschmittel bekämpfen außer den Alkohol, der eben dumpf macht.

Hoffentlich setzt sich das als Tendenz nicht fort: Für Benjamin gibt es ja noch zwei andere Rauschzustände, das ist das Flanieren und das Lesen.

MÜLLER: Das Lesen wird auch bekämpft, einfach durch technische Medien. Wer liest denn noch? Und Flanieren ist erledigt durch den Autoverkehr. Es geht schon alles auf einen Ameisendrill hin, auch das Ausschalten von Rauschzustand und dadurch von Erkenntniszuwachs.

Wolfgang Heise hat gesagt, daß das Grundthema Ihres Theaters Auseinandersetzung mit Geschichte wäre. Dabei ginge es immer darum, daß der Dialog mit den Toten nicht abbrechen darf. Die Herausforderung wird ja immer größer: Man darf den Dialog nicht abreißen lassen, weil ansonsten auch die Toten noch vereinnahmt werden, so vereinnahmt, daß sie vergessen werden.

MÜLLER: Ja, das ist nach wie vor aktuell. Da sehe ich keinen Einbruch.

Was wäre an Benjamin zu kritisieren, wenn man ihn gebraucht?

MÜLLER: Es wäre mir vor zwei Jahren leichter gefallen, das zu sagen, als jetzt. Jetzt muß man Benjamin erst mal neu lesen, glaube ich. Eigentlich ist das doch eine Chance, daß man Benjamin jetzt neu lesen kann – nicht nur Benjamin, auch Marx – ohne Bindung an diese Versuche, das zu realisieren. Die sind gescheitert, und jetzt kann man wieder darüber reden. Die Welt zu verändern hat nicht funktioniert, und jetzt muß wieder neu interpretiert werden. Es war erfrischend bei dieser Benjamin-Tagung in Rom, daß sich alle Referenten darin einig waren, daß das jetzt das Inferno ist und daß es darum geht, wieder Chancen für einen demokratischen Sozialismus herauszufinden. Das war, als das so formuliert wurde, für die Italiener überraschend, für die natürlich das alles auch schon wegrasiert ist. Die Selbstverständlichkeit, mit der überall der Kommunismus als Aas und Leiche behandelt wird, ist schon toll. Groß ist das Interesse für

Carl Schmitt in Italien, es gibt eine Carl-Schmitt-Renaissance, sicher nicht nur in Italien.
Fest steht nur, daß alle Probleme, die dieser – ‚real existierend' ist ja schon eine Karikatur –, die der Sozialismus lösen wollte und nicht gelöst hat, jetzt noch unlösbarer und mit den jetzigen Strukturen nicht zu lösen sind. Vielleicht geht es letztlich nur noch darum, wer zuerst mit wem fertig wird, die Natur mit der Menschheit oder die Menschheit mit der Natur. Und beides ist eine Katastrophe für die Menschheit.

Das Gespräch mit Heiner Müller führten Michael Opitz und Erdmut Wizisla am 22. November 1991 in Berlin.

Zu den Autoren

Heinz Czechowski, geb. 1935, Schriftsteller, lebt in Leipzig.

Friedrich Dieckmann, geb. 1937, Schriftsteller, lebt in Berlin.

Elke Erb, geb. 1938, Schriftstellerin, lebt in Berlin.

Richard Faber, geb. 1943, Literatursoziologe, z. Z. Professor an der Technischen Hochschule Aachen, lebt in Berlin.

Fritz Rudolf Fries, geb. 1935, Schriftsteller, lebt in Petershagen bei Berlin.

Günter Hartung, geb. 1932, Literaturwissenschaftler, Professor an der Martin-Luther-Universität Halle–Wittenberg.

Wolfgang Hegewald, geb. 1952, Schriftsteller, lebt in Bremerhaven.

Lorenz Jäger, geb. 1951, Soziologe und Germanist, z. Z. Lehrauftrag an der Jüdischen Volkshochschule Frankfurt am Main.

Chryssoula Kambas, geb. 1949, Literaturwissenschaftlerin, Professorin an der Universität Osnabrück, lebt in Hannover.

Uwe Kolbe, geb. 1957, Schriftsteller, lebt in Hamburg und Berlin.

Klaus Körner, geb. 1946, Schriftsteller, lebt in Petershagen bei Berlin.

Thomas Martin, geb. 1963, Autor, lebt in Berlin.

Steffen Mensching, geb. 1958, Schriftsteller, Clown, lebt in Berlin.

Klaus Michael, geb. 1959, Literaturhistoriker, Autor, Mitarbeit im Druckhaus GALREV, Berlin.

Heiner Müller, geb. 1929, Schriftsteller, lebt in Berlin.

Michael Opitz, geb. 1953, Literaturwissenschaftler, Humboldt-Universität Berlin.

Renate Reschke, geb. 1944, Kulturwissenschaftlerin, Humboldt-Universität Berlin.

Wolfgang Ullmann, geb. 1929, Kirchenhistoriker, Bundestagsabgeordneter, lebt in Berlin.

Hans-Eckardt Wenzel, geb. 1955, Schriftsteller, Musiker, Clown, lebt in Berlin.

Erdmut Wizisla, geb. 1958, Literaturwissenschaftler, Bertolt-Brecht-Archiv, Berlin.

Peter-Paul Zahl, geb. 1944, Schriftsteller, lebt auf Jamaika.

Inhalt

WALTER BENJAMIN

Sprache und Geschichte

Philosophische Essays

Ausgewählt von Rolf Tiedemann

Mit einem Essay von Theodor W. Adorno

Inhalt:

PHILIPP RECLAM JUN. STUTTGART

UNIVERSAL-BIBLIOTHEK NR. 8775

Reclam Bibliothek BELLETRISTIK

ELKE ERB

Nachts, halb zwei, zu Hause

Texte aus drei Jahrzehnten

Herausgegeben von Brigitte Struzyk
212 Seiten. RBL 1401. 10,– DM
ISBN 3-379-00696-3

Die Sammlung von Kurzprosa und Gedichten setzt mit unspektakulären, naturnahen Kindheitserinnerungen aus der Eifel ein. Mit zahlreichen Widmungstexten, Porträt- und Antwortgedichten zollt sie Schutzgeistern wie Erich Arendt und Franz Fühmann Sympathie und Achtung. In Poemen wie „Naturbühne", „Schlaraffenland" und „Schlechte Beleuchtung" aus den Jahren 1966 bis 1970 setzt sie einer versehrten Industrielandschaft die Vergewisserung durch die „kleinen Dinge" entgegen, private Fluchtpunkte wie Wohnen, Essen und Trinken. Elke Erb beansprucht für sich Individualität, Vorläufigkeit und das „Recht des unabgesicherten Redens". Durch ihre offene Anlage drängen sich diese Texte der Diskussion über ost- und westdeutsche Literaturtraditionen geradezu auf. In einer Zeit des allgemeinen Bilanzierens wird man am Werk von Elke Erb nicht vorbeigehen können.

Katrin Hillgruber in: Frankfurter Allgemeine Zeitung